国防科学技术大学人文与社会科学学院拔尖创新人才培养计划资助

21 世纪的国防工业

[美] Jacques S. Gansler 著

黄朝峰 张允壮 译

国防工业出版社

·北京·

著作权合同登记　图字：军－2011－088 号

图书在版编目(CIP)数据

21 世纪的国防工业/(美)甘斯勒(Gansler,J. S.)著；
黄朝峰,张允壮译.—北京:国防工业出版社,2013. 8
书名原文:Democracy's arsenal,creating a Twenty-First-Century defense industry
ISBN 978-7-118-08900-4

Ⅰ. ①2... Ⅱ. ①甘... ②黄...③张... Ⅲ. ①国防工业—研究—
美国—21 世纪　Ⅳ. ①F471. 264

中国版本图书馆 CIP 数据核字(2013)第 179256 号

Translation from the English Language Edition:
Democracy's Arsenal Creating a Twenty－First－Century Defense Industry
ISBN 978-0-262-07299-1
© 2011 by the MIT press.
All rights reserved.

※

国防工业出版社出版发行
(北京市海淀区紫竹院南路 23 号　邮政编码 100048)
北京嘉恒彩色印刷责任有限公司
新华书店经售
*
开本 710×1000　1/16　印张 20½　字数 393 千字
2013 年 8 月第 1 版第 1 次印刷　印数 1—3000 册　定价 61. 00 元

(本书如有印装错误,我社负责调换)

国防书店: (010)88540777　　发行邮购: (010)88540776
发行传真: (010)88540755　　发行业务: (010)88540717

作者简介

雅克·甘斯勒教授是国防工业和国防采办领域的著名专家,现为美国马里兰大学公共政策学院公共政策与私人企业研究中心、斯隆生物技术工业中心主任。曾任马里兰大学公共政策学院院长(2003—2004)和主管科研的副校长(2004—2006)。他是美国国家工程院院士、国家公共管理科学院院士,是陆军部长任命的"陆军采购和项目管理委员会"主席,也是美国国防科学委员会(Defense Science Board)委员。

1997年11月至2001年1月,雅克·甘斯勒曾任美国国防部副部长(负责采办、技术与后勤),统管美国的武器装备科研生产、采购、后勤保障、采办制度改革、先进技术探索、核生化项目和国防工业基础等。在此之前,他是美国一家信息技术股份有限公司 TASC 的执行副总裁和企业总监,并曾任美国国防部助理副部长(负责物资采办)以及国防科研与工程项目助理总监(负责国防电子研发)。

前　言

21 世纪,尽管美国仍是当今唯一的"超级大国",但中国、欧盟、俄罗斯、印度和巴西等国家可能很快迎头赶上,它们都具有在本世纪成为超级大国的潜力。

不论是对经济,还是对国家安全,国防工业基础都是极其关键的组成部分。

例如,德怀特·艾森豪威尔总统在他那著名的 1961 年警示中,要求我们"警惕军事工业复合体",但他同时也指出,没有国防工业,美国就不可能赢得二战的胜利。约瑟夫·斯大林同样强调,没有美国的国防工业,就没有盟国的胜利。显然,在 21 世纪,国家安全依赖于许多因素,但无论如何,都离不开与安全息息相关的工业基础及其能力。

更重要的是,在世纪更替之际,世界发生了翻天覆地的变化——在美国,首先是 2001 年 9 月 11 日的恐怖主义袭击事件,接着是紧随其后的伊拉克和阿富汗战争;在中国,经济持续高速增长,全球经济地位迅速上升。与此同时,技术、地缘政治和产业全球化等正在急剧改变着整个世界;在可预见的将来,这种快速变化还将持续。

二十一世纪的这些变化,要求每个国家都必须重新审视自身未来的国家安全和支撑国家安全的国防工业基础,以及探索实现国防工业成功转型的有效途径。

由于我对美国的国防工业基础非常熟悉,因此本书的关注焦点也集中于此。但是,对于任何国家建设强大的、反应灵敏的、适应 21 世纪国家安全需求的国防工业基础,重大变革都至关重要;美国国防工业基础所需要的转变同样也适用于中国和其它许多国家。

本书将对需要的转变进行定义,并描述这种转变如何实现。这是我在国防工业方面的第四本书;在很多方面,这也是我为之奋斗了一生的工作。《国防工业》(麻省理工大学出版社,1980)是我的第一本书(来源于我的博士论文),主要关注"冷战时期"的国防工业。重点关注的是越战之后,里根政府(为结束冷战)国防预算大规模增长之前的一个时期。我的第二本书是《可支付的国防》(麻省理工大学出版社,1989),考察的是里根增加国防预算的后期至柏林墙倒塌(1989)的一个时期。那时,大家都希望国防预算能够降下来,并试着找出一条建设适度国家安全态势但花费较少的路径。我的第三本书,《国防转轨》(麻省理工大学出版社,1995),

描述的是"后冷战时期"的国防工业状况。这是一个国防预算低靡的时期(人们期待的是冷战结束之后的和平红利),国防工业忧心的是如何生存。许多企业都开始尽可能地融入多元化的商业世界。这是国防工业大合并的时期,许多公司离开了国防工业。实际上,当今的国防工业结构大部分归因于那一时期的合并及其之后的一些事件。

然而,21世纪需要国防工业转变结构、行为和绩效。这本书描述了这种转变的愿景(以美国为例);探讨了21世纪的国家安全需求;讨论了为实现国家安全工业基础成功转型所需要的政府变革(因为政府是国防市场的惟一买家)。

可以预见,必需的改革将(在政府内和产业界)遭到严重的制度和政治羁绊,但我相信,世界的未来安全取决于这一转变能否成功。本书的写作也正是为了实现这一目标。

目　录

第一章

挑战

第一节　21世纪大背景

　　自20世纪初期起,美国逐渐崛起成为世界上独一无二的超级大国(就其经济、政治和军事地位而言)[1]。西奥多·罗斯福总统将美国的势力范围扩张到全球,同时美国工业经历了巨大的增长和自我改造,支撑美国成为了第二次世界大战的战胜国,继而柏林墙倒塌,苏联解体,20世纪被称作是"美国的世纪"。然而,政治家、学者以及世界观察家们似乎一致认为21世纪将会大大不同于20世纪。也许,2001年的"9·11"事件就是一个警钟。恐怖袭击事件改变了历史,终结了美国的海洋地缘位置能够确保国家安全的历史观点,同时促使美国人民重新审视自身的战略安全环境。随着华盛顿炭疽爆发和SARS病毒的全球蔓延等一系列生态危机的出现,人们开始意识到越来越需要一个更为全面的安全观。广义的不安全因素应该包括世界性的恐怖主义、全球性的疾病大流行(天灾或人祸)、武器扩散、"流氓"核武国家、能源依赖、国内叛乱(非常容易扩散)、大规模移民、区域性冲突、资源使用权的争夺(如水等一些关键性资源)、国际犯罪与国际安全之间的连结(比如毒品恐怖主义)、地缘政治矛盾(比如政权稳固性和不稳固政权的重建)、全球经济危机和网络安全(抵御对军用和民用基础设施的攻击)等。国土安全的重要性程度已经远远超过先前,它涵盖了所有方面——公共基础设施和金融体系保护,针对"流氓"国家的远程核导弹袭击,或者其他有远程投送能力的核武国家意外发射引致的导弹防御。

　　相比于冷战时期,21世纪将会有更大的不确定性。在当时的两极世界格局下,美国和苏联均能够理性地认识到对方所拥有的毁灭性实力,这足以遏止任何一方的核攻击。对于双方来说,最主要的是不断投入以维持一个强大的常规和核武力量,这个强大且平衡的相互威慑力,成功阻止了第三次世界大战的爆发。然而,当面对一个多极化的世界格局(比如,存在众多的反美国家),威慑就显得微不足道了。正如《华盛顿邮报》的头版头条所述：我们现在面对的是一个"让人提心吊胆的世界"[2]。

在这个科技、地缘政治、经济和军事都发生着快速且不可预测变化的21世纪，有两个关键因素尤其事关美国未来的国家安全。第一，能全面满足21世纪安全需要的强大的美国经济。这意味着需要不断增长的经济、平衡的政府预算、充分就业且技能娴熟的劳动力、强势美元、贸易平衡和能源独立。正如著名历史学家保罗·肯尼迪在他1987年的著作《大国的兴衰：1500—2000年的经济变迁和军事冲突》[3]中警示的，国家需要财富来维持军事力量，同样需要军事力量来取得和保护它的财富。但是长期来看，要注意的是，一个国家如果将其资源过多地投入军事，而不是经济增长，则很有可能会削弱其国家实力。这便是美国在21世纪面临的挑战。因此仅仅依靠有限的资源（这样才能有足够的资源被用于社会保障和经济投资等），该如何应对21世纪多样化的潜在安全威胁？

这个问题的答案可以部分地在21世纪第二个关键安全因素中找到。当前的大部分威胁，比如恐怖主义、流行瘟疫、武器扩散、地区冲突、能源、环境、稀缺资源，乃至网络安全，都需要国际合作共同应对。在这个多极化、全球化的世界，重点不再是单边行动或者孤立主义、保护主义，而是考虑了各个参与国利益的多边主义、共同行动，以此实现各个国家的利益最大化。

尽管许多人（包括一些美国国会成员）始终认为，承袭20世纪的发展模式，美国依然能够在21世纪继续维持其超级大国的地位，但压倒性的观点是，大剧变的21世纪，需要新的思维方式。举个例子，2007年，三位美国前国家安全顾问会面的时候（同时代表了共和党和民主党的观点），亨利·基辛格说，"整个国际体系正处于我们几百年未遇到的变革期"，原因在于民族国家的衰落、伊斯兰激进主义对主权历史观念的挑战，及国际事务从大西洋向太平洋和印度洋的重心转移[4]。兹比格涅夫·布热津斯基认为全球性的觉醒正在发生，"整个世界变得更不安分，蠢蠢欲动。它有着不容易被满足的抱负。如果由美国来领导这个世界，那么它必须以某种方式将自己和这些新的、生动的、强烈的政治抱负联系起来，这使得当下与过去迥然不同，哪怕是最近的过去[5]。"他就美国应在世界上扮演的角色继续发表他的观点，他认为美国应该告诉全世界，它希望能成为世界问题解决方案的一部分，并会与其他国家一起，致力于解决这些世界问题。最后，布伦特·斯考克罗夫特认为，"在这个全新的、与先前非常不一样的世界，保持国力的传统措施不再那么奏效了，因为大多数的重要问题都已跨越国界，牵涉到许多新兴国家……我们必须让世界相信，我们希望能与各个国家合作（为了我们自身的利益），并且我们希望成为世界问题解决方案的一部分[6]。"

要解决这些世界性的安全问题（比如恐怖主义、武器扩散、"流氓"核武国家和区冲突等）或者避免与未来军事竞争对手的潜在冲突，单靠军事努力是不行的，而应该需要（美国）政府内部跨部门的行动和政府间的跨国努力共同应对。这其中，美国国务院扮演着关键角色,国家情报总监、国防部、国土安全部、能源部和财政部也是主要参与者。考虑到涉及的联邦机构之多,协调行动并非轻而易举,但是如果美国想在 21 世纪自始至终确保国家安全,那么这是必经的一步。

在 20 世纪,美国国防部花了很长时间才意识到,各军兵种应当采取联合行动而非单独行动是多么重要。现代技术——包括信息和通信技术、远程武器和空间系统等——需要陆军、海军、空军和海军陆战队等的整体性合作,这在 20 世纪 80年代中期颁布的《戈德华特 - 尼克尔斯法案》中得到书面化、正式化。《戈德华特 - 尼克尔斯法案》对国防部进行了制度上的改革与重构,制定了鼓励一体化作战和跨军兵种训练的人事激励方案。此外,在 21 世纪,要保证政府部门间顺畅有效的合作也需要制度上的激励机制。幸运的是,在这个方向上我们已经做了初步努力。2008 年,由美国国务院任命了新的"非洲司令部"副司令,类似的举动还有正在考虑的"南方司令部"(负责处理中南美洲的毒品交易等问题)和"欧洲司令部"的新任职。总之,为了应对 21 世纪多样化的潜在安全隐患带来的不确定性和不可预测性,联邦机构将要具备较之前更快、更敏捷的反应能力。由于政府机构在快速反应上并无上佳表现,因此制度上的变革和激励机制的革新势在必行。世界上各种新事件层出不穷,时间上不允许政府机构花 6 ~ 9 个月的时间来决定如何回应。另外,决策环境涉及多国利益,这无疑增加了政府快速、有效应对的难度。即便在 20 世纪,在联合国和北大西洋公约组织框架内做出快速而有效的决策也是有难度的。

在 21 世纪多极化、全球化的环境中,至关重要的是其他国家(无论是盟国还是敌国)尊重美国(可以说,在 21 世纪初期,美国在很多领域已经失去了这种尊重)。我们同样要让这些国家相信,美国将会坚守其承诺(因为基本上任何国家的未来安全都将依赖于相互达成一致意见的行动)。在美国,这一全球性理念务必需要得到国会的理解(因为国会往往倾向于关注本国问题)。犬儒主义认为,"国会就是前导牵引的指示器"。因此,美国 21 世纪的安全利益需要国会内部的坚强领导力。美国仅靠自身能力无法解决恐怖主义、疾病、大规模杀伤性武器扩散、大规模种族屠杀等问题,也不能仅靠增加军事投入来解决。问题的解决需要美国强大的国民经济、有效的国际关系,以及强大且可负担的国家安全态势。这种强大且可负担的国家安全态势需要综合军事硬实力和国家软实力(约瑟夫·奈认为软实力依靠的是三种国家资源——文化、政治价值和外交政策;这些都应当被视为令人敬佩、可以共享、合法和值得支持的)[7]。军事和经济资源能够使国家处于一定地位,从而获得他国的支持和帮助。但是就算将软实力和硬实力综合起来,要在 21世纪实现一个经济上可承受的国家安全态势,仍然颇有难度。

美国的国家安全不能简单地仅靠不断增加国防经费来解决,国家预算还有很多其他的迫切需求,比如支付日益高涨的联邦医疗和社会保障开支(受人口老龄化的驱动);支付全民医疗保险费用;振兴美国教育系统;升级日趋老化的国家基础设施(包括桥梁和公路);支付 2009 年为了应对金融危机而导致的巨额欠款。事实上,在 2009 财年(耗资巨大的伊拉克战争和阿富汗战争仍在持续),巴拉克·奥巴马总统就提出了 12% 的国防预算削减,这也是美国自 1996 年以来的首次国防预算削减。伴随着持续的财政预算压力和大规模年度紧急战时追加预算的可能取消,国防部将面临财政危机。很显然,美国的挑战就是如何在可负担的预算范围内建设高效的国家安全态势。

第二节　实现政府和工业的必要转变

研究表明,要实现文化变革,需要具备两个条件[8]:一是对危机的识别;二是具有改变的愿景并能付诸行动的领导力。如果不是苏联发射人造卫星、柏林墙倒塌和"9·11"事件发生,没有什么突发事件可以引发人们对改变的如此重视。哪怕超过十年的警告都不足以逆转来自国会、军队、国防工业和工会反对改变的巨大制度阻力。他们都更希望维持现状——依靠高额的国防经费维持国防工业的持续产出和充分就业,生产的却是已经无法满足 21 世纪安全需求的 20 世纪主战装备,而且这些装备的费用越来越难以承受。

1998 年 10 月,当我还是国防部副部长的时候,我注意到国防部并没有充分利用商业化和技术全球化的优势[9]。国防部无法有效应对技术劳动力老龄化的发展趋势,没有充分利用工业全球化带来的潜在军事和经济效益,没有转向生产能够应用于 21 世纪的新型作战技术和系统,而是固守生产成本不断高涨的传统武器系统。这一观点在 21 世纪的前十年被观察家们多次呼吁。2005 年,美国国防科学委员会(一个独立的顾问委员会)研究发现:国防工业的独立研发能力(企业资助的研发而不是国防部的)显著下降;资源投入需要从武器平台(比如船舶、飞机和坦克等)建设转向信息与系统发展;未来将只有很少的大规模生产线;存在一定的(政府出资建设的)武器装备生产能力过剩;缺乏充分全面的国防工业计划来应对 21 世纪的装备和系统需求[10]。当时,国防工业相关机构对此研究的回应是:"如果我们的客户需求的仍然是老的武器系统,那么我们不能也不会想去说服他们做改变,改变不符合我们的商业利益。"国防工业相关机构同时认为,政府的一些政策、惯例和法规也在阻止它们向新系统和低成本采购转变。2006 年,许多人开始意识到改变的必要性了。战略专家杰弗瑞·瑞考德曾说:"曾经是美国安全主要威胁的敌对国家现在已经被"流氓"国家、失败国家和非国家行为体所替代[11]。"他还认为,不能再寄希望于美国的常规军事优势能够满足 21 世纪非传统冲突的需要。最后,他注意到,尽管 2006 年的美国《四年防务评估》提倡扩充特种作战部队,但是"它要求不提高美国地面力量的总体水平,并坚持使用冷战时期遗留的武器系统[12]。"

到 2007 年，甚至一些军队指挥官也开始意识到这个文化变革的必要性了。美国海军作战部长、海军上将迈克尔·穆勒（后来成为参谋长联席会议主席）指导海军制定了详尽的国家海洋战略，来应对全球化带来的挑战[13]。他指出，这项战略能应对"全球化对科技、经济、安全和其他方面带来的深远影响"，也能适应 21 世纪的"能源竞争"[14]。尽管人们已经逐渐意识到国防预算、政策以及实际上已经投入使用的武器与 21 世纪的安全环境需求并不匹配，是接下来的财政危机和需要的相应改变都没有被认识到。在现实中，外部安全环境变化迅速。尽管我们需要一个新的整体性的国家安全观（包括一个情报能力和联合行动能力大大增强的国土安全部），但是，"9·11"事件后十年国防预算的急剧增长推迟了一个艰难选择的做出——是向 21 世纪的安全需求迈进，还是维持 20 世纪装备上的投资。当时的假设是：国防预算会维持在高水平；伊拉克和阿富汗的武装冲突结束之后，军队会将装备恢复至战争之前的状态（采购旧装备的升级版作为替代）；在更低的预算水平上，军队不会向 21 世纪的现代武装力量转变。其实，人们此时应当想起林肯总统的那句名言："过去的教条，已经无力应对当今的严峻挑战。现在充满了困难，我们必须与时俱进。在新形势面前，我们必须重新思考并制定出新的应对措施[15]。"

第一个意识到即将来临的财政危机并将它在全国范围内说出来的人，是美国总审计长、审计总局局长大卫·沃克。他表示，"若要达到美国未来所需的战斗力水平，保障国家安全，就必须提高国防部及其下属单位的管理能力；只有这样，才能在目前和未来预期的资源约束水平上，支撑并维持美国的世界军事强国地位[16]。"这种资源约束是促进文化变革的主要推动力，因为其他领域（包括医疗保险、社会保障、教育、基础设施建设和医学研究等）的社会性开支要求取消每年 1000 亿美元的追加国防预算和大量削减年度国防开支。现在，我们必须做出艰难的决定，改变的压力和正确的领导，应该能促成美国安全态势和资源配置在 21 世纪的大转变。

到 2010 年，我们清楚的是，国防预算（包括追加部分总计超过 7000 亿美元）必然要削减；（经济承受力的）大变革势在必行。国防部长罗伯特·盖茨带头[17]使国防部相信，除了变革，别无他路。各军兵种不得不在未来兵力规划编制、武器装备需求制定、预算和采购等行动中对此有所反应。

第二章
国防工业展望

第一节　历史概述

当人们想起美国的国防工业时,脑海中会浮现两个印象——它建造了世界上最好的武器系统,它在赢得第二次世界大战中扮演了重要角色。事实上,美国的国防工业(主要由商业化工厂转换而来)因为其巨大产出而被称为"民主兵工厂"[1]。

国防工业是美国经济的主要部门,但由于国防市场实质上只有一个买方(国防部)和少量的大型供应商(实际上都是各个部门的垄断寡头),并且受到政府法律法规的管控,因此,它不是一个普通意义上的市场。在这个独特的市场结构里,政府(作为唯一买家和调控者)通过计划和调控,应该引导国防市场形成高效、反应迅速的产业结构,以满足国防部、纳税人(就经济承受力而言)以及国家法律(道德行为角度)的广泛需求。

对经济学家而言,最优的解决方案应是一个完全自由的市场结构。因此,政府设定限制以追求特定绩效的市场结构被认为是次优的解决方案。在这种情况下,仍然需要最大限度地利用市场竞争的力量,但政府也有责任①,因为这是一个独特的市场(一个受管制的市场,只有一个买家并且每个部门只有少数供应商)。

对美国军事装备需求的历史回顾发现,今天国防工业的许多特征直接归因于美国国防经济的历史性演变[2]。九个特征脱颖而出,它们每一个都表明国防工业要在 21 世纪实现最优转变的必要性。

1. 国防采购周期性起伏

从美国革命②起,美国为战争建立了自己的国防生产,当战争一结束,生产者必然转产、恢复正常的商业经营。每一次,转产的思路都是"最后一战,未来不会再有

---

① 去管理竞争。
② 指独立战争。——译者注

军事需要"。1812 年战争之后,1816 年 10 月 29 日出版的《康涅狄格新闻报》报道称,"战争部长威廉·H·克劳福德被美国总统任命为财政部长,替代辞职的杜勒斯先生。我们没有听说谁将继任克劳福德先生在战争部的职位。由于该职位的工作现在不是非常紧迫,它的空缺可能不会立即得到填补。"在第一次世界大战和第二次世界大战之间,国防工业被完全撤销。即使是在冷战的长时间(1947—1991 年)里,在为了对抗苏联而保持一定水平的国防支出时,国防支出和国防工业规模仍然出现了显著的起伏变化(图 2 - 1)。并且,在 1977—1996 年的 20 年间,国防工业的就业人数在两百万上下周期性波动——从波峰的大约 350 万人(1987 年),包括间接就业,到波谷,大约 160 万人(1977 年)(表 2 - 1)。

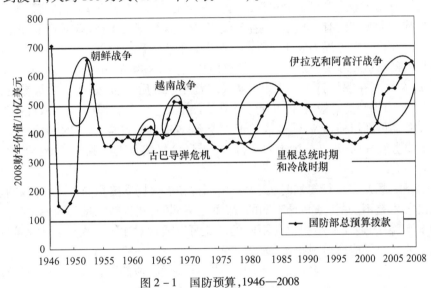

图 2 - 1　国防预算,1946—2008

注:本图引自斯蒂文·M·柯西卡《历史和预计的国防资金:
图表格式的 2008 财年拨款的介绍》,战略与预算评估中心(CSBA),2007 年 6 月 7 日。

表 2 - 1　国防工业的就业数据,1977—1996

年份	1977	1987	1996
直接相关	930000	1997000	1180000
间接相关	722000	1548000	943000
总计	1652000	3545000	2123000
注:引自《劳工评论月刊》,1998 年 7 月			

　　在 20 世纪后半叶的每一次冲突过后——朝鲜战争、越南战争和冷战,公众预期(并收获)了一个大额的和平红利,并伴随着显著的国防预算波动。冷战结束以后,国防预算锐减了超过 1000 亿美元,其中 60% 以上来自国防采购(这些是直接进入国防工业的资金)。如此大的周期性波动造成了极大的低效率,因此应该采取一些措施,以最小化其影响。然而,很少有国防工业(政府或行业)规划出台,以

减少军事装备需求大幅度变化的负面影响。

2. 工业基础的结构规划薄弱

美国的民用经济建立在一个严格假设之上,即市场自由运作能够带来巨大利益,因此民用经济和国防经济长期以来厌恶产业规划。然而,在独特的国防市场中,产业规划是必需的。

规划涉及到各种结构性的考量——例如,某个部门所需的公司数量、政府创造竞争的能力,以及公私共有设施的所有权和劳动力问题——这会促进在设备的效能与成本以及行业对于不断变化需求的应变能力方面的更高效率和效益。根据图2-1所示的国防预算周期数据,以及考虑到21世纪是如何开始的(2001年9月11日的恐怖袭击),国防工业生产可能会再次出现波峰和波谷以及相应波动的转变。然而,即便在冷战时期美国约有5%的国内生产总值用于维持国防工业基础,产业规划仍然很少。曾在第二次世界大战期间负责产业规划的组织部门(战争动员办公室),战争结束后立即就被废除了。哈利·S·杜鲁门总统为了朝鲜战争创造了内阁级别的国防动员办公室,在德怀特·D·艾森豪威尔就任总统后,该办公室的层级被逐出内阁,以支持市场经济。最后,1991年,美国在联邦紧急事务管理局(FEMA)内建立了一个紧急动员部门,但随后就被取消了。今天,现有的行政命令(12656号)规定,联邦紧急事务管理局(现在是国土安全部的一部分)仍然负责产业规划,但自1991年以来就没有跨部门的动员演习了[3]。

为下一场冲突进行规划时,认为一切都将和前一场冲突相同,这是愚蠢的。21世纪的技术是不同的,威胁是不同的,战争是不同的,装备需求是不同的,并且在许多情况下,甚至连产业结构也是不同的。这可以通过对比第二次世界大战和2006年的主要军事供应商名单得出(表2-2)。

第二次世界大战的名单是由商用供应商组成的,他们通过将生产线转为军用而成为国防供应商,2006年的名单则全是清一色的国防供应商(他们中可能也有一些设有商用部门,如波音)。国防产业的变化性、战争技术的不断发展,以及未来需求的不确定性,使得制定未来的国防工业规划困难重重,这也在一定程度上解释了为什么很少制定国防产业规划。

表2-2 前十位的国防承包商(第二次世界大战和2006年)

第二次世界大战[①]	2006年[②]
伯利恒钢铁公司	洛克希德·马丁公司
克莱斯勒(汽车公司)	波音公司
通用汽车公司	诺斯罗普·格鲁曼公司
福特汽车公司	通用动力公司
斯图贝克(汽车公司)	雷神公司
莱特航空公司	哈里伯顿公司
道尔镁厂	L-3通信公司
柯蒂斯莱特(飞机制造公司)	BAE系统公共有限公司(PLC)
帕卡德汽车公司	联合科技公司

（续）

第二次世界大战①	2006 年②
斯佩里陀螺仪公司	科学应用国际公司
① 是第二次世界大战期间的一些最大国防承包商；	
② 是根据获得的合同金额得出的 2006 年前十大国防承包商	
注：本表引自：R. 埃尔伯特·史密斯，《军队和经济动员》，1991，美国国防部长办公室，http://sizdapp.dm-dc.osd.mil/procurement/historical_reports/statistics/p01/FY2006/top100.htm	

《国防生产法》（1950 年 9 月开始实施，并且定期更新至今）旨在允许（并鼓励）国防部为战时的潜在生产激增做好规划。它也允许总统将关键材料配置给（有需要的）国防部门，并要求制造商（优先生产军品）创造更大的国防产出。此外，政府的另一个主要规划职能是，决定国防工业基础的哪一部分应该是在公共部门，哪一部分在私营部门。例如，现在仍然存在许多国有船坞（提供大修和修理服务）、国有飞机维修站（按照法律规定，至少 50% 的维修工作必须在国有维修站完成）和国有军械库（表 2-3）。

表 2-3 2006 财年国防部的国有生产和维修单位

类别	政府文职雇员	军事人员	合同人员	运行与维护/百万美元
航空物流中心	21100	216	500	5025
陆军补给站	15400	17	2850	3831
海航补给站	10900	106	683	1868
海军船坞	25000	1655	616	3736
海事补给站	1700	11		496
军火工厂	2000	5	18	275
军械库	3050	5	53	502
约计	69150	2014	4700	15733

注：文职人员数量近似到 100。合同人员的数量统计建立在各个单位的电话报告基础上，是不完全的。费用不包含军事人员（所有设施的这类成本都不可得知）和周转资金的成本。然而，对于那些没有报告数据的单位，航空单位的周转资金费用大于等于运行与维护费用。

本表引自：国防部给国会的报告和国防科学委员会的《国防产业结构转变的课题组报告》，2008 年 7 月，第 25 页

在任何工业基础的结构规划中，国有与私有设施的比重以及政府拥有所有权的设施数量（即使这些设施由私有部门经营）都需要做出评估。

3. 未来准备不充分

在海湾战争（1990 年 8 月 2 日至 1991 年 2 月 28 日）中，"飞毛腿"弹道导弹第一次向美军开火，需要"爱国者"地对空导弹系统将其击落。由于"飞毛腿"导弹的

袭击出人意料,军队没有足够数量的"爱国者"导弹系统,而不得不迅速大量订购。基于以前武器系统消耗经验,"爱国者"导弹系统的规划预先考虑到了可能的激增需求,使得美国工厂有足够的生产能力来建造该导弹系统。但要增加"爱国者"导弹系统的生产需要某些零部件,而激增规划并没有包括这些部件。结果,延迟了18个月才获得这些部件。显然,"爱国者"导弹系统的激增生产计划并不完善。

第一次世界大战前,"民兵"模式是国家应对战争进行人力动员的计划方法。第二次世界大战结束后,应战规划纳入了船舶、飞机和坦克的生产激增预测。但在伊拉克战争中,当路边炸弹开始摧毁非装甲车辆时,装甲需求迫在眉睫,但(由于装甲没有被纳入计划)满足需求花费了好几年的时间。船舶行业、飞机行业和坦克行业可能不愿改变传统的、聚焦最终产品的备战模式,军队也可能对围绕原有武器平台的传统模式改变迟缓。但21世纪的备战规划有灵活和快速应对意外的需求。好消息是,应急准备是相对便宜的,并能在危机发生时显著地影响反应时间(在如上所述的"爱国者"导弹系统案例中,事先储备生产周期较长的零部件,可以很少的附加成本满足激增的最终产品生产需求,因为如果没有激增的需求,这些零部件还可以在以后几年的生产中使用)。

4. 实际的工业快速反应能力不足

在历次战争中,美国的人力动员速度要远胜于装备动员速度。今天,考虑到装备的复杂精密程度,交付周期大大延长。因此,尽管美国增加了整体的工业实力,但当突发事件(如空袭珍珠港、第一颗人造卫星发射、"9·11"恐怖袭击,以及伊拉克路边炸弹)发生时,我们做好准备的经常是为以前的事件,而不是意想不到的新事件。官员们也容易只思考那些(他们)为之准备了的事件,而不是那些可能发生的突发事件[4]。

5. 工业基础不能充分满足变化的需求

在结构调整和应对不断变化的需求中,灵活性将是21世纪国防工业基础的关键。它必须集中于那些在危机中会被用到的装备上,包括无人驾驶交通工具、精确制导武器、强化的情报装备、备用零部件,以及人员和装备的防护装备。21世纪技术的快速变化特性使得做好规划尤其困难(无论是在商业世界还是在军事领域,必须适应对手不断变化的技术)。因为军队始终准备着打上一次的那种战争,美国工业也就倾向于生产上一场战争的武器。

6. 科学、技术和研发至关重要

第二次世界大战结束后,万尼瓦尔·布什帮助美国认识到,科学技术将决定其未来的增长、竞争力,以及国家安全。国家科学基金会得以成立,研究和发展预算得以增加,大学项目也应运而生。当1957年苏联发射第一颗人造卫星时,重视科学技术的第二个高潮再次兴起。多个机构被建立——国家航空航天局(NASA)、高级研究计划局(ARPA)(在国防部内),以及国防科学委员会(一个外部咨询委员会)——旨在消除未来(对手)的技术震撼。在冷战的45年间,美国的国家安全战略建立在技术优势之上,并希望以美国武器系统的质量来战胜苏联武器系统的数量。对研发重要性的认识显著增加了国防开支、联邦研发投资以及国家科学基金会与国防部内的基础研究开支。在2001年秋天的炭疽袭击事件后,为国家卫生研究院提供的资金增加了,以对付生物战。重要的是,美国国防研发投资的价值已不仅仅体现在国防领域,也体现在美国的全球产业竞争力上,并已促进了喷气发动机、通信卫星、半导体、互联网,以及计算技术的巨大进步。

7. 国防工业基础内产业间差异显著

由于不同的历史演变,产业基础的各部门(如造船、飞机和兵器)之间迥然不同。例如,在美国革命期间,船舶建造和火炮部件的制造是在私营部门进行的,而枪支和弹药大多来自政府的军械库。在今天依然如此,政治往往在确定产业结构上扮演关键角色。在1794年4月亨利·诺克斯给乔治·华盛顿的关于建设第一批六艘军舰的信中,他指出,船舶建造应从地理上进行分布("配比是公平与明智的……将利益最大可能地划给那些提供最多资金支持的地方或州府")[5]。

伴随着国防工业的增长,这些公共与私人的混合体也在增长。例如,1846年政府拥有37个军械库,到1859年就有47个了。因为政府(在大西洋海岸)拥有6个海军造船厂,大部分军舰都在公共造船厂建造,但小型武器主要转移到了私营部门(例如科尔特和雷明顿),一些仍然来自春田兵工厂。在裁军期间(比如两次世界大战之间),国防部试图维持自己的设施;此后私营部门只有很小的市场,大部分的陆军装备(如枪支、坦克和弹药)出自六个政府军械厂。飞机工业是个例外。它自始至终保留在私营部门(维修站除外)。

国防产业也是分层的。主要分包商(如喷气发动机、计算机、雷达)经常为不同的主承包商工作,但他们通过兼并,越来越多地被垂直整合到主承包商的组织里。在较低的层次里,一大群小供应商生产零部件和材料(如铸件、锻件,以及半导体组件)(图2-2)。最后,国防工业中一个正在增长的部门是服务行业。

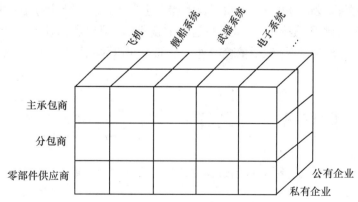

图2-2 国防工业基础的构成

大部分的国防装备过去往往出自于商用产业,他们在战时转向为战争生产,在战争结束后则重新转回民用。然而,第二次世界大战结束后不久,一个专门的国防工业发展起来,以满足新组建的国防部的技术需求(如喷气战斗机、微波雷达、导弹、火控计算机,以及其他独特的或先进的军事装备)。今天,大多数基础元器件(子系统和零部件)与商用元器件已经大同小异,但由于政府的强制性规定,大部分国防产品仍然由国防专用设施另行生产,造成军民分离。

8. 国防企业的兼并重组

在每次战时的快速组建和战后迅速抛售之后,一些大型公司的国防业务显著增长。例如,第二次世界大战期间,联邦政府投入大量资本用于工厂和设备建设,战后,这些资产被以诱人的价格抛售给了当地的大公司。当时,全国最大的250家公司获得了70%以上的抛售资产[6]。在许多其他的第二次世界大战设施转让案例中,政府保留了资产所有权,但管理权转移给了托管公司。现在洛克希德·马丁公司用以建造 F-35 的德克萨斯飞机工厂就属于这一情况。最大规模的兼并重组发生在冷战后期,那时前50家公司融合成了前5大公司。因为现代国防技术(研发和生产)复杂精密,需要大量的资本投资,加之大型工程逐渐减少,可能的进一步整合引起人们对于竞争减少甚至消除(主承包商和分承包商)的极大忧虑。在许多方面,这种集中,特别是垂直一体化,与全球商业公司的发展方向是背道而驰的。在商业领域,亨利·福特的汽车生产模式("钢铁进,汽车出")已不再流行。相反,趋势已经走向将业务外包给有竞争力的供应商,这些供应商的核心竞争力在于单个的子系统、零部件或生产服务。外包使得商业公司可以保持竞争力。

9. 自给自足的错误观念

许多人将国防视为一个封闭的国内经济问题。事实却与之相反。跨国合作最早出现在大革命时期,并一直延续到今天。在美国独立战争中,有2347000磅①黑火药在萨拉托加战役前被提供给了军队,其中90%以上是用进口的原材料制造的或者由欧洲直接海运而来[7]。今天,美国建造的每一个武器系统都含有外国部件,许多甚至建立在外国设计的基础上。由于技术和产业全球化,这种趋势仍在发展。

21世纪的挑战,是如何发挥这种趋势的优点,以解决和弥补上述历史性特点造成的无用或无效表现(包括依赖海外供货的潜在风险),以维护国家安全利益。

第二节　国防开支与经济

美国的国防开支总额远远超过其他国家。在21世纪第一个十年的中期,美国

---

① 1磅 = 0.45359237kg。——译者注

国防年度预算总额为4415亿美元(这个数字不包括每年用于伊拉克战争和阿富汗战争1000多亿美元的"追加"国防预算和能源部的核武器预算),它比世界上所有其他192个国家加起来的军事开支总和还要多[8]。即使是那些有着较高国防支出的国家(包括中国、俄罗斯、英国、法国、德国、意大利、以色列、沙特阿拉伯、韩国和伊朗),与之相较也会"甘拜下风"。不仅国防部的整体预算使那些国家"相形见绌",而且分散开的子项目经费也相当庞大。例如,美国的武器采购经费大大超过了全欧洲的总和,二者在研发上的支出更是天壤之别。美国的研发支出通常是欧洲总和的3~4倍。

此外,国防部拥有300多万名员工和6万多幢建筑物,分布在130个国家,拥有3.4万亿美元的资产和负债[9],支撑的工业基础直接吸纳了超过400万劳动力就业。它对经济也有巨大的间接影响——给超过700万的政府和产业员工(包括退休人员和员工家属)提供产品与服务。

第二次世界大战后,从40多年的冷战到持续至今的21世纪"针对恐怖主义的长期战争"美国每次都会在大的冲突后进行裁军;但是,庞大的国防开支得以持续,并预计在未来的几年内继续存在。

但国防预算并不是仅仅针对单一的区域性冲突。美国军队分散在世界各地(表2-4)。

表2-4　美国全球驻军,2007年6月　　　　　　(单位:人)

中央司令部	欧洲司令部	太平洋司令部	南方司令部
伊拉克,169000	德国,75603	韩国,40258	关塔那摩,75603
阿富汗,20000	意大利,13354	日本,40045	洪都拉斯,413
吉布提,200	西班牙,1968	澳大利亚,200	加拿大,147
埃及,384	英国,11801	菲律宾,100	厄瓜多尔,不详
吉尔吉斯斯坦,1000	科索沃,1700	迪戈加西亚岛,491	海上,120666
格鲁吉亚,21	波斯尼亚,2931	新加坡,196	
卡塔尔,3432	土耳其,1863	泰国,113	
巴林,1496	比利时,1534	海上,16601	
沙特阿拉伯,291	葡萄牙,1016		
海上,592	荷兰,722		
	马其顿,104		
	海上,2534		

此外,美国的国家安全预算必须包括基本的国防预算、为国防部紧急需要而增加的追加预算(2007年,为了应对伊拉克战争和阿富汗战争,这一预算大约是1700亿美元)、国土安全部预算(每年约400亿美元),以及包含在能源部预算(每年约

170亿美元)中的核武器和海军核反应堆支出。该预算也应包括情报总预算的一部分,情报总预算曾是每年约500~600亿美元[10],但2009年(国家情报总监)公布的数字是750亿美元[11](涵盖了国防部和中央情报局的20万雇员)。大部分的国家安全预算隐藏在一系列的其他预算中(包括国防部预算)。关于国家安全年度开支有很多估算,2008财年的估计是7200~7350亿美元(这使2008财年国家安全领域的投入占国民生产总值的比例提高到了5.7%)。

在21世纪的前十年里,追加的国防预算被用于伊拉克战争和阿富汗战争。十年间,追加预算每年都有所增长,而且随着战争的继续,年度追加预算开始超过1000亿美元,在某些情况下甚至需要多次追加预算。在2009财年,布什总统提交的最初追加预算是700亿美元。理论上,追加预算的目的是支付该财年中出现的但并未列入年度预算的意外开支。然而,当追加预算开始可以被预料时,这成了占据各军种预算计划显著比例的重要部分。当这1000亿美元的追加预算消失时,国防部将可能面临财政危机。到那时,采购21世纪的武器系统(而不是过去的系统平台)将成为残酷的现实(即使在"9·11"事件后国防预算大幅增加,到2010年,各军兵种仍然声称每年有超过200亿美元的短缺——即使获得了追加预算)。在此期间,美国经济并没有像冷战时期那样由平时状态转为平战结合,而是依然依靠国防工业满足安全需求。

从宏观上看,在没有民用经济转化的情况下,将巨大的国防开支投入国防工业,其对美国经济的影响是正面刺激增长还是导致负面的通货膨胀,尚无定论。正反两个方面的观点都有专家和数据支持,答案似乎取决于整体的国民经济环境、与军事相比的替代开支或财政政策、政策的经济和社会目标,以及国防工业自身的结构和条件。

因为每年数千亿美元的国防经费开支,直接和间接地带来了数以百万计的工作机会,许多人认为国防政策可能刺激整体经济和国防相关领域的就业。但是,将国防开支的这些影响与政府其他的财政或者货币政策的影响相比,可能会产生误导。例如,国防支出相对于政府其他支出可能是更加有效的刺激因素,因为国防的资本密集程度更高[12],从而使那些投资可以创造更大的经济乘数。然而,减税可能是一个更有效的刺激方案(这取决于减税的方式和减税时经济的状况)。同样地,刺激经济的公众政策目标是非常重要的。例如,创造就业机会可能是一个目标,但是因为国防部门的高技能要求和高薪待遇,它对绝对失业的拉动很小。一种分析(瓦西里·列昂惕夫和马文·霍芬博格)指出,每一美元军事开支创造的工作只相当于民用开支的一半,却要比民用开支多提供20%的薪水[13]。还有关于国防开支对宏观经济影响的一些其他理论(例如,一些理论考虑了其对股市的影响)[14],但前美联储主席阿瑟·伯恩斯的一段话为此提供了很好的总结:"如果国防部门在一些方面刺激了经济的发展,那它就在其他方面阻碍了经济的发展[15]。"尽管如此,相比于其他任何政府支出,国会更容易批准国家安全的开支需求,这就使得,无论何时需要刺激经济,特别是国家安全需求迫切时,增加国防开支就成为最明显的方案。

也许国防开支对美国经济最重要的长期影响是国防研发的民用效益溢出。因为国防部利用技术优势作为其差异化战略,不断推动各领域的技术性能提升,这显著地影响了美国经济。国防部对于小型高性能电子产品的需求,使它成为半导体产业的第一个买家(并因此刺激了该行业发展)。其对全球通信的需要,催生了通信卫星产业。其他的例子包括喷气发动机、互联网和全球定位系统(GPS)。在所有这些案例中,研发开支均花在了军事需求上,但却使整个国民经济受益。尽管如此,国防开支的目的并非是刺激经济、经济增长或者就业(或者政治),而是满足国家安全需求。

将国防支出作为国内生产总值(GDP)的一部分进行考察(图2-3)是有益的。即使在冷战期间,当国防预算持续高于和平时期的历史低位,并且国内生产总值快速增长时,国防开支的GDP占比却持续全面下降,哪怕是在越南战争时期和冷战后期的里根复兴时期。也许令人惊讶的是,在为伊拉克战争和阿富汗战争提供大笔支出时,这种整体下降趋势仍在持续。到2007年,国防开支总额仅为国内生产总值的4.4%。

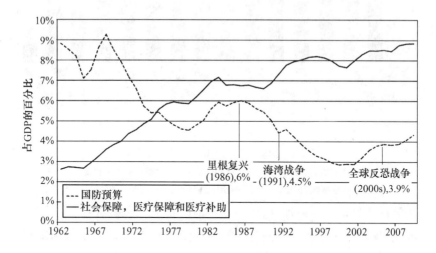

图2-3 国防预算和政府硬性支出(社会保障、
医疗保险和医疗补助)所占国内生产总值比例

注:本图引自:美国的政府预算(历史表),《中央情报局世界概况》
(华盛顿,哥伦比亚特区:美国政府印刷办公室,2007年)。

根据美国审计总署(GAO)公布的分析结果,美国国内生产总值的增速将无法满足未来国防支出的需求、其他政府机构的需求、债务偿还需求(到2017年预计将超过年度国防预算)[16],以及强制性的福利项目支出需求(如社会保障、医疗保险和医疗补助,总额计划由 2000 年约占国内生产总值的 8% 增长到 2080 年的 25% 左右)。

此外,尽管美国的国防开支压倒性地超过世界上其他所有国家的总和,因此肯定比任何一个国家都多,但是许多国家国防支出占该国 GDP 的百分比却超过了美国(图 2 - 4)。当然,也有许多国家(如英国、澳大利亚和日本)的国家安全开支占GDP 比重比美国小很多。尽管如此,在人均占有的意义上,2008 年美国的国防预算(每人 2000 美元)仅次于以色列(每人 2300 美元),位居世界第二[17]。

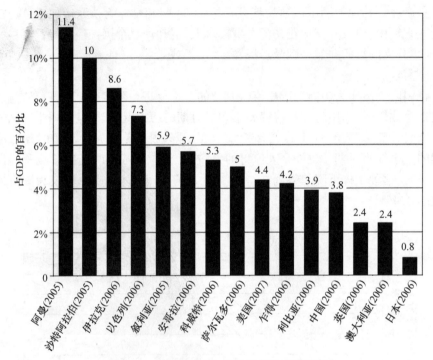

图 2 - 4　国防支出占 GDP 比例的大致比较

注:本图引自:美国的政府预算(历史表),《中央情报局世界概况》
(华盛顿,哥伦比亚特区:美国政府印刷办公室,2007 年)。

尽管一再希望和平会出现,但历史和当前的世界趋势没有理由使之变得更为乐观。因此,我们需要密切关注国防部如何分配开支,以及在不降低国家安全的前提下,如何显著降低国防开支。国防部算大部分被均等地分给了陆军、海军和空军(空军通常略多一些,因为飞机价格和飞机维修的成本较高,特别是喷气式发动机)。陆军的资本密集性远远低于空军,因此其主要成本花在了人员开支上。海军陆战队也主要是人力密集型的,因为其规模较小,其总支出往往比其他军种要低一个数量级。最后一方面,也就是国防部其他直属机构(例如联合后勤局、国防信息系统局和弹道导弹防御局),其总支出约相当于单个军种支出的 1/2。四个军种之间的经费分配比例每年不同,并且由于军队要面向 21 世纪更多类型的冲突(如区域性非常规战争),陆军和海军陆战队的人员数量有可能增加。此外,在预算逐步下降的环境中,为海军舰艇和空军有人驾驶飞机支付高昂成本会越来越困难。

观测国防预算趋势的最好指标是分析各类支出。根据预算程序的定义和金额大小的顺序,这些类别包括:①运行与维修费(O&M);②人员费;③采购费;④研究、开发、测试与评估费(RDT&E);⑤其他费用。

1. 运行与维修费

从冷战的漫长时期到进入 21 世纪,国防部的运行与维修(O&M)预算(2005财年不变美元)增长迅速——从每年 500 亿美元增长到每年 1500 亿美元[18](较新数字不包括庞大的追加预算,这些追加预算主要是伊拉克战争和阿富汗战争的运行与维护费)。这种整体性增长反映了复杂装备的运行、保障和维修成本,以及伊拉克战争和阿富汗战争的高作战强度。燃料成本的上涨也重要推手是,反映出高作战强度以及船舶、飞机和坦克的高耗油量。2008 财年,国防部的燃油支出达到150 亿美元[19]。

随着军事装备的老化,运行和维护成本也将逐步上升(每年上升约 10% ~ 14%),即使预算持平,国防部用在运行与维护上的资源份额也将不断增加。这将使国防部无力购买新的装备,并导致恶性循环——越来越旧的装备花费越来越多的运行与维护资金,越来越少的钱可用来购买新装备。

2. 人员费

从 1945 年到 1979 年,伴随着通货膨胀和生活成本提高(以及志愿兵数量的增加)军事人员费逐渐上升。然而,在 20 世纪 80 年代(冷战末期)的里根复兴时期,随着国会强制要求许多人力资源项目(例如军队卫生保健计划(TRICARE)、预备役医疗保健计划,以及遗属抚养计划)增加支出,军事人力成本开始猛增(图 2-5)。

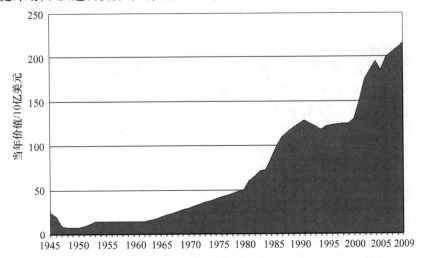

图 2-5 年度军事人员费,1945—2009

注:本图引自:国防部,《绿皮书》,2009 财年。

其中,最引人注目的一项人力成本增加是现役和退役军人及其家属的医疗保健。到 2005 年,美国的医疗保健支出总额达 2 万亿美元/年[20](这相当于国内生产总值的 16%)。这表示从 1975 年到 2005 年,医疗保健占国内生产总值的比例翻了一番,预计到 2016 年,美国的医疗开支将占国内生产总值的近 20%[21]。军事医疗保健和退休金成本也一路飙升,这主要归因于那些越南战争时参军的士兵和军官的退休和年龄增长。尤其是美军的卫生保健计划(TRICARE),它涵盖了九百万军方受益人的医疗保障[22]。由于受益人员数量、人均福利的增加和医疗通货膨胀,军队卫生保健计划 2005 财年开支比 2001 财年翻了一番。以 2005 年为例,42% 的(军队卫生保健计划)预算提供给现役人员及其家属,其余的则用于离退休人员及其家属(随着年龄增长,医疗费用显著增加)。

医疗保健成本的上升与国防部整体预算日益相关。在讨论军队 2007 财年预算时,美国陆军参谋长彼得·休梅克将军说,他非常关注人力成本的上升[23]。他注意到,自 2001 年以来,常备军的成本已经上涨了 60%,预备役的成本则上涨了100%——主要的推动力来自医疗保健需求。同样地,国防部审计长蒂娜·乔纳斯说,军事薪酬在 2001 年到 2008 年间上升了 75%[24],其中,医疗保健成本同期上涨了 125%[25]。

最后,并非所有国防部医疗保健费用都被列入了国防预算。例如,2007 财年,军事医疗保健费用的需求总额为 930 亿美元,国防预算是 420 亿美元,310 亿美元列入退伍军人事务部的预算中,其余 200 亿美元则在财政部的(退休人员)预算中。

志愿兵服务越来越昂贵。在持久冲突中(如伊拉克战争和阿富汗战争),福利(包括保留奖金、危险工作津贴,以及增加的退休和家庭福利)是人力成本增加的主要原因,即便许多领域的兵员数量正在下降。

3. 采购费

国防部的总投资账户包括两部分——采购(投产系统的购买);研究、开发、测试与评估(RDT&E)(下一代系统的投资)(图 2-6)。

如图 2-6 所示,采购项目在一些时期急剧上涨(尤其是在冲突期间),并在之后迅速下降(形成一个所谓的"采购假期")。近年来,冷战刚结束后采购花费大幅下降。以 2007 财年不变美元计算,从 1989 财年到 1996 财年,拨付的国防预算总额大约下降了 1250 亿美元,其中近 1/2 来自采购项目。以 2007 年不变美元计,采购项目从 1088 亿美元下降至 506 亿美元。从 1996 到 2009 年(14 年),国防部历经了自 1822 年到 1837 年(16 年)之后最长的国防预算拨款增长[26]。如图2-6所示(2007 年不变美元),采购支出从 1996 年的 506 亿美元增长到 2005 年的 813 亿美元(甚至不含追加预算),形成了"9·11"恐怖袭击后以及在伊拉克战争和阿富汗战争期间最长的增长期。在 2001 年至 2006 年的建设期间,主要武器计划的总成本(见提交给国会的《若干采购项目报告》)从 7000 亿美元增长到 14000 亿美元,而实际采购到的数量却在下降(从增加的单位成本中可以反映出来)。

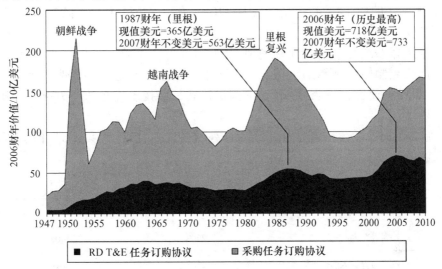

图2-6 国防投资:采购与研究、开发、测试与评估(1947—2010)
注:本图引自:国防部副部长办公室(审计长),《2007财年国防预算》(绿皮书),2006年3月。

因此在21世纪初,军事装备的数量有所下降,而购买它们的总支出却大幅上涨。例如,M-1坦克的花费是正在淘汰的M-60坦克的三倍(不包括通货膨胀,以及假设实行一对一的替换)。M-1坦克的性能大大优化(也许有三倍提升)。因此,在一对一更换的基础上,可以认为它值得这些钱,但它仍然花费了三倍的资金。如果美国要保持相同数量的坦克,那么它要有三倍的采购支出。海军舰艇和空军战斗机也有类似的成本增长。如果空军想将其兵力维持在恒定的大小——也就是说,从1995—2005年维持23个战术战斗机联队——那它将不得不每年购买大约110架飞机。实际上,空军平均每年采购21架飞机[27]。作为参考点,美国在20世纪50年代每年采购约3000架战术军用飞机,在20世纪60年代每年采购约1000架,在20世纪70年代每年采购约300架。军事装备采购数量的下降趋势非常明显。诺曼·奥古斯丁在1983年[28]展示了这些战斗机数量变化的曲线。他观察到,如果这种趋势继续下去(事实如此,至少直到最现代的战机F-22),那么到了2054年,国防部每年将利用其全部飞机采购经费去购买一架飞机(他的观点适用于各军种)。这将是一个神话般的飞机,其性能将远远超过任何现阶段的飞机,但数量也确实重要。事实上,有人认为战斗力总和与数量的平方成正比,与单个武器的性能只呈线性关系[29]。在单位成本上升时,为了保持总战斗力不变,仅仅依靠增加武器性能是不够的。维持一定数量的这些价格高昂的武器系统是必需的,但也是难以负担的(除非单位成本可以降低)。

4. 研究、开发、测试与评估

正如图2-6所示,研究、开发、测试与评估开支的长期趋势是上涨的,其中增长最快的时期出现在 1996 年至 2007 年(这一时期,以 2007 年不变美元计算,研究、开发、测试与评估开支从 420 亿美元增长到了 654 亿美元)。但在这项总支出中,出现了朝向发展全尺寸武器和非长期研究的转变。这种转变归因于武器系统复杂性的大幅增加,从而引起各个领域工艺水平的不断提升。如果严格控制国防预算的上限,长期研究变为短期研究的可能性会更大。因此,如果长期研究缺乏大量投资,美国保持其长期技术优势的能力可能处于危险之中。

后冷战时代的预算趋势如表 2 - 5 所列,它比较了 1988 年和 2007 年的人员和武器数量。

表 2 - 5　国防演变:1988 年与 2007 年

年份	1988	2007
现役军人/千人	2209	1406
预备役与警卫人员/千人	1158	843
文职人员/千人	1090	702
现役舰艇	573	236
陆军师(现役)	20	10
空军战斗机/攻击机(现役总库存)	3027	1619

注:本表引自《2006 财年国防预算估计》,2007 年 4 月,AFA 年鉴,http://www.history.navy.mil/branches/org9 - 4c.htm

这些数字表明,虽然 2001 年 9 月 11 日后的国防预算大幅增加,仍然没有扭转冷战结束后即开始的人员或主要装备数量的下降趋势。增加的预算用来支付更昂贵的装备和成本高得多的全志愿部队,但人员和装备数量的减少仍然是显著的。

在国防支出和经济的任何讨论中,必须认识到,未来国家安全背后的驱动因素是其经济实力。没有经济的强劲增长和对其他资源需求(如社会保障和医疗保险)增长的认同,将不会有可用于投资国家安全的资源。没有这些资源,将负担不起那些为了提供高层次国家安全而需要的人员和装备。为此,需要走一条"两条腿"并行发展的道路:首先,探索并实施降低国家安全成本的路径;其次,探索并实施一些能同时促进安全和经济增长的两用投资来加强美国经济。

安全和经济之间相互关系的重要性,也许已经由加里·哈特做出了最好的总结,他写道:"我们的经济实力是我们力量的基础,我们的力量是我们领导世界的基础。[30]"我们的军事和政治能力非常重要,但它们必须建立在经济实力的基础上。军事实力和经济实力之间的相互依赖是本书频繁提及的要点。

第三节　冷战时期与后冷战时期

在 1947—1998 年超过 50 年的时间里,美国和苏联/俄罗斯互相紧盯对方庞大的军事力量和核弹头。纵观冷战时期,臆测的战术威胁(例如,先是突然集结,然后俄罗斯军队通过德国的富尔达峡谷发动攻击)促使着美国快速(提供强大的财政支撑并为庞大的国防工业持续提供"订单")实现其军事力量现代化。例如,1985 财年,美国国防部要求采购(并且国会批准了)900 余架飞机、50 发洲际弹道导弹、23 艘海军舰艇、2000 辆坦克和装甲运兵车、5000 多枚制导导弹,以及 72000 发非制导火箭弹[31]。那时,美国有 20~50 家(取决于如何计算他们的数量)大型国防承包商。

此外,特别是在冷战的最后十年,世界正经历一场信息革命。20 世纪 90 年代,商业世界以互联网迅速蔓延的形式经历了这场革命。对于军队,这场革命体现在精确制导武器、高精度传感器,以及通过"传感与打击网络"连接的一体化武器系统。虽然预算和军事行动仍集中于传统武器的集团对抗,但信息力量倍增器的强大推力已经产生,并将推动传统对抗模式向信息革命和大幅提高战斗力转变。

在 20 世纪 80 年代中期,一系列被报界称为"浪费、欺诈和滥用丑闻"的事件对国防部产生了两个重大影响。一些滥用行为涉及到非法活动丑闻(一名海军高级官员牵涉进了与承包商的不当契约关系),其他的滥用行为涉及坏账以及"天价"收购零部件和商用品(如售价为 600 美元的马桶座、427 美元的锤子,以及极为过度设计的咖啡壶——它可以在飞机坠毁时仍然保持完整)。为调查这些事件,1985 年国会建立了国防管理蓝带委员会(被称为帕卡德委员会,会长是戴维·帕卡德,惠普公司的创始人之一、前国防部副部长)。该委员会并非简单厘清责任作出惩罚,而是调查了造成国防采购中浪费、欺骗,以及滥用丑闻的根源,审视了必要的结构性变革(组织机构、指挥系统和武器需求),并提出了许多重要建议,这些建议随后在 1986 年的戈德华特 - 尼科尔斯国防部改组法案(Goldwater - Nichols Department of Defense Reorganization Act of 1986)中得到执行。这些建议包括以下内容:

(1) 负责采购的国防部副部长应负责所有武器系统的研究、开发、采购、测试和保障。随后,该副部长的头衔扩展为"负责采购、技术和后勤的国防部副部长"。

(2) 各军兵种的采购负责人应直接向负责采购的国防部副部长和相应的军兵种部长报告。

(3) 项目执行官应向各军兵种采购负责人报告,并监管一定区域内的多个项目管理人员。

（4）参谋长联席会议的副主席（级别为四星上将）应有权限监管需求产生过程（通过主持联合需求监督委员会来审查和批准所有的需求），并在提出需求的过程（而不是完全由各军种提出需求）中代表军事装备用户方（作战指挥官）。

（5）对于未来晋升到将官位置（陆军将官或海军将官）的候选人必须在联合（即跨军兵种的）岗位上服役过（这是对提高跨军兵种计划和作战的较大激励）。

帕卡德委员会还建议，联邦采购法需要做出一些重大变化，包括减少使用特殊的军用标准（允许更大程度地依赖商业产品）和通过需求基准化、预算里程碑化和（特定系统）采购跨年化来增强计划的稳定性。在1994年，威廉·佩里（帕卡德委员会成员）上任国防部长后，许多这些建议得以实施。

在冷战时期，美国国会实施了一系列重要的相关行动。一些行动涉及相当广泛，如《合同竞争法》（1984年，它鼓励更多的竞争）和（与帕卡德委员会的建议一致的）《联邦采购改革法》（1995年，鼓励更多地使用商业项目）。它还落实了一项增加6000多名审计师的要求，并规定了政府为一个马桶座支付的最高价格（660美元）。这开启了一系列的立法活动，目的是"保证不再犯错误"。因此，通过详细的管制规定，国会试图消除大部分的管理层裁量权，而这些裁量权是武器系统成功采购和高效采购所必需的。令人遗憾的是，绝对确保不犯错误仅有的办法是：什么也不做；或者不冒任何风险（这意味着总是要落后，并花费尽可能多的钱来防止所有可能发生的意外）。而这两个办法都不可取。

最后，除了解决丑闻，美国国会也意识到各军种之间需要加强合作。参议员巴里·高华德在1985年10月1日至8日的发言中说："各军种缺乏有效协同作战能力的问题没有被忽视"，并指出"参谋长联席会议没有能力提供有用的、及时的建议……作为预算问题上的共同利益倡导者。"[32]在同一时期，参议员萨姆·纳恩说："参谋长联席会议未能始终如一地为高级文职领导人提供有用的、及时的军事建议……参谋长联席会议一般在一项非正式规则下运作，即在给出建议前要求达成一致意见。因此，他们的意见往往是混乱的并且倾向于保护各军种的利益[33]。"最后，1983年入侵加勒比岛国格林纳达表明了军种间一体化指挥、控制、通信系统和增强联合演习真实性（特别是通信方面）的必要性[34]。因此，帕卡德委员会强调的在需求制定过程中和在军事生涯升迁中的军种联合，得到了国会的大力支持。

第四节　后冷战时期[35]

1989年柏林墙倒塌，1991年苏联解体。1991—2001年的十年被称为后冷战时期。未来是完全未知的。与此同时，国防工业发生了急剧性的变化，主要有五个方面——国防预算削减、产业整合、对安全关注的变化、全球化以及政府职能的外包。

1. 国防预算削减

后冷战时期国防预算的暴减,是第二次世界大战结束以来最重大的削减。正如所预料的,1985—1995 年的 10 年间,装备采购数量急剧下降(表 2 - 6)。

表 2 - 6　主要武器系统的采购数量

年　份	1985	1990	1995
船舶	29	20	6
飞机	943	511	127
坦克	720	448	0

注:本表引自:罗兰·汤普森,《国家安全研究》,乔治敦大学,1995 年 4 月 21 日

船舶、飞机和坦克采购数量的急剧下降,导致国防工业形成了极大的产能过剩(无论是设施还是人员),过于庞大的国防工业仅仅靠一些在建的武器系统维持,从而使单位生产成本大幅升高。然而,随着预算的下降,平台数量的萎缩速度远远超过了其单位成本的上升速度。例如,1990—1999 年,飞机数量缩水 69%,但其单位成本只上升了 32%;同样,船舶的数量缩减 84%,但其单位成本只上升了 50%;履带战车(坦克)的数量缩水 90%,单位成本仅上升 54%。如前所述,国防部处于一个恶性循环之中。由于训练和全球部署,武器装备逐渐老化和耗损,但因为预算下降和单位成本上升,国防部无力更换旧系统。此外,由于装备陈旧和耗损,加之零部件成本上升(7 年里,空军每小时的飞行成本上升了 40% 多),国防部正面临着越来越高的维修费用。因此,由于仅剩的国防资金主要流向了维修领域(从 1997 年到 1999 年,这些领域的资金投入由国防部合同的 26% 上升到 51%),国防工业的重点也从生产武器系统转向保障、升级和服务[36]。

冷战结束后,俄罗斯和其他一些前苏联国家仍然拥有庞大的核武库(特别是战略核武器)。为美国和前苏联国家减少其战略武器储备及其运载工具去探索道路(通过被称作"合作降低威胁"的谈判),被认为是非常可取的(俄罗斯 1846 枚和美国 846 枚弹道导弹被逐步销毁)。核武器削减计划正在稳步推进,但是由于很多前苏联国家财政不稳定,削减核武器的成本不得不来自美国国防部预算。这意味着,提供给美国国防工业和核武器机构的(武器补给)订单资金更加缺乏。

2. 产业整合

为了维持那些因需求大大减少而日渐衰落的过多的飞机厂、造船厂以及导弹工厂,国防部的成本不断高涨,政府防务领导人开始鼓励国防产业整合。最著名的合并呼吁出现在 1993 年,时任国防部副部长威廉·佩里宣布(在著

名的与行业高管的"最后的晚餐"上)了国防产业整合的需要。他还表示,政府将通过允许把合并成本当作间接费用来报销,以补贴合并行为,前提是企业要充分证明政府在未来能够省出这些开支,并且在各个部门中能够维持必要的竞争。

考虑到逐渐下降的国防采购以及由此产生的对行业的负面影响,国防行业对于这样的合并机会欢呼雀跃。这种热情在华尔街可以得到证实(在那里,投资者为各主要国防企业的合并或收购投下了数百万美元)。合并开始于20世纪80年代中后期,但在20世纪90年代国防预算暴跌后加速推进。

图2-7显示了由五大国防承包商进行的一些重大收购,实际上,这五大公司兼并了50多家以前的公司。这些兼并收购既有横向的(例如,飞机制造工业的麦克唐纳·道格拉斯公司和波音公司合并,导弹工业的休斯公司和雷神公司合并),也有纵向的(例如,洛克希德公司收购劳拉公司,诺斯罗普公司收购西屋公司)。十年内,许多主要的国防供应商和更多的子承包商,已经合并成了少数几个关键国防公司(1993—1999年,主要的国防供应商从36个减至8个,并且1994年至1997年,国防兼并和收购的额度从27亿美元增长到312亿美元)[37]。国防工业靠借贷完成这些收购,其负债水平因此大幅上升——从1993年的150亿美元,增长到1999年的430亿美元。例如,在2000年第二季度,兼并时代的大量收购造成洛克希德·马丁公司的权益负债率高达175%[38],其债券评级由此暴跌。洛克希德·马丁公司的债券评级从A降至BBB-,而雷神公司则从AA降到BBB-。

在此次整合狂潮中,一个国防公司有几种战略选择:①收购其他国防公司,以在萎缩的市场中获取较大份额;②在进行国防业务的同时发展商用业务,进而多样化;③出售其那些能够带来高现金价值的国防业务,进而集中在较窄的国防领域;④简单地退出国防业务(如果它拥有大量的商业业务)。

逆序逐一分析这些选项,许多公司简单地退出了国防业务。在高科技企业中,这些公司包括加州微波、通用电话电子(GTE)、休斯电子、IBM、朗讯、米罗华、飞利浦以及德州仪器公司。在大型工业企业中,有阿勒格尼、特利丹、克莱斯勒、伊顿、艾默生、福特、通用电气(喷气发动机除外)、天纳克和西屋公司。由于政府规制的复杂性(从专用会计核算体系到对企业权利的约束限制),许多技术密集型的公司(如惠普、3M公司和康宁公司)拒绝参加国防部的关键研发项目,尽管它们继续向国防部出售其商用产品。当国防工业基础失去了这些商业导向的公司时,许多观察家(包括笔者)感到失望(因为国防工业失去了比它们以往更先进的技术和较低成本的设计定位),这些公司将国防业务视为无吸引力、低利润、过度规制和正在萎缩的市场。

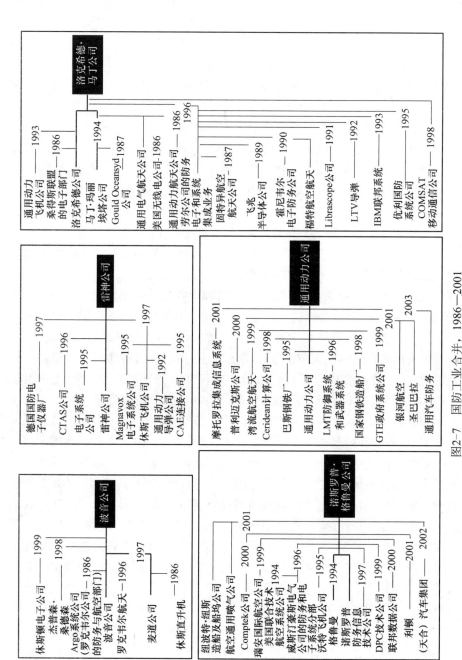

图2-7 国防工业合并，1986—2001

注：本图改编自《行动的蓝图》，美国航空工业协会，2001年2月14至15日，华盛顿哥伦比亚特区。

对于那些通过将资源转移到商用领域，以此来应对国防预算下降的公司，经营记录参差不齐[39]。由于国防和商业环境的显著文化差异（尤其是在市场营销、财务金融和工程设计等方面，国防工程设计不惜一切代价追求性能最大化），多样化至商业领域已被证明是困难的且大部分是失败的（虽然有几家公司已经成功转型）[40]。通常，整体成功率（包括商业和军事两方面的双向并购）平均在35%左右，如果转营与其主流业务密切相关，概率会明显升高（在70%左右）。对于许多国防公司，正如威廉·弗里克（纽波特·纽斯造船厂的负责人）在1998年3月告诉作者的："坦率来讲，多样化商业经营并不成功!"

大多数公司选择了并购路线，作为收购者或者被收购者。虽然这种做法的理念（包括协同作用，提高资本的可用性，更多的市场力量，以及更大的规模经济）似乎是吸引人的，但是并购的经验数据表明，它们也基本上是不成功的[41]。难以吸收不同的企业文化且缺乏对新业务的管理知识，已被证实是整合后国防公司向21世纪成功企业转变的最大障碍（事实上，一项麦肯锡关于国防企业并购的研究[42]显示了80%的"不成功收购"记录）。尽管如此，审计总署（GAO）发现，由于进行了国防工业并购，国防部在三年中节省了超过20亿美元[43]。

进行工厂内生产活动的整合（既在公司内部也在同一业务的收购公司之间）是一种明显可以带来节约的方式。但大多数公司没有选择进行工厂整合——既有政治的原因（实现当地的就业），也有乐观主义的原因（希望预算回升到较高水平，工厂能够再次满负荷运转），又有悲观主义的原因（担心会因移动和整合设备而导致明显的成本，尽管许多成本可以依靠他们的国防合约而被允许以间接费用报销）。大多数公司选择不进行工厂整合行动。洛克希德·马丁公司继续在佐治亚建造其新型的F－22战机，同时在德克萨斯州建造新型的F－35战机；波音公司继续在密苏里、华盛顿和加利福尼亚州建造飞机；诺斯罗普·格鲁曼公司在密西西比和弗吉尼亚建造船舶；通用动力公司在缅因州和康涅狄格州建造船舶。保持这些工厂在低水平运行不如整合更有效率，但整合它们有政治上的困难，通常不能完成。也有一些例外，但这必须符合政府的利益。例如，雷神公司整合了其在亚利桑那州图森市的导弹生产设施，国防部的武器采购价格因此降低了25%，从而使得国防部在长期生产上节约了20多亿美元[44]。因为支付给生产者的价格以其每年的成本为基础，生产者仅从节省中获得很小的利益，因此没有足够的激励机制来实现整合带来的好处。

整合的一个负面影响是通过规模重组形成了几个大公司和数量众多的小公司（这得益于小企业强制补贴的支持）。中型企业消逝的加剧是值得注意的，因为以前就是靠他们与一些较大的公司进行竞争。国防产业也因收购和中型公司的消逝而分成两部分，那些中型公司被剩余的大公司吞并或者因无力竞争而撤出了国防部门。服务行业尤其如此。从1995年到2004年，流向中型公司的联邦服务行业合同的价值份额从44%减少到29%，而在关键信息和通信技术服务部门，流向中型公司的份额从 29% 缩减至 13%。在这两种情况中,缩减主要是因为大公司拿走了中型公司的商业份额[45]。

国防工业整合对就业产生了显著的负面影响。从 1990 年到 1995 年,国防工业就业人数下降了 50 万人[46]。国防领域的大裁员、民用部门的技术繁荣(特别是在信息技术领域),导致应届毕业工程师在国防领域寻求就业的人数严重下降。1990 年,毕业的工科学生将航空航天和国防列为第三受欢迎的职业学科,但到了1998 年,其排名下滑到第七位,被电信、互联网、生物科技以及商用领域中的其他类似学科代替[47]。除了失去新的技术人员,国防工业的许多熟练工人也开始离开,并加入了商业市场这一成长行业。

伴随着预算下降和国防产能过剩,国防工业的资本性支出显著减少。或许对于长期来说更重要的,公司出资的独立研发(IR&D)开支也显著减少。例如,从1994 年到 1999 年,国防企业的独立研发支出占销售总额的比例从 4.1% 下降到2.9%,而自从销售迅速下降后,总的独立研发是一个较小数量的较小份额,即恶性循环的"乘数因子"[48]。

也许令人惊讶的是,在国防预算急剧削减期间,由于华尔街倾向支持整合,国防股票价格实际上大幅飙升。在 1990 年第四季度和 1998 年第一季度之间,国防类股产生了 664% 的回报率,可以和该时期标准普尔 500 指数 324% 的回报率相媲美[49]。

在这次国防预算下降周期的末期,国防部越来越关注国防工业的发展趋势[50]。首先关注的是,在国防需求的每个关键领域,企业数量已经减至只有 2~3个主要公司,并且有减为 1 个的威胁。其次,在华尔街对国防公司并购活动的狂热之后,几家公司没能达到他们的盈利预期(原因多样),股价开始暴跌。再次,许多有机会的公司选择离开国防部门到商业部门发展,使得国防部门越来越孤立于飞速发展的商业技术和商业市场的爆炸性增长。最后,过时的出口管制政策和规定仍在继续,许多人认为,国防部门应该并且可以保持自给自足——这显然背离了备受关注的联合作战与工业全球化的需求和现实。必须采取措施来解决这四个方面的问题。

首先,在竞争方面,国防部、司法部,以及联邦贸易委员会日益忧心国防领域竞争公司数量的下降。即便如此,他们仍然批准企业合并,因为业务的缩水和国防市场结构的独特性(完全买方垄断和为数量与频率日趋减少的国防采购激烈争夺的少数卖方寡头)。规制者给出的解释是,如果唯一的买家(国防部)对有限的竞争感到满意,保持更多潜在供应商的成本是高昂的,那么他们不会以反垄断为由来反对合并。国防部要求(正如部长佩里曾表示的),只有并购降低了国防部的成本,并且并购后适当的竞争仍然存在,这时并购才会被允许。值得注意的是,国防部的飞机发动机行业一直存在着激烈的竞争,即使在只有两家供应商(通用电气和普惠公司)把持着美国国防业务时(有时还有英国的罗尔斯·罗伊斯公司)。因此,普遍认为每个关键部门有两到三个竞争者就足够了,萎缩的国防市场不能支持更多竞争者。随着收缩的继续,国防部开始更加仔细地监管先进技术和关键技术,并建立保护清单(或监控清单)——用来监控美国技术领先地位的缺失和美国供应商的充足度(截至2005年,9个关键部门正在被跟控)。

最终,国防工业的整合将不得不走到尽头,因为在任何关键的国防部门,政府都不会允许从两家公司整合成为一家(从双寡头垄断到完全垄断)。这已经被国防部和司法部的具体行为证实——他们不允许通用动力公司(已经购买了电船公司的核潜艇设施)购买纽波特·纽斯公司的造船设施——这是唯一一家可以建造核潜艇的其他船厂。主要国防公司的剩余出路是购买低层的国防供应商(子系统和关键部件公司)。然而,在任何关键的子层级部门,当存在两家供应商即将合并成一家的威胁时,政府不得不再次介入——正如它终止了洛克希德·马丁公司和诺斯罗普·格鲁曼公司的合并提议一样(与其说是因为在主承包商水平上的反竞争考虑,不如说是出于在较低层次出现唯一垄断供应商的威胁和反对垂直一体化的考虑)[51]。这项合并提议使得对垂直一体化的持续关注显性化。如果一个主承包商在一个关键子系统中拥有或买下唯一的(或是公认最好的)子系统供应商,那么相对其他主承包商,它将获得显著的竞争优势,使得其他主承包商无法在未来的大型武器系统招标中获得子系统供应。那些提议进行低层供应商并购的主承包商通常辩称,其收购的子系统部门将为任何与其母公司竞标的公司提供商业供货。这种说法被认为是不可信的。尽管如此,也许令人惊讶的是,军方往往赞成仅剩的两个供应商合并,因为他们认为这将导致更少的必需性日常开销(尽管经验证实,缺乏竞争会导致价格上涨)。最后,他们强调他们"支撑不起两个供应商。"[52]然而,军方在这些问题上的立场往往被国防部长办公室联合司法部或者联邦贸易委员会否决,原因是长期意义上的反垄断[53]。

由于在预算衰退期间新国防项目越来越少,行业中剩余的少数公司往往试图合作,以此确保他们至少会得到每个项目的一部分(因为竞争的失败可能意味着他们需要十年或更长的时间才能等到下一次中标的机会)。例如,当海军计划购买新的驱逐舰时[54],洛克希德·马丁公司、巴斯炼铁厂,以及英格尔斯造船厂联合竞标,他们将其称为"梦之队"(洛克希德·马丁公司作为系统整合商,其他两家在驱逐舰业务领域仅有的船厂则发挥其专长)。海军青睐这支"梦之队",并受到各行业供应商组成的国会代表团的强烈支持。然而,国防部长办公室坚持认为,两家船厂之间必须竞争,以使国防部从竞争导致的创新和低成本中获益。海军随后也认可其从竞争中获益匪浅。

华尔街对这些事件(并购趋势的放慢,行业利润的降低,行业高负债问题)的立即反应对于国防股票来说,是一种沉重打击。洛克希德·马丁公司的股价从1998年中期的近60美元一股跌至1999年末的20美元以下;波音公司在1998年的4月和9月间失去了其市值的1/3;雷神公司的股价在1999年秋季的一天里暴跌 43%；诺斯罗普·格鲁曼公司在 20 世纪末的每股股价为 59 美元，远低于它在 1998 年初达到的每股 139 美元[55]。到这个十年结束的时候(20 世纪末)，国防工业的财务状况受到越来越多的关注。正如 1999 年 12 月的《华尔街日报》评论所言："一些国防工业的大玩家，包括洛克希德·马丁公司和雷神公司，正在挣扎。8 年的整合已经使这些公司债台高筑、股价低廉和收益微弱。五角大楼和行业官员们纷纷质疑这些削弱的巨头是否会进行必要的科研投资，以保持美国的技术优势。"[56]

国会与国防部都意识到，有必要采取重要举措来减缓并购。行业的健康状况以及商用和军用市场的逐渐分离也值得关注。为了解决以上这些问题，美国国防部继续推行其采购改革，并明显加速业务改革(旨在确保一个更加健康的国防工业，但仍然保持竞争)。此外，采购削减过多的观点也得到了广泛认同，因此预算开始回升。2000 年，国防类股票的价格有了明显好转(例如，纽波特·纽斯上涨了 81%，波音公司上涨了 58%，洛克希德·马丁公司上涨了 46%，诺斯罗普·格鲁曼公司上涨了 46%，通用动力公司上涨了 33%，雷神公司上涨了 29%。但在同一时期，标准普尔 500 下跌了 6%，纳斯达克下跌了 23%)。此外，白宫方面，副总统阿尔·戈尔负责一项对政府事务的审查工作(被称为国家绩效评估)，该工作着眼于对有效性、机动性和透明性的评估。这项审查强调简化政府的采购程序，并更加依靠商业市场。在国防部长威廉·佩里带领下，这些议题开始在五角大楼中实施(佩里创建了一个新的组织，该组织与负责国防采办改革的副部长一起实施这些议题)。国会也认可把商业公司引入国防贸易的重要性，并通过立法简化采购和促进更多地使用商业产品。例如《联邦采办流水线法案》(FASA)和《联邦采办改革法案》(FARA)强调了由国防部进行的商业项目采购。

这些举措在国防部长威廉·科恩的领导下得以继续。商业革命强调商业最佳做法的使用、减少国防部基础设施的规模，以及增加国防部服务职能("非政府固有的"部分)向私营部门的合约外包。这些对国防工业结构日益增加的关注，引致了独立的国防科学委员会开展一系列的研究，其中包括 1997 年的垂直一体化研究和 1998 年的全球化研究。国防部长办公室也发布了一系列的政策说明，例如，关于合作反对竞争的政策(1999)，分包商的竞争政策(1999)，以及未来竞争政策说明(2000)[57]。所有这些表明，国防工业中竞争企业的数量已经萎缩到如此低的水平，以至于国防部再也不能承受自由放任的政策。

3. 安全关注的变化

随着后冷战时期的演变，军事规划开始转向可确认的地区性冲突，并为这些冲突做准备。也有越来越多的人认同(特别是在美国，继续强调先进的技术)，信息时代将导致军事行动及其武器装备的急剧性变化(这被称为"军事革命")。这些变化包括：

(1) 精确制导武器(一个精确制导导弹可以取代数以百计的炸弹或炮弹)。

（2）隐身技术（单个飞机可以潜入一个目标；而当许多非隐身飞机接近某个防御系统时，只有极少数可以通过）。

（3）无人驾驶系统（其中包括地面、空中和海上的无人飞行器）。

（4）网络中心战——通过指挥、控制与通信网络连接分布式的传感器和射击单元（通过增加多样的数据融合式传感器和精确射击单元，可以利用低成本的装备实现巨大的武力乘数效应）。

（5）改进的指挥和控制系统（通过信息革命已经得到加强）。

（6）提升的导航能力（通过基于卫星的全球定位系统的广泛使用，这一点已得到加强）。

然而，缩减的国防预算和变革的制度性阻力（来自军队、工业、国会以及工会）已经使国防部进退两难。如果打算用更少的钱来维持生产，那么就需要做出选择——是购买老系统还是将其转变为新的系统。乃至在以色列戏剧性地展示了遥控飞机（"全球鹰"）长期侦察的优越性能后，在连续两年中，空军没有安排预算购买该无人飞机。当面对是购买传统的高性能战斗机还是购买新型无人系统的选择时，空军选择了前者。这个规划必须重新纳入国防部长办公室的预算（推翻空军在这个项目上的决定）。

在此期间，一个在组织和装备方面的重大文化变革，是必须为21世纪的战争做准备。但历史的教训告诉我们，缺少公认的危机而使文化在短时间内发生改变是困难的。

4. 全球化

即使在冷战结束之前，商业世界已经开始在全球市场经营——无论是生产还是消费。商业公司到境外去寻找最好的部件、较低成本和高技能的劳动力、国外市场，甚至一天24小时的全球业务（使用现代的通信和信息技术）。但由于多种原因，国防工业抵制全球化，包括担心形成对外依赖，担心技术泄露给潜在对手，潜在的国内就业质疑（正如美国工会和国会提倡的），以及历史观念——国防工业是不同的，需要保持自给自足。

然而，技术在全球扩散，越来越多的美国商业企业在全球基础上经营。即便有体制阻力，国防部也接收了更多的有国际参与制造的装备。例如，所有的美国武器系统都包含一些海外零件（如来自日本的半导体和来自德国的精密玻璃）。在零部件供应商上，选择国外来源的标准不是低成本，而是更高的性能。现有研究显示，尽管国防行业越来越依靠这些国外零部件，但却没有形成相应的美国弱势——取决于潜在供应商的数量和他们所在国家的数量（特别是如果有一个潜在的美国供应商作为第二选择）。这也没有违反《购买美国国货法》（因为它仅适用于最终产品，而不是分包或部件）。然而，重大的立法障碍继续阻止这些海外采购。例如，许多基于特殊利益的法律规定禁止购买来自境外的锚链、特种金属和服装。其他的法律贸易壁垒也存在，例如，对于国防项目，国外销售税不实施抵免（抵免政策仅适用于商业项目）；并且，对于海外购买然后转卖或送回维修的境外出口项目，具有繁琐的、旷日持久的行政程序。到 2001 年初，即冷战结束后的十年末，在分包商一级，国外零部件的采购总额仍远低于当年国防预算总额的 1%[58]。

且不管要求美国国防工业保持自给自足的观点，目前已有两种不同的观点（影响不大）。军方的观点是，从地缘政治的角度来看，如果没有同盟国的联合，美国可能会无法介入任何未来的军事行动。因此，在一个由相互关联的且来自多个国家的分布式传感器和射击武器组成的战场上，确保联盟中的每个国家都有可能的最好的技术（那时通常是美国的技术）是符合美国利益的。因此，为了实现军事效益最大化，所有装备需要设计和测试成能够在联盟伙伴之间彼此协作的。在科索沃（全面的互操作性没有实现），美国和荷兰的飞机结伴飞行，但由于技术出口控制的限制，它们却不能在安全模式下通信，从而大大降低了其作战效能并增加了它们共同的脆弱性。美国的关键军事技术需要和盟国共享，（在 20 世纪 90 年代末）这一观点越来越得到美国国务院和国防部的认同；导致白宫在 2001 年初宣布了一项新政策（《国防贸易与安全倡议》），旨在与盟国增加技术共享。与盟国分享美国技术的条件之一，是这些盟国需要对进一步的第三方技术转让实施严格管制。

在国防工业的跨国合作方面，另外一个更传统的观点是经济性。当美国和欧洲的国家削减其国防预算时，他们应该分享新武器系统的开发成本，并使用共同的生产线以实现规模经济。与商业领域展现的全球化趋势相一致，信息时代技术在全球迅速蔓延，（大西洋两岸的）主要的国防企业积极地进入对方市场——通常跨大西洋合作，并经常通过收购进入对方市场。其中最值得注意的是 BAE 系统公司（在英国占主导地位的防务公司）正在美国积极进行的收购计划。首先，它先后购买了 Tracor 与 Sanders——两个高度敏感的国防电子公司。尽管美国的国防预算压缩，但仍远远超过其他任何国家，这使得美国的收购非常理想（尤其在其股票价格低廉时）。正如 BAE 系统公司公布的，其战略是在美国国防工业中占据主要份额，它已受到美国投资者的青睐。因此，即使 BAE 公司的总部设在伦敦，但该公司有很大比例的员工是在美国，并且在任何一个点上，股东的多数是美国公民。来自美国以外的许多企业开始通过收购进入美国市场或在美国设立生产设施。被外国企业收购的企业受到美国政府的重点监管（例如，1988 年，埃克森－弗罗里奥修正案要求有平行的多部门审查），并被要求建立专门的安全措施（例如，美国子公司的董事会中大多数成员要是美国公民）。

在冷战后美国预算下降时期，美国的国防公司开始重视对外军售。美国国防公司寻找海外市场，以帮助他们维持那些为了冷战而建立的既有生产线。由于许多其他国家希望获得最优武器，并且维持那些生产线符合美军的最佳利益（也有国会和工会的支持），对外军售甚至在冷战结束前就开始了。从 1987 年到 1993年，美国的对外军售总额从每年的 65 亿美元增长至每年 320 亿美元。在 1992 年总统竞选期间，额外的对外军售得以保证，乔治·布什总统批准向中国台湾出售

F-16战斗机,向沙特阿拉伯出售 F-15 战斗机,向科威特和阿拉伯联合酋长国出售 M1-A1 坦克。其他国家(包括俄罗斯、英国、德国和法国)也致力于开拓国际市场(尤其是中东石油国家日益增长的市场)。1992 年,美国占据了 60% 的对外军售市场,到 1993 年达到 70%[59]。在许多情况下,向一个国家销售军火往往会迫使向同一地区的其他国家销售,以此维持力量平衡和稳定。

美国公司越来越多地被要求提供与军售价值匹配的(往往超过 100%)抵消交易。例如,在波音公司出售给英国的"空中预警与控制系统"(AWACS)销售中,波音公司被迫同意每从 AWACS 销售中获得 1 美元收入,就在英国的部件和劳动力上花费 1.3 美元,并在这之后与法国达成了类似协议[60]。在这种情况下,美国的主要承包商波音公司,基本上放弃了向美国零部件和子系统供应商的大宗采购,但波音公司认为如果没有这样的抵消交易,它将无法得到该销售订单。令人遗憾的是,抵消交易对美国经济和全球经济的长期影响并不清楚。

先进常规武器(与核武器)的出口管制需要国际合作(正如防核扩散一样)。只有少数几个国家设计和生产先进的关键武器系统。1993 年,美国、英国、法国、德国、俄罗斯、中国,占据了该年度所有出口现役坦克的 99.3%[61]。只有这么几个相关国家,所以美国可以对多类型的对外军售施加控制。然而,国防部不得不推进国防工业结构战略调整,无暇顾及这些军售。不幸的是,这不是后冷战时代初期美国政府的首要关注。

5. 政府工作的外包

在冷战时期和后冷战时期,国防工业结构的最后一个显著变化是外包。考虑到国防部预算的削减,军队面对着这样的选择:是保持其现有的基础设施(和拥有较少的作战装备),还是将资源显著地向作战需求转变并大幅削减基础设施。为了尽可能保留部队的结构和装备,军方在其他领域进行了大幅削减。例如,在1990 年到 2000 年间,采购队伍中 30 万政府雇员被裁减[62]。导致许多重要的管理和保障功能弱化。在这段时间内,国防合同管理局被裁减了 1/2。

由于一些基础设施和保障功能仍然需要保留,国防部借鉴了大型商业公司所采取的办法。国防部开始外包其大部分的非核心工作(也就是,那些并非政府固有的工作)。在商业世界,这些外包既可由国内也可由国外完成,但在国防领域,很大程度上限制于国内公司。

当后冷战时期国防预算下降时,五角大楼开始利用这种外包趋势的优势,通过直接外包或者竞争(公私竞争)外包那些正由政府工作人员完成但并非政府固有的工作(如后台操作)。当政府的文职人员被削减了 40% 时,这种替代方式对五角大楼的高级官员越来越有吸引力。它也恰好迎合了副总统阿尔·戈尔推行的效率和效益管理(《国家绩效评估》),当乔治·W·布什 2000 年当选总统时,这也是他的五大管理措施之一。察觉到一个新兴的巨大潜在市场,国防工业开始推动所有非政府固有工作的外包。

由于国防部缩编、外包以及军事行动的增加(例如在波斯尼亚),对国内和在战区执行保障任务的国防合同商的工业保障需求增加(例如,2007 年,在伊拉克和阿富汗战区大约共有 19 万承包商)。这带来了新的行业问题,如承包商是否受日内瓦战俘公约的保护,他们是否被允许武装,以及他们在谁的控制下(承包商的领导者还是当地的作战指挥官)。

冷战后美国国防工业的主要趋势是国防预算的大幅削减,由此产生的行业整合、战争性质的变化、(技术、经济和产业)全球化的转变,以及公共与私营部门角色的变化,使得国防工业发生了剧烈的结构性变化。但是在 2001 年 9 月 11 日,一个新的时代开始了。

第五节 "9·11"事件之后

在后冷战时期的十年内,许多文献都在描述这个发生了巨大变化的新世界,但是 2001 年的"9·11"事件及其余波才真正地改变了这个世界。美国发现自己正站在一个十字路口,带着洗心革面的意愿又面对着陈规陋习的阻碍。比如,当国防部长拉姆斯菲尔德上任时,他说(在恐怖袭击之前):"我们很有必要转变对美国安全形势的定位,因为我们可以看到,科学技术、潜在威胁和地缘政治都在发生深刻的变化。"但是由于他并不能说服军队,计划规划(比如在部队结构和装备方面)还是在本质上反映了冷战时所建立的一切。问题在于,如果我们准备的是大规模战争,那么所有其他的需求都是次要的,从而国家可以做好充分准备。但是,许多客观的观察者们感受到,在资源、部队结构、计划和装备方面都需要进行巨大的转变。在全球层面上打击恐怖主义将需要国家之间的合作,并且,随着区域性问题日益显著,这需要多国合作(出于地缘政治原因)和美国国内的多部门联合(包括国务院、国防部、国土安全部和情报界)。从部队结构的角度来看,如在伊拉克和阿富汗发生的战争严重依赖于地面部队(陆军、海军陆战队和特种部队),这些都是为非常规战争而训练的部队。最有用的空基武器是低成本的无人侦察和监视系统。即使在伊拉克战争和阿富汗战争五年之后,当五角大楼拟制《四年防务评估》(2006 年 2 月)时,它建议为特种部队、外语训练和文化认知(21 世纪作战所需的全部)增加经费,但却没要求增加美国地面部队支出,仍"坚持使用所有主要的冷战遗留武器系统"[63]。正如前国防部长威廉·佩里和哈佛教授艾什顿·卡特在 2007 年的一篇文章中指出[64],"在相当程度上,国防部基准经费(2001 年 9 月 11 日)增长的50% 都被用于资助 2001 年 9 月 11 日已有记录的项目(比如 2001 年 9 月 11 日已经在研发或采购中的武器)。"在"9·11"之后,国防预算有了大幅增长,以支付伊拉克和阿富汗的战争费用和为美国国土安全提供经费;但是,武器制式相对于冷战时期并没有显著变化。拉姆斯菲尔德提出的、看上去也是必需的转变并未出现,因为在计划过程中没有施加资源约束。资金按照需求轻松地增加了,如果基本预算无法满足需求,那就增加补充预算吧。

从工业的角度来看,这些变化也是必需的。所有的主要国防企业都意识到了冷战后的十年内发展起来的信息科技的重要性,并特别关注到系统集成的问题。此外,由于还意识到国防部转向服务采购以保障正在进行的战争,国防企业也增强了专业服务领域的能力(上述两个转变多是通过采购体现的)。最终,因为后冷战时期各军种人员大幅裁减,重建的最快办法就是利用合同承包商。2009 年初,中东战区有 266688 名承包商雇员(超过了军队和政府人员在当地的数目),并且几乎所有承包商提供的都是服务(包括餐饮、住宿、设备维护以及后勤保障)。事实上,国防部整体采购中 60% 变成了服务性的。在短短三年内,服务承包合同的数目从 2001 年的大约 32.5 万增加到 2004 年的超过 60 万[66],在同一时期内,联邦专业服务承包商也从 4.5 万增加到 8.3 万[67]。尽管大多数的服务承包商都是小企业(因为进入服务领域的门槛要低于硬件领域),一些主要的非传统国防企业增加了他们在做的业务量。传统的国防合同商,比如洛克希德·马丁、诺斯罗普·格鲁曼以及波音公司都在 2004 年的专业承包商中名列前五,另外两个是哈利伯顿(Halliburton)和贝克特尔(Bechtel)公司。这些新进入者是 21 世纪军事行动所需保障的性质发生了变化所带来的。

1. 国防经费的爆炸性增长

2001 年 9 月 11 日之后,国防预算出现了空前的持续性增长(美国在伊拉克和阿富汗的战争时间持续的比第二次世界大战还要长)(图 2 - 8),不仅每年的国防预算在增长,还有每年的追加预算也在增长,2008 财年,补充预算已经达到 1893 亿美元(当年的两项追加预算加总)。

然而,五角大楼仍然继续要求增加基本预算和追加预算,并且不只是总统要求国会增加,国会也经常主动予以增加。到 2008 年,预算请求数额已经达到了 6250 亿美元(是 2000 年预算的两倍多)。而问题是如果追加预算必须要归入年度预算请求中去,那么这个数额就过大了,国防部将不得不面临一个艰难的选择,即是否要放弃一些冷战时期的武器来满足 21 世纪背景下所需的经费。在伊拉克和阿富汗战争中陆军的装备维护费用大部分列入了补充预算,地面机器人(用于扫雷)和行动中其他关键装备的采购也是如此。如果这些费用仍列入预算,那么,要么整体预算增加,要么传统装备的采购或人力成本支出减少。

预算问题还伴随着一个糟糕的事实,那就是后冷战时期军队经历的十年采购空档期,那些自 20 世纪 80 年代里根总统时期发展起来的老化了的装备极需更换。因此即便是存在大量行政性的和国会批准的税收减免的情况下,国防预算还在持续扩大。政府、国会、国防部、国防工业,甚至还有公众,似乎都不怎么考虑经济因素。由于税收减少、安全开支急剧增加(包括国防部和国土安全部)、追加经费、社

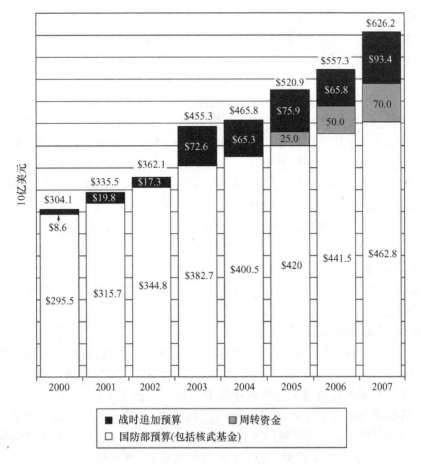

图 2 - 8　2000—2007 年国防拨款
注:本图引自:预算管理办公室,《国防新闻》上发布的研究报告,2007 年 2 月 12 日。

会开支(比如医疗和社会保障)强制性增加以及国债利息的持续增长,国家经济状况开始走下坡路。国家面临着庞大且持续扩大的财政赤字、美元严重贬值、贸易严重失衡,以及政府 2008 年和 2009 年应对经济危机蔓延实施的巨大救市方案和一系列的经济刺激手段带来的交织问题。

　　在"9·11"之后的重建时期,国防部经济上十分宽裕,既能买得起 20 世纪的装备,又能支付 21 世纪战争所需的装备。正如《华尔街日报》2006 年的一篇文章中所述,"美国的防御机器仍然在为老式的传统冲突艰苦地大量炮制武器,即便它更需要一些新的战争工具来打击恐怖分子和叛乱者[68]。"更糟的是,国防部五个最大武器系统(2006 年)的估计全寿命周期成本比 2001 年项目设计时的成本高出 89%[69],且成本上升的趋势仍将继续。GAO 在 2008 年发现,计划的武器项目成本从 2000 年的 7900 亿美元,已经增加到 2007 年的 1.6 万亿美元[70]。但是每个人似乎都很快乐地生活在这个"爱丽丝的梦游仙境"中,没人选择去看看"镜子"后面的真实情况。各军种依旧在预算会持续增加的假设基础上做发展规划。正如众议院武装部队委员会在海军计划的 2007 年授权拨款过程中指出的，"根据海军的估计，执行这项计划需要大幅提升造船资金，从 2006 财年的 87 亿美元，到 2011 财年的 172 亿美元[71]。"当然，要在一个时期内使船只建造预算翻番，而总的国防预算又要削减，就必然要求放弃其他预算。而根据《华尔街日报》的报道，在总统对 2008 年的国防经费请求中，"每个主要的武器系统已经准备好争取来年更多的资金支持[72]。"国防部承认（在其《四年防务评估》中），需要增加地面部队以应对像伊拉克和阿富汗这样的战场，但是不断提升的人力成本使其难以承受，除非预算也能持续大幅上涨。随着大量的资金投向国防工业，从 2001 年到 2007 年，标准普尔航空航天和国防指数超出了大盘平均数[73]。

在"9·11"之后的国防预算大幅提升过程中，有一个问题反复出现，即"如果世界局势的变化如此之大，那么我们究竟要买什么来代替那些老旧的舰船、飞机和坦克?"尽管可用资金大幅提高，但是国防预算要求的装备和 21 世纪的冲突真正需要的东西之间分歧越来越大。如果预算不变或者下降，那么国防部离财政危机也就不远了。

2. 新视角和新组织

"9·11"事件带给我们的一个明显教训是，美国的国家安全需要跨国的视角。没有哪个国家可以单独对付全球恐怖主义。国防部长盖茨 2008 年时曾说，我们"最终是胜利还是失败越来越依赖于我们如何去塑造他人的行为，包括朋友和敌人，且最重要的是介于两者之间的人[74]。"他还说，要建设一支能应对平民群体中复杂战争的军队，就需要所有的军种都严格地审视他们的文化，抛弃那些阻碍变革的部分。盖茨还引用了马克·派瑞的《司令兄弟:战争与和平时期的乔治·马歇尔和德怀特·艾森豪威尔》书中的话:"艾森豪威尔是这样一个司令长官，他相信建立和维护民主国际联盟并不是一项政治小事……而是关乎国家存亡的大事[75]。"

从国内的角度来看，许多组织（包括边境保卫、海港、机场和警察）都事关国土安全，但是这些组织都是单独行动。政府已经决定要专门成立一个部门，负责国土安全。它的责任范围包括自然灾害（比如飓风、龙卷风、地震以及像非典这样的大面积传染的流行病）和安全行动（包括打击国内和外来的恐怖袭击）。之前 21 个分散的相关部门（包括海岸警卫队和联邦紧急事务管理署）将被并入一个组织，叫做"国土安全部"。

"9·11"恐怖事件之后，第二个主要的组织变革是，认识到让一些情报机构重点关注国内事务、另外一些关注国际事务，会导致这些机构之间的信息共享不足。现在决定整合负责收集和分析情报的 17 个部门。这大约涉及美国情报界的 10 万人和大约每年 420 亿美元的预算[76]。国家情报局新局长的目标是整合这 17 个分散的部门，鼓励他们分享所掌握的数据和分析结果（这对于那些以自身保密能力引以为豪的情报部门来说,是非常困难的)。在尝试将中央情报局、国家安全局和其他拥有许多国内情报机构的防卫相关部门(比如 FBI 和边境巡逻队)整合起来的过程中,遇到了许多问题,这些问题在从老的作战部(陆军)和海军部中整合建立国防部的时候也遇到过。挑战在于如何确保这些单独行动的组织能够在联合作战(正如当科学技术需要海陆空联合军事行动的时候军队所做的)中继续在自己擅长的领域出色地完成工作。国土安全部和国家情报总监办公室必须要为这些组织创建一个全新而一体的文化环境。一种一体化的方法是借助一直为这些组织服务的产业。国防部在 21 世纪面临的问题类型和科技类型与国土安全部以及情报界面临的很相似。他们都是严重依赖信息的。因此,作为支持他们的产业,必然也是国家安全产业,主要包括一些在国防领域中成长起来的企业。供应方的整合也许能帮助达成需求方的理想整合——不仅仅是在三个组织(国防部、国土安全部和情报界)的内部,也在其组织之间。

"9·11"事件及其之后的冲突导致的最后一项主要结构变革是,安全不应再仅仅是军事意义上的了。美国需要和全球盟友(这牵涉到国务院)保持亲密联盟关系,大部分的区域问题将不仅包括地缘政治方面,还包括军事方面。与此同时,这些活动将不只是战斗,还包括国家维稳和重建。国务院的国际开发署(AID)已经深度介入伊拉克战争,而且还将持续一段时间。现在需要的是一个相较以前更为强有力的跨部门合作与协调关系。21 世纪需要多机构共同介入、联合行动(国防部、国务院、国土安全部、商务部、能源部和财政部;国家情报总监办公室;国家卫生研究院),以满足 21 世纪的国家安全需求。这无疑要求进行结构性和制度性的安排,而这些目前都是不存在的。

在这个全球一体化的新世界,那些负责美国安全的人员需要充分理解他国的文化和语言——既包括敌人的,也包括盟友的。这个领域需要获得更多的关注,也需要建立更有效的激励机制。"9·11"之后,美国国防部随即规定,未来晋升为将官的人员必须掌握一门第二语言并理解一种他国文化。军官们被鼓励去学习诸如阿拉伯语、汉语和波斯语等语言和文化(而不是美国学校中通常教授的西班牙语、法语和德语等)。在 21 世纪,理解对手和盟国的文化行为相当关键,这是国防部关注国家未来安全的重要领域。

跨文化理解在达成国际共识方面将拥有重要价值,可以帮助有效控制危险分子和防止核武器扩散。科学技术越来越广泛地在世界上传播,因此,要让"魔鬼继续呆在瓶子里出不来"的唯一办法,就是通过多部门行动来促成多国共识,当然也包括各个国家内部的合作和共识。

3. 人力资源短缺

在伊拉克战争和阿富汗战争期间,即便每年有超过 6000 亿美元的国防拨款,美国现役军事人力(大约 140 万)仍显得较少,许多部队不得不一再招募预备役人员来维持伊拉克的军事行动[77]。在伊拉克和阿富汗的军事任务时间已经延长,军人没有时间回家探亲和进行任务训练,不得不一次又一次地投入战场。到2008年,伊拉克和阿富汗战场的军人死亡人数超过4000人,受伤的人就更多了(升级的防弹衣实际上使得受伤人数相对于死亡人数增加了)。这些情形都使得找一个愿意和叛乱分子(在沙漠中或者山林里)作战的合格人员越来越困难,尤其是在不受大众欢迎的战争中。为延长服役期限提供大笔奖金和额激励(比如美国退伍军人法案中的一些增强福利)增加了招募成本,新兵招募的标准也被降到了最低。

这一时期第二个严重的人员短缺问题是由国防采购预算迅速上升造成的。在后冷战时期,当采购预算大幅下降的时候,部队选择了大幅裁减采购相关人员(军人与文职)来维持其作战人数。无论如何,他们需要一支人数较少的采购队伍,因为采购预算降低意味着所需的合同签订数目和管理数目也在减少。

然后随着政府采购人员队伍编制继续缩减和采购任务的增加,那些非政府固有的工作开始逐渐转向外包。正如当时的国防部副部长约翰·怀特在1996年说的,"让国防部做它最擅长的事,让承包商也做它最擅长的事[78]。"同一年,国防部出台了一份报告,题为《通过外包来提升战斗力》。这是商业世界的发展方向。IBM公司曾经自行生产制造计算机的所有组成部分,而现在呢?Intel公司负责为其生产芯片,微软公司生产软件,其他公司则生产IBM的调制解调器、硬盘驱动器和显示器。IBM公司甚至也将其客服中心外包出去了。外包有时会弄混员工数据。当通用汽车公司开始将其员工自助餐厅外包给马里奥特①时,其部分员工也从通用汽车公司转移到了马里奥特。这在劳工数据统计上显示为制造业的人员流失,但实际上,只是转移了制造业中的服务部分,原先的统计未作区分而已[79]。到2005年,国防部每年的外包额达46亿美元,其五年计划是到2010年增加到67亿美元[80]。这样的结果是在非常低成本的前提下拥有高性能的设备,但是这需要更多的国防部合同签订和管理人员——而这恰恰是目前缺少的。

最后一项公认的人员不足问题,是美国科学家和工程师供需缺口的日益扩大,尤其是在航空航天和国防领域(包括工业企业和政府)。国家科学院的一项研究强调了这种不足,研究的题目是《在风暴中崛起:为美国光明的经济前景提供激励能量和就业机会》[81]。"9·11"事件之后,一个显著的变化发生了,重点被投向了伊拉克战争和阿富汗战争引起的迫切问题上。本质上来说,美国国防建设选择的是"寅吃卯粮",放弃了技术占优的历史性长期国防战略。事实上,军队2006年提交的研究预算比2005年降低了21%。

4. 短期的关注焦点

在罗伯特·盖茨的国防部任命听证会上,他被要求列出在国防部长任期内重点关注的领域。他回应说优先关注三个:"伊拉克、伊拉克和伊拉克。"在战争期

① 美国第二大宴会承包商。——译者注

间,这样的关注是可以理解的,尤其是对一场比第二次世界大战还要持久且消耗了大部分美国安全预算资源的战争而言。不管怎样,这个回应也直接反映了美国在长期安全考虑和当前迫切需求之间的权衡取舍。即便每年有大规模的国防预算,各军种还是声称他们每年都有超过 200 亿美元的缺口,总是需要舍弃一些开支内容。国防研究预算就是其中一个被大幅缩减的领域,即使科技(像信息技术、纳米技术和生物技术等)一直在快速跨越式发展着。不管是经济上还是政治上,美国都经不起在每年成倍扩展的科技领域上的落后(举例来说,信息领域新技术的生命周期低至仅仅约 18 个月)。就像查尔斯·达尔文的评论:"能存活下来的并不是最强壮的物种,也不是最智慧的物种,而是最能适应环境变化的物种[82]。"

在这一时期内,商业技术领域内发生了两项显著的变化。第一是科技和企业研发正在全球范围内迅速蔓延。许多国家正在通过大量投资研究园区,以及投资大学和工业研究实验室的科学与工程研发,从而增强其竞争力。与此同时,美国公司正在许多其他国家建立研究中心,尤其是在亚洲(印度、中国和新加坡等)。因循惯例,美国国防工业并没有寻求国外资源以获得新创意(采取了自给自足的做法)。第二,由于商业世界在不少高科技领域(比如信息科技和生物科技)进展迅速,实际上在某些领域已经超越了国防工业(这个趋势逆转了 20 世纪较为普遍的国防科技引领商业科技的现象)。再有,国防工业通常自视不同,因此不倾向于采纳商业社会的先进技术。到 21 世纪前十年的后期,越来越多的人催促国防部寻找和应用商业领域和全球化市场上的技术[83]。

5. 增强的保护主义

2004 年,美国众议院通过了一个新版本的《购买美国国货法案》,明确要求"美国武器系统中的每个部件都要在美国的器械上由美国人制造"。这会降低美国武器系统的性能(因为每个系统都包含高性能的外国部件),且会使每个武器的成本至少翻番。这时就需要特殊生产线来制造离岸生产的大量部件,并提供生产这些部件的机床——因为美国没有自己的重点机床工业。幸运的是,美国参议院并没有让这项法案获得通过,但这象征了那段时期的保护主义环境。

此外,在美国大学和政府出资的基础研究中,工作、学习的外国学生和学者也被施加严格的限制。

正如詹姆斯·伍斯利(美国海军前部长及前中央情报局局长)曾经指出的:"对国内自由来说,没有什么比愤怒的民主政治更危险的了。"但是美国民众和国会议员都被"9·11"事件彻底激怒了,那些对于非美国公民和美国技术出口的限制变得越来越严厉。因此,美国国防工业在装备出口上开始遭受重创(相比其国外竞争者)——即便是出口给盟友。因为这些出口限制,商业公司对是否允许将其产品用于国防产品中越来越慎重,害怕因此受限于全球市场,疲于繁琐的出口控制文书和申请。

基于在打击恐怖主义等领域的日益增长的国际合作需求,以及美国保护主义抬头又降低了合作的可能性,美国在"9·11"之后的十年中采取的广泛保护主义行动正伤害着自身的长期国家安全。

6. 强化的政府控制和管理

最后,"9·11"之后,政府采购规制日趋严厉。由于国防部对"9·11"之后大规模的预算增长缺乏有效控制,大量丑闻被揭发出来。此外,腐败丑闻也出现在了国内的合同发包中。一名空军副部长助理(达林·德鲁扬)和波音公司行政副总裁、财务总监(迈克尔·米西尔斯)均锒铛入狱,就是因为达林·德鲁扬帮助波音赢得合同竞标,换取未来在波音公司的一份收入颇丰的工作。一位政府游说人(杰克·阿布拉莫夫)和国会议员(兰德尔·坎宁安)也分别因为帮助小型国防承包商承接合同的不当行为被关押收监。国会决定运用加大采购限制力度和制定新过程规则的方式来处理这个问题,而这又使国防采购的进度严重迟缓。这同时也显著降低和挫伤了采购官员愿意承受的风险水平——即便这些非因循守旧的采购风险能够带来巨大进步(比如使用商业方式来迅速获得国防部使用的商业产品)。

不幸的是,这些政府采购规定方面的限制力度加大,发生在一个许多先进技术可以在全球化商业市场上获得的时代,这些技术可以很容易地为叛乱分子获取和使用。国防部却因为收紧的规定而被阻碍在商业技术的门外。

国会以外的人担心,出于反腐败的规制措施会使国防武器和服务采购20年的发展进步付之一炬。正如退休的空军中将罗纳德·卡迪什在2009年的国会听证会上所述:"(国会和行政机构所采取的)为了改进采购系统的努力,增加了不必要的规定和程序,建立了不可管理的预期。在努力改善该系统的同时,将其变得极其复杂[84]。"

与这些规制相关的一些忧虑浮现出来。首先,这会导致武器系统和服务采购成本的大幅提升。其次,商业公司(尤其是国防供应基础中的低层小公司)面临较高的进入壁垒。第三,这会拖慢向作战部队供应物资及服务的进度。这三个后果已被证明起因于强化的规制和对最佳商业做法的隔离。第四,降低了世界一流的商业供应商进入国防市场的积极性,他们的未来潜力(灵活制造)也被削弱。最后,一体化的军民两用生产线——既节约了大量成本,又具有危机动员潜力(通过从民用向军用的迅速转变)——将会消失。很明显,所有这些都与国防部对低成本、高技术以及反应迅速灵活的工业的未来需求相违背。

后"9·11"时期可以说是一个国家安全发生急剧变化的时代。表2-7总结了国防转型驱动力的部分变化。

表 2-7　国防转型驱动力的变化

国内经济:债务,医疗保险,社会保障,补充预算,贸易平衡	技术变革:信息,生物科技,纳米技术,机器人技术,高能激光
威胁的变化:非对称战争(生物,网络,简易爆炸装置),全球恐怖主义,疾病大流行,武器扩散,"流氓"核武国家	工业变革:水平和垂直一体化,商业高新技术进步
	全球化:技术的迅速传播,跨国公司,海外外包
新使命:国土防御,导弹防御,平叛,维稳,重建	政府员工:老龄化,技能的不匹配,自我判断还是遵循规则,创新管理还是按步就班
	腐败丑闻:德鲁扬,坎宁安,阿布拉莫夫,在伊拉克的欺诈行为
作战的变化:综合数据,公开来源,语言和文化的理解	孤立主义者的举措:购买美国货,限制外国学者,能源独立
中国:未来的对手,经济上的竞争对手,大型军售市场,或战略合作伙伴	国防预算的变化:从装备到人员,操作和维护,国土安全

第六节　全球化的影响

全球化所带来的一系列变化,也许是国际经济中最剧烈的结构性变革。国际货币基金组织(IMF)对全球化的定义是:"跨国商品与服务交易及国际资本流动规模和形式的增加,以及技术的广泛迅速传播使世界各国经济的相互依赖性增强[85]。"在国防工业方面,它包含了资本(金融)、生产、贸易、技术和劳动力的全球化以及构成全球化力量的全球治理变化[86]。

全球化本身并非新概念。出于对经济发展的考虑,政府政策长期影响贸易(比如 16 世纪至 18 世纪末的重商主义)。20 世纪经历了跨国公司和全球性外包业务的大规模扩张(包括制造商、供应商和服务商)。21 世纪初期,互联网的全球化使得国际商业活动衍生出不少新形式[87]。

20 世纪,工业领域的全球化迅速建立起来,但是冷战结束后,其所代表的两极世界格局也因此瓦解。根据世界贸易组织 2005 年的一项报告,全球商品出口量从 1983 年的 1.8 万亿翻倍至 1993 年的 3.7 万亿,到 2003 年再次翻番至 7.4 万亿,2004 年又上升至 10.2 万亿[88]。

关于全球化的潜在不良影响的确存在,也很受关注,但全球化的趋势不可能改变,而且会不断发展。随着世界不断缩小(在国际知识流动、通信方式、资本流动和交通运输的意义上),所有国家都需要好好利用全球化的优势,而不是想办法去抵制和对抗。基于国防采购与工业发展的考虑,政府各项政策(科学技术发展,熟练劳动力发展,还有国家安全)需要明确处理好与全球化的关系。

1. 广泛的工业化趋势

这些广泛的工业全球化趋势和国防工业直接相关。以波音公司的787"梦想客机"为例。它的机翼零件分别来自日本的三菱公司、川崎公司和富士重工业公司。意大利一家公司制造了部分机身部件。波音公司和其之前位于维奇托①的分厂签有合同,现在该厂为 Spirit Aerosystems(一家加拿大公司)所拥有,他们负责生产机身的其余部件。组件的部件由位于卡罗莱纳州南部的分包商沃特飞机工业公司(Vought Aircraft Industries)组装,而最终的装配会在波音位于华盛顿州的埃弗雷特工厂完成。尽管波音的工程师仍在创新飞机的整合理念,完成机身和引擎的系统整体集成,在787机型上,公司却将超过70%的飞机构造部件外包出去。最重要的是,他们赋予所有的飞机供应商做好具体工程设计的责任——将制造生产和工程设计都外包出去[89]。787机型是离岸生产和国内发包相结合的产物[90]。波音公司的做法在全球供应链中并不特殊。事实上,为抗衡波音公司在中国的业务,空客公司(欧洲航空航天国防公司——一家法国、德国和西班牙合资的飞机制造公司)也正筹划着在天津建立生产装配线。

采取这些行动的原因是多种多样的。波音公司仅是试图抓住这个世界上增长速度最快、规模最大的商业飞机市场——中国。买方,也就是中国政府,也出于多种原因非常感兴趣在其国内完成生产制造工作——在设计、制造和保障方面的高技术劳动力就业以及来自美国的技术转移(以帮助建立其国内的飞机生产制造行业)。

因为美国是世界上无以伦比的大规模国防市场,国外的国防企业都希望进入美国市场。他们发现,比起将其产品从国外销往美国,在美国建立其分厂机构让他们更受欢迎(波音和空客公司进军中国也是出于同样的原因)。与此同时,在许多高科技领域,美国已经不再是下一代产品的先驱引领者了。国防部经常购买外国产品就是因为它是该领域现有最好的,这样做也是为了维持美国的整体军事科技领先地位(外国产品成本低廉的事实是另一项收获)。

但是,对于美国公司进军国外,或者国外公司进入美国来说,接近买方市场并非唯一原因。这项策略同时也允许他们不受任何法律上的或是思想上的贸易壁垒的限制(从而满足美国购买国货的偏好)。另外,一些国外生产商能够大量生产的高性能产品通常也意味着更高质量的产品。举例来说,基于美国的《消费者调查报告》显示,在最受信赖的前12种汽车品牌中,只有1种是美国的传统品牌[92]。因此,如今每一个美国武器系统中都会有外国提供的部件并不稀奇。

使用外国来源的另一个原因是,往往可以以较低的成本获得有技能的劳动力队伍。企业往往向印度寻求软件,在俄罗斯寻找航空航天工程师(波音和空客都在莫斯科设立了空气动力设计中心)[93]。在一份2007—2010年间计划设立研发

---

① 美国一城市名。——译者注

部门的选址调查中,可以找到美国企业转向国外寻找高科技人才的证据。这份调查披露,77%的选址放在中国和印度(资金通常来自美国公司)[94]。中国也已经取代美国成为了世界第一的高新科技输出国[95]。

最后,美国从国外公司在美国建立生产线中显著获益。2004年,在美国的外国子公司(主要持股,非银行)解决了510万美国人的就业问题,为美国贡献了5150亿美元的GDP,占美国出口总额的19%和进口总额的26%[96]。

2. 全球化带来的忧虑

随着全球化趋势的持续,政客和劳工领袖们开始指责全球化带来的就业流失。在过去十年中,上百万工作岗位流失到了国外,尤其是在美国不具竞争力的领域(无论是在更高性能的意义上,还是在性能相当成本更低的意义上)。但是,在美国投资的外国公司也为美国创造或保留了上百万个工作岗位。在美国,超过500万人(占美国私营部门劳动力队伍的4%)被总部位于国外的公司雇用,主要是总部位于欧洲或亚洲的公司。根据美国商业部和国际投资组织的数据,约1/3的美国工作岗位是在制造行业,而这恰是美国不再领先的领域。也许另一个惊喜是,那些位于美国的外国所有的工厂不仅仅是为了满足巨大的美国市场,他们出口的美国制造产品价值将近1700亿。这几乎是美国出口总量的1/5。另外,对美国的外国直接投资持续增长(在2005—2007年间猛涨了88%,达到2007年2040亿美元的水平)。也许美元"疲软"的另一种效益是它为美国带来了更多的境外投资[97]。全球化实现了就业从一个部门向另一个部门、从一个地区向另一个地区的转移。净利润看上去也是积极的。不仅仅劳动力开始趋于供需平衡,而且(激烈的竞争)也催生了更高的性能和更低的成本。任何产品的消费者都能受益。当国防部参与到全球化进程中的时候,它同样也能受益。举个例子,当美国空军决定购买一批空中加油机时,它可以选择波音公司的单一来源(美国设计但是有大量的外国零部件与子系统);也可以选择在波音和空客两家公司之间进行公开竞标(其中空客公司选择和格鲁曼公司一起,并在阿拉巴马州用美国生产的子系统来建造美国空军加油机)。净效应看上去是两个供应商最终在全国范围内直接或间接创造了约4800个工作岗位,但是由于竞争,空军将获得性能更高、整体成本更低的空中加油机。外国竞争的问题既具政治攻击性,又高度情绪化,但是国防部在全球可及的范围内获得最佳产品的能力对国家安全而言,是至关重要的[98]。

然而,对于那些亲人的工作岗位被移向海外的家庭,或者那些有工厂倒闭的城市而言,我们必须考虑到其所造成的不可抹去的明显影响(比如联邦的再培训和其他努力行动)。

除了对某些工作岗位的流失担忧,还有一个问题,就是为了和国外低成本的劳动力竞争而降低了美国工资水平。为了克服这一问题,美国将不得不大幅提高生产力(当维持一个高的单位劳动力成本时,就要大幅提高单位劳动力的产出)。这意味着要运用机器人、计算机和其他生产力强化型的技能手段。但是,这也需要一批能够操作这些先进自动化工具的高技能制造业人才,这对美国的教育系统提出了挑战。

全球化除了带来经济竞争力和就业问题之外,还带来了直接的安全隐忧。比如,出口的武器系统或其包含的技术会不会落入恐怖分子或其他潜在的未来敌人手中呢?或者说,那些从国外购买的外国零部件、软件或系统中会不会含有特洛伊木马,从而给美国未来军队战斗力带来不利影响呢?再或者,(美国和其他国家)出口到世界各地的武器系统是否会导致武器扩散,从而会在之后被敌人加以利用来增强其武力,并采取相应的对抗措施来消除美国的军事优势呢?最终,全球化带来的日益增长的世界贸易是否会导致军火或大规模杀伤性武器非法走私呢?这些关键性的重要问题必须予以明确解决。

3. 定义美国企业

世界贸易的增长导致了美国公司定义的不确定性。公司的国籍是由美方持股比例来决定?还是取决于其公司总部所在地?又或是其大多数员工的国籍?还是商标的注册地?

国防部在《联邦管制法典》中已经解决了这个问题,规定:①公司定义需根据其产品生产线所在地来确定[99](并非公司总部、公司所有者或股份持有者所在地);②如果从事机密工作的公司超过51%的股份为非美籍人士或组织拥有,那么,美国分部必须要有美国人占多数的董事会,并得到国防部批准。

这方面的最后一个问题是工作人员的国籍问题,即便工作是在美国完成的。还是会有忧虑,那些制造国防产品的非美籍人员,有可能是来美国搜寻技术情报的恐怖分子或外国间谍,这些情报可能会被用于安全或经济竞争方面[100](尽管历史上大多数在美国的间谍都是美国人)。虽然事实是美军允许非美国公民参军(目前美军现役人员中有3%是非美国公民),但他们不能参加国家安全项目的工作,哪怕这个项目仅被认为是敏感的但不涉密[102]。2006年的数据显示,在美国科学与工程相关岗位的本科学历人员中,有1/4的人不是出生于美国的,而在持有博士学位的人员中,这个比例上升到了40%,在某些领域这个比例甚至更高,如计算机科学(57%)、电子工程(57%)、机械工程(52%)。

为了充分发挥这些外籍学者和学生的优势,尤其是在基础研究领域(不管是直接参与还是协作),里根总统签署发布了189号《国家安全决策指令》(NS-DD189),NSDD189指出,基础研究应当允许任何人自由参与,也应当允许自由发表研究成果。这项指令在乔治·W·布什总统期间得到了美国国家安全顾问(康多莉扎·赖斯)的再次确认,并被作为第27.404(g)(2)条写入了《联邦采购条例》。即便如此,国防部、国土安全部、能源部以及国防工业(在其向大学转包合同中)还是将基础研究人员限定为美国公民。国防部检察官和商务部检察官发布报告,建议明确限定某种类型基础研究设备的使用。国防部检察官甚至建议,非美国公民应在美国校园内学习过。幸运的是,这些提议有不少被拒绝执行,或未被完全执行[104]。2008年7月,经国防部长盖茨批准,副部长约翰·杨签署了一项指令,要求所有国防部工作人员执行 NSDD189 号文件,以此确保美国能充分利用外国学者和学生的优势,推进符合美国国家安全和经济竞争利益的基础研究。

尽管外国学者和学生能为美国经济竞争力和国家安全做出潜在的重要贡献,但是目前的移民政策仍然限制发放给外国公民高科技人才 H1 – D 签证的数量。这些签证允许他们来到美国并成为永久居民。其申请者数量远远地超出了配额,处理周期也极其漫长,有的甚至长达 7 年[105]。那些在恐怖分子观察名单上的,或是在国务院面试中引起关注的申请者,拒签可以被理解,但是如果美国要维持其经济竞争力并保持在国家安全技术上的领先地位,那么总的风险收益率似乎可以证明,限制越少越好——尤其是考虑到目前美国的科学家和工程师紧缺状况。

4. 军事需求

出于地缘政治原因(甚于军事因素),美国介入任何未来军事冲突实际上都必须与盟国一起。这适用于所有层次的军事行动,包括军备控制、区域冲突、打击恐怖主义、叛乱暴动、"流氓"国家和竞争对手的行动,以及重建和维稳(维和)。所有这些活动都需要国际合作,尤其是在威慑阶段,当然也包括冲突阶段和战后阶段。为了最大化战斗效能,美国盟友需要获得最佳的装备,并且它们的部队要能完全和美军协同行动。

随着美国和盟国军队逐步转向网络中心战,交互能力和技术共享对于军队战斗力来说变得愈发关键。要达到所需的交互能力,两件事是必须做的:第一,美国必须同意和其盟国(那些已经同意实施第三方控制的国家)共享技术;第二,美国训练和演习时必须包括盟国。在互相依存的环境中,采取保护主义控制技术和国防工业会适得其反——尤其在许多情况下,美国将依赖于外国技术。相反,美国国防工业战略必须最大化全球化的优势,保护少数高度关键和敏感的技术,保持美国武器技术和产品在战场和全球市场上的竞争力。我们的目标是让军队拥有尽可能最好的装备,让盟国在联合军事行动中提供尽可能最好的保障,让国防工业维持技术的领先地位,既能实战,又能盈利。在这个新的全球化工业保障模式中,联合军事行动会出现关键的安全问题,每个问题都必须得到解决来保证军队战斗力的最大化,同时也能保障国家安全。

5. 全球化的工业企业

国防领域实现全球化优势的最明显方式就是进行跨国项目合作。开发和生产的成本可以通过技术共享、研发共享以及主要产品(尤其如果该产品是在通用生产线上生产)的共享而大大降低。也许这种联合开发和生产项目的最著名例子就是 F – 35 战斗机(曾命名为"联合攻击战斗机")。在这个美国发起的项目中,9 个盟国已经同意提供开发资金,共享通用设备,并仅基于其提供的世界一流装备来评判各自的贡献(而不是单单基于其愿意交换的装备来评判贡献)。其结果是,所有参与国提供了大量的通用设备,且实现了对所有参与国而言的最低成本和最高性能。在这个项目中,澳大利亚、加拿大、丹麦、意大利、荷兰、挪威、土耳其、英国和美国都已经承诺购买一定数量的装备。多余的生产能力正在考虑由新加坡和以色列来填补,其他国家(像西班牙和日本)也正在考虑加入该项目(这将成为历史上最大规模的国防项目)[106]。这个项目并非全世界独一无二的。一些国际性的项目聚焦于通用的、单一国家的设计,销往全球。举例来说,美国先进的中程空对空导弹(AMRAM)被20多个国家采购,生产过程包括14个外国分包商。美国运输机C-130J的20%所有权归属英国,其组成部件由超过2500名英国员工生产制造[107]。多国参与项目发展的趋势有望进一步加强。这种跨国合作的安排源于多方面的原因。政府可以决定一起工作,或者制造厂家也可以向政府提议进行共同努力。任何一种安排,都需要政府进行相当多的沟通协商,操作起来十分复杂,同时需要至关重要的教育行业的努力。门槛(的阻力)既高又多变——不同的预算体制、语言、汇率以及项目管理机制。

在任何国际性项目中,有一件非常重要的事要考虑,那就是用什么样的竞争方式可以在最低成本的前提下获得最好的创意。欧美国防工业的合并使得公司的数量大大减少。但是,仍然有足够的供应商来满足每个关键领域的竞争需求——如军用飞机、直升机、导弹、卫星以及运载火箭和战斗车辆等(见图2-9)。

国防工业通常可以构造竞争。举例来说,一家美国公司和一家欧洲公司可能联合组成A队,其他跨国公司可能组成B队。就拿美国轻型货运飞机LCA来说,一家美国公司(L-3)和一家意大利供应商携手合作,与此同时,雷神公司则和一家西班牙供应商合作。

由于许多国家(包括美国)都强烈倾向于在自己的国家生产制造军事装备,因此一家美国公司在竞争中寻求欧洲合作伙伴,并提出欧洲设计美国生产,并不稀奇。比如,在总统直升机的竞争中,美国的两个潜在供应商提供的都是欧洲的设计(图2-9显示,欧洲直升机供应商的成绩显著,因此前述做法也就不足为奇)。合作组队的安排并不局限于美国与欧洲。随着合作搭配范围的扩展,其他国家在多种军事技术方面逐渐获得强有力的领导席位。比如,2007年,由于以色列在小卫星方面处于领先地位,诺斯罗普·格鲁曼公司就和以色列航空工业公司建立了合作伙伴关系,向美国军方和情报部门推荐更轻便、更灵活的间谍卫星[108]。有时候,一家美国公司会与一家外国公司合作,然后提议将外国的设计建立在美国本土上。在这种情形下,政治扮演了一个非常重要的角色。国会议员有时声称必须购买美国国货[109],哪怕产品专门为美国量身定制。关键点在于,没有一个国家(包括美国)能够在21世纪自给自足。出于军事方面的原因(如前文所述),合作是必需的,但是没有一个国家能够在每个科技领域都领先于他人,竞争带来的不仅仅是创新,还有经济成本的降低。无论如何,都必然需要多国安全协定。技术转移的各方必须同意控制向第三方(他们可能会利用这些技术来对付有关国家)泄露任何

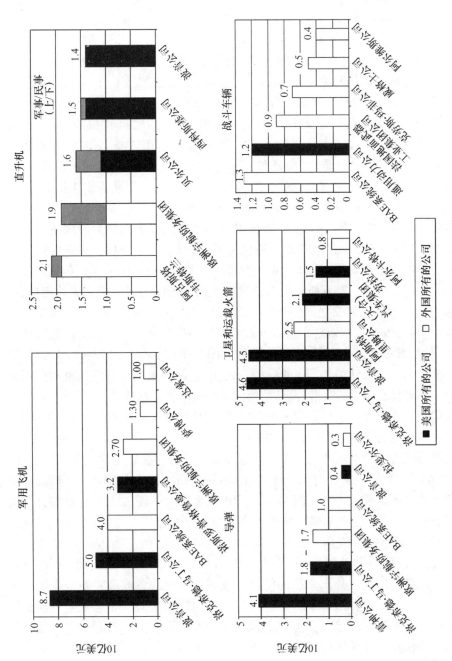

图2-9 现存的平台层次上的美国和欧洲供应商

■ 美国所有的公司   □ 外国所有的公司

信息,同时,任何违反技术转移控制的行为都必须受到严厉惩罚。最后,这样的控制不仅适用于硬件技术,还适用于同样日益全球化的软件技术。2007 年,《商业周刊》对世界上的信息技术公司进行了排名,前十名中,只有一家是美国的[110]。

在 21 世纪的环境中,国防企业正在进行商业模式转型。他们曾经一度关注国内市场,然后寻求军事外售对象以维持逐渐萎缩的生产线。今天,他们在设计产品的时候既关注国内市场又关注国际市场。比如洛克西德·马丁公司(美国最大的国防工业承包商)正在和 8 个国家合作生产 F–35 战斗机,和阿古斯塔·韦斯特兰公司共同生产总统直升机,利用俄罗斯 RD180 引擎生产"阿特拉斯"5 号火箭,和韩国联合生产 T50 教练机,和德国、意大利共同开发 MEADS 反导系统,和英国共同生产 C–130J 军用运输机,和日本三菱重工合作生产 F–2 战斗机,和欧洲宇航防务集团所属西班牙航空制造有限公司合作生产海岸警卫队深水飞机,濒海战斗舰的生产制造当中也有 21% 的国际成分,和英国 HMT 车辆制造公司合作生产美国海军陆战队战车[111]。相似地,英国 BAE 系统公司(英国最大的国防工业公司)意识到美国国防采购市场是整个欧洲市场的两倍多,它采取了企业并购的方式来使自己在美国市场得到强有力的立足点。其目标宣称是要在美国拥有和在欧洲一样大的经营公司。随着所有把总部设在美国的外国公司成功完成涉密项目,BAE 系统公司北美总部设立了一个美国人占大多数的董事会,并且(依据美国法律)遵循严格的安全控制规定。它被允许购买那些设计和生产一些美国最敏感国防技术(比如那些运用于电子战的技术)的美国公司(Sanders 和 Traycor 公司),因为其安全控制标准被认为和美国的同类公司相当,甚至更高。有关国家和公司在考虑军事和经济利益时,必须时刻防范可能的漏洞和安全隐忧。

在国防工业相关的全球化问题中,最有挑战性的也许在零部件层面。原因是,商用部件普遍更为先进、可靠和低成本(源于销量巨大)。购买这些部件生产先进的美国军事装备符合美国利益。由于对这些部件是否存在安全风险存在担忧,国会(在 2001 年)要求国防部对国外来源的影响进行研究,(在 2004 年)国防部主动再次进行了这项研究,和 800 家主要承包商以及大量的一级、二级分包商签订合同来搜集数据,对 12 个主要武器系统项目的样本进行评估[112]。这 12 个有代表性的系统中有 73 家外国供应商。在一个案例中,这些外国供应商占了系统总额的 12.5%,但是在所有其他的案例中,这个比例在 0.1% ~ 6.2% 之间(平均值是 4.3%)。国防部发现,"外国来源的使用并没有对长期战备或国家安全产生负面影响[113]。"实际的意思是,非美国供应商的使用:①使得国防部能够获得目前最先进的技术和工业能力;②促进和盟国之间的一致性和公平性;③鼓励武器系统的互通发展;④鼓励那些能促使美国工业进军全球市场的产业关联的双赢发展;⑤将美国工业推向国际竞争舞台,帮助美国公司保持创新活力和效力。这份国防部的研究结果还表明,"经过认定的外国来源并没有对国家安全构成漏洞和风险","对这些外国资源的利用也未对国家技术和工业基础形成经济冲击","在一些案例中,原本购于外国的关键部件的国内生产能力不断提升,国家技术和工业基础也正在加强",而且,在 72 家外国来源供应商中,"国防部仅仅认为有四家,是国内不存在相应资源而不得不寻求外国分包商[114]。"这四家将会受到谨慎的跟踪关注,来保证未来在这些领域不会有风险漏洞。

尽管有这些数据,美国国会还是十分崇尚保护主义,而这样的情况也不单单是局限在美国。许多年来,每个欧盟成员都想做到完全自给自足,但是这些国家却还是逐渐走向一个更加一体化的欧洲国防工业基础。这就提出了一个问题,在美国和北约的欧洲伙伴之间是竞争还是合作。北约和欧盟所扮演的角色(比如北约标准和采购)必须要处理好。

最后一个美国国防工业的全球化趋势是,许多航空公司受到低劳动力成本的诱惑,将工厂迁往邻近的墨西哥。下加利福尼亚州地区①有超过 12000 名航空工人(包括罗克韦尔·柯林斯公司的 1400 名员工,湾流公司的 1000 名员工,以及霍尼韦尔宇航公司和哈钦森·希尔公司的各 850 名员工)。这其中较为典型的是伊顿集团的蒂华纳②工厂,它将飞机部件(如电子开关、液压、燃料管道和通气管道等)转化为劳斯莱斯的发动机。一些零部件是专门为军用飞机设计的,包括 F - 35 联合战斗机和 C - 17 大型运输机[115]。与大多数航空航天工业一样,墨西哥的许多相关工厂生产制造的航空航天产品既有商业化的应用,也有军事上的应用。这个现象不仅仅局限于美国公司。举个例子,法国公司 Safran 的 Labinal 分公司,在北美的生意超过其年营业总额的 1/3,并首次任命美国公民担任其 Labinal 公司的主席兼首席执行官。它在墨西哥拥有 1700 名雇员从事劳动密集型工作(比如波音787 飞机和一些国防系统中都需要的线束)[116]。

这种做法也招致了相当多的政治反对——不仅仅因为工作岗位从美国搬到了墨西哥,还因为一个技术娴熟的焊接工人在蒂华纳每小时只能挣 3 美元,而在美国,最多可以挣 24 美元[117]。对于国防部来说,在劳动密集型工作中,不利用劳动力成本差异的优势是非常困难的。长期来看,通过劳动生产率的大大提高(比如实现自动化),这些工作可以重新回到美国,降低劳动力密集程度。要充分利用这个优势,劳动力就必须得到对自动化设备操作使用的培训。如果国家要在这些领域竞争中站稳脚跟,就需要未来广泛的美国经济政策扶持。

6. 对外军售

出于政治、军事和经济的多方面原因,许多国家(包括发达国家和欠发达国家)都购买和销售武器。在对外军售方面,美国曾经是世界领袖,年销售额可达100 ~ 400 亿美元(第一次海湾战争后期出现了对美国武器系统的需求高峰,总额达到 420 亿美元,主要来自盛产石油的中东地区。)。

---

①　墨西哥西北部的半岛。
②　墨西哥北部城市。——译者注

这种交易有许多好处：

（1）能够加强工业基础。一般来说，对外军售是非常有利可图的。因为买家通常都是为了要满足军事或者政治需求，因此交易中就不会对价格那么敏感。特别在美国国防预算削减期间，这样的对外军售就能在继续运行和关闭生产线之间起到巨大作用。因此，国防公司都极力追求这样的销售。

（2）能够为盟国提供政治支持。在后"9·11"时期，布什政府承认把对外军售作为对盟国的奖励回报，也为了巩固国际关系[119]。讽刺的是，对外军售有时候被用作维护地区稳定与和平的一种方式。例如，作为以色列和埃及之间和平协定的一部分，美国同意向双方提供价值数百亿美元的武器（来满足自卫需求）。正如预期的那样，是否允许对外军售取决于当时的政治环境。举个例子，印度、巴基斯坦和印度尼西亚都曾经被禁止购买美国武器，但是布什政府解除了这项禁令，禁令的解除便导致了军售的显著增长。

（3）能够对盟国提供帮助。和政治支持的争论紧密相关的是，军售对加强盟国实力的重要性。许多国家担负不起研发或者生产这些复杂精密的先进武器系统。我们希望盟国能够做到自我防卫，并在联合行动时有能力支持我们，这经常被作为允许对外军售的理由。举个例子，2005年，美国宣布向捷克共和国销售GBU－12（美制铺路Ⅱ）型激光制导炸弹（含有GPS支持的惯性导航系统），这是美国武器系统第一次通过商业渠道销售给捷克军队[120]。

（4）能够为自己的军队提供支持。保证盟国能有最好的装备来辅助美国军队，这符合美国军队的利益。为了最大化战斗力，盟国的军队就必须能和美国军队彼此协作、互相操作。

（5）能够平衡区域军事实力。要避免区域武器扩散最好的办法就是让武器不要进入该区域（通过军备控制协定和其他的相似做法）。不幸的是，随着许多国家开始买得起武器，他们认为通过购买武器来提高自身区域的军事地位是很有必要的，发起军备竞赛也就不稀奇了。

潜在冲突的双方都可以以此为理由。例如，1970年，法国开始向巴基斯坦供应潜艇，1974年，苏联和德国也开始向印度出售潜艇。但是，当法国对和印度搞好关系开始感兴趣的时候，他们同意向印度提供6艘更先进的潜艇（印度也增加了从法国购买其他武器系统的数量）。为了平衡法国对印度的军售，巴基斯坦要求法国提供更多的潜艇[121]，这引起了印度的不满。

（6）能够阻止国家之间结盟。随着许多国家开始向俄罗斯和中国等国家购买武器，其军队以及以后的政治领导人都可能因为武器系统的共享而和卖方国家结成更紧密的联盟关系。因此，随着俄罗斯和中国的军售网络开始建立，买卖双方开始使用这些新武器进行联合军事训练和演习，美国也许开始意识到对这些国家开展军售的必要性，这样才能确保他们在未来可能的冲突（例如，为了争夺石油或者其他自然资源）中保持中立。美国已经试图不在历史上的中立地区挑起军备竞赛,但是如今的现实也许会迫使美国不得不这样做。

（7）能够有助于贸易平衡。到 2005 年,美国商品及劳务的贸易赤字达到了 689 亿美元(其中和中国产生的贸易逆差超过 200 亿美元)[122]。价值几百亿美元的潜在军售,和美国潜在制造业岗位的岌岌可危,贸易平衡因素成为国会对潜在对外军售考虑的重要问题。通常,这些争论足以终止(国务院或国防部)关于特定军售的犹豫不决。

（8）能为国防部带来收入。军事装备销售有两条途径——直接销售(就像公司的商业销售),或者通过美国政府(即以对外军售的方式进行)。由于后者得到了美国政府的支持(在其货物交付、质量等方面),外国政府通常偏好于此。要对外军售,政府必须管理这些项目,国防部对向外国军售征收行政附加费(2006 年,这项费率从 2.5% 上升至 3.8%)[123]。(鉴于对外军售的)年销售额达到几百亿美元,因此哪怕是一点比率的变化,对于国防部来说,多收的费用也是一个不小的数目。

尽管对外军售有许多明显的好处,但还是存在几个重大问题:

（1）出售的武器有可能会在之后被用来对付美国。没有人能够保证,现在是盟国的国家将来不会成为敌人。因此,美国提供的先进装备最后也可能被用来对付美国军队。这一点在小型武器方面表现得最明显,因为美国是世界上小型武器和轻武器最大的供应国[124]。2007 年,由于向伊拉克人移交武器,190000 件武器(110000 把 AK47 步枪和 80000 把手枪)不翼而飞[125]。其中很多可能落入了叛乱分子的手中,用以对付美军和驻伊拉克联军。

在更复杂的层次上,美国曾向在阿富汗的反苏联圣战分子提供由美国制造的毒刺防空导弹,而那些导弹却在之后被用来对付美国军队。在伊朗革命之前,美国向伊朗出售了尖端战斗机。战斗机、舰船,还有其他的装备都可能被作为对外军售的一部分,出售给与美国结盟的国家,但是将来这些国家不一定还是美国的盟国。美国军队十分担心这一点,常常抵制美国政府其他部门的政治压力,阻止先进科技装备出售。

（2）可能出现第三国转移。虽然第三国转移在对外军售协定中是明令禁止的,但是接收国可以(合法地或者不合法地)主动地或者无意地将装备转移到第三国(而这个第三国有可能成为美国的敌人)。装备和先进科技的第三国转移既会对军事胜利产生负面影响,也会影响到美国公司未来的商业经济竞争。

（3）支持政治表现不佳的国家。国会和政治活动组织对出售武器给非民主国家、人权记录不佳的国家、反恐战争中不可靠的国家、区域战争中不支持美国的国家和政治上不稳定的国家表现出了担忧。在这方面,有两种截然相反的观点:一种是维护军售的经济和军事利益;另一种是批判买方国家的当前或未来政治条件。

（4）美国军售助长了武器扩散。其他国家认为,"如果美国将武器装备卖给每一个国家,那么我们也应该这么做。"许多人反对这种说法,"无论如何,他们都会对外军售",但是当美国不再向某些国家或地区出售军备的时候,他们就形成了重要的威慑。不管怎样,随着许多国家开始具备军售能力(包括那些先前没有军售的国家),对武器扩散的担忧越来越现实。当朝鲜和巴基斯坦这样的国家开始出口核武器的时候,这就更加令人担忧了。

(5)这助长了第三世界国家或地区的军备竞赛。上面提到的例子就与中东地区的军备竞赛密切有关。最近,中国在非洲趋于活跃,并且俄罗斯2007年向阿尔及利亚出口了两架先进的"支点"战斗机[126]。美国在这些第三世界国家的军贸中并不占优。俄罗斯是第一个开发全球军火市场的国家,2005年,全球军火销售额达到了302亿美元[127]。其中俄罗斯席卷70亿美元,法国拿走了63亿美元[128]。

最近我们担忧的一个特定区域是南美洲。从门罗主义时期开始,南美洲一直是攸关美国军事利益的地区,美国也和南美洲的许多国家都有紧密的军事关系,比如阿根廷、巴西和智利。但是,委内瑞拉有一定的反美情绪,2006年,委内瑞拉向俄罗斯购买交易总额达30亿美元的喷气式飞机和直升机[129]。同样在2006年,俄罗斯答应向委内瑞拉出售设备以建造一个工厂,生产AK-101和AK-104卡拉什尼科夫突击步枪[130]。同年,俄罗斯也和阿根廷商讨军售,打算以阿根廷牛肉(俄罗斯是阿根廷牛肉的最大进口国)交换,向他们提供军用直升机和装甲巡逻船[131]。这样的补偿贸易在对外军售协议中是很常见的。

7. 外国股权

许多国家对外国持有本国国防企业所有权有严格的规定和控制,尤其是对拥有机密或者敏感信息的国防企业。在美国,商务部、国防部和国务院都要审查这类收购,国会(不论是出于政治原因,还是出于保护国会议员所在选区或州的企业免于过度竞争)也经常深度介入其中。如果外国所有的公司需要处理美国涉密资料,他们必须要有一个由美国人占主导地位的董事会。这项控制是有效的,因为外国公司所有者意识到,他们必须是完全不令他人怀疑(比凯撒的妻子还要"纯洁"),并要被认为在内部有极好的控制。

尽管如此,"9·11"事件之后,世界还是发生了巨大变化,如中国和印度这样的国家发展迅速。外国收购美国公司受到了美国外国投资委员会(CFIUS)的控制,迫于国会压力,CFIUS可能被要求重新审查。这都是被许多外国政府(与私人部门对比)正在建立的主权财富基金的增长所驱动的。举个例子,中国的主权财富基金有2000亿美元,俄罗斯有一个大型的石油投资基金,波斯湾富油国家则有一万亿美元的基金[132]。

8. 技术转移

在许多案例中,比起产品本身,我们更为关注的是蕴含在产品当中的技术。第一个要考虑的是军事方面,第二方面则是这些技术可能拥有两用潜力,在商业竞争方面也能派上用场。出于这个原因,美国列出了由国务院和商务部所控制、国防部也有较多参与的长清单。这个清单包括了那些被认为具有关键的军事直接用途和军民两用技术的项目。另一个则是可以接受初次技术转移的国家名单(对这些国家向第三世界国家转移技术的能力有严格控制)。不幸的是,这两个清单相对于技术的全球传播已经十分过时了,因为它们限制过多,并被要求提交大量的官样数据,批准后才能出口装备的图纸、报告、演示或者设备部件。尽管每年有超过70000份技术协助授权(TAA)的许可证申请(这是非常复杂、耗时的,且必须要逐个单独处理),99.5%的出口许可证最终都会通过系统审查[133]。

为了尝试和信得过的盟国一起解决这些行政障碍,2008年,美国开始了一系列的条约谈判以及其后的签字仪式——首先是英美两国(上述许可申请中,有超过19000份是和英国有关的)之间,然后是美国和澳大利亚之间签订了类似条约。这些条约的目标是让对这些国家的安全控制像加拿大那样。目的是创造一个安全圈,把这些国家都囊括进来。希望在将来能够将此扩展到其他美国信任的盟国。尽管如此,在美国总统和两个信任国的总理签署了条约之后,直到2010年末,国会才批准了这些条约。

随着科学技术的全球化发展,系统也越来越复杂,美国需要对盟国采用更简洁的程序。某个项目每份报告的每个工程图纸并不需要逐个审查批准。相应地,这可以以项目和国家的形式一并发放。这个过程(国防贸易和安全计划)在克林顿政府后期得到了国防部和国务院的批准,但并未成为法律。实际上,在"9·11"事件之后,控制趋紧了。

9. 安全援助

对于大多数美国武器系统而言,大部分钱不是花在设备本身上,而是用在了运营、维护、训练和保障的寿命周期成本上。这些服务构成了国防部采购预算的主要部分,在国防部对外援助中,开支同样巨大。因此,当某个国家购买一项美国装备时,正常情况下,它通常也要购买训练、备件、升级,甚至(有时候)设备相关的维护。一般来说,这都是通过国防安全合作局(DSCA)来完成的,它的职能是向盟国提供外部援助。它有超过900名安全援助人员,分布在102个国家,另外,它每年管理和指导超过14000名国际军事学生,并在人道主义援助上每年花费5000万美元。最终,国防安全合作局负责处理1206号基金,该基金主要用于全球培训和装备项目,目的是为了"帮助伙伴国家使其有能力支持全球反恐战争"。2008年,这项基金大约有3亿美元,项目涵盖伊拉克联军国家,以及阿尔及利亚、乍得、多米尼克共和国、印度尼西亚、黎巴嫩、摩洛哥、尼加拉瓜、巴基斯坦、巴拿马、塞内加尔、斯里兰卡、泰国、也门、圣多美和普林西比岛。另外,1207号基金提供了2亿美元的国防部装备或资金,用来维稳和重建(和国务院共用)[135]。尤其重要的是国际军事教育和训练(IMET)项目,它以拨款的形式为选定的外国军队和国防相关人员提供军事训练。在这个项目中,个别人员被选入美国军校,或者以地区或双边的形式,美国派相关问题专家进行团队教学。资金和项目由国防部决定,国防安全合作局和美国驻海外大使馆的军事代表负责管理。通过这种方式,有利于发展紧密的军事关系,在正式的教育阶段完成后,这种军事关系还能持续很长时间。当安全行动需要多国合作时,这就体现出了其价值。最后,这些基金的一大部分(2006 年的数据是 2 亿美元)被用在了反恐行动中训练和装备其他国家上面[136]——这对于相关的国家和美国而言,都有着明显价值。

10. 政府政策

全球化可以为美国的国家安全带来重要利好,但同样也会有担忧。政府政策的挑战是在最小化风险(如脆弱性)的同时,实现(经济和安全)利益最大化。

一次关于"你认为全球化,尤其是我们和其他国家的经济之间日益增多的连结,对于国家来说是利大于弊,还是弊大于利?"的全国民意调查结果显示,60% 的人认为全球化对国家利大于弊,而只有 35% 的人认为弊大于利[137]。后者的主要忧虑是保护就业和工作岗位,而不是安全。尽管就业可能是主要的因素,安全却是老生常谈(尤其是美国国会),被作为要求购买美国国货而非舶来品的的立法理由。

如今科技和工业的全球化,使得美国不再是每项技术和每项装备的全部领导者。挑战是,怎样在不变得脆弱、不失业、不削弱美国国防工业的前提下,充分利用外国科技和装备的优势来强大自己。

关于脆弱性的问题,国防部负责工业政策的副部长(曾是参议院武装部队委员会成员)威廉·格林沃特在 2006 年表示,至今为止,"我们和外国供应商之间不存在任何问题[138]。""我没有听说过任何关于武器系统或者涉外合同存在(外国部件)可靠性问题。"他指出,"在朝鲜战争和越南战争期间(以及之后),俄罗斯从没有向我们停止过任何供应。其他国家也没有。"在同一个会议上,乔纳森·埃塞顿(同样也曾是参议院武装部委员会成员)指出,"实际上,美国审计总署(GAO)在20 世纪 90 年代早期就做过一项研究,得出了同样的结论,他们找不出任何供应中断或者任何其他问题的例子来。"

最终,美国要做的选择其实就是究竟是建立一个美国堡垒,还是充分利用全球化的优势(同时要解决可能的脆弱性问题)。一个从全球化中获益的典型例子体现在伊拉克一次针对美国非装甲车辆的路边炸弹袭击事件当中。美国从此决定,一定要快速建造一种防地雷和防伏击(MRAP)的汽车。它采用的是由南非最初开发和完善的 V 形外壳、以色列设计的装甲、欧洲开发的龙轴,以及亚洲生产制造的电子设备。如果不利用全球市场的创新技术和产品,国防部根本不可能这么快在战场上部署 MRAP 车辆。在这个案例中,美国的做法是,仅在本国的各个工厂中进行最后的组装工作,而最关键的工程技术和部件设计都来自海外。

随着越来越认可世界发生的全球化改变,美国也越来越需要重新评估其古老的进口管制政策(大多数政策都是在美国处于国防关键技术领域领先地位的特定环境中制定的)。对于这样的改变,有相当的政治阻力。事实上,大多数规定都是出于政治因素制定的,而非国家安全因素。举个例子,《购买国货法案》(1933 年版)中增加的一个"重要"条款,就是 1941 年制定的所谓《贝瑞修正案》。它建议"确保部队人员穿上和吃上美国自身制造的产品"。《贝瑞修正案》要求,三个种类(食品、纺织品和工具)中的所有物品都必须是国内生产、制造或者种植的(意欲在根本上保证美国军队在第二次世界大战中穿的是美国人自己做的军装,吃的是美国人自己产的食物)。

久而久之,国会开始逐步扩大种类的名单,在 20 世纪 70 年代早期,增加了"特种金属"这一种类[139]。这是最麻烦的一个种类,因为它适用的范围太过宽泛,包括军队使用的不锈钢餐具、在电子部件中用到的焊料,还有喷气发动机中用到的冶炼金属。随着电子工业和喷气发动机越来越全球化,在军事和商业领域都有广泛的应用(目前来看在商业领域中的应用是最多的),这成为了国防部的主要问题。《贝瑞修正案》要求电子产品制造商设立一条特殊的生产线,专门来生产国防部需要的少量产品,保证所有产品的基本原料能够满足修正案要求(因为商业企业不会跟踪每个部件来确定其原产国)。相似地,它要求设立一条特殊的生产线为国防部生产喷气发动机,也是出于同样的原因和商用产品分开。因此,那些为国防应用少量生产的产品成本也有了天文数字般的上涨。举个例子,在电子产品的案例中,国防部的消费不足 1%,所以一件产品的成本增加至少一个数量级[140]。相似地,在喷气发动机的例子中,政府甚至被(《贝瑞修正案》)要求检查一个"仅值 13美分的组装部件"。有时,政府合同人员就会提出疑问,为了满足《贝瑞修正案》,1.3 美元是否与价值 400 万美元的飞机发动机相当[141]。

没有人可以说,对于国家安全而言,《贝瑞修正案》列表上的那些餐具、靴子和锚链要比侦察系统和导弹制导系统可用的专业玻璃(产自德国、韩国和日本)更重要,或者比国防部武器系统的电子装备中可用的半导体(产自泰国、日本、韩国和中国)更重要。当士兵们在伊拉克驾驶着非装甲车辆,被路边炸弹炸死或者炸伤的时候,部队就想在这些车辆上加装金属板(可以从伊拉克当地的商店里买到)来保护他们。但是他们却被合同官员告知,这种购买行为违反了《贝瑞修正案》,他们必须要从美国本土获得这些材料[142]。

在 2006 年的修正案会议上,众议员罗宾·海耶斯(纽约州共和党)还提议在《贝瑞修正案》的物品列表中加入国土安全部所有的采购。国家安全的理由再一次被使用(也就是,国家安全可能会遭受风险),"除非这些物品是在美国本土生产、再加工、再利用或者生产的。"

在 2007 财年的《国防授权法案》中,参议员约翰·沃奈(弗吉尼亚州共和党)提出了一项修正案,以解决《贝瑞修正案》中关于"和电子部件相关的特种金属的问题"[144]。正如美国信息技术协会的执行副总裁 Olga Grkavac 所说,"《贝瑞修正案》中对于特种金属产地来源的限制不再适用于掌控信息技术的全球市场,和我们使用的电子部件。IT 产品和服务中使用的大多数硬件已经或者将不再符合这些过时的限制了[145]。"幸运的是,2007 财年的《国防授权法案》的确从《贝瑞修正案》中排除了商业电子部件[146]。在《贝瑞修正案》出台超过65年之后，人们依然试图应用独裁的法律。其他人意识到，在这段时间，全世界发生了翻天覆地的变化，并尝试去克服真正影响国家安全和美国经济竞争力的政治问题。

最后，不遵从《贝瑞修正案》伴有严厉惩罚。2005年，美国司法部宣布了对办公用品公司的三个主要处理方案，这些公司被报道从中国大陆和中国台湾地区购买物品，并通过和美国联邦政府总务管理局的合同，向政府部门出售这些产品。史泰博（Staples）、欧迪办公（Office Depot）和麦克斯办公用品公司（OfficeMax）为此分别支付了740万美元、475万美元和980万美元的罚款，原因都是违反了《贝瑞修正案》中"国内来源"条款的要求。

《贝瑞修正案》不是该类别领域中唯一的一项立法。举个例子，1920年的《约翰法案》（以华盛顿州的卫斯理·约翰议员命名）就限制了悬挂美国国旗的船只在国外进行修理和建造的数量，来调节海上贸易。今天，这项法案在很大程度上保护了美国国防工业的船舶制造商，以及国防部维修船坞——由于就全球范围来说，美国的造船工业在建造大型商业船只上基本是不具竞争力的，因此，如果某个盟国的海军使用的舰船更先进，且可立即卖与美国，那么相关技术也必须要转移到美国，并在美国修建——以更高的成本和更长的时间为代价。在某些领域（比如航空母舰、核潜艇，还有船用消防系统）美国处于领先地位，那么这些部门还是要继续在国内生产制造。而在其他领域，造船工业正逐步现代化，竞争也越来越激烈。问题是美国国防部究竟从补贴一个产业中获益更多，还是从能够买得起所需数量和质量的武器系统中获益更多。这是一个艰难的选择，但是随着世界日新月异的变化和国防部可以更充分利用变革的优势，这个问题必须解决——尤其是在一个资源约束的环境中。

除了这些对美国海外采购的诸多限制，向盟国的货物、技术和服务出口也受到广泛控制。在许多案例中，相对于其他地方的科技传播和对手能获得的技术来说，这些控制既麻烦又过时——而我们却限制向盟国和友邦出口。

自从"9·11"恐怖袭击以来，关于技术出口的控制愈发严格了，生怕这些技术落入恐怖分子之手，然后被用来对付美国。

正是因为这些出口限制，当我们要和盟国一起战斗的时候，盟国想要拥有能够和美国交互操作的装备通常非常困难。他们想要拥有美国领先的先进装备也非常困难。当盟国拥有比我们更加先进的技术和我们同意向其购买时，情况更加糟糕。当我们想要将它送回去维修或升级的时候，需要完成详细的书面材料工作并经历长时间的等待，才能得到美国政府签发的一张出口许可，将装备运回卖给我们的地方。少数的技术领域是特别敏感的，并不是随处可得的，在这种情况下，有所限制是有意义的。即便在那些情况下，和我们信任的一些盟国进行技术共享也是可以理解的，只要我们能保证不使该技术外流至第三方。大多数盟国同样在第三方出口上有限制，他们和我们共同来保证我们有能力确保他们的控制（若有任何问题的话）。

这不仅仅是一个军事问题。对于美国来说，同样也是一个经济问题，它对国防工业和商业企业都有害。对国防工业来说，它将世界市场从其手中拿开，并为外国生产的相似产品打开大门。在红外线产品上就发生过这类事情，法国人占领了世界市场。对许多商业公司来说，这削弱了他们参与国防业务的热情。例如，如果一家商业公司将某个部件出售给国防部，用于生产某个武器系统，这时，该商业部件的技术转移也要被出口控制条款覆盖了。既然相比于商界（对大多数装备）而言，国防部是个小买家，那么对于商业公司来说，这是一个至关重要的威慑障碍——他们现在必须要面对的是在其所有的对外商业销售中，处理出口控制条款有关的时滞和文书工作。事实上，到1999年（也是在"9·11"事件之后对出口控制制度实行更严格的限制之前），德国的大型国防承包商DASA（德国宇航公司）向其所有的项目经理寄了一份备忘录，劝告他们不要选择美国供应商。拿到美国部件所需的出口许可证之前要经历的时滞和不确定性，无疑会影响公司项目的进度。根据这份备忘录的内容，"由于不确定的出口许可证的情况，我们要不计成本地避免使用美国货，尤其是美国的国防产品。无论何时，一旦使用了美国产品，要尽快地用其他国家的产品代替[148]。"

违反出口控制的惩罚是非常严重的。波音公司就曾经因为在价值6000万美元的商业飞机飞行箱中装了一个2盎司重、直径1英寸长①的商业芯片而被罚款1500万美元，因为这个商业芯片也被用在武器系统中，因而它也属于出口控制条款覆盖的范围。波音公司向中国出售了19架这样的商业飞机，而修正案中列出的国防物品是禁止出口中国的[149]。

如本书后文所述，美国的商业供应商参与国防业务面临许多的壁垒障碍，即便他们代表的是最高的性能、可靠性、可得性和最低的成本。并且，这些出口控制条款仅仅是那些壁垒障碍中的一种（无论是出于对未来国家安全的考虑，还是对美国经济竞争力的考虑，都要取消这些限制）。由于美国限制出口这些商业产品，外国供应商就可以支配全球商业市场，并且让美国的对手们也能够得到这些商业产品，即使他们并不能从美国买到它们。今天，国务院每年要处理大约6万份出口许可申请，只有极少数被拒绝（最大部分是出口到英国的；在2005年和2006年，一共只有6份申请被拒绝）[150]。但是处理的过程、风险，当然还有时滞，都极大地削弱了美国商业供应商们涉足这个系统的热情。这些控制条款同样适用于国防服务、技术和产品。

事实上，公共法认为，国防服务包括：① 在设计、开发、工程、制造、生产、装配、测试、修理、维护、改进、运行、非军事化、销毁、处理或者运用国防条款时向外国人员（无论是在美国本土还是在海外）提供援助（包括培训）；②为外国人员提供任何

---

① 1盎司=28.3495g；1英寸=25.4mm。——译者注

受细则控制的技术数据,无论是在美国本土还是在海外[151]。在如今的美国大学中,超过一半的研究生,尤其在科学技术领域,都不是美国国民,许多教员也不是美国国民。如果他们被展示或使用了出口管制列表中的物品(比如超级计算机或者生物技术处理设备),那么大学就要为每一件和外籍学生或者教员相关的小事,而办理一份出口许可证——即使这发生在美国的大学校园里。法律指出,当一名外籍人员使用,或者接触到任何出口管制列表上的物品(即便事情发生在美国)时,这种情况就被认为"视同出口",因此也必须受到控制(报批)。这已经阻碍了美国的基础研究,因此,布什总统成立了一个特别委员会,来对"视同出口"提出修正建议,但是这项政策如何在实际中执行还有待观察。

美国审计总署总结了美国政府在全球化时代变革政策和实践的需要:"随着21世纪安全环境和技术创新的不断发展变化,几十年前建立的、用于保护关键技术的政府项目已严重不适于衡量变化了的美国利益。相应地,我们把有效识别及保护关键技术指定为政府各部门的高风险领域,这个领域要保证对现有的项目进行战略复查,从而识别需要的变化,以确保美国利益[152]。"

第三章
21 世纪的国家安全

第一节　潜在威胁的本质变化

随着 1991 年冷战的正式结束，美国未来学大师托夫勒夫妇在其 1993 年所著《战争与反战争：生存于 21 世纪的黎明》[1]一书中提到，19 世纪和 20 世纪的工业战争（其特点是庞大的军队、现代武器的大量制造以及大规模的破坏性活动）可以说已经结束了。在 21 世纪，工业时代的战争正在被信息时代的战争所替代，但是在后冷战时期，在美国和其他地方依然存在大规模的军队；那些组织编成、指导思想、政策和冷战时期的装备也依然被强调着。在 20 世纪的最后一个十年，美国将其军事计划的重心放在使自身有能力同时打赢两场局部战争———一场在朝鲜半岛，另一场在中东地区。这依然是一个两极化的、相对稳定的常规战争环境，在传统的工业战争情境下，庞大的国家军队会采用坦克对坦克、飞机对飞机的方式进行相互对抗。

就像盖瑞·哈特所言，2001 年的"9·11"恐怖袭击"从根本上改变了国家安全的性质，以及获得国家安全的方式……这证明了美国在面对某种从未遇到过的野蛮袭击时的不堪一击[2]。"

也许美国本应该有所预见。亨利·基辛格（尼克松和福特总统时期的国务卿）在他 1994 年所著的《大外交》一书中说，21 世纪将会从 20 世纪的两极对抗与全球论意识形态，转变成一个充满了多元思想、变革和不确定性的世界，这样的世界会使所有的国家都难以朝着合理的方向指引和控制其外交政策，同时又无法在他们的利益和认同发生冲突的时候继续维护和平[4]。但是如果没有一件真实发生的危机事件（比如由恐怖分子发起的"9·11"事件），也许这样的范式很难被改变[5]。直到"9·11"事件发生之后，人们才开始意识到这个世界已经在国家安全的竞技场上发生了巨大变化，同样是在"9·11"事件之后，美国开始了在伊拉克和阿富汗的战争。

在冷战时期和后冷战时期之间,国家安全环境的变化逐渐被广泛认可[6]。也许关于国家安全环境变化的最后确认,是在美国国防部长罗伯特·盖茨对军队发表的一系列演讲中。2008年4月21日,罗伯特·盖茨对西点军校学员说,军队一定要更加充分地准备,以在"长时间的、混乱不堪的非传统冲突"[7]中,与"残忍的、适应性强的叛乱和恐怖分子"作斗争。面对这样的敌人,他认为,相比于其他的国家实力因素,比如经济或者外交力量,传统的军事力量(比如能直接对准目标进行火力攻击的数量)将不再那么重要。他继续敦促军队停止采购为大规模常规战争准备的武器系统,而是将关注点放在训练和准备应对非常规战争和恐怖组织网络之上。2009年4月,他提出了国防预算的重大变动方案(比如停止生产没有在伊拉克和阿富汗战场上使用过的F-22战机),提高对地面机器人和无人机(已经被证明了在21世纪军事情境下的价值)的经费支持。参谋长联席会议主席的声明(2009年1月15日)使得对变化了的军事作战环境的认可官方化,"未来的作战环境将具有不确定性、复杂性、急剧变化和冲突的持续性等特征[8]。"

在这个新环境中,国家安全需求的变化受到全球一体化的影响不仅仅体现在供给方面(国防工业基础),也体现在需求方面。《地球是平的》[9]所提到的世界的连接已经通过工业和科学技术的全球化、国际贸易和投资的爆炸性增长、国际旅游(洲际喷气式飞机为其提供了诸多便利)的增多、通信卫星展示的全球通信能力、因特网的普遍使用和全球电视覆盖(比如美国有线电视新闻网络CNN和英国广播公司BBC)等所实现。这些都使得我们生活的地球变得越来越小,海洋和陆地不再是国家之间的障碍。并且,由于装有核弹头的洲际弹道导弹等全球到达武器装备的出现,军事领域同样如此,只需在世界上某个角落轻轻按下导弹发射按钮,就能摧毁世界另一端的几个城市。有着同样威力的大规模杀伤性武器、生化武器和放射性武器等,都能够使那些少数掌控它的人拥有巨大的破坏力量,甚至都不用考虑国家是否达到了与此破坏力相称的经济水平。这种社会的彼此互联性与依赖性也使得国家面对恐怖袭击时更加不堪一击,无论袭击是物理上的还是心理上的。

另外,还有很多国家并没有从全球一体化中获得任何利益。实际上,在这个时期内,世界贫富差距一直在扩大(截至2007年,75%的世界人口仅拥有25%的世界财富)[10]。而贫穷国家的人口还在快速持续增长,贫富差距还将继续扩大(人均水平)。由于美国被认为是一个非常富有的超级大国,也因此掌控着世界,但美国也要同时承受来自欠发达国家和地区的穷人们和失业人士的沮丧和愤怒情绪的宣泄[11]。

总而言之,世界已经从一个相对稳定、可预测的两极世界演变成了现在的多级世界,参与者(通常不以国家来衡量)越来越多,这些参与者充满沮丧和愤恨,失业且贫穷,但却有能力购买武器伤害世界上的其他人,包括美国人。21世纪,美国面临着以下几种潜在威胁:①来自国内外的恐怖主义;②大规模杀伤性武器扩散(核武器、生化武器、放射性武器等);③网络战争与网络恐怖主义(针对军用、民用基础设施和国民经济）；④ 国际毒品犯罪；⑤区域性冲突（美国被卷进去的）；⑥失败的国家（对其本国以及美国都能带来不稳定因素和潜在伤害）；⑦稀缺资源的争夺战（比如石油、天然气、食物、矿产等）；⑧全球疾病大流行和自然灾害；⑨潜在的未来竞争者。这九项潜在威胁当中的任何一项都能影响到装备的军事需求——来自美国重建的21世纪国家安全工业基础或来自世界其他国家。

1. 国内外的恐怖主义

基于近年来发生的恐怖事件（美国的"9·11"事件，2000年美国海军科尔号驱逐舰在也门遇袭事件，还有1983年黎巴嫩贝鲁特美国海军陆战队营地爆炸事件），不论恐怖行动针对的是公众还是军队，军队基本上都会参与其中。在21世纪，恐怖主义和其他的传统性冲突有着密切的关联（令笔者和众人惊讶的是，恐怖主义并未针对美国发动的伊拉克战争在美国国内发动袭击）。在国家层面，或者小规模的局部层面上，这样的恐怖行动可以产生显著效果，尤其是大规模破坏性武器。在很多事件中，追踪恐怖主义的根源是困难的。比如，2001年发生的美国国会邮政局炭疽杆菌袭击事件。

传统的军事手段无法击败恐怖分子。就像国防部长盖茨说的，风险在于，"小型的、非常规的武装力量（叛乱分子、游击队员、恐怖分子）会像往常那样，找到破坏和抵消大型常规军事力量优势的方法[12]。"要阻止一切的恐怖活动是不可能的，但是，其恶劣的影响应当被最小化——无论是国土防御还是境外行动（针对美国的军人、公民或者盟国）；国防部和国土安全部的行动不能再被作为独立事件割裂对待，因为它们已经密切相关。

2. 大规模杀伤性武器扩散

按照潜在威胁范围大小，大规模杀伤性武器（WMDs）依次包括生物武器、核武器、放射性武器和化学武器。从其破坏能力来看，这些武器都轻而易举地造成了尽可能多的破坏性后果，因为这些武器带来的心理学后果至关重要。

从死伤数目和对经济金融的不利影响程度来看，一场周密计划的生物袭击行动是迄今为止最有潜力成为最具破坏力的袭击样式。像天花、瘟疫这些通过传染性病原体进行的恐怖袭击行为，能夺去全球数以百万人的性命，世界贸易也会因此而中断相当长的一段时间。这样的大规模生物袭击可由某种病原体或者携带病原体的志愿者在全球几大人口聚集中心同时释放。在这种情况下，传染性病原体的可怕威力，加上现今社会的人员高流动率，必然会导致在症状还远未被确认时，疾病就已经几乎在全球范围内传播了[13]。2003年截获的文件显示，基地组织在阿富汗的某个秘密实验室中生产炭疽杆菌几近成功[14]。实际上，对这个问题最好的防御手段是防疫（比如储备防治袭击的疫苗）。不过，生物工程技术广泛应用制造的全新病原体使得防疫诸如此类的生物恐怖袭击变得十分困难。因此，美国国家卫生研究院（NIH）、国防部以及国土安全部的生物恐怖主义防御领域得到了大幅增长的资金资助。研究者们也在积极研制开发疫苗和药物，用来防范各类病原体产生的疾病后果。

危险程度达到第二的大规模杀伤性袭击类型,是在人口密集的城区发动的核袭击。这会造成数百万的人员伤亡和辐射以及数以十亿美元计的经济损失(包括为那些没有丧命但是受到核武器辐射的人员提供医疗保障的高成本)。要建造这样的核装置,成本相当高,因此基本上来说需要国家的资助投资,然而,近年来核武器制造能力大规模扩散(比如巴基斯坦),不少国家已经拥有或者即将拥有核武器。不像前苏联,当中一些国家可能无视"确保相互摧毁"战略的威慑作用。另外,由于在俄罗斯以及其他地方存放着大量核武器,从中购买或者偷来的核武器都能轻易达到同样的攻击目标。出于这样的原因,美国一直在强调(通过提供资金)帮助保护或销毁那些核武器和运载工具的意愿。但是,还有许多国家在发展基于导弹、飞机,甚至船舰的核武器投送能力。格雷厄姆·艾利森在《核恐怖主义:终极的可预防的灾难》一书中写到,俄罗斯的大规模杀伤性武器,或者核材料,很有可能会遭偷窃然后出售给恐怖分子或者对美国怀有敌意的国家,然后被用来袭击在境外的美国军队,或者美国境内的国民[15]。

第三类大规模杀伤性威胁是放射性武器。它的产量远远低于核武器,但是它所需的制造材料却很容易获得,从而组装出一种常规的、高能量的爆炸性强的放射性"脏弹"。这些材料可以从某些地方偷到(比如医院),然后在人口密集的城区引爆放射性炸弹。在这样的事件中,直接破坏效应(远远超越对建筑物和人的初级破坏)主要是对被辐射以及辐射长期存在的心理恐慌。但是,这样的放射性炸弹在国内一些城市爆炸必然会导致当地几百万人的极度恐慌。

最后一类大规模杀伤性威胁是化学武器。(烈性炸药的)潜在物理性伤害被证实是非常严重的,而化学性损伤(比如芥子毒气的散播)是可以广泛传播且极度危险的。当这样的攻击初次发生时,一定要先分清楚究竟是化学武器还是生物武器的袭击。因为如果是生物武器袭击,人们应当待在原地,这样病菌就不会有机会散播开去;而如果是化学武器袭击,则应当尽快远离该区域,这样才不会受到感染。因为必须检测到袭击的种类,所以需要在大多数的主要城区布置相应的感应器。

3. 信息战和网络恐怖主义

也许21世纪最新的威胁,是我们现在生活的科技社会、网络社会的产物。军队系统正在逐步调整使自身尽可能多地不受网络攻击,但是最脆弱的是民用基础设施,网络攻击对其而言能造成巨大摧毁性后果。上述这种脆弱的体系包括:中央银行系统、医院计算机系统(血型的交换配置)和中央电力系统(造成大范围的停电)。这是21世纪最常见的威胁形式。它体现在黑客攻击个人计算机,或者扰乱和瘫痪我们的计算机系统。但是某些国家和一些针对性的组织正致力于关键性的攻击行为,并且针对五角大楼、美国以及其他国家的基础设施的攻击行为日渐增多。由于因特网是为那些可信赖的用户(最初是为了方便大学研究人员之间的交流)设计开发的,因此加入的计算机安全系统是最近的一种创新。大多数软件系统供应商们正在将计算机安全保护问题加入其软件中(作为其软件的新版本),很多软件安全公司也正在充分考虑这一日益严重的问题。这并非美国独有的问题。如新加坡港完全由计算机控制,并且是泛亚洲地区的海上交通枢纽。2007年,爱沙尼亚遭遇了据说是来自俄罗斯的网络袭击,在2008年俄罗斯坦克侵入格鲁吉亚之前[16],俄方已经率先通过大规模的网络袭击行为,搞垮了格鲁吉亚政府的国际交流与信息系统。未来作战将是针对军用与非军用目标、网络攻击与传统攻击的结合体。

4. 国际毒品犯罪

在20世纪90年代中期,国防部年度预算在3500亿美元左右的时候,全球毒品交易的总额估计与其不相上下。由于毒品(鸦片、可卡因、海洛因以及其他的一些毒品)需求与供给的同时增加,非法的毒品运输和走私也因之呈现出稳定的增长态势。在莫伊塞斯·奈伊姆2005年的著作《非法活动:走私犯,偷运客,侵权者在如何劫持全球经济》[19]中,他发现有高科技作后盾的国际性组织犯罪在近些年已经增长到了一个惊人的程度,发展到导致一些国家发生政治刑事犯罪、威胁国际政局稳定。他发现,人口、武器、毒品、商业制成品、生物器官、知识产权、艺术和钱币的非法贩卖,在过去的十年中呈现暴发性的增多,其中存在着巨大利润。他进一步发现,"全球化"使非法贩卖变得更为容易,因为全球化打开了国内市场,消除了贸易壁垒,建立了全球市场,推进了货币兑换及国际金融市场的繁荣。同时,由于国际犯罪头目们拥有巨大的金融势力,许多国家的政府部门都对此束手无策。美苏冷战结束以来,许多遗留的军事武器都在国际市场上公开销售;中间商(从东欧之类的地方)低价买入,然后空运至非洲和中东地区获取巨额利润。这样才出现大量来复枪、机枪、手榴弹、迫击炮、导弹和火箭发射器,以及足以击落飞机的便携式导弹系统等武器的全球性扩散[20]。对于美国国家安全学界(尤其是那些与拉丁美洲和非洲有关的)来说,与日俱增的关注点在于恐怖组织和非法走私贸易之间日益紧密的关联。历史上来看,这并非传统的军事领域内的问题,但是在近几年中,军队已经越来越频繁地卷入这些问题(比如阻止由南美洲向美国南部蔓延的毒品交易)。随着现代科学技术(比如柴油驱动的小型毒品运输潜水艇)、现代感应接收器、安全的通信网络和先进武器越来越多地为非法走私者所有,它们与恐怖主义之间的关联日益成为美国国家安全威胁的关注焦点。

5. 区域性冲突

美国对后冷战时期所作的一系列打算都基于试图同时打赢两场区域性常规战争,强调的是"常规性"——如大规模部队、坦克战、空对空战斗等。然而,21世纪的区域性冲突被认为是非常不同的。中东和非洲地区的持续不稳定很有可能加剧各种叛乱、内战和宗教冲突,而这些冲突往往最后都会牵涉到美国。大部分长期不安全的区域常常伴随着大规模种族屠杀(像卢旺达和近期的达尔富尔),而这通常会要求美国从中调解,以避免暴力事态的进一步恶化。举例来说,科索沃战争被贴上了非传统战争的标签,因为它完全靠空战且最终美国军队无一战争死亡(此二者几乎都属于完全程度上的非传统战争)。美国现在已经不愿意去插足其他国家阻止种族屠杀等(显示对其他国家自然主权的尊重),但是之前的"调停者角色"既然已经在全球范围内传播开去,美国就背负起越来越重的压力,似乎美国有义务要为世界捍卫和平。而且,目前种族和宗教冲突越来越多(比如卢旺达、索马里和苏丹)。

除了这些非传统性的冲突事件,还有更多潜在的一般性区域冲突——韩国和朝鲜之间、印度和巴基斯坦之间、俄罗斯和其邻国之间、巴勒斯坦(也许还有其邻国)和以色列之间,还有像来自伊朗和叙利亚这些国家的侵略行为。所有这些冲突中的任何一个或全部都会轻易地将美国卷入其中。

6. 失败的国家

区域性冲突的频发,国家的分崩离析,都使得美国被拉入其中的可能性越来越大,要求美国出于人道主义或者更多元化的因素去维持稳定、帮助受威胁的邻国。罗伯特·D·卡普兰在其2000年的著作——《即将来临的无政府主义——粉碎后冷战之梦》中,用巴尔干种族暴力(东正教、基督教和穆斯林之间上百年的斗争)来描述失败国家的情形,超负荷的人口、贫穷、失去土地的少数民族、社会压迫、环境退化、犯罪、部族暴力以及无能的政府,失败国家制造了这些问题并深受其害。所有这些问题造成难以控制的混乱与无政府主义,使得国与国之间的边界线也几乎失去了意义。布热津斯基提出了一个名为"欧亚巴尔干"的近似描绘,所谓的"欧亚巴尔干"是从格鲁吉亚、亚美尼亚和阿塞拜疆地区延伸到中亚地区的广阔区域(包括哈萨克斯坦、乌兹别克斯坦、土库曼斯坦、塔吉克斯坦、吉尔吉斯斯坦和阿富汗)。他将这些国家归为一个区域,是因为他们都有动荡的政府、贫穷以及不稳定,然而他们却富有石油和天然气。这一区域也因此成为了不少周边国家和世界上其他缺油和天然气国家觊觎的"肥肉"。

这种不稳定性不仅出现在欧亚大陆和巴尔干,在非洲的部分地区、东南亚,甚至拉丁美洲也很常见。因此,内战、种族纷争、无能甚至犯罪的政府、贫穷和大规模失业等,不仅仅导致了失败的政局,更导致了长期的不稳定和起义暴动。外部的组织(即便像北约这样的多国性质的组织)很难插手其中,帮助其重归和平,解决所有的问题,最后快速全身而退。

7. 稀缺资源的争夺

许多美国人都还记得1973年和1974年加油站前排起的长龙,当时石油输出国组织(OPEC)实行石油禁运。油价飞涨,通货膨胀严重,美国整体经济受到重创。这些勾起了不少年长美国人对第二次世界大战时期天然气配给票本的回忆。2008年,天然气价格再次飞速上涨,成了大家普遍关注的话题。美国拥有丰富的石油和天然气资源,并有良好的战略储备;然而,当这个问题落到像日本这样发达却几乎没有自然资源的国家头上时,其产生的影响就非常巨大了。对于世界上多数的贫穷国家(占据全世界国家的多数),稀缺资源(比如旱灾时期不断减少的食物供给和淡水储备)显得更为紧缺。这样的资源短缺常常会引起大规模的人口迁徙,并进一步导致全球范围内的不稳定。这其实并非一个新问题(以色列和约旦关于约旦河水的使用权早已争吵了几百年)。但是,随着欧亚大陆中南部的大型湖泊干涸,印度等国家(都拥有庞大的人口)经济飞速增长对能源需求日益增加,对稀缺资源的争夺必将导致未来的不稳定。所有现代化的经济都需要获取能源(尤其是石油和天然气),但是有限的供给和这些能源消耗的日益增加,使得将来对能源争夺的可能性显著提升。不幸的是,许多国家依然从本国利益的角度去看待这个安全性问题,而不是多边合作,因而这个领域的冲突必然会愈演愈烈。

8. 疾病大流行和自然灾害的频发

如今各个国家之间变得越来越相互依赖。地球上任何一个地方发生的事件都会迅速传到所有其他国家那里,并且迅速引起其他国家的关注。例如,人们乘坐飞机周游世界,将SARS病毒带到世界各地,造成其他国家的社会和经济负担;飓风、地震和潮汐造成的一个地区的人员伤亡和破坏,会迅速传播到世界其他地方,造成经济和社会影响。这些并不是军事问题,但是军队经常被要求去援助和控制。军队也确实拥有采取上述相关行动所需的资源(比如运输手段、通信技术和物资供给)。可以理解的是,许多国家对前来救援的美国军队产生怀疑和警惕,这些国家的政客们将美国援助(尤其当本国民众中已经有强烈的反美情绪的时候)视为一种转移人道主义危机注意力的绝佳方式。因此,美国的援助很容易将国家间关系引向恶化,而不是达到预期的积极效果。在疾病传播的案例中,美国拒绝来自出现过病例的国家的游客入境,这无疑一样会导致强烈的政治反应和别国国民一系列反美情绪的爆发。同样地,当一个国家在市场上销售问题产品时,如果美国禁止进口该产品,那么这个国家的反美情绪又会强烈起来。总的来说,尽管这个方面的威胁对于美国国家安全而言也许是最间接的,但是从长远来看其间接影响不容忽视。

9. 潜在的未来竞争者

正如一些专家所认为的,"在2020年以前,没有和美国势均力敌的军事力量或者军事力量联盟,能够挑战美国的霸权地位,或者分担美国承受的全球安全压力。"然而,若是长期忽视其可能性(如俄罗斯、中国,甚至印度这些国家)可以说是非常轻率的。中国是一个拥有悠久文化的民族大国,随着其日益发展,逐渐获得了重要的战略力量和军事力量[24]。中国可能寻求在亚洲的主导地位——不是军事上,而是政治和经济上,通过构建关系网将其他亚洲国家纳入其轨道[25]。许多人认为中国不会使用军事手段达成目标(但是会发展潜在的军事实力以备在必需的时候使用),而是更加关注软实力(以军事实力为支柱)的应用。然而,对于美国而言,应付中国、俄罗斯和印度(还有其他任何可能的未来竞争者)最明智的策略是寻求达成双赢的政治和经济对话。中国面临着环境与能源问题,这些问题是美国和未来的竞争国家共同关注并可以合作解决的(不采取对抗性手段)。然而,美国无法忽视任何潜在的未来竞争者,否则必将会导致美国在未来的地缘政治谈判中,输给那些强大的全球军事大国。

综上所述,我们可以清楚地看到21世纪是国家安全遭受巨大挑战的时期。正如参谋长联席会议主席、海军上将迈克尔·马伦2008年所言,"我们生活在一个充满了变化和巨大挑战的特殊时期,一个充满了高不确定性的时期。但是我坚信,这个充满变化和不确定性的时期,同样充满了机遇[26]。"然而,机遇转瞬即逝,如果我们不去积极谈判实现共赢的话,这个世界将会坠入一个新的混乱而暴力的黑暗世界,有可能产生新冷战[27]。

为了应对以上美国国家安全的威胁,美国必须(在维持数量和质量的优势以应对与潜在竞争对手的高强度常规冲突,与应对未来非常规冲突的远未明晰的非传统军事需求之间)平衡其安全战略投资。平衡是必需的。相比与潜在竞争者之间的战争,非常规冲突不容小觑;并且,任何一个未来的安全威胁都不应单从军事的角度考虑,而是要从政治、经济和军事的角度全局审视。我们必须做出选择,也必须意识到21世纪军事作战样式的重大转变。

第二节　军事作战样式的转变

为应对前面提到的21世纪的安全威胁,从可负担和可实现的角度,要求我们重新审视军事作战样式。多种冲突中唯一可被视为传统样式的是与潜在竞争对手的战争,这里应将重点放在用合作降低威胁的方式塑造潜在对手以避免冲突。对于全部的威胁,我们需要从政治－军事行动的角度去思考,而不是简单的军事行动。联邦机构间合作行动的重要性正在逐渐被大家所重视。比如,美国新设立的非洲司令部(AFRICOM)就有一个来自国务院的副指挥官;南方司令部(SOUTH-COM)也实现了重构,以容纳一个来自国务院的副指挥官,并将同时关注战争与和平,而不是简单的和平。

正如卡尔·冯·克劳塞维茨在19世纪初期所言,"政治家和统帅应该首先作出的最有决定意义最重大的判断,是根据这种观点正确地认识他所进行的战争,他不应把那种不符合当时情况的战争看作是他应该从事的战争,也不应该使他所从事的战争成为那种战争,这是所有战略问题中涉及面最广的首要问题[28]。"令人遗憾的是,自从冷战结束,国防部、国会和国防工业的许多人士都一直拒绝认可军事行动已经出现新样式的事实。

许多人现在相信21世纪的新作战样式将会是"人群中的战争"[29],它具有如下特点:

(1)从国家之间工业战争的硬性目标变为与个人或者非国家社团有关的软性

目标。

（2）不再在战场上拼个你死我活，而是在人群中，媒体会不断地实况呈现和播映整场战争，美国人坐在家里客厅中就能对战争了如指掌。

（3）冲突倾向于变得无限延时，有可能耗上一年甚至十年的时间。

（4）战争是为了保存军事实力，而非让整个军队冒着巨大的风险去达到某个目标。

（5）每当我方找到旧武器和旧编制的新用途时，敌方也找到了全球可用的技术和产品的新用途，并且以一种出其不意的方式使用。

（6）作战双方大都不是国家，而是一些多国性质的组织对抗一些非国家性质的团体或党派。

伊拉克战争和阿富汗战争是这种"人群中的战争"的典型案例。它和以往战争样式存在很大不同。并且，这是"一个战争性质发生结构性转变的时期……敌人已经改变了克劳塞维茨的战争的'终结、方法和手段'"[30]。在这个新环境中，也许最关键的是充分理解敌方的人文因素——文化和语言。

当我们回顾伊拉克战争和阿富汗战争时，发现交战发生在单兵或者小型作战单元的水平上，敌人通常处于隐蔽、伪装和其他难以识别的状态。美国不感兴趣去控制的国家往往会使得美国被牵涉其中去对其进行控制，其实美国感兴趣的是在这些地方建立合作同盟。最终，对手们使用的是对于西方文化而言非常罕见和不能理解的战术（包括引爆自杀性炸弹、利用妇女和儿童做肉盾、容许大量的无辜死亡，即便是他们自己人）。

逐渐地，"非常规战争"这个术语开始被用来描述 21 世纪可能的战争环境。2006 年，国防部副部长戈登·英格兰签署了一项描述非常规战争的工作界定（werking defintion），"（非常规战争）是以有关政治当局的公信力和/或合法性为目标，以削弱或支持该政治当局为目的的一种战争样式。"这意味着，美国将使用"一切军事的和其他的能力来寻找非对称的手段，以削弱敌人的力量、影响和意志"，努力支持或颠覆现存的某个外国政府[31]。

另一个频繁使用的术语（比如在国防部 2006 年的《四年防务评估》中，这是每四年出版一期的全面的战略论述）是"长期战争"——比如在伊拉克、阿富汗以及其他一些地方发生的多样性的长期军事行动，在这些地方，美国军队和恐怖分子以及其他非国家正规军展开了持久性的对抗。另外，有些人认为既然绝大多数这样的长期战争都不是用传统的军事手段，那么"长期战争"这个术语也许更好地描述了这种战争的性质[32]。

这种非常规战争的特质之一是其需要相对大规模的、多目标的地面部队，足以在平民中开展行动，进行有力的自我保护，并且使得对无辜群众的伤害最小化。同时也要求加强美国的非军方机构（比如国务院，美国国际开发署等）的行动能力，部门间的协调也应考虑，国家之间的合作和责任的分担也非常关键[33]。

　　除了人员和目标之间的不平衡外,上述不对称战争样式的另外重要一点是,敌人使用的装备与传统美国装备之间的差异。路边炸弹,就是通常意义上的即时爆炸装置(IEDs),造成伊拉克战争中约50%的伤亡(死亡和受伤)和阿富汗战争中约30%的伤亡。在2003年的一系列主要战役(大多是传统样式的)结束之后,路边炸弹大量增加。2003年,50人死于伊拉克战场的路边炸弹;到了2006年,这一数字增加到452人[34]。在阿富汗,路边炸弹袭击的数量从2002年的22次,飙升至2007年的2615次,到了2009年,达到了8159次[35]。

　　在这种"人群中的战争"新样式中,许多传统的武器系统就没有用武之地了。例如,以色列发现,在2006年与黎巴嫩的战争中,由于攻击的目标是特定的个人,需要最小化对其他人带来的负面破坏,没有用到先进的远距离发射武器[36]。相比之下,真正的恐怖分子为了恐吓无辜的以色列群众而毫不犹豫地采用了非常不精确的火箭弹。以色列还发现,美军在伊拉克和阿富汗激战正酣,这些不对称冲突中的恐怖主义小团体们开始迅速地学习和适应新环境,并开发自身的新军事能力,来阻挠对手(更多的是传统性军队)。举例来说,当美国开始干扰他们的手机和无线电联系,从而阻止路边炸弹的引爆时,他们则迅速转变技术,使用铝芯线连接来遥控炸弹等接收装置。对手们逐渐开始使用现代通信技术,和其他现代化的、全球使用的商业领域的技术,来适应从而战胜反应缓慢的官僚主义的美国军队。

　　对突然袭击的快速反应能力是非常关键的。例如,伊拉克战争的早期,狙击手和自杀式炸弹开始杀戮美国士兵,陆军立即订购了所有能够生产出来的防弹背心。从理查德将军(美军装备主管)签署订单到合同签订拨款,陆军花了47天。最终,国防部花了五个半月的时间才开始向伊拉克起运防弹背心,接下来又经过了数周和数月的时间,成千上万的士兵们才真正拿到它们——而此时,美军死伤人数一直处于不断增长的状态[37]。这样的反应速度显然远远不够及时有效,而这样的单兵防护装备在21世纪的战争环境中同样非常关键。

　　另一个非常重要的改变是曾经作为制胜法宝、用来赢取决定性胜利(比如用性能更优越的飞机、坦克来对抗一般的飞机、坦克)的先进科技,今天影响的是战斗人员的意志和心理。如今,(如上所述的)威胁并不是要占领我们的领土或国家,而主要是威胁我们的国民安全和生活方式[38]。在伊拉克战争和阿富汗战争中,我们和对手的目标一致,都是要影响人民群众的意愿。而要做到这个,最好的技术手段就是现代通信技术。在这一点上,叛乱分子们迅速地利用强大的通信技术工具,比如手机和因特网,来招募、训练、联系、教导和控制新成员。他们已经从大规模地动员转变成了有目的地逐个动员[39]。本质上来说,叛乱分子的所有战斗都是建立在战略通信斗争的基础上,得到了游击队和恐怖分子的支持,试图影响决策者的思维[40]。

　　美国要想赢得叛乱分子煽动下的人民(比如伊拉克和阿富汗人民)的感情和理智上的支持,就需要受过涉外沟通训练且精通对方语言文化的经验人士。

在商业领域,美国就有产业(广告业)通过一系列的广告技术,在说服人们消费方面引导世界(也是影响人们的感情和理智)。但是在政治－军事领域,敌军的小股部队似乎在这一点上做得比美国更好些。随着全世界越来越多的人(通过因特网和其他通信媒介)开始上网,网络心理战对 21 世纪的政治－军事作战将非常关键。

1. 信息技术的影响作用

国防部的信息技术战略,就是所谓的"网络战",包括大量的分布式传感单元和发射单元,通过一个共同的指挥、控制、通信和情报网络(C^3I)联结。在这里,数据本身和数据所包含的信息是重点,军事力量的倍增则来源于此网络系统(通过将形形色色的数据源融合进一体的信息集)。在这个模式中,每一名士兵或海军陆战队战士都是潜在的传感单元或者信息收集单元(同时也是发射单元)。实际应用的系统最早命名为"陆地勇士"(后来更名为"陆地士兵系统")。它要求战场上的每个人都要配备 GPS 接收装置(用于定位数据)、一个无线电设备(用于传导和接收数据)、一个小型计算机和固定在胸前的控制鼠标(运行的是微软系统)、一个固定在枪上的红外装置与电视摄像机,以及一个固定在头盔上的光学棱镜——全彩显示网络提供的所有情报。既然商用信息科技已经缩小了这些技术成果的体积和成本,因此陆军和海军陆战队将这些 21 世纪的军事能力付诸现实,既实用又能够负担得起。有了这套系统,每位参战人员都能够清楚地知道自己同伴的位置(通过情报收集),以及每名敌军的位置,所有这些数据信息同样能够清楚地呈现在高级指挥官面前。关键在于让信息使用者能够及时获得其需要的内容,而不是将大量的可能数据丢给每名参战者,让他们自己去整理,"这将会创造出一个不受等级权限阻碍的扁平网络;不像现有的数据库那样把所有的数据都划分得清清楚楚,相互独立,这样提供的是一个单一的数据源[41]"。这个系统强调的不是更强大的带宽(传输能力),而是信息的使用能力。但是有个问题是,战场上的所有这些数码系统必须要有效整合。当美国军队进入伊拉克的时候,一共有 7 个不同的且之间无法互通的"蓝(友好的)军跟踪者"系统。类似地,当北约进入阿富汗的时候,则有 39 个不同的"蓝军跟踪者[42]"。在没有一个可执行的数据战略的(要求人们在共同域下操作)情况下,信息共享的潜在优势就无法实现。美国正在建立一套"蓝军跟踪者"设备,预期能够使超过 25 万参战人员同时在线(通过先进的信息技术来实现),并同时呈现共同的作战地图,从而获得巨大优势。这项在所有军事行动中延伸扩展的系统带来的好处是极大地提高了作战能力,实现了普通士兵层面的决策,提高了单个受伤士兵就医的反应速度。未来,这个作战体系(一个整合了人、传感器、武器和指挥命令的数字化战场)的信息系统将会基于单一(多业务)的通用数据。这是一个复杂的软件管理系统。实际上,到 2008 年 3 月,这个系统的代码已经达到了 9500 万行[43]。

这个整合的数字化战场概念不仅局限于地面部队,空中作战也已经有了根本上的改变[44]。空中飞行的关注点已经从飞行路线和驾驶舱转移到了"联合空中行动中心(CAOC)",由多架飞机传回来的数据会在这里被立即融合和分析。在伊拉克和阿富汗,空军作战使命主要关注的是利用 F－15E 和 F－16 战机(拥有高清晰度、昼夜光学传感器舱体)、RC135"铆接"(Rivet Joint)电子侦察机,以及大量的"全球鹰"无人机与"掠夺者"低空无人机进行情报收集(监视和侦察),分析敌军的位置和行动。每架飞机上装有相应系统,可以将飞机的具体位置通知给指挥中心,以及(与其一起)进行空中搜索的其他战机(比如装有"联合监视目标攻击雷达系统"JSTARS 的飞机)。所有这些信息会整合成一个一体化的空域图像,结合整合后的地面图像,就可以形成一个全方位的空地立体战场图像。尽管整合的数字化战场的重要性和技术可行性是毫无疑问的,但是仍然充满挑战,即如何克服阻碍共享这些数据的传统观念与对共享后产生的危害的担心。信任和最大化信息安全措施成为了这个系统的关键因素。要想高效且成功地实施这套系统,需要重大的组织和思想改革甚至文化变革。

一项正在进行的变革是武器系统的采办程序。在过去,单个武器平台的采办程序可以首先从零部件层次做起,组装完成子系统后再由总装企业(主承包商)将其垂直整合成一个完整的系统平台。然而,在新的采办模式下,各种各样的子系统(传感器和通信设备)需要成为整个网络系统的一部分,进而组建成完整的体系。当这些子系统被放置在不同的平台上的时候,平台本身就应该被视为整个系统的节点,要在整个一体化体系的基础上进行优化,而非单个平台。这大大不同于传统的武器采办过程。

2. 新旧使命

对于国防部而言,21 世纪最特别的挑战就是如何平衡传统军事使命和新型使命的需求(资源、装备、组织和人员)。对于后者,主要有以下九个方面:

(1)导弹防御。如今,一些面积大、实力强的国家(比如俄罗斯和中国)都有或者正在建造远程或者洲际弹道导弹,但是这些导弹的大范围扩散已经使得其他许多国家获得了导弹技术。因此,美国及其盟国正加速开发、采购和部署导弹防御系统,以防止其国民因一些远程导弹而沦为人质,或者受到导弹误射的威胁。美国现在每年花费超过 110 亿美元,用来开发和部署这样的导弹防御系统,来保护国家免受未来的潜在竞争者以及其他敌对国家的可能威胁。

(2)生物防御。2001 年 9 月 18 日,国会山炭疽病菌袭击事件(导致了 5 人死亡,17 人受到严重感染)的案例,值得引起美国国内及海外驻军和盟友的重视。要造出致命的病原体并非难事,也不昂贵(国会山的病毒成本大约 2.5 万美元)[45],生产方法因此很快扩散[46]。美国已经开始了生物防御的"演习",国防部、国土安全部和美国医疗设施部门将会参与其中[47]。由于军队在战场上易受生物袭击的侵害,我们必须提前做好全面准备。相似地,尽管化学武器没有生物武器那样广泛的传播影响,但是其在战争中的使用有悠久的历史。美国必须为恐怖分子利用生化武器发动攻击做好准备。

（3）打击恐怖主义。恐怖主义是用传统的军事手段无法摧毁的一种暴力手段。由于其与传统的军事冲突不同，因而许多人对乔治·布什总统提出的"反恐战争"一词产生质疑。但是这场反恐之战还是将军队牵涉进来——无论是国内还是国际。

恐怖主义不是一个新的现象，但是现代电信技术和其他先进的信息技术，足以使一小部分人就能拥有全球性的影响力。相似地，拥有大规模破坏力的现代武器（尤其是生物武器和核武器）也使少数人能够拥有巨大的破坏力。最终，恐怖分子和犯罪分子（通常是毒品犯罪）逐渐在全球范围内相互勾结形成了所谓的"毒品恐怖主义"。

由于恐怖行动无论是时间、地点还是手段都很难预测，因此打击恐怖主义是最困难的军事任务之一。恐怖分子可能针对美国民众、美国工业，或者世界上其他地方的美国军队。反恐所需的能力包括强化的人力情报、持久的监视、特种作战部队、文化意识和理解力、在全球范围内对稍纵即逝的目标的快速打击能力、对敌舆论反制能力[48]、身份管理能力、资格认证能力、生物识别技术和其他不断发展的技术。

（4）网络战争。21世纪，信息技术网络应该作为一种武器系统来对待。网络空间安全（或信息安全保障）涉及各种各样的技术。在检测和防范方面，包括服务、认证和授权的强制中断技术以及数据的整合、保密和不可篡改技术。在主动攻击方面，还包括反应技术。网络攻击可以是一个国家袭击另一个国家，或网络恐怖分子袭击基础设施（商业的或者军事的）或网络犯罪分子攻击企业、个人和金融机构（网络犯罪导致的损失每年约600亿~5000亿美元）。以上每一种情形都在21世纪初就开始变得越来越复杂。恐怖组织也很有可能发动更具攻击性的网络攻击（比如袭击美国军用和民用的网络与计算机基础设施）。俄罗斯曾经这样袭击过爱沙尼亚，并且2008年，历史上首次出现了将网络攻击与传统战争结合起来的大型案例，俄罗斯首先袭击了格鲁吉亚政府的信息系统，然后才动用坦克。

美国工业和政府均对这种新型的战争样式反应强烈。2002年，国会通过了《联邦信息安全管理法案》，要求联邦机构进行信息安全认证，联邦机构的企业供应商也有相应的认证要求。到2004年，联邦政府在网络安全上的支出每年超过40亿美元，2009年，这笔支出达到了73亿美元，增长了73%，其中超过40亿美元（约55%）是由国防部来使用的。2008年1月8日，总统签署的"54号国家安全总统指令"和"23号国土安全总统指令"，进一步推动了网络安全开支的增长，两项指令确立了一个170亿美元的项目（超过五年），以此应对针对美国信息网络的恶意渗透[49]。不论如何，针对美国国防部和美国政府网站的入侵次数已成倍地增长。美国网络司令部的总负责人基思·亚历山大将军在2010年指出，国防部遭受的入侵袭击高达每小时25万次（即每天600万次）[50]。如今国防部已经更多地转向网络中心战,因此保护其计算机和网络系统免遭入侵成了高度优先的任务(2006年12月,美国海军将其放在了第四优先的位置上)[51]。网络战是21世纪网络中心战的"阿基里斯脚踵"(致命的弱点),其他国家也开始纷纷效仿美国,在其军事行动中强调网络中心性,网络空间越来越成为军事和商业行动的中心(无论是防御角度还是攻击角度),其难度在于如何在多国家多部门的基础上应用"网络中心主义"。

网络战将不仅仅是一个军事安全问题,许多美国基础设施领域(包括银行、投资公司、公用事业单位以及电信业等)也经常遭受到网络攻击,这些行业都严重影响国家安全。关于以非军事设施为目标的网络袭击的严重性,前国家情报总监迈克·麦康奈尔说,"对美国货币供应系统造成威胁的能力与今天的核武器无异[52]。"

(5)大规模杀伤性武器的防扩散。由于拥有生物武器或核武器,一小部分人就可以对一个大国造成巨大的破坏效应,因此关于大规模杀伤性武器的知识和运载机制必须得到(起码的)控制,甚至可能的话,要消除它们。不幸的是,这个问题远远不是这么简单,因为生物武器的制造方法已被广泛传播,方法也相对简单,而且放射性武器也同样可以被制造出来。要使防扩散取得显著成效的唯一办法,就是制定多国协议,并相互监督、一致核查。冷战期间,这个方法被应用于军备控制协定和限制核武器及其运载工具,现在这个协定机制需要在多国的基础上在核武器和生物武器领域进一步扩大范围。

此外,也应采取激励措施鼓励那些主动放弃开发和阻止这些武器扩散的国家、组织或个人。是什么让防扩散变得如此之难呢?因为为医学治疗之用进行的研究(主要是生物学领域)和潜在攻击性武器技术研究之间的差异非常小。在许多情况下,需要在个人研究者的层面对成果的出版和发表进行必要的控制和禁止。这种监督和控制的责任通常首先应在于(个人研究者所属的)研究机构,其次才会由政府进行管控。

要满足所有潜在的军事需求以及摧毁少部分杀伤性武器的花销非常巨大,显然,美国应当在防扩散和禁止使用这些武器技术上投入大量的资源。

(6)保持核威慑。尽管防止大规模杀伤性武器的扩散非常重要,但是更为必要的是阻止其使用(尤其是大规模核武器的使用),或威胁使用。美国必须维持一支可靠的和可置信的核威慑力量。这支力量必须是安全的、稳妥的,并(经济上)不过度的,要让潜在的敌手相信这支力量可以被使用,并能产生足够效用,否则它就失去了威慑的意义。随着越来越多的国家拥有了核能力,美国不能再忽视其核威慑了——希望并期待核武器能够永无用武之地,但是需要阻止其他人使用核武器或者对美国威胁使用核武器。

(7)保持无人匹敌的常规力量。美国应当将其资源(包括人员、装备、预算、计划组织、条令和培训)转向聚焦21世纪的新威胁(比如恐怖主义、叛乱和网络空间战以及心理战）。但是，国家同样需要平衡焦点转移与常规力量建设，以确保能够与盟友一起使用传统的武器系统战胜任何潜在的对手或者未来的潜在竞争者。因为在所有形成威胁的领域进行全面扩张费用太高，效率和效力就至为关键，过度的超越发展是经济上难以承受的。这表明，美国必须不断进行现状评估，确保技术领先，降低装备成本，强化（战略和战术）军控协议的可验证性，紧密同盟关系（从计划到演习），强化情报搜集、预警，开展假想分析（红方团队合作避免遭受突然袭击），以及提高快速反应的敏捷度（无论是在政策上还是行动上，或指导思想、战术、装备发展和战场行动上）。

（8）战后的安全、稳定和重建。美国在伊拉克战争中学到的教训是——伟大的军事胜利（像美军冲进巴格达最终大获全胜）在 21 世纪不安稳的局势中仅仅意味着迈出了第一步。现在每年都会有一个不稳定国家的排名表[53]，对其中的每个国家来说，美军实力都远胜于他们。但是如果美国直接卷入这些国家中去（这些国家又不断地使自己处于冲突之中），那么对美国而言挑战就是如何维持战后的安全、稳定和经济复苏。战后可能是漫长的维和行动。比如，尽管波斯尼亚战争在 1995 年就结束了，为了确保条约的执行，还部署了 3 万名北约维和人员，2008 年仍然有美国军队驻扎在波斯尼亚。实际上，乔治·W·布什总统将这些维稳、重建和维和的行动统称为"长期战争"（不仅仅包括针对恐怖分子的军事行动，还包括叛乱分子和其他只是出于宗教或者政治原因而起冲突的人员——通常都是内乱）。在这样的行动中，军队扮演的主要角色就是和当地政府军和警察合作，从而达到安全、稳定，甚至重建（通常这样的重建都是在相当不安全的环境下进行的）的目的。在这种情况下，美军的主要职责就是训练和建立一支当事国自己的军事力量。例如，在非洲，美军的目的就是建设非洲自己的能够维持秩序和消灭恐怖主义的军事力量；在哥伦比亚，美军的目标是为其建立能够在其边境线内部清剿毒品制造、反对恐怖主义和暴力的军队[54]。训练外国军队成为了美国军事计划中的一项重要任务，这也是整个安全、维稳和重建体系中美军扮演的唯一角色。

（9）国土安全。2001 年 9 月 11 日之前，一个基本的假设前提是，周边海洋环境和核威慑会在很大程度上保护美国国土免受军事袭击。其实早在 1995 年，俄克拉荷马城的联邦大楼遭到本国恐怖分子的爆炸袭击之后，美国就有了国土安全相关的忧虑，但是直到"9·11"事件的发生，才真正意识到美国国土安全防御的必要性。导弹防御系统是国土安全防御的一项措施（针对洲际导弹），但是还有从离岸舰艇（潜水艇甚至是商船）上发射的短程导弹，以及个人或与军事相关的恐怖分子袭击的威胁。国土安全部（DHS）对美国国土安全负有主要责任。但是，纵使考虑到一些之前独立但后归入国土安全部的机构资源，国土安全部分配到的资源仍然只相当于国防部的很小部分（至少有一个数量级的差别），因此国防部理所应当在国土安全问题上扮演一个重要角色。出于这个原因，国防部创建了美国北方司令部，并开始与其他的联邦机构合作，以应对各种紧急情况，比如说生物武器攻击、其他的大规模杀伤性武器的袭击,和对美国公共基础设施(电力系统、银行系统等)的网络袭击。随着国土安全部预算的增长,传统的防务公司也在向强调这个不断扩大的市场拓展。国土安全越来越需要从一个整体的角度(包括政府和工业产业的角度)去审视,包括传统安全领域的全球军事行动和保护国内安全的行动。

3. 未来的军事行动转型

21世纪军事行动的转型将会牵涉到方方面面——外交、信息战、传统军事行动,还有经济、社会、文化和发展方面。美国将会被卷入非常规战争——在对手及其使用的装备意义上非常规(通常是一小部分通过信息网络进行全球化组织的非国家人员)。这使得合作安全(多国军事行动和军控的多国协议)变得尤为重要。所有这些行动——反恐、反对大规模杀伤性武器扩散、加强控制网络战、促进不稳定国家的稳定安全——都需要国际合作,合作机制需要在事件发生前就建立和计划好,而不是等到事件发生后才亡羊补牢。一定要采取未雨绸缪的手段,来阻止地区问题的升级,同时加强联合部队的灵活性和自由度。这也需要美国多个行政部门的参与,包括国务院、国土安全部和财政部。部门间合作要在联合行动任务到来前就有默契的、计划周详的反应。这就是建立非洲司令部和南方司令部的目的。国务院会向这两个机构派出副司令官,必要的军事和政治行动也都会在真正需要之前做好周密的计划安排(包括部门间的整合,多国代表,战略沟通,公共或者私人的合作机制)[55]。

我们同时也要意识到许多相关的关键网络是社会的,并不是电子的。我们必须学会与盟国、当地武装力量(军队和警察)和政治领袖并肩战斗。这就需要了解当地的语言和文化。同样地,这也需要多部门的合作[56]。

除了要多国合作和众多非军事机构参与外,未来作战还将会是一场远征,可能会持续很长一段时间,同时涉及大批军事合同承包商。也会严重依赖特种部队——因为特种部队拥有特殊的军事技能,并负责实施心理战,心理战将在未来军事行动中扮演重要角色。

总而言之,我们期盼看到资源配置上的重大转变——包括人员与预算。这个转变既是对安全威胁性质转变的反应,也是对世界地缘政治格局转变作出的反应,更是对战争相关科技发生重大转变所作出的反应。

第三节　技术变迁的影响效应

目前已经有许多描写科学技术(包括长弓、来复枪、飞机、雷达和精确制导炸弹等)如何对战争(及其支撑产业)产生巨大影响的书籍,因此,毫不奇怪,21世纪科学技术将会给战争及其支撑产业带来巨大影响。但是大型机构抵制改变,适应缓慢。比如,以色列曾经在柏卡谷成功地展示了遥控飞行器的有效性,但美军20年后才对此有所反应,将遥控飞行器运用到美国军事行动中。

20世纪后期被称为信息时代,信息的优势已经在商业上得到了充分利用。比如,联邦快递公司(FEDEX)和联合包裹速递服务公司(UPS)从运输公司转型为信息公司。但是小型的恐怖组织也能迅速向新科技转变,并加以利用。举个例子,到20世纪90年代,因特网才成为世界性的信息科学技术,但到2007年,据沙特阿拉伯内政部顾问委员会负责人阿卜杜勒－拉赫曼·阿里－哈德拉克介绍,圣战组织招募的年轻人中80%是通过因特网招募的[57]。

也许对于美国军事行动而言,科技带来的最大短期影响就是从以平台为中心到以网络为中心。国防部向这个方向转变仍然存在三个潜在问题。第一,仍然倾向于试图对这个复杂系统的单个节点(每个载人或者无人平台)进行优化,而非整个体系。如果不作为一个体系来看,每个节点都会异常昂贵,并且从某种意义上来说也是次优的。整个系统将不成体系,而只是一系列独立且昂贵的系统的简单组合。第二,软件和通信系统的复杂性与脆弱性问题。软件领域必须采取切实措施来保障其在网络战以及任何问题的故障安全袭击面前固若金汤。最后,第三个主要问题是需要一个独立的组织,建立一个系统的体系架构,选择系统的不同组件。后冷战时期,美国国防工业的急剧整合使得这个问题尤为重要。因此,如果由单独一家工厂来负责建立这个架构,并提供各种系统组件,那么,是为每个节点选择最好的组件,还是直接在每个节点上都使用主承包商的设备,两个选择就产生了冲突。到2008年,国会开始立法禁止大规模集成厂商(就是原先负责系统体系集成的厂家)使用自己的系统组件。但是那些在冷战时期独立存在并可以接受硬件和软件分离合同的公司已经不复存在,要满足国会的最新要求就需要重建这些公司。

软件设计正在采取的第一步(迈向所需的架构灵活性目标)就是要求做到模块化开放式系统架构(MOSA),使用标准接口。至于硬件,不断用最前沿技术(已被验证的)进行(螺旋式)系统升级是最好的选择。如果可以使用商业化标准接口,那么国防部就可以轻松拥有世界范围内最好的技术了,将商业科技和军事科技(要时刻重视安全的重要性)完美结合起来。软件领域内另外一项技术是开源软件[58]。每个人都能获取和使用开源软件,但是也许恰恰相反地,人们认为这正是最安全的软件,因为每个人都可以使用它,因而频繁地被测试(因此,将恶意编码写入程序,使得其不被发现或者无人能破解征服的可能性非常低)。

信息技术给21世纪的战争带来的影响已经非常清楚,但是许多其他科学技术也正在传播扩散,它们也能对未来的军事和工业活动产生重大影响。生物技术就是其中一个例子(作为一种大规模杀伤性武器技术,同时也是生物防御能力研究的主题)。与此紧密相关的是对生物识别技术的广泛使用,主要用来在国界线附近或者其他地方标注和跟踪个人(例如,在伊拉克和阿富汗,使用生物识别技术来监测武装分子已经司空见惯）。

　　最近出现的一项生物威胁,同时也是合成生物学中一项得到越来越多关注的技术——人造虫。对这项危险技术进行恶意应用的人被称为生物黑客。因为国家关注的是对已知病原体的生物防御,新发明的病原体带来的威胁就很难去应对（比如需要研制新疫苗）。这是个充满应对、反应对、再反反应对并将长期持续对抗下去的领域（就像信息安全领域）。

　　另一项将会被广泛使用的关键技术是机器人。大量的装备（无论是空基的、还是陆基、海基的）将会是智能化的。所有陆军和海军陆战队士兵将可能在背包里有一个小型机器人,这样他们就可以让机器人深入洞穴或者爬下城市管道进行初步侦察,同时搜寻潜在的陷阱。他们也会同时携带一个小型的无人空中飞行器,可以飞到高空去看山另一边的情况,然后将信息数据传回来。这样的机器人工具变得越来越尖端和高级,在很多情况下,它们也会载弹。

　　21世纪两种广泛使用的武器分别是高能激光器（致命）和高功率微波装备（非致命）。这两种非传统武器遭到了国防部一些人的抵制,得到的研发资助相当有限。但是,它们将会受到越来越多的关注。非致命性武器特别有吸引力,尤其是在民众当中（如在伊拉克）与武装分子对峙的时候,或者出于国土安全原因而保护核电厂的时候,亦或在要阻止进入美国水域的可疑船只的时候[59]。

　　当苏联1957年发射人造卫星从而拉开了卫星时代的序幕时,通信、导航、情报和武器都发生了重大改变。幸运的是,太空武器在很大程度上受到了相关条约的控制,但是这也是个要持续关注的问题。在所有的其他领域,卫星已经非常显著地影响了军事行动。如今,美国依赖其太空系统——通信、指挥和控制系统的体系系统——来实现武器制导（比如GPS）、情报收集（包括无线电和电话拦截以及图像和雷达目标情报）、导弹发射预警和跟踪。这样的依赖使得美国在反卫星技术面前非常脆弱——直接拦截猎杀（中国和美国在2008年都展示过）,信号干扰;以及通过高能激光器攻击。商业世界和许多国家都有大量的太空资产（通信、导航和情报领域）,潜在对手（国家、恐怖分子或者武装叛乱分子）可以在商业市场上利用或买到这些太空服务。因此,美国就需要保持其空间系统发展的不断升级（用更低的成本来实现更好的功效）,同时要关注潜在对手日益增强的反卫星技术实力,以及使用商业和军事空间系统针对美军以及美国与其盟友的商业基础设施（比如,GPS卫星的原子钟控制着全球的银行系统）。

　　还有一项能够对未来战争和国防工业产生重大影响的科技是纳米技术——制造并使用$1nm$（$10^{-9}m$）宽材料的科学。举例来说,人类的一根头发宽度约8万nm。纳米科技在军队中一项应用先例是为陆地战士开发了先进的防弹衣。普通碳原子被固定成管状（即纳米管）之后,重量是钢的$1/6$,但强度是钢的100倍,防弹衣就充分利用了这一原理。国防部高级研究计划局（DARPA）研究发现了另一项该技术的应用:一架1.5英寸长、0.32盎司重的纳米侦察飞行器,它只有一个旋转翼,活动范围达到3300英尺。这个装有火箭发动机的旋转翼飞行器,就像一颗枫树种子飘在空中,可以实现远程控制,传送稳定的视频图像[60]。许多商业公司正在进行纳米科技领域的应用开发工作(包括许多生物和纳米科技相结合的应用),并可进一步在商业与军事领域广泛应用。

在未来的远征作战环境中,还有一项非常关键的技术,就是能让士兵拥有双向的自动翻译能力。如果没有这项技术,那么就要派一个费用昂贵的翻译人员跟在每个士兵身边,和他们一起去对付武装叛乱分子。2007年,一个派往伊拉克做翻译的美国公民,年薪平均为17.6万美元(一家叫做"泰坦"的翻译公司,其战区工资表上显示拥有包括美国人和外国人在内的共约6900位翻译人员)[61]。仅仅解决语言问题还不够,文化上的理解也很重要,对于会被派往一个完全不同文化地区的士兵来说,需要许多相关的训练工具。伊拉克和阿富汗持续战事的一个教训就是,战争取胜不仅靠子弹,还有语言。

最后,量子计算技术正在快速推向实用,它能够对军事行动产生重大影响。计算速度和容量非常重要,但是其加密技术(使得密码破解成为一件不可能的事)能够帮助美国实现信息安全。这也将极大削弱国家读取其国民(各种通信形式的)邮件的能力。这并不是美国单独领先的领域。其他国家也在投资研发量子计算技术,最终这将会成为一项全球性的技术(商业和军事用途)。美国(尤其情报部门)必须积极参与该领域的研发。

考虑到技术对美国经济和军事竞争力的意义,我们必须意识到,在21世纪,美国不再是关键军事技术领域唯一的领跑者了。在许多领域(比如量子计算),美国和外国的商业以及军事技术水平相当,甚至比他们落后。技术已经很大程度上实现了全球化,也日益成为商业公司之间的差异化指标。商业技术的先进性和技术的广泛分布,使得国防部很有必要去搜索出可为其所用的外国军事和军民两用商业技术。

也许技术的商业和军事应用的唯一差别是,商业企业倾向于应用技术提高性能和降低成本,而军队则主要用来提高性能。其实两者之间的区别在于,一个是低成本下最好的性能,另一个是只要对士兵最好最有利,可以不惜代价。

第四节　应对经济可承受性和有效性

年复一年,国防武器系统的成本持续飞涨,如今一艘航空母舰造价就高达120多亿美元(还不包括飞机),一艘驱逐舰造价超过36亿美元[62],一艘全新的核潜艇造价超过70亿美元。其他高成本装备(比如一架B-2轰炸机需要12亿美元,一架F-22战斗机需要1.43亿美元)的价格也极其昂贵。在这样的高价格下,即便对于美国国防部庞大的预算而言,可负担起的数量也非常少。为了全面满足安全、训练和维修的要求,数量非常关键,但是过高的成本导致达不到所需的数量,原因很简单,买不起。这样的高成本一方面是因为武器变得更加高级了,另一方面来自于所需的材料和子系统的成本。举个例子来说,金属镍,价格从 2005 年的每吨1.3万美元上升到 2006 年的每吨 3.5 万美元,从而导致了电池价格的飚升。但在大多数情况下,这样的高成本是由于只买得起一小部分,工业生产设施(政府唯一的采购需求所致)相关的高成本只能被这一小部分武器系统所分担。因为没有合适的产量实现学习效应,政府只能支付先期少数系统的高成本。更糟糕的是,这些系统通常都是耗油大户,基本的设计很少考虑最小化燃油使用。事实上,燃油的成本是按照用量计算的,而没有考虑那些为飞机、舰船和坦克提供保障的空中加油机、燃料补给舰和加油车的全部成本。燃油补给将大幅提高实际的全部成本。国防科学委员会 2000 年的一项研究表明,这样的成本估计有每加仑 400 美元。最终,由于高成本,国防部能够承受的不只是单个武器系统的采购数量越来越少,而且武器系统种类的数量也会越来越少。就像表 3 - 1 中显示的,每个年代启动的新式飞机制造项目越来越少。

表 3 - 1　军用飞机新项目

20 世纪 50 年代		20 世纪 60 年代	20 世纪 70 年代	20 世纪 80 年代	20 世纪 90 年代	21 世纪 00 年代
XFY	XP5Y	A6	F14	F117	F22	JSF EMD
F8U	A2D	B52	S8	F20	EMD	UCAV
U2	XC120	SR71	YA9	X29	YF22	
SY3	F4D	SC4A	A10	T46	YF23	
F105	F3H	X21	F15	T45	JSF C36	
X13	B52	X19	F18	B2	JSF X37	
C133	A3D	C141	YF - 17	V22	C17	
F107	X3	B70	B1			
F5D	S2F	XC142	YC15			
X14	X2	F111	YC14			
C140	F10F	A7	AV8b			
T2	F2Y	OV10	F/A18			
F4	F100	X22	F - 16			
A5	B57	X26B				
T39	F102	X5A				
T38	R3Y1	X24				

20 世纪 50 年代		20 世纪 60 年代	20 世纪 70 年代	20 世纪 80 年代	20 世纪 90 年代	21 世纪 00 年代
AQ1	F104					
X15	A4D					
F5A	B66					
X1B	F11F					
F101	C130					
T37						

注:本表引自:马克·罗勒,《美国战斗机工业 1909—2000:结构、竞争与创新》,兰德公司,加利福尼亚圣塔莫妮卡,2003

正如盖茨部长强调的,"回溯数十年来,一层又一层的成本和复杂性叠加到越来越少的项目平台上,完工时间越来越长,这样冗长的采购周期必须结束了……如果这个动态变化周期不发生根本性转变,将来要维持对这类武器开发项目的支持会变得非常困难[63]。"

要解决经济承受性的问题,似乎只有一条路。如果军队要有能力购买其所需型号和数量的装备,它必须将低成本放入设计需求中。商业世界开始着手一个新设备的时候就会设置一些要求——特定的性能和经济可承受的市场价格。相应地,为了能买得起所需的数量,军队也要把其能支付的价格作为固定要求的一部分。目前的成本过高现象会一直持续,国防部将越来越买不起未来国家安全所需的武器系统,直到成本成为工程设计的一个要求(不是会计意义上的要求)。这已经不是一个新概念,先前就已敦促国防部[64]。举个例子,2002 年的一项(由参谋长联席会议副主席和主管采购、技术和后勤的国防部副部长签署)国防部指令明确了成本应当是军方的要求。但是只有少数的武器系统真正落实了这一要求。JDAM 导弹的要求是(空军总参谋长提出),能够可靠地工作,能够准确地击中目标,以及单价不得超过 4 万美元。自从成本是一项重要的设计要求以来,国防部的指令得以遵守执行,目前的导弹成本在 1.7 万美元左右,可以足量生产满足军方需求,并能可靠工作和准确击中目标。一些其他的武器系统(比如"全球鹰"无人机和联合攻击战斗机(即众所周知的 F－35 战斗机))的成本都开始作为军方的固定要求了。然而,为了满足增长的作战性能需求(以上涨的成本作为代价),这两个武器系统必须要允许成本价格的上涨,因此其数量也必须要减少。比如"全球鹰"无人机最初定价为每架 1000 万美元,到了 2009 年全面装备之后,价格达到每架 2 亿美元。根据给定成本价格来设计武器是一种商业模式,熟悉该方式的工程师对在军事环境下实现这一模式尤为重要。这同时也是国防部争议的要不要使用商业化装备的问题,因为他们价格低廉。不管怎样,虽然军队开始改造商业装备,但是军队要牢记成本也应是改造设计的重要考量。我们不能简单假设说,因为原始产品是低成本的,那么改造后的商业化产品也将维持低成本——除非在设计时就考虑到了低成本。在未来的武器系统中,只有将成本问题置于设计时要考虑的问题之首,那么国防部才有能力购买足够数量和种类的武器装备,来满足21世纪战争的全面需求。

最后,一个从伊拉克和阿富汗战争中得到的教训是,在21世纪背景下,合同承包商将在未来战场上扮演一个非常重要的角色。

第五节　战区承包商

正如表3-2中数据显示的,战场上有承包商并不是一件新鲜事。

表3-2　美国历次军事行动中的承包商人员情况

战争名称	人员估计数目/千人		承包商人员比例估计值
	承包商人员	军事人员	
独立战争	2	9	1:6
1812年战争	数据缺失	38	数据缺失
美墨(墨西哥)战争	6	33	1:6
内战	200	1000	1:5
美西(西班牙)战争	数据缺失	35	数据缺失
第一次世界大战	85	2000	1:24
第二次世界大战	734	5400	1:7
朝鲜战争	156	393	1:2.5
越南战争	70	359	1:5
海湾战争	9	500	1:55
巴尔干战争	20	20	1:1
伊拉克战争(截至2008年初)	190	200	1:1

注:本表引自:国会预算办公室,基于以下数据来源,William W. Epley, "Civilian Support of Field Armies," Army Logistics 22(1990年11—12月):30-35; Steven J. Zamparelli, "Contractors on the Battlefield: What Have We Signed U PFor?," Air Force Journal of Logistics 23 (1999年秋):10-19; 国防部, "Report on DoD Program for Planning, Managing, and Accounting for Contractor Services and Contractor Personnel during Contigency Operations,"2007年10月:12

事实上,在美国独立战争期间,乔治·华盛顿将军就租用了商用货车为军队供给食物和衣服。但是表3-2告诉我们,到了2008年初,伊拉克战区的承包商人数与现役军人数量相当。尽管在巴尔干战争中,两者人数的比例已经达到1:1,但是人员和资金的规模显著不同。在巴尔干冲突中,从1996财年至2000财年,总的承包费用是21.68亿美元[65],而在伊拉克,从2003年到2007年,合同总费用达到850亿美元[66]。表中的数据还没有包含阿富汗冲突中的承包商,以及为伊拉克政府工作的承包商和国防部资助的他国政府或公司。伊拉克战场上实际的承包商人数远远高于表3-2中显示的数据。在阿富汗(2006—2007),全部力量中65%是承包商[67],2009年这一比例上升至75%。

表3-2还告诉我们,在美国内战和第二次世界大战中有更多的承包商参与其中。但是他们和现役军人数量的比率非常不同,并且那些承包商的工作环境也完全不同。早期的冲突比较接近于传统意义上的战争(人对人的短兵相接),承包商都在后方。尽管伊拉克和阿富汗扩展军事行动的主要目的是恢复国家稳定和城市重建,但是武装叛乱分子持续在公共人群中实施暴力行动,使得承包商们始终处于危险境地。

这就提出了一个问题,为什么战场上承包商的数量多于军人数量? 首先,也是最关键的,冷战结束后,军方将现役力量从210万裁减至2000年的不足140万。保留下来的力量主要是作战部队,裁减的大部分是保障部队。另外,在和平时期,武器系统发展的越来越高级,因此,维修和保障那些高科技装备越来越依赖于承包商。所以伊拉克和阿富汗军事行动开始时,军队就严重依赖承包商的保障功能了。陆军中将戴维·麦基尔南(第三集团军司令)在2003年说过,"我们的许多做法,在削减现役军事力量和预备役部队方面,使得我们更加依赖承包商。有非常多的科技装备需要承包商来保障[68]。"

问题在于这些改变(承包商工作环境的改变,数量剧增的改变,军队对其严重依赖度的改变)都还没有引起国防部的重视和应对。这一现状受到美国审计总署2003年报告的特别重视,报告名为《军事行动:承包商向前线部队提供了至关重要的服务但却未得到国防部的重视》[69]。这份报告写道"随着国防工业公司将越来越多的员工派往海外,公司也越来越担心其员工的人身安全。在敌对冲突中,政府对承包商应承担的责任并不明确;造成了国民的困惑和管理的复杂性……当陆军把安全责任推到区域军事指挥官身上的时候,参谋长联席会议主席说提供安全保障是承包商的职责[70]。"甚至在伊拉克军事行动五年后,负责后勤和物资准备的国防部副部长杰克·贝尔在一次听证会上说:"坦白讲,我们并没有做好充分准备去应对……这个对承包商的空前依赖[71]。"在同一场听证会上,斯图尔特·鲍恩(伊拉克重建的特别监督官)和威廉·索利斯(美国审计总署的国防能力和管理主任)说,军队没有足够的训练有素的人员去监督远在伊拉克和阿富汗的承包商们。最后,戴维·马多克斯(退休陆军将军,陆军采购和项目管理远征行动委员会委员)重述了他所属委员会的研究发现——军队并没有意识到外包和合同商对远征行动以及成功履行使命的全部意义[72]。本质上而言,国防部在其训练活动、军事演习、推演或者行动计划、人员配备、人事政策、外包或者财务计划中,并没有意识到承包商的作用。因此,一场全面改革很有必要。但是在有相当的体制性阻力面前,要真正意识到伊拉克和阿富汗的作战样式很有可能成为未来战争中的常见事件是非常困难的,要意识到军事结构、文化和演习过去面向的是更传统的军事行动也非常困难。最终,2008 年,"9·11"恐怖袭击以来军队首次修订了其军事行动指南,正式地将维稳行动(或者国家建设行动)与战斗行动放在一起。当时,部队官员认为这次修订反映了对反恐的重视,并开始全面意识到这样的行动很有可能成为军队面临的不确定未来的一部分[73]。正如盖茨部长说的,"美国需要一支这样的军队,既有能力'踢倒一扇门',又有能力在之后'将废墟清理掉并重新修建房屋'[74]。"

在伊拉克战区,表 3-2 中确定的和表 3-3 中所定义的 19 万承包商人员由美国公民、当事国民(约占 20%)和第三国国民组成。表 3-3 中所列的大多数美国公民是军队退役人员,他们为了高薪报酬(大约相当于美国国内同类工作薪酬的 2.5 倍)才自告奋勇去冒这么大的风险。他们基本上都是做高技术含量的工作(比如驾驶后勤交通工具和维修高科技军用装备)[75]。一大部分工作人员来自当地,这也比较符合维稳和重建的目标。第三方国家人员多数是一般后勤保障人员。他们承担各种各样的职责(许多人负责餐饮),来自各种各样的国家(包括斯里兰卡、菲律宾和孟加拉国),他们由一小部分美国监事管理,履行工作职责的成本低于军队人员。

表 3-3 在伊拉克战区工作的承包商人数——根据部局发包的合同统计,2008

	地点	美国公民	当地人员	第三国人员	总计
国防部	伊拉克	29400	62800	57300	149400
	伊拉克战区的其他区域	6700	3500	20100	30300
国务院	伊拉克	2300	1300	3100	6700
美国国际开发署	伊拉克	200	2900	300	3500
其他部门	伊拉克	200	100	200	500
总计	伊拉克战区	38700	70500	81000	190200

注:本表引自:国会预算办公室,基于美国中央司令部的数据,《第二季度合同统计报告》,国务院,美国国际开发署,2008 年 4 月 30 日

表 3-3 中的数据显示,在伊拉克战区的军事行动是多部门参与的。实现稳定和重建的军事行动需要软硬两方面的努力("软"通常是非防御性角色)。现在重建的环境和第二次世界大战后的欧洲大不一样,当时还是通过马歇尔计划重建的,但是现在我们仍然要把军事行动和人道主义目标结合起来。就像西奥多·罗斯福总统所说,"我们主要的人道价值在于赋予我们的军事力量以崇高的目标[76]。"这张表格没有包含分包商在内,他们服务于美国国务院或者美国国际开发署,不过表

中包含了那些为"其他部门"服务的承包商,比如美国农业部、商务部、健康和人类服务部、内政部、司法部、交通部、财政部和总务管理局。举个例子来说明这些人的工作内容,在波斯尼亚和科索沃,1999 财年,100% 的维修,餐饮服务,洗衣、污水处理,有害物质处理,信件收寄处理,水、燃料和重型设备运输,以及 70% 的施工任务,都由负责保障的承包商完成[77]。

范围更广的一个承包商名单如表 3-4 所列,包括所有的中央司令部行动(包括伊拉克和阿富汗)中的承包商和为美国国际开发署工作的分包商。

在表 3-4 中,承包商人员总数上升至 26.5 万,同样包括美国国民、伊拉克人和第三国人员。表 3-4 还根据工作职能进行了整理分类。

表 3-4 在中央司令部行动中的承包商及职能,2007—2008

	部门和人数	人员构成
重建	国防部,25000 国务院(国际开发署),79100	绝大部分为伊拉克人
后勤和基地保障	国防部,139000 国务院,1300	美国人 24%,第三国 49%,伊拉克人 27%
翻译人员	国防部,6600 国务院,100	美国人、第三国人员和伊拉克人都有
顾问及其他人员	国防部,2000 国务院,2200	美国人和一些第三国人员
安保人员(不包括保镖)	国防部,6300 国务院,1500	大部分是第三国人员,以及部分伊拉克人
保镖	国防部,700 国务院,1300	美国人和英国人
总计	国防部,181600 国务院,85500 共计,267100	美国人 15%,第三国人员 30%,伊拉克人 55%

注:本表引自:国会预算办公室,《美国伊拉克行动的合同商保障》,华盛顿特区:国会预算办公室,2008 年 8 月;Jnnifer K. Elsea, Moshe Schwartz 和 Kennon H. Nakamura,《在伊拉克的私有安全承包商:背景,法律地位和其他问题》,华盛顿特区:国会研究服务中心,2007 年 7 月 11 日;负责后勤与物资动员的国防部副部长 Jack Bell,在美国参议院国土安全与政府问题听证会上的证词,2008 年 2 月 27 日;负责采购、技术与后勤的国防部副部长 John J. Young, 在众议院国防拨款小组委员会上的证词,2008 年 3 月 4 日;国防部,《关于前线地区国防部服务合同的报告》,2007 年 7 月;T. Christian Miller,《在伊拉克的合同商人数超过了军人数量》,洛杉矶时报,2007 年 7 月 4 日。

数据包括美国国际开发署的分包商人数,但不包括从事情报工作的合同人员数量,也不包括非正式的部门人员数量,比如被称作"伊拉克之子"的当地安全部队人数。

如表 3-4 所列,大部分的合同内容主要是后勤和基地作战保障。为了对此有个大致的了解,来看一下这些数据:"进入战区一年后,KBR(承包商名字)共有 2.4 万名员工和分包商员工工作在伊拉克和科威特。在半年时间内,他们为 8 万名士兵运送和安装了 3.4 万个住所(帐篷或者简陋的营房)、1 万个厕所和 1 万个淋浴设施。在不到一年的时间里,他们设立了 64 个餐厅,提供了 4000 万份餐食。每年他们要洗晒 100 万捆衣服,清理 150 万立方米的垃圾,运送 1300 万磅信件,从科威特向伊拉克搬运 100 万套设备和供给容器,运输 18 亿升燃料。为了实现如此大规模的运输职能,他们还雇佣、动员和训练了 1500 名经过认证的重型卡车司机[78]。"

在重建上,到 2008 年 2 月底,已经有 29 家伊拉克的国有企业重新开始投入生产运作,48 个项目正在重建伊拉克工业基础,为私人投资做好准备。所有行业部门中超过 3900 家伊拉克个体商户重新注册,三项对国有大型工业的私人投资得到了伊拉克政府的批准(分别在基尔库克、穆萨纳和卡迪西亚的水泥厂)。外国投资团队正在提议进行旅馆和办公室建设,还有食品加工、餐饮服务和新的工业建设[79]。

如表 3-4 所列,26.5 万家承包人员中,不到 1 万人负责安保,其中仅一小部分(20%)从事个人安全保卫工作(如政府要员出门时的个人保镖工作)。剩下其他的安保职能就是在固定的政府设施内了。他们带着枪支,但仅限于自我防卫。这一小部分承包商最为公众熟知。还有许多其他的安保人员作为分包商,保护那些负责重建项目承包商们的安全,为处于高危环境中的承包商提供基本的安全保障。而军队因为要和武装叛乱分子斗争而无法承担这项工作。承包商需要自我寻找安全保障已经部分得到 2003 年国防授权法案的证实,国会其实已经部分意识到了这些承包商们的需求,需要他们来实现这些功能,这份法案允许雇用承包商保护军事基地。

承包商的功能列表参见表 3-5,其中包括了一些例子。

表 3-5　在伊拉克的美国承包商们提供的保障类型,2006

保障类型	例子
作战部队保障	食物准备(凯洛格·布朗公司和鲁特公司),衣物洗涤,设备维护
服务设施	供水、排污、电力、交通、桥梁、铁路、机场(贝克特尔公司,Fluor 公司)
建设和重建	主要设施、医院、学校、加油站(贝克特尔公司,哈里伯顿公司)
内部事务	食物分发、训练、竞选保障、媒体(Fluor 公司,Dyncorp 公司,诺斯罗普·格鲁曼公司)
情报工作	对简易爆炸装置袭击的分析,对官员袭击的分析,主要危险区域分析(克罗尔公司)

保障类型	例子
安全保障	官员保护、建筑工地、居民区、护送队伍，以及其他承包商(布莱克沃特公司，克罗尔公司)
各种其他的混合性事务	审讯、翻译、司法培训、法律保障(L-3公司，全球语言中心，CACI，精诚资讯)
注:本表引自 Marion Bowman，《转型中的私有化》，国防时空，2007年7月，第3页	

表3-5包含了两项前面表格没有提到的重要职能。第一个是为警察和军队提供训练。其目的是实现当地亟需的稳定。这项功能日渐显示出其重要性，并且通常由退役的军事人员和警队人员在翻译人员(有需要的话)的协助下完成。第二项功能就是情报功能，承包商在这里扮演的角色不是间谍，而是分析师。在平叛行动中，对获取的情报数据(来自空基和陆基的多种感应器)的分析非常关键。这一高技术含量且敏感的工作要求具备安全许可，并且也是对军方和政府文职分析师工作的补充。因为这是一个敏感领域，这些人没有被列入表3-4中。据估计，他们有大约2万~3万人[81]。

一般说来，战区内承包商的存在保障了战场指挥官履行使命。以下三种形式的合同承担保障职能——外部保障合同、系统保障合同和战区保障合同。国防部对上述每一种合同都有正式的定义[82]。系统保障包括武器的操作或者维修、监视、目标瞄准，或者部署应急行动中的情报系统。大多数这类承包商与远程征战中使用的主要武器系统有关。他们的工作和其在美国国内相近，只是工作环境大大不同。举个例子，洛克希德·马丁公司在伊拉克的维修人员发现自己有连续180天的时间是在迫击炮的炮火中度过的[83]。外部保障合同的出现是在20世纪80年代中期，军方意识到部队裁员后，对意外事件中承包商保障的需求上升。因此，制定了一项政策，号召陆军在遂行全球范围的应急行动中计划和外包后勤与工程服务[84]。1985年，落实此政策的官方合同出台了，称作"后勤文职人员扩编计划(LOGCAP)"，该合同的首次使用是在1989年的巴尔干地区。在20世纪90年代，海军和空军按照陆军的指引，开始了全球范围内为应急行动增加特定保障的合同外包。这些分别是所谓的"空军合同增加计划(AFCAP)"和"应急建设能力计划(CONCAP)"。最后，战区保障合同可能与外部保障合同的大部分内容相同，但区别是它们在战区指挥官的指挥控制之下(不像外部保障合同，通常在国内签订并履行)。这三种类型都是应急合同，是在一定的战争状态下，对紧急需求做出快速反应的有效应对。在特定环境下，《联邦采购条例》中一般的条款和条件可以暂且不顾，以满足快速反应的需要。

最大的应急合同是陆军的LOGCAP。尽管这会定期进行重新竞争，但它是一项持续的合同，"战时利用民用承包商承担指定的服务职能，以扩大陆军力量"，"使得军队腾出精力来完成其他军事任务，或者弥补其不足。"最初的理念非常简单[86]，承包商会有一份自愿且合格的人员名单，也有能力迅速招募这些员工。在和平时期，政府基本上不用花成本，甚至不用支出预备役所谓的训练和人事成本。一旦战争爆发，军队需要扩员，承包商就会在需要的地方提供有专用技能的人员。因为合同早已签订，扩员就会非常迅速。因为陆军是在伊拉克和阿富汗的执行代理人，LOGCAP 也就成了最令人熟知的合同了。从 2003 年到 2007 年，后勤保障、建筑工程、石油产品和食物供给等类型的 LOGCAP 合同总值达 220 亿美元[87]。一般情况下，这类合同被认为极具价值（经过了在波斯尼亚、伊拉克和阿富汗部队的检验）[88]。仅仅在波斯尼亚战区的保障活动（比伊拉克和阿富汗的规模小得多），布朗和如特两家承包商（后来都成为了承包商 KBR 的一部分）雇用了大约 6700 名工人，完成了需要 8500 名部队人员才能完成的任务，节省了约 1.4 亿美元。LOG-CAP 合同明确只提供保障职能，那些"有损作为非战斗人员的（承包商的）角色任务"的事情，一律不做。因此，这个合同的意图不是要取代士兵的战斗人员职能，或者政府文职人员和军人的相应天职（固有的政府职能）。而这又是极其危险的工作。事实上，2006 年 6 月，KBR 公布有 95 名员工和分包商在伊拉克、科威特和阿富汗遇难，另外有 430 名员工和分包商在敌军的袭击中受伤。然而，那一年，仍然有 16.5 万求职者申请去伊拉克、科威特和阿富汗的工作机会，并且他们表示那时他们已经收到了超过 50 万份的简历[89]。这些都还不是最危险的工作，因为很多情况下，他们都是在安全的基地内（当然也在战区内）。L-3 服务集团在伊拉克为军队提供翻译和口译人员（通常都身在战场上），其遭受的员工伤亡情况最严重，到 2006 年底，有 261 名人员遇难（在最后三个月中就有 32 人死亡）。这些受害者中有一大部分是伊拉克人，他们为美国工作的翻译身份被人所知，通常在休息时间被人暗杀[90]。

在伊拉克另外一项高危的工作是卡车司机[91]。如果在美国，一个典型的卡车司机一年有 3 万美元的收入，但是在伊拉克，他们一年可以赚超过 8 万美元，而且如果一个司机能够在伊拉克待上超过 330 天，还可以享受可观的税收优惠政策。同样地，许多愿意做这个工作的人都是退役军人，他们习惯了战争的环境和条件。两天的时间，425 英里的路程，将燃料和其他常见的供给品（比如武器、制服、弹药和防弹衣）从科威特运送到巴格达郊外的仓库。他们是武装叛乱人员在沿途几乎任何位置都可以袭击的目标。2006 年，有超过 7000 个这样的车队，其中超过 600 个车队遭受过（路边炸弹、小型武器，或者迫击炮的）袭击。这些车队还是受到安全保障小组保护的。一个提供该项保障服务的承包商 ArmorGroup，在伊拉克 2006 年发出过 1184 支车队，报告了 450 起恶意攻击。在巴格达北部的危险道路上，"每次出车时，你通常都会遭到至少一起袭击[92]。"

这段时间在伊拉克的承包商人员中，究竟死了多少人，尽管要统计出这个数字很难，但是一些报纸的跟踪报道和结果的披露已经让我们感受到了在战火纷飞的地方，工作的危险系数是多么高。举个例子来说，2005 年 10 月 23 日，《华盛顿邮报》的一篇文章[93]中写道,从2003年4月美伊开战以来,已经有320名非伊拉克籍的承包商人员(平民)遇难,而2006年12月《华盛顿邮报》的又一篇文章写道,"根据劳工部的统计数据,2003年以来,有大约650名承包商人员死于伊拉克战火"(并且这些数据还不包括分包商,若是加上去,总数必然大幅提升)[94]。2007年5月19日,《纽约时报》一篇文章写道,在2007年的第一个季度内,有146名承包商员工在伊拉克遇难,劳工部数据显示,还有3430人在同一季度中因为伊拉克的战火而受伤[95]。2007年8月20日,《华盛顿邮报》报道的劳工部数据显示,2007年6月30日之前,有1001名承包商人员在伊拉克遇难[96]。最终,一位独立分析师史蒂芬•斯古纳说,"截至2008年6月,在伊拉克和阿富汗超过1350名承包商人员死于保障(美国)任务中,约有2.9万人受伤,其中超过8300人是重伤[97]。"承包商的死亡风险是巨大的(实战中军人的死亡率在25%左右),遭受重伤的风险更大(也许有20倍大),美国公民的死亡人数与合同商的人员组成中,美国国民相对于伊拉克人和第三国人员的比例相当——占总数的约20% ~ 30%。

最后,那些正准备去战区做承包商工作的美国国民都会在佐治亚贝宁堡接受一些简单的教育,包括体检、战区研讨以及对所需文件进行彻底的核查。但是和士兵们在进入作战区域打仗之前所接受的详细训练比起来,这样的训练是不够的[98]。

1. 解决承包商的问题

当战区(比如伊拉克和阿富汗)承包商的人数和作战官兵的人数相当甚至更多的时候,就会产生很多需要解决的问题。

(1)远征合同签订。美军在伊拉克和阿富汗远征军事行动的第一批政府采购人员,是根据标准的"联邦采购条例(FAR)"和详细的联邦采购实践培训的,采用的是美国国内的做法。当战场指挥员让他们"立即"做某事的时候,采购人员的回答是:"好的,指挥官。但是我们要先花几个月的时间让这个请求的具体细节得到批准。然后,承包商还要花几个月的时间才能回应,详细的资源选择再需要几个月的时间。这个时候,我们再和胜出的承包商进行最后的谈判。"很显然,这样的繁文缛节造成了大麻烦。不仅如此,FAR中还有一大堆要满足的要求——像《购买国货法》、小型和少数的企业需求(照顾诸如女性拥有的企业,因为世界上这样的企业很少)、专门的成本会计要求、"即时"审核要求、安全问题、职业安全要求和出口管制规定等。另外,在现金经济及高昂的战区生活和医疗保险成本方面,都有很多问题。也许最重要的是,多数情况下,合同是在美国国内管理,但签合同的人和合同的履行却都在战争区域内。最终,2008年,一份远征行动合同承包手册发布了,结合了FAR中所有允许在战争条件下破例的特别条款。这样一来,即将赶赴战场的合同人员就需要按照那些特别条款进行培训。

(2)谁在负责?根据战争的军事原则,统一指挥非常关键。然而,在正常的承包经营中,任何合同任务的增加,都必须经过合同官修改合同。在大多数远征合同中(比如 LOGCAP 合同),合同官身在美国,陆军政策清楚地说明(《陆军规定》715 – 9"伴随军队的承包商")了"承包商的雇员不接受指挥链中军事人员的直接监管"。这个说法比较含糊[99]。比如说,在阿布格莱布监狱[100],承包商雇员帮助部队审讯犯人;士兵,甚至军官们都认为承包商也是指挥链中的一员。华盛顿的一名美军发言人也持相同观点,他说在阿布格莱布监狱和其他地方的承包商人员均"从属于当前的指挥结构",且被作为正规军事人员对待[101]。一个相关承包商的发言人发表了一番相似的言论:"所有 CACI 雇员均在美国驻伊拉克军事指挥链的监督下工作[102]。"在极端情况下,比如战争,当需求紧急的时候,很难使修改的合同在美国国内及时得到批准(何况又在不同的时区)。因此,指挥链问题未来必须清晰界定。

(3)军队对承包商的责任。与上文提到内容相关的是军队对承包商的责任问题。比如,在什么情况下,军队要对非军方人员的安全负责?军队需要跟随保护非军方人员吗(如果不这样做会将非军方人员的生命安全推向危险境地)?军队需要对承包商维持稳定和重建的工作加以计划和训练吗?军队需要对在战区受伤的平民康复负责吗(承包商比军队人员更容易受到伤害,因为他们在行动中的活动范围限制比军人少)[103]?

(4)承包商们能简单地甩手离开吗?军人如果擅自离开战场,是会受到军事法庭审判的。最初,人们认为承包商可能会"在战火中逃跑",因为最糟糕的情况只是他们因违约而要支付违约金。也许因为许多承包商人员都曾经有军队经历,无论是在个人层面还是公司层面,几乎没有承包商不履行其分配责任的案例。曾有一个案例,一家公司因为战争的恶劣环境而决定不再续签合同。柏克德公司说,2003 年当它被授予第一份合同的时候,上面说"国防部保证公司员工将会在一个安全的环境中工作"。但是三年后,52 名员工遇难,许多工作由于伊拉克叛乱冲突和教派暴力而遭蓄意破坏。一些雇员和分包商被绑架,一些被拖出办公室并遭到枪杀,相当多的人受了重伤。因而,柏克德公司选择不再续签这个合同[104]。公司在这三年内一共获得了 23 亿美元的工作报酬(包括公路、发电厂、水厂和其他的建筑工作)(这是公司在世界范围内的主业),因此要放弃这种后续合同并非易事,哪怕公司认为工作条件使得其必须放弃。其他的承包商会代替它签下这个合同,因为毕竟利润相当诱人。从 2003 年到 2007 年,美国一共发包了 850 亿美元的伊拉克重建合同[105]。

(5)对政府文职志愿人员的补偿。在合同发包方面,多数的陆军合同人员都是政府文职人员。只有 3% 是现役军人。所以当战场上需要发包合同的时候,文职人员被要求"自愿"上战场。从伊拉克到阿富汗,其实他们早已因为他们老板的劝阻而萌生退意,因为他们离开后而出现的职位空缺不会为他们保留,会马上有人顶替上来。重建时期,美国经理承担的合同数量显著上升,他们不愿意自己的员工志愿跑到外国的战场去，另外，如果在战场上因故牺牲，志愿者们也没有个人生命保险（因为大多数的文职人员政策中都有战争排除条款）。他们无法享受（军人的）长期医疗保险，他们的补偿总额会受到国会的限制（即使他们每周工作7天，每天工作24小时）。所有这些工作被要求在极端恶劣的环境下完成。那些志愿在这种环境下工作的人都是非常敬业的和有能力的，但是还有许多职位空缺。这是值得国会未来关注的又一领域。正常的情况应该是有一批会在需要时赶赴战场的预备志愿者——在某种意义上就像预备役（他们中的许多人也可能来自预备役）。可以事先制定好提供的薪水和福利方案，且事先准备好，并且这些人也要接受远征合同发包的培训。

（6）承担政府固有工作的承包商。根据参谋长联席会议的"行动合同保障"文件，"有一些被认为本质上是政府功能的工作，不应该被合同承包，合同承包的话也应该十分谨慎。多数的战争保障和维持工作可以被部分或者全部外包。一些特定的功能被视为本质上是政府的天职。这些包括作战、合同授予、对军队人员和国防部文职人员的监督等。重要的是，承包商们被禁止直接或者积极参与对抗行动[106]。"这并不禁止承包商从事政府的固有工作。举个例子，因为政府合同人员短缺，政府雇员是签订合同的最终人员，他们可以寻求合同商的帮助，只要合同商和竞标的承包商之间没有任何（个人或者公司方面）利益冲突。然而，鉴于行动中承包商和分包商的庞大数目，以及许多行动的紧迫性，监督合同发包行为的政府人员要确保不存在任何利益冲突，并且合同商承担的不是政府的固有工作非常困难。与前文描述的指挥链问题结合起来看，要区分什么功能是政府应该做的，什么功能是承包商可以完成的是比较困难的——尤其是在紧急情况下。

（7）1949年《日内瓦公约》下的承包商权利。《日内瓦公约》规定，"和武装部队随行的人员，没有正式成为其中一员的，比如合同承包商，如果落入敌方手中，且被敌方认为适宜于拘留的，就应当被视为战俘，前提是已获得其所伴随之武装部队的证明，武装部队应该为此而提供其身份证明。"条约已经写得很清楚，但是敌方是否会遵守又是另外一回事。类似的困惑还有承包商们是否享受在伊拉克的法律豁免权。理论上说，权力存在于《军事治外法权法案》（MEJA），或者《军事司法统一法典》（UCMJ）规定下的美国法律，但是这些权力在伊拉克和阿富汗战争之前并没有被执行，相应的应用机制也并不存在。唯一的解决办法似乎就是开枪打死那些违反法规的人，然后将他们运出战区[107]。为了澄清这一点，国会重新修订了《军事司法统一法典》，从而使得法规覆盖到保障军事行动的文职人员，国防部也发布了必要的实施准则。现在，无论是依照《军事治外法权法案》行事的司法部，还是依照《军事司法统一法典》行事的国防部，都可以采取针对承包商的法律行动。这样的军事法庭最早出现在2008年6月[108]。

（8）承包商能携带枪支吗？关于承包商和枪支的问题一直没有一个清楚的说法，如果带有枪支的承包商被捕，那么他们也算是参战了么？究竟谁才允许携带枪支以自我防卫？交战规则是什么？这些问题适用于那些提供个人安全保护的承包商，也适用于数目更庞大的那些在危险环境中（比如他们驾驶后勤车辆通过危险地带、为随行部队做翻译、在危险地区参与重建工作等）工作的承包商。2005年10月，国防部试图清楚地解释提到的部分问题，申明军队指挥官有权力决定是否让承包商着军装，是否让他们携带政府配发或者私人拥有的武器[109]。因此，即便是为了自我保护，承包商要配有武器也必须有战场指挥官的明确许可[110]。而指挥官的决定又必须基于国防部的承包商雇员是否有人身受到伤害之险，以及军队是否能够合理地保护这些承包商（个人）的安全。如果答案是否定的，那么承包商们就可以自我武装，从而在危险的环境中保护自己的安全。武装承包商的一个条件是，他们要在美国法律或者其国家法律的框架下拥有武器（例如，他们必须要经过武器正确使用的培训，且没有重罪前科）。除了一些执行安全保护任务的承包商外，政策规定承包商雇员只能携带一把手枪。（截至2008年2月28日，在伊拉克和阿富汗的638名承包商雇员以及大约200名国防部文职人员都配备了自卫武器）[111]。即便那些担任私人保镖的承包商也要遵守武器的使用规则，而它比参战军队的规定严格得多。他们不许参与任何进攻性的军事行动。截至2008年4月，在伊拉克的5613名履行安全保护职能的承包商被授权拥有和步兵类似的小型武器。

（9）资金的灵活性。在远征军和急行军行动期间，大规模的LOGCAP合同中发生的一个主要问题是，承包商们经常被指派去做资金还没到位的工作，或者资金还在从美国向战区缓慢拨付过程中的工作。但是为了完成作战指挥官的要求，承包商们常常被要求先垫付大量的资金，以使工程按时完工，然后再等待政府修改工作合同和拨付资金。一年内，仅仅因为资金拨付问题，LOGCAP合同就修改了141次。这个问题在巴尔干战争中就被意识到了，国会因此批准了一项"海外应急行动拨付资金"，允许战场上灵活使用资金。比如说，只要之后马上向国防部和国会汇报资金使用的真实情况，可以先将"采购资金"转化成"操作和维修资金"来使用。大型的LOGCAP合同没有这样的灵活性，在伊拉克和阿富汗的其他类似合同中也不存在，而且在《购买国货法》这样的法案中，也没有备用的豁免条款。因此在法律上和经济上都存在障碍，影响承包商在战时条件下及时高效地完成任务，这一点必须在将来得到纠正。美国国际开发署（USAID）有这样的灵活性，但对于庞大得多的国防部战争行动资金，这样的灵活性尚不存在。

（10）多部门行动。在伊拉克和阿富汗战区，有多个美国军种（联合行动中会有陆军、海军、空军和海军陆战队），多国部队（还要协调多国军事行动），以及多个美国部门（国防部、国务院，包括美国国际开发署）。在这一点上，国防部和国务院支付不同的薪水给当地工人，来竞争获得他们的工作服务。但是还有更严重的，是关于合同发包、稳定和重建的协调。事实上，由于重振伊拉克经济和提高就业机会之间缺乏协调，最终"埋下了经济萎靡不振的种子，助长了对叛乱分子的同情[113]。"最严重的是每个部门个人安保承包商之间的协调。最后,2007年5月,一份"协议备忘录"在国防部和国务院之间签署,它描述了政府应当如何管控战区内的个人安保承包商,从而使得他们可以按照统一规则行事[114]。在未来长期的政治和军事行动上,国务院和国防部之间关系的协调还有很长的路要走。如果要想成功,那么必须事先合作做好计划和演习。目前已经迈出了正确方向的步伐,新的非洲司令部和南方司令副司令由国务院指派,应急条件下有效开展行动的计划和演习也已经提前完成。为了做到这些,国务院无疑会要求额外资源,而国会则要负责提供(包括财力和人力)。在参议院国土安全小组委员会和政府事务小组委员会的证词上,伊拉克重建特别监察长,小斯图尔特·鲍恩说:"在伊拉克的合同发包过程遇到了不同部门应当不同法规带来的麻烦,导致了管理和监督的不一致性和低效率[115]。"

2. 三个主要的人事问题:合同人员、安保人员以及政府与承包商的成本比较

(1)合同人员。截至2007年下半年,在伊拉克和阿富汗战区,有超过90起针对承包商的欺诈和其他违法行为的指控。然而,伊拉克重建特别监察长指出,这些案例仅涉及到了较小比例的整体重建投资和较少数的个人[116]。此外,还存在装备审计不清以及针对私人安保合同的潜在不当行为。为此成立了专门的课题小组以应对这三类问题。国防部成立了一个特别委员会调查"如何阻止这些明显的承包合同问题将来再次发生"(通过制度变革)。远征行动陆军采办与项目管理委员会[117]发现,在伊拉克和阿富汗的合同人员对远征行动没有准备,对大量的合同和承包商没有准备,对条件的快速变化性和异常危险性也没有准备。在100多次的采访中,有不少受访人都是这样的评价:"我无法找到有资质的陆军人员(文职或军人)来满足合同签订的需要。""战区内只有38%的合同人员是够资格的。""在战区内,有许多来自华盛顿的人告诉我们各种各样的规则制度,但是鲜有人有危机感、紧迫感。""我们没有像作战训练一样接受过(签约)训练。""在战区内,我们没有定价和中止合同的权力。""我们需要在每种(作战指挥官的)领导力课程上设置一个关于合同签订和承包商内容的部分。""下次我再出国,我不希望再这样临时性的了。""签订远征合同要比一般的合同签订复杂得多。""我们是政府部署到战区去的平民,基于的人事制度则是三四十年前颁布的。"

委员会还发现,在这段建设时期,陆军的签约工作量增长了7倍,但是工作人员数量却因为冷战后调整作战部队与保障部队(文职和军人)的人员比例而显著减少。比如说,2001—2006年,陆军物资司令部的订约数量(陆军物资司令部负责陆军的采购活动)增长了653%,合同经费增长了331%,但是,合同人员数量却下降了53%。问题不在于审计人员(战区内审计人员比合同人员多)。问题在于如此特殊的战争环境,太少的人接受了太少的培训,高级军事人员又过少地强调合同的重要性(即便承包商的人数相当于总兵力的50%)。作为后冷战时期整体兵力削减的结果,许多高层职位(陆军里所有要求具有合同管理背景的五个将官职位,国防合同管理局的四个将官职位,以及海军和空军一半合同管理的将官与高级职位)被取消。这些职位的取消显示了这个领域的低优先级。一个特别引人关注的地方就是合同授予之后的时期,这段时间政府合同管理要保证工作按时完成,达到竞标的成本,实现所需的质量标准。现在,军事人员也被要求履行这样的职责,但这是第二位的工作,而且没有任何培训。另外,在美国国内负责购买武器的国防合同管理局,在战区不再具有此职责,同时它自身人数也从2.5万人减至1万人。

军事行动需要变革,不管是在伊拉克、阿富汗,还是在未来其他本质相似的军事行动中。幸运的是,军方和国会都意识到了这场变革的必要性,并且按照前文中委员会的提议,开始行动起来。这些提议中尤为关键的是,远征组织中需要有合同管理背景(以及在计划、培训和行动方面有经验的)的高级军官,既然那些是战时条件,且在军事指挥之下,军人的角色非常重要。另外,这些高级职位要在初级军官选择职业生涯道路之前就已存在。

(2)安保人员。合同安保人员是超过26.5万个承包职位中最具有争议性的。根据表3-4,人数估计有1万人左右,但是其他估计接近2万[118]。只有大约2/3的人是有武装的,大多数不是伊拉克人,穿着军装,通常和军方人员很难区分[119]。然而,一些事件的发生还是引起了媒体的注意。比如,2007年9月16日,在巴格达,安保人员奋力逃离汽车炸弹袭击的时候,据称向无辜平民扫射,导致数十人死伤。

关于这些安保人员的职责,人们存在许多误解。大约3/4的安保人员是在大型基地内部,保护固定设施,从来不在安全线以外的地方冒险。这一职能有了显著扩展,源于2005年的摩苏尔餐厅自杀式爆炸,爆炸使得对进入人口密集设施的人员进行人身检查格外重要。尽管一些室内的安保人员来自军队,但绝大部分是承包商——并通常是第三国人员。比如萨尔瓦多人负责保卫"绿区"的美国国际开发署大院;乌干达人负责保卫海军陆战队的设施。他们的主要职责就是检查要进入相关设施人员的身份证明。大多数人从来没有因为愤怒而开过火,他们就像是在国内保护银行或者商场的安保人员一样。

无论如何,保镖(或者说人身安全保护的细节)已然引起了非常多的争议。表3-4显示,在战区有大约2000名安保人员(还远远不及所有承包人数的1%)。他们对媒体中报道的所有真实的暴力事件都负有责任。这些安保人员来自一个超过60家跨国企业组成的组织,企业包括三叶丛林(Triple Canopy)"、"达因集团(Dyn-Corp)"、"国际(International)"、"盾安全(Aegis Security)"以及现在颇有名气的"美国黑水公司"[121]。安保人员常常被称为是私人部门的士兵,或者甚至是"流氓"佣兵(《财富》杂志在2004年的5月刊上这样称呼过他们)[122]。他们很专业,受过高水准的训练,并且先前通常是军人。然而,他们的工作非常具有争议性。大多数人是为国务院服务,直到国防部和国务院签署协议(上文提到过),之前他们不在任何军事控制之下(见表3-4)。

历史上,国务院对其驻外人员有三层保护措施。第一层是通过东道主国家(他们要对所有外交官和其领土内外交设施的安全负责)。第二层是海军陆战队,他们一般守卫的是固定设施的核心部位。与许多人的想法相反的是,大使馆的海军陆战队并不为外交官提供保镖服务。他们守卫的是馆内的设施、美国民众和财产。第三层就是合同安保,在伊拉克,合同安保有所增多,因为外交官离开使馆后需要全程保护。2004年在费卢杰针对黑水公司安保人员的伏击事件,4名保镖被杀,他们的尸体被悬挂于桥上,这样的事件之所以发生,部分是因为黑水公司没有与当地军队沟通合作。保镖的职责是不惜一切代价保护"委托人"(被保护人),这意味着要与叛乱分子作斗争。黑水公司,举例来说,标榜从未失去过任何一个"委托人"。对于保镖而言,这是检验成功与否的唯一标准。不幸的是,缺少与国防部的合作,以及所谓的保镖思维定势,导致了2007年9月16日的枪击事件,当时有不少伊拉克人死伤。这使得国务院发布了新的路线方针,将承包商纳入军队管制,要求国务院安全官员陪同每支使馆车队,同时发布了保镖使用武力的具体规则。当国务院人员暴露在骚乱人群和起义者的环境当中时,保镖们就很难做到充分控制场面、完成他们的工作了。在任何国家和任何未来的行动中越快实现所需的稳定,问题就能越好地解决。尽管承包商导致的平民伤亡数量很少,但他们受到了新闻媒体和国会的高度关注,当然伤亡越少越好。

(3)政府和承包商的成本比较。国会预算办公室对政府人员和承包商安全人员的成本进行了比较,并认为"承包商安全人员成本堪比美国军事人员执行同样功能的成本。但是,在和平时期,私人安全承包商不需要续签,而军事人员仍然要留在军队编制内[123]。"有人认为,由于军事人员的时薪远远低于私人合同人员的时薪,所以用军事人员来执行相同的功能要划算得多。然而,承包商的成本包含了所有的经常性管理费用和设备成本,而且仅当有任务的时候他们才受聘——包含了他们的退休金、医疗保险等。另一方面,军事人员的时薪并不包含所有的这些相关"尾款"(像医疗保障、退休金、受伤补助、人寿保险、家庭分居补贴、战区的行政性保障、退伍补贴、在职教育、中途离职或探家以及培训请假等)。军事人员时薪同样不包括保障他们的军事装备费用和经常性管理费用。更为重要的是,军事人员是不断轮换的。在任何一个给定的时点,都会有第二个人正在接受训练以替代现在的某个人员,有时候,还会有第三个人正处在轮换休假期。所以对于每个被部署的士兵来说,还需要1.2~2个领着工资"在家待命的士兵"来对应于该岗位(而在承包方人员中则不存在此现象)。在表3-3中可以看到,大多数安保全人员(不包括保镖)来自于不发达国家,他们的工资都远远低于美国人(无论是文职人员还是军人)。国会预算办公室的分析总结是:长期来看,用军事人员代替安全承包商,成本要高出90%,并且要多出很多装备新人的前置成本[124]。采用承包商的一大优势在于,当不再需要他们的时候,成本花费也就终止了。而军事人员依然要在军中服役,花在他们身上的成本一点也不会少(通常要持续20年)——不管是否有战争。

3. 对战区承包商的总结

前国防部长盖茨在其 2009 年的一篇刊登在《外交事务》上的文章中说[125]，美国在伊拉克战争和阿富汗战争中经历的环境，很可能就是未来军事行动的环境（尽管传统的武力对武力、国家对国家的冲突在未来也会出现）。美国必须要意识到，在未来，军队总兵力的 50% 会是承包商人员，这类情况的出现是非常现实的（出于上述原因）。这一点得到了国防部 2006 年《四年防务评估》的认可，其中指出，"国防部的所有武装力量（包括现役的和预备役的，文职人员以及承包商）构成了美国的作战能力和人员整体[126]。"文化（其组织、纪律、计划和训练）必须要进行变革，使得这些活动都形成一种规范；关于"文化变革"的文献表明，有两件事情是必须注意的[127]：第一，要认识到改变的必要性（伊拉克战争和阿富汗战争的经历已经充分说明了这一点）；第二，领导层必须要有远见、战略和一整套的行动方案来实施这项改变。国防部长盖茨、各军种和国会已经着手开始变革了。2008 年 1 月，陆军部长皮特·格伦下令成立了美国陆军合同司令部，旨在"提供一个更加有效的体系，来执行远征行动的承包任务[128]。"国会通过的 2008 财年《国防授权法案》，其中第 849 条（关于陆军委员会提出的临机合同、采购队伍之外的人员培训，以及评估的建议）要求落实委员会的许多建议。同时，在 2007 年的授权法案中，参议员理查德·卢格和当时的国务卿康多莉扎·赖斯提议建立一个文职人员组成的"重建预备团"。这和军队预备役十分相似，被征召（正如布什总统在 2007 年的国情咨文演说中提到的）以"在国家需要时，允许政府雇用有关键技能的文职人员，奔赴海外履行使命，以减轻武装部队的负担[129]。"这个提议得到了国防部和国务院的支持。在很大程度上，这和英国的"赞助储备"（Sponsored Reserve）很相似。根据英国的概念，承包商在和平时期为军队提供服务，其人员则作为军队的预备役人员，必要时为远征作战服务[130]。承包商维持有一批自愿加入预备役的人员。从多个方面来看，这就解决了上面提到的一些关键问题，既然这些雇员是预备役志愿者，那么在他们被征召之后，就成为了军事指挥链中的一部分。尽管美国不应该将自身限制于英国的"赞助储备"模式中，或是卢格和赖斯的建议当中，有一些措施还是需要做的，这样美国才能在未来战争中高效、成功地履行职责。

第六节　未来美国安全领导地位的关键要素

21 世纪美国的安全领导地位有以下八项关键要素：

（1）维持强劲的美国经济。否则，国家安全就会陷入联邦资金竞争的泥潭中。

（2）计划和执行有效的部门间行动和训练。

（3）基于共同利益建立国际伙伴关系。所有 21 世纪的安全问题都需要多国合作共同解决。

（4）将关注焦点和资源转移到 21 世纪的威胁、冲突和战后上来。这项转变可以纠正战略和资源错置。

（5）维持科技领先地位。这个领域的领先无论对于长期经济竞争还是国家安全而言都是至关重要的，它需要的是灵敏的嗅觉和快速的反应能力。

（6）为不确定性做好准备。不确定性是 21 世纪安全问题的最主要特征。

（7）充分利用商业和军事技术全球化的优势。

（8）注重人的作用。军人和文职安全领袖对于国家的未来安全至关重要，战场上的政府和承包商人员必须要接受相关工作的专业训练，并得到相应的报酬。

要真正有效地、经济地落实这八项关键需求并不简单，并且也会花费相当长的时间。但是如果国家要在整个 21 世纪维持其安全领导地位，那么这些都是必需的。

第四章
21 世纪初期国防工业的特征

第一节　国防工业结构

　　由于政府和商业市场在监管制度、政治参与、独特的合同、专门的成本核算以及买方集中度方面都不相同,在这两个部门之间运作的公司,往往把与政府和商业机构相关的运营划分为独立的分支和利润中心。这里令人感兴趣的是政府部门,尤其是其中的联邦部分。但在 21 世纪,打破那些人为分离国防和商业运营的法律和管制障碍已日益引起人们的兴趣,进而鼓励军民两用产业发展。

　　2007 年,美国联邦采购总额超过 4000 亿美元,涉及超过 16.9 万个不同的承包商[1]。然而,少数的政府承包商霸占了 4000 亿美元中的绝大份额,企业中的大部分则是为联邦政府提供商品和服务的小企业。例如,在服务业中(2005 年几乎有 69000 家公司)[2],超过 70% 的企业是(美国政府定义的)小企业[3]。尽管联邦市场包括的企业数量众多,但企业的集中程度高,尤其是在国防部门(这是迄今为止最大的联邦部门)。2005 年,占据国防份额的前二十五家公司中,85% 从事研究和开发业务,70% 从事服务业,74% 从事硬件业务[4]。如表 4 - 1 所示(2006 财年),前 10 家公司获得了 36% 的国防部合同以及约 30% 的联邦政府合同。企业在整个联邦市场的排名和他们在国防部市场的排名高度相关,因为国防部占据了整个联邦市场的大部分[5]。

表 4 - 1　前十位政府承包商,2006 财年(单位:10 亿美元)

政府排名	企业	总金额	国防部	政府其他部门	国防部排名
1	洛克希德·马丁公司	33.5	27.3	6.2	1
2	波音公司	22.8	20.9	1.9	2
3	诺斯罗普·格鲁曼公司	18.6	16.8	1.8	3
4	通用动力公司	12.4	11.5	0.88	4
5	雷神公司	10.9	10.4	0.51	5

（续）

政府排名	企业	总金额	国防部	政府其他部门	国防部排名
6	凯洛格布朗路特公司（KBR）	6	6	0.02	6
7	L-3通信公司	5.7	5	0.62	7
8	科学应用国际公司	5.3	3.4	1.9	10
9	联合技术公司	5.1	4.6	0.56	8
10	英国宇航公司（BAE）	4.7	4.5	0.19	9
前十总计		124.8	110.3	14.5	
前十占比		29%	36%	12%	

注:本表来源:政府执行局,2007年8月15日

国防工业基础的整体结构趋于按产品划分市场,如航空航天、船舶和兵器(见图2-2)。尽管一些企业跨越多个部门,但他们的业务倾向于按照任务的主要区别划分(例如造船与造飞机就很不相同)。不同的产品有不同的客户(例如,海军的一个分支购买船舶,而另一个分支或者空军购买飞机)。因此,企业高管往往属于特定的产品部门或者子部门。例如,海军的航空母舰业务有一个工业基础联盟,包括2000多个分布在46个州的公司,为航空母舰提供设计、材料、施工、维修和服务[6]。然而,在主承包商层面上,只有一个造船厂(在弗吉尼亚州纽波特·纽斯的诺斯罗普·格鲁曼公司的造船厂)有能力建造航空母舰。这个例子说明了主承包商层次的集中度水平(只有一家公司)和低层业务企业的广泛多样性。单个航母的成本超过130亿美元[7](这个金额不包括舰载飞机的费用),所以有大量的钱分到各个承包商中去。

近几十年来,国家安全行业最显著的结构性变化是,后冷战时期,由于国防预算大幅下跌(特别是采购预算),发生了剧烈的行业整合。这一时期改变了美国的国防工业。当行业的水平整合停止时,屈指可数的剩余大型国防主承包商转而(以同等的力度)开始进行垂直整合(这些整合甚至开始引起反垄断监管机构的注意)(见第二章)。

2001年9月11日之后,美国国防预算增长迅速,国外公司(特别是来自欧洲)在美国市场大量投资和收购。美国国防企业从适应国防部门需求开始转向提供(多种类型的)服务、体系系统的集成和装备保障(以此作为主营业务)。

要看清楚当今国防工业的整体结构,也许最好的方法就是从顶端开始,一层一层进行审视。

1. 主承包商

2006年,居前五位的国防公司(也是联邦政府合同的前五位)——洛克希德·马丁公司、波音公司、诺斯罗普·格鲁曼公司、通用动力公司和雷神公司(见表4-1)面向国防部的销售总额约87亿美元(还有额外的11亿美元来自其他联邦机

构),相比 1996 年,十年间增长超过 40%。但或许更令人惊讶的是,同样的十年间,他们的服务收入增长了 180%,研究、开发、测试和评估(RDT&E)收入增长了约 200%(后者确保他们对国防部未来支出的控制)[8]。增长的一部分来自于采购,但增长的大部分,是受后"9·11"期间国防预算剧增的带动。此外,这几家公司业绩增长的一个重要原因要归因于这样一个事实:只发展了少数几个新的主要国防项目。因为这些项目都被五家公司中的某一家所掌控,国防部整体业务仍然是高度集中的。

正如表 4-2 所列,几个大型项目(如为空军、海军以及海军陆战队和军队未来作战系统服务的联合攻击战斗机)导致了行业的高度集中,尤其是航空航天和国防企业外包的主要组件和测试业务比同类型的商业部门公司少了 50%[9]。

表 4-2 国防部成本最高的五个项目,
2001—2006 财年(10 亿,以 2006 年美元计算)

2001 年		2006 年	
项目	成本	项目	成本
F/A-22"猛禽"战斗机	65.0	联合攻击战斗机	206.3
DDG-51 级驱逐舰	64.4	未来战斗系统	127.5
"弗吉尼亚"级核潜艇	62.1	"弗吉尼亚"级核潜艇	80.4
C-17"环球霸王"运输机	51.1	DDG-51 级驱逐舰	70.4
F/A-18E/F"超级大黄蜂"战斗机	48.2	F/A-22"猛禽"战斗机	65.4
总计	290.8	总计	550.0

注:本表来源:国防部数据,2007 年;GAO 分析和演示,2007 年

随着武器项目数量的显著减少,国防部的挑战是如何在各主要部门维持 2~3 个企业运转。如果每个部门只有一个企业,就不会存在竞争。政府需要不断应对这一潜在危险,而且它也有多种手段可以应对。例如,当在给定产品领域只存在一家企业时,政府可以授予该领域的第二家企业下一代项目合同,从而维持未来的潜在竞争。市场还可以对外国公司开放。此外,政府也可以对剩下的两家企业都授予合同,从而鼓励他们进行持续竞争,而不是在经过最初的竞争后选择单一来源(对持续竞争优势的讨论,请参阅第七章)。

虽然每一个关键领域维持两个来源有许多好处(在创新、高性能和低成本方面),但不幸的是,这种做法却没有被广泛接受。人们仍寄希望于"这次会有所不同"的想法,希望垄断供应商会不断努力提高性能降低成本(尽管众多经验数据显示恰好相反)。另一种维持两个或两个以上来源的方式,是尽可能多地采用商业-军事的综合业务模式(在工程、制造和保障方面)。然而,在许多产品领域(如导弹、战斗机、大型海军军舰和坦克等),其最后的总装阶段共同点很少。

2. 分包商和零部件供应商

分包商和零部件供应商通常被称为国防工业基础的"关键人低层"。当军舰建成后,只有军舰成本的 12% ~ 18% 归造船者(主承包商)[10]。最大的成本推手(高风险、高技术和工艺元素)是子系统,比如指挥控制系统、先进的雷达和推进装置。同样,在导弹系统中,70% ~ 80% 的成本和高风险因素不在主承包商的导弹总装,而是存在于电子、传感器和推进系统。即使在先进战斗机的生产中,也只有约 20% 的成本直接归飞机制造商。大量的成本和高风险项目通常是在子系统,如航空电子设备、传感器和发动机。

类似的这种低层领域还包括基本部件和材料供应商。一个关键问题往往是如何及时获得足够数量的零部件和材料的能力,特别是当需求激增的时候(任何给定领域的需求快速增长)。在第一次海湾战争中,伊拉克向沙特阿拉伯和美国军队发射大量火箭,美国对此的反应是试图建立更多的"爱国者"II 反导系统。虽然主承包商(雷神公司)其自身工厂有充足的生产能力,但公司手头并没有足够多的半导体芯片来制造导弹制导系统,而这些关键部件短缺导致了 18 个月的滞后。在伊拉克战争中,由于叛乱分子埋设的路边炸弹的袭击,导致美国决定研制具备装甲、耐雷、防伏击(MRAP)的车辆。缺乏装甲材料——而不是主承包商层面生产能力的限制——是车辆交付延迟多年的重要原因[11]。

原材料出现问题的部分原因是,国防工业往往要与商业经济竞争关键材料。由于国防部需求很难预测,相比商业客户,国防部也就是一个更加难以预测和难以依赖的客户。钛,由于其高强度和轻重量,越来越多被用在航空航天、国防工业和商用飞机的生产中。但是其原材料的来源非常有限(主要来源于俄罗斯)。镍(从中国进口用于电池生产)的情形也类似,价格迅速上涨,其来源的可靠性也可能是一个问题(即便为了保证国家安全的需要,国防部有合法权利(相比商业需要)优先使用这些材料)。

第二次世界大战后,国会认识到国家对外国原材料的战略依赖,通过了《1946年战略和关键材料储备法》,该法案旨在允许国家为紧急状态的不时之需储备关键和战略物资。到 1975 年,美国共储存了约 80 亿美元的材料,包括铬、钛和蓖麻油[12]。这些储备的设计是基于特定的战争场景。对于"短暂的战争"(这是美国20 世纪后期规划的主要依据),没有必要进行关键材料储备的投资,但在时间较长的情况下,这些投资就有了价值。然而,这些储备销售得到的资金进入了国库,而不是国防部(因此储备销售更多地是被用作平衡预算的手段,而不是满足国防部的潜在需要)[13]。此外,国防部增加储备的要求需要国会的单独批准(从而可能受到政治操纵,原因是众议员和参议员们可能出于刺激其选区产品需求的目的,而在储备购买决策中支持他们选区的公司)。最近一段时期,美国国会使用战略储备来获得燃料,储备也更常用于经济目的而非军事考虑。最后,因为 21 世纪可能的战争具有很大的不可预测性(如上所述),确定储备何种材料也很困难。是将数以十亿美元计的庞大资金用于这种保险政策(购买原材料)还是投资生产武器系统成品(能够更迅速地满足战时危机需求),做出这个判断显得尤为困难。结果是,选择了主要关注武器系统成品而不是为长期战争背景下需求激增或供应有限储备零部件和原材料。

在政府层面上,甚至在主承包商层面上,对关键零部件和材料的可视性往往非常差。1983年,国防部正式停止对通过不同分包合同和子分包合同开展的关键零部件生产的跟踪。这一事实的披露发生在2007年,提议的《联邦采购条例修正案》要求承包商(在公开渠道的网页上)报告所有使用联邦政府资金的子合同[14]。但是,纵然如此,这项规定也仅适用于大型分包合同(超过100万美元),并没有在零部件和材料水平上提高可见度。随着越来越多的零部件和材料具有双重用途,并且越来越多被用于商业和军事双重领域,国防部获得了大规模商业应用降低成本和提高可靠性的优势(因为通过大批量生产过程,漏洞可以被解决)。在电子设备和软件领域中尤其是这样,而这两个领域很大程度上决定了武器系统的性能和成本。负责国防部半导体和软件项目的公司,同时也生产个人计算机微处理器、手机放大器、汽车高科技部件和智能家电。国防部从这些低成本和高性能的两用装备中获益匪浅。因此,美国国会已授权更多地使用商业项目。例如,美国法典第10部第2377和2501条,分别号召"倾向采购商业项目",并且声称"有关国家技术和产业基础的国家安全目标是军民融合:① 最大程度地依托商用技术和工业基础;②国防部减少对经济上依赖于国防部业务的技术和工业基础部门的依赖;③非常需要减少联邦政府对使用商业产品、流程和标准的限制障碍。不幸的是,国防部在实际行动中并没有遵循这一指令。如果他们把指令做到实处,零部件和材料就能快速满足国防部激增的需求,只需要简单地将商业零部件和材料从商业市场转移到军用市场(在军事急需的情况下,国防部有权利用法律赋予的权力优先使用需要的零部件和材料)。不幸的是,政府为这一理想的商业军事一体化模式设置了很多障碍,如高度专业化的成本核算要求。另一个障碍是让国防主承包商把所有国防专用的合同和规制要求传递给较低层的承包商,这样主承包商就不会承担额外的风险(因为他们认为给予分包商和供应商更大的灵活性可能会承担额外的风险)。国防部可以通过军民共用获得的终极好处是,低层部门两用和商用供应商获得了更大利润,他们将在设备和研发上增加投资,而不会像主承包商和国防专属低层次供应商那样依赖于政府提供装备和研究资金。2006年,拥有国防部和商业部门两个市场的低层企业的平均销售回报率是12.6%,显然高于大型国防企业的利润率,因而也使他们能够负担得起投资[15]。

3. 小型企业的考虑

创新是保持美国技术领先地位的关键。创新也有利于维持国家的经济竞争力和刺激经济增长,从而拉动国家安全领域的重大投资。研究表明,许多创新是由小企业发明的[16]。随着大型企业合并的增加,小型企业在创新方面的贡献在近期尤其显著。研究还发现，"近几十年来,60%～80%的新增工作机会是由中小企业创造的(员工人数少于500)[17]。"

由于每投资一美元,小型企业创新更大,国会在1982年建立了小型企业创新研究计划(SBIR)[18]。在此之前,联邦政府的研发经费大部分投给了主承包商,而没有再传递到小企业手中。SBIR计划规定,所有政府资助的研发经费,其2.5%应当给予小型企业。虽然许多政府团体反对这项规定(声称研发经费应该自愿分配,甚至称此举是对研发项目的"征税"),事实是只有强制才能落实。英国的一个类似计划就是自愿的,但没有落实。

美国SBIR计划已经非常成功。这是一个高度竞争的计划。首先,每个政府机构列出那些需要创新才能完成任务的领域。然后,政府会收到大量小型企业的申请建议,继而评估、分阶段颁发合同——由于它们的可行性和有效性,资金的利用价值被证明显著提升(该计划在2007年一系列国家科学院研究中有详细介绍)[19]。风险投资公司关注哪家小企业被授予了SBIR计划合同,因为这代表的是政府的利益和企业产品的潜在市场——继而鼓励给他们进一步的私营部门投资。所有这些行动引致(商业和政府产品)创新的早日实现,这也是立法的目的。政府还试图找到"未来战略装备创新的母港"(如国防部的武器系统装备),并作了类似的努力来鼓励以老带新项目[20]的成功,项目中大型企业的经验(在发展和部署阶段中的管理创新)可以帮助小企业实现创新的商业化利益。

由于全国大部分地区有许多小企业,国会鼓励政府向小企业拨款的努力在政治上很有吸引力(当然同样受限于潜在的政治滥用)。国会已经批准,联邦政府和各级机构与小型企业缔约合同的比率目标是23%。这还只是政府直接授权合同的目标,不包括给小型企业的分包合同。值得注意的是,联邦政府曾达到这一目标。例如,2005年,这个比率达到了25.4%[21],2006年合计为22.8%,2007年是22%。这一时期授予的合同金额(尤其是国防部)迅速上升,而且主要流向了为伊拉克战争提供设备的大型主承包商。分配给小型企业的实际金额也在上涨,但其所占比例略有下降(由于法律规定的比例只是一个目标,任何机构或联邦政府没有达到这一目标也不会受到惩罚)[22]。

由于小企业补贴在政治上很有吸引力,国会持续努力促进其发展。2007年,众议院代表以409:13高票通过了《小型企业公平缔约法案》(HR 1873)。这个法案试图把目标比率从23%增加到30%。国会也建立了许多其他类似的目标——"小型弱势企业"达到5%、"少数民族企业"达到5%、"妇女所有企业"达到5%,以及"历史欠发达地区企业"达到3%。因为适用于整个联邦政府,这些目标积累的资金是一个非常大的数字。比如,2005年,分配给小企业的金额是796亿美元。直接拨给少数族裔小型企业的政府合同拨款是105亿美元;在"历史欠发达地区"的企业是61亿美元;妇女所有小企业是105亿美元;伤残退伍军人企业是19亿美元[23]。

在《小型企业管理条例》的8（a）计划中，有一项有趣的特权规定。阿拉斯加本土企业（ANCs）可以免受单一来源合同不得高于300万美元的限制约束，而这条单一来源规定适用于其他8（a）计划企业，希望藉此有助于实现政府的小型企业目标[24]。这项立法的灵活性，使得许多阿拉斯加企业将获得的合同转包给很多大型非阿拉斯加公司。比如在这样一种情形下，能源部给阿拉斯加本土企业8000万美元的合同，该企业却打算将大部分的工作外包给一个现有的大型承包商，尽管该工作是作为单一来源授权给阿拉斯加本土企业的[25]。由于法律只涉及所有权，而不是工作地点，2000—2008财年，拨给阿拉斯加本土企业的美元只有21%最终支出在阿拉斯加[26]。在2008财年中，这一总额为39亿美元。随着ANC日益被滥用，越来越多的小企业补贴进入阿拉斯加本土企业。2008财年，阿拉加斯本土公司获得的拨款占据所有8（a）拨款的26%，尽管阿拉斯加本土企业只占8（a）计划中企业总数的2%[27]。国会将这种特权继续扩大到夏威夷和印第安部落地区[28]。

4. 低层产业的考虑

出于政治动机的立法，造成"幌子"公司的大量滥用。滥用主要出现在各种小型企业或特殊利益类别。为了得到联邦采购25%～30%的预算经费，大中型公司几乎是被迫成为小型和特殊利益企业的分包商。一个明显的纠正措施是改变对得到拨款的小型企业数目的计算规则：小型企业应包括分包的小型企业和历史上的弱势企业（这样或许就可以设定更高的比率目标了，比如从23%到30%）。这样，美国国会将能够利用主承包商实现小企业补贴的目标，避免故意的滥用（目前主要是大型国防企业利用小型企业作幌子，自己作为大型分包商）。

低层国防工业的第二个问题是加剧的垂直整合[29]。如上所述，通过收购在较低层次的企业，大型国防企业已经转向纵向一体化的收购战略。一个问题是，由于主承包商选择自己企业的分包商，较低层次的竞争将会减少。另一个令人关注的问题是，通过大公司收购小公司，创新会降低。原因一方面是小公司的创新者在收购后离开，另一方面是大企业存在对之前小型企业创新或破坏性创新的体制障碍。解决方法是通过政府采购，要求主承包商剥离或分拆出具有创新性的小型部门。具体方法是增加政府对主承包商选择分包商过程（即制造还是购买）的透明度的监管。这个政府监管的透明度，应在未来选择来源标准上清楚地标明[30]。

低层国防工业另外一个日益严重的问题是对竞争的限制，原因是一个或两个大公司（和他们的首选供应商）连续赢得两个或三个合同，从而导致了来源递减的问题。这减弱了未来的竞争，并由于仅存的一两家公司能力有限导致供应瓶颈。例如，国防部2008年3月的一项分析指出[31]，这种瓶颈已出现在镍氢空间电池、K波段行波管和高功率太阳能电池上。

当美国审计总署（GAO）在2008年调查来源递减的问题时，发现了两个重要问题。政府在一个关键项目上往往只有单一供应商，并在多数情况下，关键零部件没有替换品，因为政府长久保持相应系统。事实上，在GAO评估的20个武器系统方案中,15 个项目的关键部件只能从单一来源获取。11 个项目的关键零部件现在已经过时,并且已经不能从任何来源获得该部件。在这种情况下,我们就必须回到原始开发阶段,重新制造出一个已经过时的零部件或者重新设计系统以便使用新部件[32]。为了解决这些问题,国防部需要增加对其低层供应商基础的关注。

5. 外国来源

解决美国低层国防供应商来源减少问题,并获得世界范围内创新带来的好处的一个途径是寻找那些比美国来源更先进的潜在外国来源。这需要消除阻碍国外采购的障碍,同时解决国外来源可能导致的任何潜在安全漏洞(在硬件和软件两方面增强对外依存领域的监测和关注)。因为这些部件大部分具有双重用途,因此需要防范外国间谍(即使在美国的工厂)[33](即使在美国产业内雇用外国科学家和工程师的好处远远大于雇佣的风险)。

美国所有武器系统都有外国生产的零部件。一份由国防部长办公室出具的详细研究报告[34]调查了 21 个重要的美国武器系统,确认了 73 家低层外国供应商。占主承包商的金额比例各不相同,介于 0.1% ~ 12.5% 之间。占主承包商平均金额比例是 4.3%。这份国防部研究报告得出以下结论:

(1)"被研究项目对外国来源的利用不会影响长期的快速反应能力。"

(2)"鉴定过的外国来源不会导致脆弱性和造成国家安全风险。"

(3)"这些外国供应商任何时候都不会出于美国军事行动的原因限制对国防部提供或销售这些零部件。"

(4)"利用这些外部来源不会影响国家技术和工业基础的经济发展。"

(5)"除了其中的四种情况,国内供应商也可以获得国外来源提供的零部件、组件和材料。"

(6)"外国分包商(被选中是因为)能提供价格、性能和交货时间的最佳组合。"

研究人员还发现,这项研究与以前的研究是一致的。例如,2001 年 10 月《国外采购来源影响的系统研究》发现,分包给国外来源的合同占据项目所有分包商金额比例不到 2%。该报告还指出,大多数从外国购买的是生活资料、燃料、建筑服务和其他杂项。这个结果也与 1999 年国防科学委员会有关全球化和安全的报告所做的结论一致,即"全球化为美国国家安全提供了巨大的好处,如果国防部支持全球化,将足以应对相关风险[35]。"2005 年,传统基金会出版了《全球化时代的军事产业基础》的报告,报告中说:"如果不参与全球防务市场,美国的风险将不是减少,而是增加……在提供最好的系统上,美国的采购部门应将视野超越美国国内来源。国外采购能鼓励创新和以低价格获得更好的产品。关键问题不在于给定的商品、系统或材料是否从美国本土公司获得,而是这些产品能否通过全球市场竞争而获得[36]。"

但是,美国需要关注对任何外部来源的可能依赖,尽管实现这一目标变得越来越困难,因为低层部件多是具有双重用途。美国信息技术协会国防项目主任 Trey Hodgekins 说:"要制造一个 51% 的材料源自美国的信息技术产品非常困难,原因是该行业市场的全球性[37]。"国土安全部总检察长 2005 年的报告透露,无论是部门的合同数据库,还是联邦采购数据系统都不能对购买产品的原产地进行数据跟踪。国防部监察长 2002 年的军事采购审计发现,67% 的军事采购缺乏要求国内来源的条款[38]。对于许多分包零部件(来自值得信任的盟国),国际局势的变化将要求国外采购相应改变,通过立法禁止离岸采购以免损害美国国家安全。然而,潜在风险仍可通过这样的采购引入,为了使风险最小化,必须采取一些具体措施[39]:

(1)敏感数据不需要转向海外。可以通过使用虚拟或加密数据在海外进行开发和测试。

(2)敏感项目的网络组件应从物理上或实质上与服务供应商的网络分割开来。

(3)计算机软盘驱动器、共享驱动器和 USB 接口在不同组织间分开。

(4)离岸项目可以在仅限(经过详细背景审查的)获批人员进入的物理封闭区域内进行。

这种离岸政策依赖于五个关键概念:人员安全、数据安全、网络安全、物理安全以及政策和程序控制[40]。

6. 国防和商业的融合

由于商业世界变得越来越高科技化,越来越依赖于信息技术,商用和军用工业结构将有望整合。然而,尽管工程和制造相类似,(政府施加的)主要障碍极大抑制了商业和军工产业的整合。事实上,门槛非常高,以至于企业通常不得不将军事和商业部门分开设置。这些障碍包括以下几类:

(1)专门的成本核算要求。正如一家电子公司 CEO 所说:"因为国防部要保持对每个零件的每美元开支的跟踪,我把两个工厂分开;同时,在商业世界,我们的目标是降低我们所生产的每个部件的成本。"换句话说,国防部(通过立法命令)关注的是嵌入到每一个生产项目的成本,而商业企业则关注他们支付的最终价格。由于国防部侧重于信任,商业界则竭尽全力最小化项目生产成本,从而国防部对零部件支付的价格更高,以保证所有成本的透明可察。这样就导致了维持专门成本核算制度和跟踪系统高昂的经常费用。遵循法律规定使成本增加了 15% 左右。

(2)在价格谈判中准确、完整和实时披露成本数据的要求。这一要求源自法律规定——真实谈判法案(TINA)。这又是基于政府对成本水平而不是总支付价格实现全透明度的愿望,商业企业并不愿意提供这些私有的成本信息。他们也往往无法计算这些信息,因为他们的价格是建立在成本的广泛分摊基础上,而政府监管要求确认单个产品上每一美元的成本。

(3)丧失知识产权的风险。政府要求所有数据都能为其所用,以便在必要时引入第二来源与第一来源进行竞争。商业企业抵制这种情况发生,并努力来保护自己的知识产权。

(4)出口管制规定。当一个商业项目应用于军事系统时,它就要受出口管制限制,商品的国外销售可能会被耽搁甚至推迟。在某些情况下(如上所述),这种管制能在极大程度上限制产品的商业销量。

(5)预算不确定。在商业世界里,市场由买方决定,但防务市场很容易受到国会的影响,因为国会每年都要争论该给某项产品投入多少钱。这种不确定性导致了有效运营和劳动力需求规划的极大动荡。虽然长期合同能大大减少这种不确定性,国会却从来不愿意做出多年的承诺。

(6)后勤保障的差异。商业企业往往会持续改善产品,并且会有许多不同的版本。对于信息系统,这种升级周期通常是18个月。相比之下,美国国防部往往锁定单一的设计并要求该领域所有系统都保持相同。这种差异的一个典型例子是喷气发动机的发展。商业界不断改进它的发动机,但国防部坚持保留老式的。喷气发动机供应商被迫建设两个独立的生产线——一个为国防部制造旧设计,另一个为商业界生产现代化的、改进过的设计。国防部在性能和成本上都遭受了损失。

(7)需求过程。商业买家不断在希望的性能和与之相应的成本两方面做取舍。从本质上讲,他们购买的是"最佳价值"。相比之下,在理想的性能与相应的成本和时间方面,国防部的需求过程往往更僵化,更缺乏灵活性。这导致了一个更长的国防开发周期和更昂贵的物件,永远赶不上商业市场。

(8)利润政策。国防领域的管制政策往往集中于最小化利润(与最小化支付总价格相对)。在商业界,重点是最大限度地降低总成本,并得到尽可能多的利润——允许投资者得到一定的回报以便在研究、开发和资本设备进行进一步投资。这种路径上的差异导致国防部产品的高成本、低利润(特别是在高新技术产业)。在商业世界,重点是降低成本(提高利润),同时尽可能降低客户支付的总价格。微软产品对国防部购买的软件来说不算贵,但他们的高利润边际仍可能在国会听证会上成为头条新闻(国会不考虑利润被用于随后创新和降价的再投资)。

正是由于所有这些原因,与政府做生意非常不同于在商业市场做生意,这就导致同时在这两个部门做生意的公司把他们的业务分割于不同的部门和位置。这个结果实际上非常不利于国家安全,因为它将为这种被迫的分离支付更多成本。波音公司曾经在堪萨斯州威奇托同一设备中建造出商用和军用运输机(两者有类似的特性)。政府从这种规模经济带来的高销售量中获得好处。然而,政府独特的成本会计制度要求波音公司军用飞机的独立研发必须实行商业和军事分离。这迫使商业系统的成本升高(以及竞争力削弱)。波音公司把商业运输业务从那套设备中转移出来,极大提高了国防部购买军用运输机的成本。

这种民用和军用的分离已扩大到非制造业,甚至连服务业也要分开进行。博思·艾伦咨询公司是政府的最大承包商之一,每年从国防部得到超过12亿美元。2007年12月,董事长兼首席执行官Ralph Shrader说:"我们的全球商业咨询和美国政府业务在运营上有非常不同的要求,(比如)人员模式、监管要求、资本投资……每个业务的长期成功都可以通过关注相应的单个市场而加强[41]。"因此,商业和政府拆分为两个部分。

大量企业——比如波音(有大型商用飞机)和通用电气公司(其商业产品和军用喷气发动机种类众多)——在商业和军用两个部门中运作。但企业通常也把这些市场分开对待,并且发现在各自市场内多样化产品比跨越军用与商业鸿沟进行多样化生产更加容易。后冷战时期,国防支出大幅下降,许多国防企业(和部门)试图进入商业市场,但却发现他们对国防市场的熟悉反而成为进入全新市场的障碍。事实上,大多数企业的转型经验都是不成功的[42]。2001年9月11日后,这种军转民的尝试在很大程度上与国防预算回升背道而驰。然而,国防预算下降,有很强商业销售市场经验的企业倾向于抛售其国防业务,将重点放在商业市场上。例如,IBM公司出售了其联邦政府业务。随着国防预算再次上升,许多高度关注民用市场的信息化公司(如EDS、CSC、埃森哲),也开始增加对政府业务的重视。2007年,IBM重新定位于政府市场,它承担的联邦合同总额超过13亿美元,但与商业部门分开。

虽然同时在军用和商业部门运作成为一种日益增长的趋势,一体化主要在企业会计水平而非经营水平上得以实现。这实际上剥夺了政府本可以通过一体化经营而实现的利润。由于商业界不断迅速成为高科技领域的领航者(往往适用于国家安全),很明显,无论是行政和立法部门都需要消除现有的许多阻碍商业军事经营一体化的障碍。

7. 公共产业部门

几乎完全是政治和历史的原因(而不是军事或经济的原因),很大一部分的国防工业基础一直保持在公共部门。表2-3显示了政府文职和合同人员的估计总数(这方面没有精确的数据)[43]。表中的金额是用于运营和维修相关工作,但不包括周转基金资助部分。例如,在航空油库,这些金额都等于或大于表中显示的数字,甚至超过几十亿美元。表格上的美元也不包括军事人员费用、厂房及设备折旧,以及约100个政府全资拥有和经营的实验室和工程中心。尽管其规模较大,美国国防工业的公共部门并不被看作能够优化提高效率和效力的一体化公私产业基础的一部分。相反,他们受到立法命令的控制。举例来说,国会山最大的党团——仓库维修党团(depot caucus)——有超过135个成员,他们积极为所属州的仓储站争取工作机会。他们通过立法,规定所有军用装备50%的维修工作应该由政府工作人员在政府的设施内完成。因此,国防部维修工作大部分是在一个非竞争性的方式下(没有提高效率的激励)完成。不仅如此,政府还有潜在的相对过剩的人工维修能力(以避免未来潜在的需求激增)。例如,海军任何时候都只采购3~4艘新船,同时对现有船只进行维修,但却有六个大型民营船厂[44](现在集中在两家公司:诺斯罗普·格鲁曼公司和通用动力公司)和四个主要的政府所有的船厂(仅从事维修工作),所以对需要完成的有限工作量政府有足够的能力去完成。然而,当海军部长约翰·雷曼企图推动公共和私营部门(船舶维修工作)之间的竞争时[45],反对这种做法的政治声音却很大。战时,政府造船厂、航空物流中心和维修站的过剩产能可以用来维修装备。然而,在和平年代,这种过剩的维修能力(在设施和人力资源两个方面),只能覆盖有限的维修和升级工作——极大抬高了成本(也使得私营厂商没有工作机会)。

最近出现的旨在提高这些大型的、政府所有的企业运作效率和效益的趋势,是建构公共和私营部门之间的伙伴关系。这可以在两个方面产生作用:政府设施可以将一部分工作外包给私营部门(越过政府工会和国会的反对);私营部门也可以将合同分包给公共部门,以利用政府的经验和政治影响力。如果是以激烈竞争的方式实施,这些安排都能带来显著的潜在利润,应予以鼓励。然而,如果是在单一来源的基础上,就形成了垄断——对效率和性能最大化都缺乏激励。尽管如此,这些设施所提供的政治影响力还是吸引了来自私营部门的显著关注,这些私营部门或者有员工直接在政府设施内工作或在附近建立基础设施。例如,BAE 公司收购了联合国防工业公司(装甲车辆业务)。2005 年,BAE 的大部分业务在德克萨斯州的红河陆军军械库进行,它建立了 1300 万美元的工厂,用以检修安尼斯顿陆军军械库的其他装甲车辆。2006 年,美国国会通过了 171 亿美元预算用于修复、升级和更换军车。这比 2007 财年政府当局要求的预算多了 40 亿美元,同时 2006 财年的维修工作量有显著的增加(伊拉克和阿富汗行动的结果)[46]。国防部把正在由公共部门完成的工作放到公共部门和私营部门之间进行竞争时,它鼓励建立一种具有成本效益的伙伴关系。这种做法应当受到鼓励,但美国国会一直抵制这种竞争。

8. 内包

奥巴马政府的重大举措之一是内包——将来自私营部门的工作引入到政府。这主要是后冷战时期政府裁减了许多经验丰富的采购岗位(特别是在承包方面)所致。然而,许多人认为这一举措是建立政府整体劳动力队伍的契机。空军希望把更多的飞机维修工作交给政府仓库,陆军也在内部维修车辆。虽然历史数据表明,通过竞争性外包工作,可以显著提高性能和获得成本效益,但政治诉求导致了业务从私营部门向公共部门的转移。

9. 增长的国际工业基础

全球化让美国国防企业和外国国防企业之间的区别变得模糊。例如,BAE 系统公司的总部设在伦敦,但 2000 年,它在美国设的销量超过英国[47],通过股票交易系统,美国人也可以随时轻松持有其大部分的股票。BAE 公司在美国的销售大多是由美国工人在美国的分公司建造的,这些分公司主要是由美国公民组成的董事会管理,并为美国政府承担高度机密的工作。BAE 公司并不是个案。意大利公司芬梅卡尼卡(Finmeccanica)、法国企业泰雷兹(Thales)、以色列公司 IAI,以及法德合资公司 EADS 公司都在美国设有子公司,它们都积极参与国家安全业务。此外,大多数总部设在美国的大型国防企业,通过收购或投资空白领域(投资于一个没有任何前者的领域),以在欧洲拥有子公司。所有这一切都是由全球化驱动——技术、工业、高技术的劳动力、金融,最重要的,还有国家安全的全球化,因为全方位应对所有国家安全问题(恐怖主义、局部战争、稳定和重建)需要地缘政治和军事联盟。

21 世纪,行业和政府都在国家安全产业结构上面临着一个两难困境。他们应该制造贸易壁垒,以封闭市场和保护自己的行业吗? 还是可以通过全球化,实现经济、科技、军事全面发展,从而加强其整体国家安全呢[48]? 对所有希望以低成本实现强有力的安全态势的国家而言,这都是必须做出的决定。第三方技术转移到潜在对手的风险必须得到解决,但利用全球化的好处要远远大于潜在的风险。尽管美国国会(和其他许多国家的立法机关)的许多民选官员持有颇具政治吸引力的贸易保护主义观点,这种国际化产业基础的趋势似乎是一面倒的[49]。这一领域最有名的案例是 F – 35(以前称为联合攻击战斗机)。美国已率先发展这种先进的隐身战斗机;但其他国家还处在投入大量金钱的开发阶段,11 个国家(澳大利亚、加拿大、丹麦、以色列、意大利、荷兰、挪威、新加坡、西班牙、土耳其和英国)已承诺购买这种飞机[50]。这种飞机由参加国提供最好的部件组装而成,所有国家都将使用相同的系统,以获得规模经济的生产效益。许多人认为,未来的(跨国)项目应遵循这种模式——允许参与国受益于更高的性能和更低的成本,并超越财团同意控制向第三方转让技术。市场上仍然会有替代飞机(例如,欧元战斗机、"鹰狮"和"阵风"),这将确保这样的项目在国际上保持竞争力[51]。这个计划并不是唯一的。爱国者 PAC – 3 反导系统的生产由美国洛克希德·马丁公司和法国、德国和西班牙的 EADS 公司共同完成。"拉姆"导弹发射系统(The Rolling Airframe Missile)由美国雷神公司和德国 BGT 共享。流星导弹(The Meteor Missile)由以下公司共享:法国和英国的马特拉(Matra),意大利阿莱尼亚·马可尼公司(Alenia Marconi),法国、德国和西班牙的 EADS 公司,瑞典萨博(SAAB)公司以及美国波音公司。美国 Primex 公司和挪威 NAMMO 公司建立了中等口径弹药的战略联盟;美国洛克希德·马丁公司和意大利阿莱尼亚·马可尼公司建立合资企业生产战术运输机;"鹰狮"飞机涉及瑞典沃尔沃和美国的霍尼韦尔(Honeywell)、洛克希德·马丁公司和 Sunstrand 公司。

这些共同努力在一个政府对政府的基础上或通过(对各个国家提出建议的)产业团队得以实现。对政府而言,他们的优势是较低的成本、最好的技术,并通过某种形式的本土生产和保障解决政治(劳动)问题。

也许实现全球化国家安全产业基础最重要的步骤是跨大西洋兼并和收购(双

向的)。如上所述,BAE 系统公司最为活跃,1999—2006 年在美国投资超过 70 亿美元。它成为 2005 财年国防部第七大供应商,也是唯一一个总部没有设在美国而跻身前十的公司[52]。但 BAE 公司不是唯一的。2006 年,法国阿尔卡特(Alcatel)公司花 134 亿美元收购了美国的朗讯(Lucent)电信公司(在这个过程中它得到了老贝尔实验室);2008 年,意大利芬梅卡尼卡(Finmeccanica)购买美国国防企业 DRS Technology,带动了许多欧洲公司来美国这样投资。这种趋势也不单单发生在国防领域。许多外国公司将他们的一些重大业务转移到美国(也许最值得一提的是汽车业)。事实上,到 2004 年止,外国(拥有绝大部分所有权,非银行)公司的美国分支雇佣了 510 万美国人,为美国创造了 515 亿美元的国内生产总值,占美国全部出口的 19%[53]。

外商直接投资对美国经济有一个显著的积极作用,这种投资效益已在美国的国家安全态势中得到实现。美国企业在欧洲的类似收购也开始发生。例如,美国企业 United Defense 收购了博福斯(Bofors),通用动力公司收购了西班牙装甲车辆公司圣巴巴拉(Santa Barbara),通用电气收购了总部设在英国的史密斯宇航公司(Smiths Aerospace)[54]。

这些在国家安全领域的外国投资,已受到来自美国国会和许多外国政府的阻力。例如,德国在其常规潜艇制造商 Howaldtswerke(德意志造船厂)被总部位于芝加哥的风险投资公司 One Equity Partners 收购后,德国政府建议立法限制外国投资在其国防企业的持股比例不超过 25%。即使在英国(长久以来被视为对美国国防公司最开放的市场),也发生过对凯雷(Carlyle)购买 QinetiQ 公司(曾经管理英国国防高级研究实验室,直到 2002 年被私有化)有效控股权的政治纷争[55]。

10. 国防工业全球化的优势与顾虑

截至 2006 年,美国有将近 100 家外资企业与美国国防部签订了协议,允许他们参与政府涉密项目[56]。这一数字相对十年前几乎翻了一番。18 个国家出现在(国防安全服务局提供的)这些企业的名单中,除 4 个国家和地区外(澳大利亚、百慕大群岛、以色列和新加坡)其余都是欧洲国家。这些外国独资或控股企业从事国防部机密信息的工作,并受一系列特殊规定的约束。他们必须建立有独立董事会的美国分公司,且董事会必须有经美国国防部任命的成员,他们必须拥有自己的电邮系统和网络服务器,并且必须全面记录与(国外)母公司之间的全部通信。尽管增加了复杂性和成本,这些规则确实解决了一些与业务相关的主要安全隐患。此外,这些公司必须使用美国本土劳动力(通过一定的安全审查),确保美国分公司技术和经济运作的透明性(确保美国利益得到充分保护),控制信息和设备出口(防止向第三方转移),并减少美国对外国技术的依赖性(例如通过美国国内生产)。

美国国家安全工业基础的全球化带来了政治和其他方面的一些重要问题。但是只要这些问题得到解决(遵循上文提到的程序),工业基础全球化带来的好处将远远超出任何潜在的风险。这些好处包括以下几个方面：

（1）提高军事能力。通过国际化的工业基础，美国军方可以获得其他国家提供的技术，在很多情况下，这些技术可能比美国的更先进。它还能提高美国与盟国军队之间的联合作战能力，以至于当进入战争时，美国及其盟国军队可以拥有最大化的能力，并且能够高效联合运作（这大大提高了整体的联合作战能力）。由于美军在未来介入的军事行动中不可能没有盟军的参与（更多出于地缘政治的原因，而非军事因素），因此形成整体全面的高效联合作战能力极其重要。

（2）获得经济利益。通过联合生产，美国可以利用盟国研发投资的优势。美国还可以受益于共同开发，与多个国家共同承担开发成本。在任一情况下，美国都可以从联合生产项目的高产量引致的规模经济中获益。此外，外资所有的美国本土公司在美国大量投资设厂，也会大大加强整个美国工业基础。最后，这些在美国本土的外国公司为美国提供设备，也为国防企业的进出口贸易（受美国出口管制的约束）平衡发挥了积极作用（2005年，仅航空航天业就贡献了380亿美元）[57]。这给美国额外创造了大量的就业机会。

（3）促进竞争。除了引进其他国家的先进技术，当在某一领域只有一个美国生产商时，工业基础全球化还可以带来重要的竞争。这能促使美国供应商不断创新，从而以较低的成本获得更高的性能。例如，当美国空军需要更换其加油机时，其国内供应商只有波音公司，但是诺斯罗普·格鲁曼公司联合欧洲EADS公司提出要在阿拉巴马州生产客运加油机（Airbus variant）。通过竞争，空军无论在性能和成本方面都获益显著。当陆军要购买轻型运输机时，美国L-3通信公司联合意大利Alenia公司建立有限责任公司，而雷神公司和EADS Casa（一家西班牙公司）联合建立公司与其竞争[58]。近年来，美国在直升机项目上投入不足，外国公司的价值也得以显现。美国陆军需要新一代轻型多用途直升机，合同交给了美欧直升机公司（American Euro Copter），一个由欧洲宇航防务集团旗下北美公司（EADS North America）和欧洲直升机公司（Euro Copter）联合成立的子公司。美欧直升机公司计划在密西西比州哥伦布市建立一个大型工厂，建成后，无论是直升机的整体组装还是随后的主要分系统的本土制造都可以从德国转移过来[59]。并且，BAE系统公司北美分公司在与洛克希德·马丁公司的竞争中赢得胜利，它将为美国陆军武装直升机供应新一代激光制导炸弹[60]。

除了主要武器系统合同引入竞争外，工业基础的全球化也能在主要子系统水平上带来潜在利益。当美国国防部要大量（超过20万台）开发下一代无线电台时，竞争性合同被授予一家名为泰雷兹的法国公司和美国哈里斯公司。这确保了持续的竞争，并以较低的代价获得了（数字无线电）改善的性能[61]。这同时也确保了美国和欧洲装备的互操作性。在喷气式发动机领域，对于F-35联合攻击战斗机（历史上规模最大的武器项目），最初的普惠发动机（Pratt & Whitney）面临着来自一个联合公司的竞争，这家联合公司包括50%的通用电气、40%的劳斯莱斯和10%的其他国际合作伙伴[62]。最后,在飞机起落架方面,唯一的美国生产商(B. F. Goodrich)面临着加拿大 Messier – Dowty 公司的持续竞争。

在各个方面,外国竞争的出现提高了美国武器系统的整体性能,如果没有全球化的工业基础,这是不可能实现的。面临的挑战是要克服由国会建立的政治阻碍,包括进出口贸易壁垒(如《国际武器贸易条例》和《贝瑞修正案》)和购买外国产品引发的担忧情绪。

11. 对外军售

不论市场好坏(尤其是当美国国防采购下降的时候),国防工业还可以通过在世界市场的销售获得收益。这些可以通过直接销售(即由公司直接向外国政府销售,但必须经过美国政府批准)或通过美国政府的政府间对外军售实现。外国政府通常更愿意选择后者,因为他们可以得到美国政府的财政和管理支持。美国国防安全合作局(DSCA)——国防部内的一个组织,在全球102个国家中有900名安全援助人员,每年监管14000名军事留学生,花费约5000万美元用于人道主义援助。它也参与所谓的第1206号基金,一个旨在为支持全球反恐战争的伙伴国家进行能力建设的全球性培训和装备计划。2008年,拨款5亿美元用以补偿阿尔及利亚、乍得、多米尼加共和国、印度尼西亚、伊拉克、黎巴嫩、摩洛哥、尼日利亚、巴基斯坦、巴拿马、圣多美和普林西比、塞内加尔、斯里兰卡、泰国和也门等联盟伙伴,此外还有2亿美元的国防部装备资金,用于"和国务院一起的维稳与重建"[63]。为了提供这些资金和支付美国国防部的开支,DSCA 在所有对外军售中获得了3.8%的行政附加费[64]。

多年来,对外军售的主要来源国是美国和俄罗斯/苏联(见表4-3)。

表4-3 对外军售:1981—2005年主要的出口国(1999年不变价格百万美元)

年份	1981	1986	1991	1996	2001	2005
美国	11797	10229	11641	10377	5516	7101
俄罗斯	16814	14378	5221	3589	5548	5771
法国	3622	2629	902	1651	1133	2399
德国	1673	1302	2372	1618	640	1855
英国	1919	1733	1394	1526	1070	791
荷兰	697	342	423	381	190	840
意大利	1549	334	506	414	185	827
瑞典	172	275	184	118	459	592
中国	825	2143	1100	707	408	129
乌克兰	—	—	—	236	702	188
合计	41997	37241	25928	22079	17332	21961
美国占比	28.1%	27.5%	44.9%	47.0%	31.8%	32.3%

　　然而,这是一个竞争异常激烈的市场,个别国家的单项大宗采购就会导致年销售额发生大幅波动。例如,从2005年9月至2006年9月,由于在中东地区销售大增,美国国防承包商军火销售额从106亿美元增加到210亿美元,翻了一番。对于个别的美国公司,大额订单可以显著提高公司的年销售额。例如,通用动力公司2008年的海外销售额第一次超过了其在美国的订单额[66]。

　　从历史上看,这样的对外军售主要针对的是美国的欧洲盟友,销售的主要是军事装备。然而,为了打击全球恐怖主义,最近对全球同盟国家的培训、保障、零部件和升级等方面的销售有大幅度增加,对外国的培训和装备资助也有一定增长。最引人注目的是中东和亚洲市场采购量的增加。

　　石油资源丰富的中东国家已成为一个外国军售的重要市场,考虑到该地区不断增长的财富和不稳定性,这一点并不奇怪。从美国的角度来看,这些销售的政治和军事色彩同样浓厚。虽然过去一直关注的是以色列和埃及,他们都得到了大量的资金支持,以维持该地区的和平与稳定,但伊拉克战争和对伊朗越来越多的关注,使得国际安全的重点转向囊括中东地区内的其他许多国家。其石油财富意味着焦点主要是销售,而不是援助,但也要认识到(美国经济所依赖的)中东石油的重要性。伊朗和叙利亚也一直从俄罗斯购买大量武器(并将其中一些转手给真主党和哈马斯用于针对以色列),而其他的武器出口国(如中国)在为了获得原油资源的军火销售和政治影响中可能变得更积极的问题也受到越来越多的关注[67]。

　　在该地区军火销售的回报是相当高的。2007年,美国宣布向沙特阿拉伯出售价值约200亿美元的武器以及向海湾合作委员会的其他五名成员——巴林、科威特、阿曼、卡塔尔和阿拉伯联合酋长国,出售类似数额的武器销售计划[68]。但美国国会反对其中的一些销售计划。例如,考虑到沙特阿拉伯对美国在伊拉克的战争毫无帮助,而且无助于反恐战争,美国国会议员反对向沙特阿拉伯的大规模军售。

　　虽然(国会批准的)过去的军事装备销售主要是外国购买美国库存中的装备,但最近的趋势是石油资源丰富的国家出资升级美国装备以便自己(和美国)使用。阿拉伯联合酋长国进行了一项重大投资,开发了配备性能更强新型雷达的新一代F-16战斗机,美国也能使用该装备。这意味着美国将受益于该先进系统(它的研发费用由阿联酋支付),并将从大量生产中获得规模经济效益(生产的产品将在两国之间共享,未来也可能对外销售到其他国家)。

　　最后一个庞大且不断增长的国外市场是亚洲。巴黎航展和伦敦航展(隔年交替举行)曾是武器装备的大型展销市场。然而今天,新加坡航展也已经成为一个同等重要的展销平台。2006年,有940家国际公司的代表和来自89个国家(第一次包括中国)从事航空航天业的35000人,参加了为期6天的新加坡航展[70]。美国的亲密盟友(如日本、新加坡和澳大利亚)一直被允许购买美国一些最先进的武器,但最近,市场已扩大到包括印度、泰国和中国台湾地区在内。和中东地区一样,这是一个高度竞争和日益重要的市场。例如,印度需要更换其在20世纪90年代初所购买的日益老化的苏联时代的米格－21飞机。印度财富的日益增加、世界地位的日益重要和市场的日益开放，促使美国将其重点从欧洲扩展到亚洲。中国被美国实行武器禁运，但它却是俄罗斯武器装备的一个重要市场。

12. 对变化中的国防工业基础的总结

美国国防安全生产基础的几个结构特征已经发生变化：

（1）合并。国防工业在横向与纵向上都出现了合并，而政府努力保持行业内的充分竞争以促进创新和降低成本。

（2）技术转移。国防工业对信息技术的依赖正持续增长——系统体系更加整合，全类型的情报系统信息更加丰富且全面服务于所有用户，更多的无人操作系统（出于低成本和避免人员伤亡），以及信息安全的更高敏感度（在网络与计算机方面）。

（3）更注重服务性。国防采办的60%以上是服务，包括工程、维护和培训。以至于装备制造型企业都增加了下属的服务机构（主要通过收购）。

（4）军民一体化。由于技术在商业领域持续扩张且先进技术的主导力量通常来自商业领域，商业与军事工业结构的融合越来越常见。因此，十分需要消除这个领域内长期存在的融合障碍。

（5）全球化。不论是在结构（横向与纵向）还是在市场上，安全领域已经急剧地朝着全球化的方向发展。这顺应了商业领域的潮流，体现了21世纪安全与经济之间紧密的相互依存关系。

第二节　政府和企业的国防商业行为

企业和政府为美国国家安全提供商品和服务的过程既有成功的一面，又有不成功的一面。这个进程的确建立了世界上最好的武器系统，但它费用高、耗时多，且经常得不到预期的结果。美国前总审计长、审计总署（GAO）主任大卫·沃克曾说："美国国防部在作战和赢得武装冲突方面是举世无双的——成绩为 A＋。但是，在我看来，国防部在经济、效率、透明度和责任制方面的成绩只能是 D（根据相关曲线来定级，且不对没有把握的情况做不利判定）[71]。"

武器系统成本的不断增长最受关注。GAO 的一份报告指出，在2001—2006年间，计划中的国防部对新武器系统的投资从大约7000亿美元几乎翻了一番，达到近14000亿美元[72]，单个武器的成本增加也有类似的情况。同时，军队的"未来作战系统"也从估计的826亿美元增加到1275亿美元（这都是在系统建立之前），空军的 F－22 高级战斗机项目也从648架811亿美元，增加到181架644亿美元（每架飞机成本增长率高达188%）[73]。这些数据都是（国防部长盖茨）2009年终止这些项目的关键原因。

这些武器采办问题的原因是众所周知的：

（1）国防部启动的项目数量超过了其支付能力。本质上来说，它试图在可能获得的预算之内，以乐观的低价"购入"这些数量庞大的项目（并期待国防预算的后期增长）。

（2）国防部项目是在不确定其追求的能力在现有技术状况下是否可以实现，不确定可获得的资源约束和时间约束情况下启动的。GAO 发现，使用成熟技术的项目成本仅仅增长了 4.8%，而使用不成熟技术的项目仅开发成本就增长了 34.9%。

（3）在项目采购阶段，国防部允许许多新的需求加进来（因而在项目启动之后又增加了复杂程度、延长了进度、增加了成本）。

（4）国防部试图通过单个的武器来满足一系列的武器性能需求，因此使用的是数量更少的但却更大、更复杂、更昂贵的武器装备[74]。

国防武器系统的进度、成本和性能问题已经不是一个新话题了。在过去的 50 多年中，国防采购系统曾被形容为是"糟糕透顶的"，"反应迟钝的、冗长繁琐的和可怕的官僚主义[75]。"无数研究都曾对国防采购系统的改革提出过建议。一项分析指出，1986—2005 年间，GAO、国防科学委员会、一些国会委员会和国防部共对此进行了 70 次主要研究[76]。它们都承认了采购程序本身的极度复杂性。另外，对于成本低、部署快和性能最大化的理想目标而言，采购系统内的激励计划和实际措施通常是南辕北辙的。

关于这个复杂的采购过程，存在两个主要的误解——一个是采购过程不能高效和成功地实施，另一个是不尽如人意的武器性能是由故意的滥用和非法的行为造成的。幸运的是，存在这样的例子，就是在低成本的前提下，采购到了高性能的武器，类似于商业市场中的情况，计算机的性能不断提高，成本却不断下降。正如先前指出的，"联合直接攻击弹药"（JDAM）导弹拥有预期的可靠性和高精度，而它的成本却从每枚预期的 4 万美元，下降到实际支付的每枚 1 万 7 千美元。还有一个例子，企业被激励为海军的 F/18 库存管理系统提供基于绩效的后勤战备水平和快速反应能力。系统的战备水平从 65% 上升到了 98%，关键部件替换的反应时间从（平均）42.6 天下降到国内的 2 天、国外的 7 天。还有许多其他的成功案例也都表明了这一点，但是因为这并不经常发生，所以知道的人不多。本书将进一步介绍完善国家安全商品和服务的采购技术。

关于采购程序的第二个主要误解，就是广为流传的对"非法行为"的认识。在国防部每年几百万宗的采购行为中，的确存在一些欺诈现象。但是由于受到媒体的渲染影响，尤其是在国防预算快速扩张时期，揭露了一些明显的阴暗面，公众的理解就出现偏差了。1985 年，在里根总统时期，国防预算快速增长，异常昂贵的马桶坐垫、榔头和咖啡壶在公众当中被广泛宣传渲染。为了对此作出回应，里根总统成立了国防管理的"蓝带小组"（在里根之后被称为是"帕卡德委员会"）。这个小组对（采购）体系做出了主要的结构性变革（之后在戈德华特－尼科尔斯法案中生效），但是国会随后规定了马桶坐垫的最高价格（"不能超过 660 美元"），还增加了5000 名审计员（并没有能够提高合同签订效率）。另一个例子是 2007 年大幅增长的国防支出，包括上千亿的战时追加预算。在揭露了众多的有关伊拉克战争合同的欺诈案例之后，美国陆军部长格伦成立了"远征作战中的陆军采购和项目管理委员会"（在其卸任之后被称作"甘斯勒委员会"，即本书的作者）。这个委员会指出，国防部在其采购人员队伍和自我纠偏行动的重要性上强调不足；因此，2009年，国防部首先创立了"陆军合同指挥部"。

这两个例子都突出了一个事实，那就是国防项目通常在面临危机时才选择大幅改变。但是，两个委员会又都强调和指明了他们针对更广范围结构问题的改革措施。他们没有把关注点放在违法行为相关的较小影响上，而是高度重视采购过程本身的浪费和低效率。滥用通常由采购程序本身引起，而非采购人。举个例子来说，一些被大力渲染的购买事件——435 美元的榔头、640 美元的马桶、91 美元的螺丝钉、2917 美元的扳手，7000 美元的咖啡壶——都是政府特殊会计准则导致的结果，准则要求管理费用按照交易业务来分配，而非按照单个物件成本比例来分配。在这个案例中，没有违法行为发生。一个糟糕的管理体系根本不敢将成本公布于众。同时，一些军方提出的需求通常也会使得单个物件的成本飙升到不合情理的地步（比如要求咖啡壶能够在飞机失事之后还能保持完好无损）。

在目前的采购程序中，存在相当多的浪费，但是这些浪费不是因为疏于监督。每个部门都有致力于发现问题和实施合理惩罚措施的总监。也有整个的组织（国防合同审计局）来保证国防部的供应商们采用合理的会计核算方法。许多法律法规对政府采购的监督提出了检查和控制。他们不是为了获得高效率，而是为了保证整个承诺——所有的规定都得到遵守，而且不出现违法行为。他们实际上是将违法行为数目最小化，并保证企业和政府的行为合乎伦理道德。丹尼尔·泰瑞斯，布兰迪斯大学"伦理、正义和公共生活国际中心"主任，致力于维持"美国国防工业企业在所有的商业部门中拥有最先进的伦理项目"[77]。他调查了洛克希德·马丁公司（最大的国防合同承包商），发现公司每年在道德行为方面的花费达上百万美元，雇佣了 65 位伦理官员，并要求所有的员工（超过 13 万人）每年至少思考一个小时关于伦理学方面的问题。因此，采购体系改革的重点一定要放在广泛的程序结构变革上，而不是放在增加额外的法律法规上，那样只会妨碍程序进行的有效性和高效性。但是改革需要认识到政府采购程序和商业市场（采购程序）之间的差异。

1. 国防市场的独特性[78]

也许在国防采购程序当中，最有趣的部分就是买卖双方之间的关系了，这也是国防采购与美国经济其他部门采购不同的地方。在这里,国防部是唯一的(垄断性的)买家,可以在各个关键的经济部门(包括战斗机、军舰、喷气式飞机引擎,以及雷达),向很少的、经过筛选的供应商购买商品;并且交易在一个严格规制和透明的市场环境中进行。这两个特征都不是其他商业领域所具有的,在那里,众多的买家和卖家都在一个巨大的自由竞争市场中进行交易。著名经济学家沃尔特·亚当斯曾将这个独特的国防环境称为"一个靠共同利益相连的买家和卖家的封闭系统",是"对传统经济分析工具的挑战"[79]。詹姆斯·麦基则认为,这是买卖双方之间一种特殊的关系,"大买家能够直接影响大卖家的政策和决定",而且"我们所观察到的交易行为,用市场经济关系中普遍采用的任何'经济模型'都不足以描述和解释[80]。"

尽管在国家安全层面上,大家都有公认的紧密的共同利益,但在单个的国防项目上,实际的情形则更接近于敌对关系,而非彼此互利的关系。这是因为商业市场中的买家对卖家有选择权。在商业市场环境下,为了协商合意的价格和质量,买家可以货比三家,卖家也可以寻找新的买家。而在国防市场中,对于单个项目,大多数合同都是一个买家和一个卖家直接谈判[81]。这种微妙的关系有时候被比作豪猪交配,或是相扑选手在有限的空间里对战。在谈判期间,政府谈判方担心的是他(她)会不会被大型的国防承包商利用,而承包方则试图将交易量最大化,因为这有可能是其少数的关键项目交易机会。正因为这种关系,双方谈判具有高度的公众可见性,所以在这样的环境下,政府和企业之间极少有勾结串通的案例[82]。

类似地,因为对于一个大型国防项目来说,只有少数公司参与竞争,因而总是会担心其中的两三家公司会串通勾结起来。然而,至今还没有国防工业方面正式的研究数据[83]来证明,在这些大型国防供应商之间有任何形式的阴谋出现(同样,这可以归因为这类交易活动具有极端的透明性)。大的订单很少,且通常是成批接受的,所以对于两三家公司来说,要瓜分市场的阴谋得逞的机会是少之又少的。实际上,如果串通阴谋的确存在的话,对于其中的一家公司来说,打破串通联盟而以低价去竞标大型合同的诱惑刺激是非常大的。

两个高度关联的地方区分了国防市场和商业市场:公共责任和管制。政府的所有决策和企业的所有档案都受到国会、公众、媒体以及其他授权人"无微不至"的监督审查。仅在国防部,1978年就有来自军方和民间的9千余人负责审计和审查[84],到2008年,这个数字上升到了3万[85]。2007年,在伊拉克和阿富汗战区,审计人员甚至要比政府合同签订人员还要多[86]。尽管有法律规定,国防采购市场要充分完全开放,但是一系列的替代政策——从规章制度到管理控制——弥补或是修正了自由市场的缺陷。政府深度介入到国防市场的运行之中。它几乎控制了所有的研究和开发部分,按进度支付了绝大部分的经费,提供了许多关键的工厂和设备。在公司每天的具体运作上,政府的介入使得国防市场变得完全独特,完全脱离了传统的市场概念。

政府介入的法律基础来自国会立法,像《联邦采购条例》及其《国防部采购条例》(DARs),内容有超过 1 万 6 千多页的文本和几百页的附录[87]。这些规章提供了国防交易究竟如何进行的详细信息。他们要求企业在和国防部做交易的时候,要有特殊的会计核算体系、特殊的质量控制程序、特殊的图纸、特殊的焊接方法等。同时涉及军用和民用领域的企业,务必要将这两部分生产线分开,这样国防规章成本的重担就不会加在他们的民用业务上。

许多规章的出台都是国会对国防企业行为进行调查的结果。一旦有证据,或是有潜在的证据证明企业存在问题,就会增加一条规定——且要应用于整个行业。对于促使新规定生成的单个事件来说,所制定的修正办法也许或者根本不是正确的解决办法;然而,对于大多数根本不需要额外规定的其他案例来说,这些修正办法的累积效应几乎被忽视。国防武器系统上的这些累积成本通常都是无意识增加的——却不容小视。

国防企业从未被列入规制行业(即便它明显是),因为对它的控制方式是独一无二的。其监管者和买家是同一个人,不像是典型的规制行业,有一个代表公众利益的外部监管者。既然政府决策者和监管者倾向于关注单个的项目和具体细节性的规定,在实施政策或者调整决定的时候,他们就不会去考虑行业的整体架构。正如拉瑞·埃尔斯沃斯指出的:"国防部总是根据其采办决策来决定集中度是否过高或过低"[88]。但是没有一条规定说明了可以接受的集中度,或者甚至是建立一个国防工业理想架构的普适政策。政府通过在主要业务部门中选择两家或三家供应商,控制着行业结构。正如沃尔特·亚当斯所说的,他们"在一天中创造出的垄断比反托拉斯部门在一年中废除的还要多[89]。"

为了向大家说明这究竟是如何发生的(以及在这个过程中政治家和说客扮演的角色),本章将逐步回顾武器系统的采购程序。但是在这之前,消除两个广泛的误解是很有必要的。第一,国防部决策者被认为在做的是"轮到哪家来接下一个合同"的决定,这样一来,就允许企业维持他们在国防交易中的位置,国防部也可以因此保持自己的工业基础。事实上,详细的提议和来源筛选活动已经排除了将进程过分简单化的可能,但是由于存在寡头对立,最终的结果也许会和轮流(接合同)一样,因为企业极度渴望获得这个机会而以非常诱人的价格竞标,从而才胜出的。第二个错误的观念是,国防工业和普通的自由市场很相似(按照采办规定的要求),对下一个武器系统供应商的选择,是建立在最低价格的基础之上的。合同的发包越来越多地基于承诺的性能最优化,因为国防部正努力获得技术上的优越性。与典型的商业市场不同,一个架子上的同类货物价格可以进行比较,而在国防市场中,复杂且不同的商品的成本和性能是很难进行比较的。这并不是"打开信封然后选择出价最低的人"那么简单。

2. 武器采购流程

武器采购并不是一个单独的过程,而是一系列相互关联的系列过程——预算过程、需求过程、采购过程、国会过程以及包罗万象的采购过程(这个过程包括以上多个过程,同时还包括研发过程、生产过程、测试评估过程、后勤过程以及服务与保障过程)。有很多书介绍关于这些过程及其相互间的交叉,其影响着为国家安全提供商品及服务的整个行业的结构、行为与绩效。

预算过程决定了资金将花在哪些方面。理论上来说,预算过程是个自上而下的过程,在这个过程中,总统确定接下来五年的首要任务(例如,重点更多放在教育、交通或者安全问题上)。总统的信息传递给预算管理局,从而在不同的行政机构间进行整体分配(在整个预算体系的最顶端)。然后与自下而上的来自各分支机构的请求相对比,这些请求通常附有大量关于为什么上个财年预算不足与今年要增加预算的论据。整个过程的约束在最顶端,对比协调收入与支出,预测通货膨胀,设想下个周期的理想宏观经济。

然后每个机构的部长(这里是指国防部长)基于其认为的优先项目,为各军种的五年计划提供指南。例如,在2008—2009财年,国防部长为即将到来的下个预算周期[91]提出了五个优先项目——赢得当前的反恐战,增加地面作战能力,改善部队反应能力,发展未来作战能力,以及提高军队人员的生活质量。这些综合指南的目的是转变军种资源。然而,各军种通常试图通过谈判来增加资源,因为他们为实现优先事项的前期努力还差少许——资源"不足"通常被当作原因。国防部长办公室不得不平衡这些军种请求,以实现一个协调的国防预算。

总预算的细分有两个路径——形形色色的资助类别(研发、生产、保障、人员和设施等,在每个类别中都有独立的国会小组委员会进行监督)以及每个资助类别中的单个项目元素(使得每个导弹、运载工具等得以分别立项和资助)。多年来,已经多次尝试将这些不同的类别进行组合,并计划线式项目以更清晰地实现其一般目的。在20世纪70年代,"任务区总结"(Mission-area Summaries)依据国防任务的种类,指出了每个任务适用的资源(钱、武器和人)。35年后,在"联合功能区"进行了相似类型的分组论证。虽然预算的分组技术提供了不同优先水平和能力的分析理解,但它受到国会和军种部门的强烈抵制。由于国会预算过程中通过同的委员会和小组委员会来审查每一个具体的项目,承包商游说这些委员会,以期在国会预算周期项目计划的基础上获得某个项目。在林顿·约翰逊时代,国防部长罗伯特·麦克纳马拉引入了一个五年计划、规划和预算系统(PPBS),使得需要大量资本的装备(如需要五年制造的船只)可以被分配在多个财年计划中,以稳定的需求确保工业方面的高效运行。尽管这个逻辑是完全正确的,但该系统是高度不稳定的;在很大程度上受到外部事件和"谁来做,做什么,在哪里做"等政治因素的影响。

五年支出规划很少被实现。图4-1比较了五位总统提出的五年财政计划,虚线是计划数目,实线是实际的支出。可以看出,在任何给定的一年中,计划与实际的支出之差都超过了1000亿美元。伊拉克战争期间追加预算的引入导致了更大的偏差。这种显著的年复一年的预算不可预测性为单个项目带来了极大的无效率，因为企业运营负责人不能合理计划在未来的一段时间内他们的劳动力和材料需求。订购长周期零件往往需要 18 个月才能交货，而招聘人员同样需要相当长的一段时间。从国防部的角度看，他们对此也爱莫能助，因为国会只在极其有限的 5 百万美元到 1 千万美元之间允许重组拨款项目，这并不足以使这些大型项目有效运行。此外，每年都有不可预测的事件。为了支付急剧增加的燃料费用，美国国防部可能不得不调整其他项目，使得它们的成本增加，从而导致了复合效应。

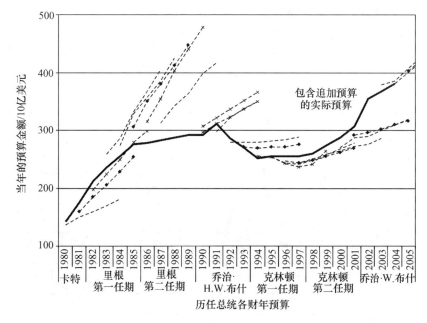

图 4 - 1　1980—2005 年总统预算提案与实际国防预算

注：本图引自：国防部项目分析评价办公室第一副主任 Stan Szemborski,
于 2007 年 1 月 4 日为国防科学委员会的国防工业结构课题组做的报告。

更为复杂的预算过程是要求各年度预算中包括未来三年的规划。当新总统在 2009 年 1 月上任后，他继承了 2009 财年剩余九个月的年度预算表（财政年度始于 10 月 1 日）。在就职之后的几个星期，就需要将 2010 财政预算提交给国会，所以新总统对下一年预算的影响作用也有限。最后，在 2009 年 2 月，2011 财年的预算编制开始了（理论上是他就职之后的几个星期），只有非常短的准备时间，他已经开始准备编制第三年的预算了（所以第三年度的预算和前两年可能存在着令人惊讶的变化）。最后，该预算过程的复杂性和不可预测性使一些人试图打破该体系。例如，因为建造船舶需要五年时间，海军试图在五年期间每年分配该船舶 20% 的成本以做为年度预算。这将确保国会提供未来四年的开支，因为它不会在建设中停止资金。为了防止这种情况，国会通过了一项"全额资金"的规定，要求任何项目的全部成本在第一年得到资助。

英国人用一种称为私人融资计划(Private Finance Initiatives, PFIs)的方式来推动项目预算。不是花费数百亿美元来购买空中加油机(在战斗机和轰炸机上前线的路上供应燃油),他们只简单地在需要时租用这些加油机(类似于租车而非买车)。英国也在培训有关的大型合同发包商使用这种方法(包括战斗机飞行员)[92]。在美国,类似的方法已被用于支付军队私人住房,在国防部无法负担升级军事房屋以达到可接受的标准时(威廉·佩里部长估计需耗资约200亿美元),因为它会干扰主要武器系统的采购。然而除了住房,这个PFI概念一直遭到国会拨款委员会的坚决抵制,因为它减弱了他们对预算的控制。

也许所有国防预算规划预测中最不切实际的部分是,国防工业中的一些人认为存在一个国防预算宏观周期。事实上,大约每18年,国防预算会有一个大发展,紧随其后的是急剧下降(图4-2)。

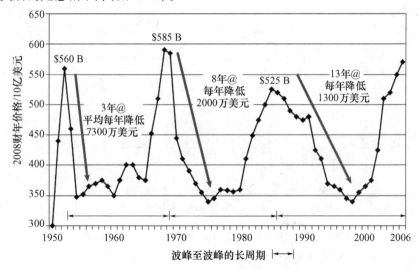

图4-2 1950—2006年国防预算周期

注:本图引自:《2008财年国防预算估计》(绿皮书),

2007年12月18日由诺斯罗普·格鲁曼公司的C. J Bowie和K·Rogers做的简报。

虽然这些剧烈变化显然是由外部事件驱动的(如冷战的结束,以及2001年9月11日的恐怖袭击),也有一些人认为这是一个基于设备磨损的自然现象,他们认为未来周期性的变化还将持续,在此基础上他们做出预测。当国防部预算周期处于低迷时期时,这个理由变得特别明显,业内人士也据此认为将来会转向增长。

在采购过程中必须做出两个关键性的决定,国防部必须确保:①买的是正确的东西;②买东西的过程是正确的。"买什么"和"如何购买"这两个问题是相互关联的,但目前的过程倾向于将二者分开,理由是需求过程是军队的任务。单位成本、交货进度和技术可行性的问题往往不能发挥他们本应发挥的重大作用。对于军方应该如何引导需求过程仍然存在争议。按照法律(美国法典第 10 章),军种负责训练和装备部队,但他们是否应该单独管理这些过程?作战指挥官负责作战所需要的力量。在现行体系下,各军种将预算放在一起,决定买什么以及买多少。作战指挥官则只负责使用军种提供的东西。在过去,当战斗分别在空中、陆地和海上进行时,每个军种可以提出其独立的需求。但到了 20 世纪 80 年代中期,大多数冲突升级为多军种的联合。因此在联合形式上编制需求是合适的(而且装备的互操作性已成为一项主要需求)。在联合的系统体系层面这是必要的,例如,空中的传感器和地面上的射击单元的通信。为了解决需求过程中集成的需要,戈德华特 – 尼克尔斯法案(1987)规定在参谋长联席会议副主席下建立联合需求监督委员会(JROC)。目的是确保所有需求考虑了联合作战的要求。然而,由于 JROC 的成员是每个军种的副参谋长,因此需求过程依旧保持向各军种倾斜,而非战斗员(作战指挥官)。强烈建议未来在 JROC 中增加战斗指挥官代表[93]。这个建议是由参议院武装部队委员会在 2009 年提出的。

需求过程中的另一个显著缺点是,预算过程是由个别武器项目线式驱动的。因为,需求过程首先考虑个别武器,然后建立新一代武器的需求(这会导致从一架飞机到下一架飞机的近乎自动的更新)。现代通信系统已经在网络中心战中发挥重要作用,然而,需求过程需要优化整个系统体系,而不是其中某个系统的个别平台。为此,系统工程和系统架构的一些工作需要在需求过程演化的初期来做[94]。系统工程也需要包括与系统体系各元素相关联的成本和技术可行性分析。在制定需求的人和负责开发系统的人之间需要建立一种密切的工作关系。

将个别系统的单位成本作为需求过程的一部分加以考虑还有第二个原因。如果一个部门是资源约束型的(即它只有有限的钱用于购买平台或者购买系统体系),那么其需求也必然是资源约束的。这些钱能够购买的系统数目和个别系统单位成本之间有直接的相关性。由于数量影响战斗力并是一项军事需求,因此必然存在对于武器系统单位成本的军事需求,它是在程序的初始化阶段而非付账阶段被明确的。在成本与性能之间进行权衡,包括可能的全部任务费用、所需的系统总数量以及现有的技术能力,必须在需求过程的早期考虑。

随着技术、战争、区域环境以及对手能力的快速变化,需求过程要灵活地避开那些正在开发但在完成时就会被淘汰的系统。这个问题不仅是对国防武器系统而言,在商业软件、电子设备以及其他领域也典型存在。一个商业世界形成的解决方案是进行螺旋式的发展。利用现有的(已被证明的)技术,该系统的第一部分被迅速开发、生产和部署,而下一部分则同时被进一步发展(图 4 – 3)。

这种方法可以与另外一种方法进行对比,即在 12 ~ 20 年的周期中开发一个主武器系统——所谓的"一次性集成测试""大爆炸"的过程。螺旋式发展可以实现武器系统更快的部署使用,并且在技术性能、进度和成本方面风险更低。它也大大降低了技术过时的风险,并允许创造一个更强大的和有竞争力的产业结构。如果

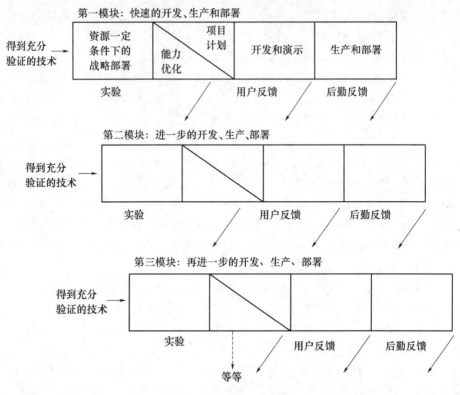

图4-3 系统的螺旋式发展

被选定的公司不继续以日益低廉的成本提高性能,那么竞争可以在下一部分的任意重要节点被引进(在主承包商或子系统层面)。在汽车行业,已经发现这一过程可以减少约30%的成本,并基于早期战场的实用性和用户与维修的反馈提供连续的绩效投入改进和重新设计。

螺旋式发展和部署显著地影响着采购过程的每个部分。因为需求过程不再是固定的,而是每个模块都在持续变化,测试和评估过程决定下一模块是否有显著的军事附加值。这不像"大爆炸"的方法,存在一个通过或失败的测试与评估考试,以评定固定的、长期的、期望的性能是否实现(这里的测试确定系统对于特定模块的功能和限制,为下一模块 R&D 提供有价值的输入数据)。同样地,预算过程也不再是一个从研究到开发、生产、保障的线性过程。如今,这些活动在后续模块上是并行执行的。而且,后勤系统需要进行设定以便允许多个模块得以同时运行,这通常需要承包商的支持(或者担保)。

除了有适应不断变化的环境和接受来自装备用户连续的反馈能力之外,螺旋式发展在需求过程中还有其他优势。如果处理得当,它可以避免在最坏的情况下分析当前的需求问题——最坏的情况是对"可能需要"的东西产生需求,从而导致价格异常昂贵与灵活性不足。举例来说,为应对在伊拉克和阿富汗的叛乱分子使用路边炸弹,研发了一种重达 60000~80000 磅全副武装的防雷反伏击(MRAP)汽车。其重量造成了较大的后勤困扰,不仅是在伊拉克和阿富汗,几乎其余所有战争区域都存在这样的难题。根据美国海军陆战队负责计划、策略和行动的副司令助理 Ronald Johnson 所言,"世界上 72% 的桥梁难以承受 MRAP 的重量……这些汽车也不适合在载有海军陆战队的装备和补给的事前部署的两栖攻击舰上装载[95]。"它们还很昂贵,每辆 MRAP 的价格超过 150 万。

需求过程的另外一个主要问题是,即使商业装备可能会满足需求者的需要,更容易获得而且费用比购买新技术少,但商用装备可能无法满足需求者所有的需求。它可能满足 80% 的需求。如果不能做出权衡,人们就会持续不惜任何代价追求更高的性能[96]。对于这个问题,例子有很多——比如,海军陆战队想购买一架现有的直升机供总统使用,海军试图收购现有船舶作为濒海战斗舰,空军想购买改进型的商用飞机以满足其对加油机的需求(对于加油机,需求文档列出了 800 多种不同的需求[97]。其中 37 项被称为"至关重要的")。在任一情况下,极端"需求"会要求重大的重新设计,这样会导致高风险、高成本以及严重的进度延迟。

需求过程的一个主要(也是合理的)缺陷是,它在具体细节实现之前无法明晰颠覆性能力需求的细节。正如《美国军事历史牛津指南》的编辑 John Chambers 所写,"转变 20 世纪战争样式的最重要的武器——飞机、坦克、雷达、喷气发动机、直升机、电子计算机,甚至是原子弹——没有一项是通过某个'需求'文件或某项军事需求发展起来的[98]。"

最后,在技术日新月异的领域(如电子设备),还存在着一种随着技术的进步持续修改需求的倾向。例如,美国陆军的信息主管(中将杰夫瑞·索罗森(Jeffrey Sorrenson))发现从 2004 年到 2007 年,军队"起草了超过 5000 份的'需求'文件以购买信息技术系统[99]。"

向新武器系统添加过多需求的问题是被广泛认可的。在提出 2007 年"国防采办改革法案"时,参议员约翰·麦凯恩(John McCain)称,"往往很多劳民伤财的需求,其中大部分和统一司令部(Unified Command)的要求无关,都是(在需求过程中)不负责任地堆在这些项目上的——毫不考虑底线[100]。"他说,在濒海战斗舰开始建造时,海军一度在一个星期内发出了 75 个变更单[101]。这些额外的需求增加了武器系统成本并且减少了可以购买的数量。

任何特定的商品或服务的购买都需要制定一个购买策略。一个重要的考量是,在规划购买策略时,建立一定的激励机制,以使承包商和政府两者都有动力致力于以最低成本去获得最高的性能(不仅仅是一方或者另一方)。最有效的激励是一开始实行竞争并在整个程序中保持某种形式的竞争选项。这并不意味着每个阶段承包商都要竞争,而是如果对承包商的选择存在一个可用的替代方案,那么现有的承包商就会有动力持续降低成本提高性能(否则将面对可置信的竞争并失去竞标)。在某些情况下,这是不切实际的,因为替代物品的维持费用贵得难以承受以至于政府可能会承诺购买某种船或某种高价飞机。在这些情况下,应该规划其他形式的激励措施。例如,美国国防部可能改变合同金额或者承诺在成本降低时购买更多的系统。这种价格弹性在商业领域比较普遍,即当价格下降时需求随之增加。价格弹性的利用也是国防部鼓励降低价格的一种激励,因为任何节省下来的资金通常会被返回到国库(对政府项目管理者和工业供应商都是一种负激励)。在前文拟定的情况下,国防部可以保留这些资金以获得更多的装备(假设这些装备是必需的)。

现如今,超过40%的合同作为后续订单根据单一来源原则被授予了现有的承包商,单一来源非竞争方式授予的资金占据了总金额的很大比例。在这些情况下,美国国防部要么建构一种激励竞争的方法,要么在合同结构中植入显著的激励措施,重点放在最初的提案"承诺"并把它作为授予奖励金的基础(而不是允许对合同进行重大修改后设定奖励金)。事实上还存在一些其他的采购方法。近年来,越来越倾向于采用无限期不定量供货合同(IDIQ),这是一种对许多服务合同(占国防部发包合同的一半以上)非常有价值的合同样式。在服务领域,通常很难事先定义合同的需求以及准确地确定未来服务需求量。目前采用的方法是向多个竞争者授予 IDIQ 合同。因为新任务都是买方的需求且都被详细定义,两个或者三个优胜者可以就某项任务进行竞标,当然前提是这些竞争者(IDIQ 的优胜者)有能力完成其中的任何一项任务。遗憾的是,这个方法的吸引力却导致了其被错误地运用。政府往往先期选择 20 多个"优胜者"授予 IDIQ 合同(从而有权进行后续任务竞标),然后根据每项任务让这些众多的"优胜者"竞争。这一做法的不足是,一方面增加了申请成本,另一方面打消了优胜者的积极性,因为赢得每项任务的可能性都很低。一个极端的例子是,在高难度仿真与训练领域,陆军曾将合同授予多达142 名优胜者[102]。一个更为极端的例子是美国海军的"海港"合同,该合同选出了 1800 名"优胜者"有权对 20 多个领域的任务投标。因此,竞争的观念需要被更高效、更成功地应用。

对于某个特定项目的采购战略初始分析应当考虑所有可能的收益。例如,某些产品或服务可能是被用来激励小型企业,利用小企业的创新优势,满足小企业合同占据显著比例的国会强制要求。

当政府采购商品时,它可以采用更高效更适用的做法,比如进行逆向拍卖或通过总务管理局(General Services Administration, GSA)的商品清单购买(GSA 清单中的商品都是已经协商好打折的,折扣还很可观)。此外,使用政府采购卡也能节省大量成本。

另外,政府特许权允许某个政府机构为多个机构采购某种特定的商品或服务,以取得数量折扣。这个方法只对明确且常见的商品有效。如果某个产品或服务仅为某个特定机构所需要,就行不通了,这种情况下这个机构自己独立采购该商品或服务反而比较好。

最后,当产品或服务来自纯商业企业且其商业产品或服务符合国防部需求时,就可以采用"其他交易授权"(Other Transactions Authorities,OTAs)。OTAs 允许政府在法律允许范围之内,将最佳的商业实践运用于非传统国防供应商,而不再被要求遵循那些普遍运用于政府采购的联邦法规和做法。这满足了国防采办的紧急需求并为国防部吸引了非传统的供应商。因此,供应商的基数就扩大到那些通常对政府交易复杂的和官僚主义的繁文缛节唯恐避之不及的商业企业。随着商业世界在许多与国家安全息息相关的关键技术领域变得越来越高科技化,OTAs 在政府采购中变得越来越有吸引力。然而,由于许多商用产品最适合武器系统的产业低层,为了充分利用 OTAs 的优势,主承包商在它们的采购中利用 OTAs 很有必要,但它们并不愿意这样做。这个问题亟待改变,同时(在某些情况下)还需要一些立法层面的改变。

3. 团队协作

国防工业的合并已经把某些领域供应商的数量减少到只有 2～3 家。有些情况下,订单数量很少以至于只能满足一个供应商。国防部已经逐渐鼓励有限的供应商组队合作,而不是实行那种唯一胜出的竞争方式将仅有的两到三家企业中的一家扫地出门。这一方式形成了垄断,但同时保留了两家供应商未来的潜在竞争能力。对政府不利的是,它会失去当前项目的竞争利益,因此不得不支付更高的价格。例如,当两个核潜艇供应商(通用动力公司和纽波特·纽斯公司)组队来建造先进的潜艇时,他们都依然在商界屹立着,但据估计每艘潜艇的成本将增长 5 亿美元。同样,当负责中型和重型火箭发射服务的两个供应商(波音公司和洛克希德·马丁公司)创建了"联合发射联盟"(the United Launch Alliance)时,美国国防部称这是保持两个供应商运作的唯一方法。但美国联邦贸易委员会(FTC)分析了申请的合并结构,指出"拟议中的合资企业可能对美国政府的中型和重型发射服务市场的竞争有实质性的不利影响。这种反竞争合并的预期结果是,降低创新效率和其他非价格方面的坏处,提高政府,包括空军、美国宇航局和其他政府机构为这些服务支付的价格……拟议中的交易还将产生垂直层面的问题。波音公司和洛克希德·马丁公司是政府卫星市场仅存的三个竞争对手中的两个(第三个是诺斯罗普·格鲁曼公司)"。目前,波音公司和洛克希德·马丁公司运载服务之间的竞争,可能会对与诺斯罗普·格鲁曼公司合作的意愿产生显著影响。波音公司和洛克希德·马丁公司合并他们的火箭发射业务后,他们就不再有优化他们的发射服务以适用诺斯罗普·格鲁曼公司卫星的竞争激励。此外,作为纵向整合的供应商,波音公司和洛克希德·马丁公司可能会有共享诺斯罗普·格鲁曼公司的机密信息(作为卫星发射服务供应商获得的,关于他们卫星业务的信息)的激励,从而对政府卫星市场造成不利影响[103]。

除企业合作和合资带来的垄断问题外,还要考虑这是不是一个行之有效的管理体制的问题。就以上提到的火箭合资发射问题,《华尔街日报》问道,"波音公司和洛克希德·马丁公司能合作吗[104]？"我们担心的是,两个国防工业巨头不仅在这一个领域内强强联合,也将不断在许多其他国防领域竞争国防业务。美国国家航空航天局选择洛克希德·马丁公司作为价值80亿美元的"猎户座"飞行器乘员探索工具的主要承包商就产生了类似的顾虑。据说,令人疑惑的是,在两大航天巨头(诺斯罗普·格鲁曼公司和波音公司)达成"轮流坐庄"的协议后,这个失败的团队(竞标失败后)如何开展工作。美国国家航空航天局"担心两个大型公司整合并交替作为主承包商和分包商,这将带来循环性的管理挑战[105]。"

组队的企业一般认为,生产量不足以同时支撑两家企业,而政府希望保持两家公司在业务上的常规经营,这样他们随后可以分离并参与未来竞争。政府这些考虑都是正当合理的。除了协作组团,两个备选方案可供考虑以保持未来的竞争。一是利用得益于两家供应商之间的竞争而节约的资金(与组队的垄断价格相比),资助竞争的失败方开展研究和开发。这使得竞争失利的公司能够保持运作(无可否认的是,在一个较低的水平上),确保在随后的未来竞争中拥有工程和制造人才,为新一代系统提供资金以促进创新,并给优胜者保持压力(在成本和性能方面)。第二个方案是允许海外厂商参与未来业务的竞争,这将使得现存的美国供应商面临持续的竞争。但是,美国将不得不接受国外供应商的激烈竞争,如果美国企业失败还不得不资助美国公司一个R&D项目,从而使它可以保持运作。

4. 系统总成商(Lead System Integrator, LSI)

随着政府日益转向以网络为中心的系统体系(该体系整合了空基、陆基和海基等不同平台上的分布式传感单元和射击单元,以及复杂的通信、指挥和控制系统),如何管理的问题应运而生。历史来看,复杂系统的管理都是通过建立一个强有力的政府项目管理办公室,然后配备项目经验丰富的经理人员、系统工程人员和项目控制人员。通过这种方式,海军上将"红色"雷伯恩管理了"北极星"项目(Polaris,潜艇和远程弹道导弹的一体化项目),而且海军上将海曼·里科弗还这样管理着许多复杂的海军核动力系统。

但在2002年,当海岸警卫队决定要升级并整合其所拥有的91艘舰船、49架航空飞机、124艘小艇和195个新的或升级了的直升机,并打算用新的通信系统将其联系到一起的时候,它把这个巨大的"深水"项目(25年,总值240亿美元)的负责权交给了一个由洛克希德·马丁公司和诺斯罗普·格鲁曼公司创建的财团,称为"综合海岸警卫系统"。其理由是,海岸警卫队没有人员来管理这种规模和复杂度的项目。国防部面临着相似的短缺,因为其采购职员在冷战结束时已被裁了50%以上,而且在"9·11"事件后并没有得到恢复(因为所有增长的资金都被投入到了在伊拉克和阿富汗的战士身上)。当陆军决定启动"未来作战系统"项目以建设21世纪的现代化军队时,它选择了波音公司和科学应用国际公司(SAIC)共同负责升级所有陆军车辆、导弹、机器人,以及指挥、控制和通信系统。

在这些LSI的努力下,主承包商(在上述两个例子中,都是公司的团队形式)

负责整体架构和系统工程,并选择能制造这些复杂系统体系组件的所有分包商(平台、传感器和通信系统)。例如,在"深水"项目中,主承包商(洛克希德·马丁公司和诺斯罗普·格鲁曼公司的团队)将决定需要哪些船只和飞机,还有哪些分包商来设计并建立其中的子系统。

对于 LSI,美国国会和国防部主要有两项顾虑。第一项顾虑是,政府对于项目结构、内容和性能是否充分了解和掌控。一份由国土安全部检查员起草的报告发现,海岸警备队官员对承包商决策的影响有限[106]。政府在洞察力和控制力方面的缺乏加剧了第二个主要顾虑——主承包商之间可能存在重大的利益冲突。由于是主要承包商在这个体系中选择每个平台及主要分包商,他们选择自己分公司提供的系统组件来配置整个系统体系,因而从中获益。这样,整个系统(在整体性能和成本方面)优化配置的角度是为了迎合主承包商,而不是政府需求。选择的体系组件供应商要么是自身分公司,要么是他们偏好的,而不是通过开放自由的竞争为体系各部分选取行业中最一流的供应商(这同样也不会代表政府的利益,而是为了主承包商的利益)。

尽管存在这些问题,且很大程度上是因为缺乏从事这类工作的合格政府雇员,LSI 概念还在持续扩大[107]。例如,波音公司被选定为国家导弹防御计划的系统总成商,国土安全部选定他们管理 SBI 网络(一项花费 2 亿美元,旨在美墨边境建立集传感器、摄像器和其他设备于一体的虚拟围墙项目)。其中有些项目遇到了问题。"深水"项目的第一艘船是一个重建的巡逻艇,其甲板和船体产生了裂缝,并且还存在一系列的机械故障。海岸警卫队将这些翻新船撤出序列并永久性地淘汰了它们,原因是这些船只除了前期翻新开支的 1 亿美元,还将需要 5000 万美元的维修费用[108]。《美国新闻与世界报道》的头条公布了"深水项目中的深层困境"[109]。由于来自国会的重压,海岸警卫队收回了项目的管理权并解除了洛克希德·马丁公司和诺斯罗普·格鲁曼公司作为系统总成商的角色[110]。

由于系统总成的相关问题持续扩大以及对政府失管和利益冲突的持续关注[111],国会(在 2007 年《国防授权法案》中)对作为系统总成方的承包商做出了限制:"在国防部关键系统采购中扮演系统总成方的任何厂商,在任何独立系统或系统体系的任何构成的发展或建设中,不得有任何直接的经济利益[112]。"国防部规定此限制适用于所有的 2006 年 12 月 31 日以后签订的合同,这就把某些项目例如"未来战斗系统"排除在限制之外,但确保了所有未来系统都囊括在内。对于此法案,国会允许了两个例外。即,如果国防部长可以证实某个承建商是某个组件在整个行业内最好的供应商,或者它是经过国防部组织的正式竞争中唯一被选定的供应商。

由于政府人力短缺,管理大型复杂的复合系统体系的能力欠缺,政府有时会雇用一家独立公司作为其系统架构和系统工程的负责公司。该公司必须愿意接受合同中的硬件和软件排除条款。然而,大多数历史上独立的公司,在国防工业整合时期,都被垂直收购了,这个要求意味着,要么由某大公司在某个项目中就确定的计划接受硬件和软件排除条款(这并不符合他们的利益),要么建立新公司或从大公司剥离出新公司来填补这一空白(2009 年,国家侦察局强制要求诺斯罗普·格鲁曼公司出售其旗下的分析科学公司 TASC,因为 TASC 正为政府的计划项目办公室负责系统工程,而诺斯罗普·格鲁曼其他分公司则在为其建造卫星)。实际上,独立公司是为政府工作,帮助政府计划项目办公室负责整合事务,从而使得项目办公室可以从独立公司抽调人员。因此,在复合系统体系中挑选各种元件不同组成部分还是政府的责任(但听取独立企业的建议)。这个方案解决了系统总成这种办法所面临的两个主要问题:政府可对情况了然于胸,并负总责,而主承包商没有利益冲突,因为系统集成商已经接受合同中的硬件和软件排除条款。

5. 采购[113]

因为涉及到纳税人的数千亿资金,所以政府采购系统必须公平、高效和透明。每次一有事件发生,很可能就出台一项新立法或规定,以确保类似事件不会再发生。正因为此,政府采购系统才要事无巨细地(许多人认为是繁琐地)加以规定、管理和维持,才会花费不菲;还要不断地审查、平衡和监督。这种政府特有的规制和监督所造成的额外成本(与商业惯例相比)估计在 10% ~ 50% 之间[114]。审计公司 Coopers 和 Lybrand 所做的一份详细研究估计,额外成本为 18%[115]。政府管理这个独特的、高度专业化的市场所带来的成本相当巨大。

国防部采购系统的规模尤其值得一提。2006 财年,共有 3681301 次采购,所涉金额总计达 284965796000 美元。尽管其中 25% 的采购合同所涉价值不到25000 美元,但价值 25000 美元以上的合同的总金额却超过了所有合同总值的98%,而这其中 80% 以上的合同流向了少数几家超大型公司[116]。

因为每年要授予成百上千万个非常小的采购合同(如果采用常规的采购流程,这将占用大量人员),所以政府采用了"GSA – Smartpay"的购物卡形式。2006年,该形式涉及的联邦政府采购总金额达到 230 亿美元,并被认为为政府节约了超过 10 亿美元的联邦采购过程成本[117]。

6. 特许采购

为提高采购效率,弥补冷战后采购人员的大量裁减,国防部试图利用其他政府机构的承包合同机构。不过,合同发包人员往往不熟悉国防部的采购流程或任务需求。当国防部使用内政部的两个采购流程时,国防部监察人员发现他们"经常违反为保护美国政府利益而设的规则"。在评估的 49 份合同中,61% 貌似都是"非法合同、考虑不周的合同,以及各种管理程序缺陷的合同",96% 缺乏充分的监管[118]。当国防部通过财政部的合同机构 Fed Source 进行采购时,国防部监察人员发现 61 份任务订单中有 58 份存在"不适当的合同监督计划",以及许多其他合同缺陷[119]。新闻报纸头条报道内政部官员向软件制造商购买装甲来加固军用车辆,向从未涉足家具生意的一家公司为国防部购买家具[120]。因为这些其他政府机构从事合同工作都要收取一定的费用(但他们的效率值得怀疑),大部分这类采购行为都没有延续。

7. 邀请招标

为使人人都有机会公平竞标国防部要买的东西,国防部制定了一份详尽的招标程序,明确规定了对不同行业投标者的要求。在国防部的程序开始之前,通常会要求企业提供申请信息,说明公司决定如何解决政府提出的问题,它们有哪些现在可能具有的、能够满足政府需求的产品和服务。实际上,这是一个市场调查。要求提供信息之后就会发出招标书(Request for Proposal,RFP),这个过程要求政府采购人员详细准确地描述他们需要的东西。如果采购的东西是一种基本上很容易获得、而且在不同制造商之间无差异的商品,那么就会发出询价书(Request for Quotation,RFQ);采购员只需简单地打开信封,低价者得标。不过这种情况已经越来越少见了,因为采购的产品和服务愈发复杂和精细。事实上,现在60%的采购项目为服务[121]。而服务是难以描述和比较的,所以如今很少使用询价招标。

1907年,美国陆军通信兵团发布关于"比空气重的飞行器"(Heavier-than-air Flying Machine)的第486号规格说明书。实际上,该说明书只有一页,邀请竞标一个飞机原型,要求该飞机"能快速方便地分拆和包装,以便军用卡车运输","能在约一小时内组装完成并投入战斗","在静止空气中飞行速度不低于每小时40迈",并要求附上如何测试以证明它能满足这些要求[122]。花一个月审核完投标文件后,美国陆军授予莱特兄弟(Wilbur & Orville Wright)一份两页的固定价格合同,合同总额25000美元,"合同完成后在条件允许的情况下尽快支付"。自此之后的一百多年,国会和行政部门不断地使这个程序日益复杂。询价书现在可能会有几百页,投标响应和评估的时间也极大地增加,合同本身也变得复杂得多。不过某些方面也试图做得像莱特兄弟那次的招投标一样。比如,DARPA发布了一份"广域公告"(Broad Area Announcement,BAA),宣称政府正为某粗略定义的领域所面临的一个问题征求解决办法。通常会限制申请文件的页数,以便能快速授予多个合同并开始调查研究。但这并非一成不变的标准。现在就某新型武器系统或某精密服务发布的招标书一般是一份涉及面很广的文件,经过所有相关政府部门的广泛协调,经常需要花费数月的时间来准备。发出招标邀请后通常会举行一个竞标动员会,这对潜在的竞标者是一个机会,可借机咨询需要澄清的问题以及得到面向所有人的答复。给予竞标者应标的时间一般为六个月(并给予期望达到的性能数据)。

8. 标书

通常说来,企业都会把他们最优秀的人放在准备标书上,因为这是"你死我活"的竞争。政府当然希望能把这些最优秀的人放在合同执行上,然而从企业的角度而言,在提案竞争中取胜才是首要任务。在一些大型项目上,只有少数几家企业有能力应标(例如,生产一种新型战斗机),竞争自然"异常激烈"[123]。

　　国防部合同的许多资金都不是通过竞争方式授予的,主要原因有三点。第一,有时候只有一家企业有能力应标。例如,只有一家有资质的企业(纽波特·纽斯造船厂)拥有合适的设备制造核动力航空母舰。第二,如果一家公司明显能够中标,而对别的公司来说,与其竞标产生的费用十分昂贵,这个时候政府往往只会接到一个投标书或者进行单一来源采购(例如,对于某个目前只有一家企业正在生产的复杂武器系统的后续生产订单)。最后一个原因就是,当对某个产品或者某项服务有极其迫切的需求时,政府可能会在单一来源采购的基础上选择一个它认为最具资质且能满足迫切需求的企业。在2004财年,政府采购资金的1/3不是通过竞争授予的;即使在2005年举行了竞争,20%的招标仅仅收到1份投标书[124]。相当大比重的资金被根据单一来源采购原则授予,其最主要的原因就是中标者赢得了先前的竞标。比如说,对某关键型号的战斗机项目,初始合同的竞争会异常激烈。但是一旦某个企业中标并开始生产后,该项目以后的生产订单很难再次竞标了。该战斗机的维护工作同样很难被竞标;事实上,要么由政府自己维修,要么在单一来源的基础上选择最初的承包商。

　　由于数十亿美元长期合同的竞争方式是孤注一掷的,企业要么赢得全部,要么什么都得不到,因此往往会为竞争花费数百万(甚至数千万)美元。他们组建大型的投标书编撰团队,通常聘请顾问提供帮助,有时还会为证明其能力建造硬件设施。由于政府在这些大型项目上分配的资金已经为人所知并(通过预算过程)公示,整个行业都对此一清二楚。这就为提案的报价设置了一个上限。然而,历史证明,随着项目的推进,项目会产生成百上千的变动;由于这些变动出现于发标之后,中标的承包商就可以在单一来源的基础上就这些变化提出报价。因此,低价竞标("买进")以赢得竞争并接着通过变动大幅度提高价格的激励很强。合同允许政府通过变动条款单方面改动合约,同时允许承包方向政府证明执行该变动所需要的代价。随着项目推进(通常是关于数量与性能的改动),需求变动就成为造成国防武器项目成本增长(项目的最终成本相对于初始的竞标低价)的最主要原因。其他一些原因还包括政府预算的变化和一些技术问题。

　　政府与国防工业的谈判力在这一过程中会发生急剧变化。在发标前的竞标期,政府是唯一的购买者,由于多个企业争夺这些大型项目,政府拥有绝对的谈判力。项目授予后,在关于所有政府要求变动的协商中,获得项目的承包商(生产政府迫切需要的特定产品或者提供政府迫切需要的特定服务)则处于强势地位。在最理想的状况下(从政府的角度来看),在发标后应尽一切努力减少变动。然而,随着技术的进步,政府倾向于要求性能更好的产品;而且,政府的需要也随着世界格局的改变而改变,因此,随着项目推进,毫无变动是不现实的(但政府在项目初期经常声明"不再变动")。

　　一个极端的例子,在F-111战斗机项目中,总共有超过49.2万项变动(许多是关于电子仪器的)。虽然这是一个"固定价格"合同,由于每一次变动时报价都是建立在单一来源的基础上,整个项目的成本最终大幅度增加了。

9. 来源选择

来源选择决定了哪家企业将能获得为国防部生产迫切需要的武器系统的巨额长期合同。由于这一决定的重要性和对每个竞标者都要绝对公平的必要性(他们为了竞标花费了数月时间和数百万资金),政府会组织一个来源选择小组,以评估从各个承包商处获取的性能与费用数据。承包商给出的提案为政府的需求提供了各种迥然而异的解决方案,因此,对其进行评估有两种方式。第一种是衡量各个投标人的成本、性能与工期。权重因素在招标书中已经作出说明,包括三个参数中各个子参数的详细权重系数。总体得分最高者胜出。第二个方案是,首先衡量各个竞标人技术上是否可以接受,如果可接受,则报价最低的作为中标人。这个方法远不及最佳价值的方案(结合费用、性能以及进度),因为性能与进度都是十分重要的。有时候多花费一些资金换取更高的性能对一个国家的军事能力来说是值得的。在这种情况下,最佳价值的方案要实用得多。这也是商业采购通常采取的方式。

要完成一个最佳价值的评估,先前分开的基于成本和性能的来源选择团队必须结合起来。就费用问题而言,需要慎重考虑的是投标人报价的现实性。为得到现实可行的报价金额,政府需要进行一项独立的成本分析(Independent Cost Analysis, ICA)。各军种与国防部长办公室都能就某项提案进行独立成本分析,并将其运用于衡量某项竞标报价的真实性。尽管大型企业报出的低价很有诱惑力,但历史证明,采用独立成本分析的估算结果作为合同价格的基础对政府来说更为安全。如果政府接受一个不现实的超低报价,中标者很有可能会利用变动条款就这些变化的单一来源基础提高价格。这就会导致这个项目严重超支,后果是(为了不突破整个国防部采办的预算)要么这个项目被搁置,要么另外某个项目被搁置——不管是哪个结果,对国防部来说都是不希望看到的。

20世纪90年代,来源选择的最终标准之一是"过去的表现"。在商业领域,如果一家企业服务不好或者产品有缺陷,那么消费者下次就会转投别的商家。在选择的过程中,他们参考了过去的绩效。通过引入以往的表现作为一个重要的选择考量因素,承包商们就有动力在现有的合约中提供优质的产品或服务,从而通过圆满履行成本、进度和绩效的目标,在未来赢得下一个合同。如果企业所提供的是拥有很多变量(作为费用、性能、进度的子集)的精密产品或者服务,以往的表现就难以衡量了。此外,政府在项目存续期间很可能频繁地作出改动,这使得以往的表现更加难以评估。关于如何改进评价某个企业的以往表现得分,存在着大量建议。其中包括对照类似的产品与服务,分离不良表现的原因(政府还是承包商),允许承包商评论评估结果并同政府理论,以及将政府和承包商的意见都写在计分卡上[125]。由于这是鼓励企业做好的良好激励,政府应当进一步予以关注,这将会促进提供优秀产品和服务的高质量厂商胜出。

10. 合同类型

政府授予合同的样式多种多样,包括:

(1) 严格固定价格(Firm Fixed Price, FFP)。严格固定价格是商业活动中经常采取的传统方式。当产品被很好的定义和技术得到了充分演示时,这种定价方式是非常合适的,因此不按规定价格履约的风险是很低的。严格固定价格的合同样式也适用于不能确保结果但合同商将会在竞标价格内尽最大努力实现的合同。除了一些人想要[126],这并不适用于高风险的 R&D 项目,它仅有两种竞标方式。承包商可以:①用高意外开支弥补风险,这意味着与其他方案相比,政府将支付更多的成本;②低价竞标来赢得合同,然后尽可能利用在单一来源环境下政府将要施加的变动。这个想法(用固定价格发展高科技国防产品)在过去已经被尝试过(例如,在 F-111 战斗机、C-5 运输机(见上文)等其他大量的项目中),得到的总是相同的结果,即非常大的成本增长(超过那些以成本为基础的开发合同)。总是希望"这次将会不同"而且政府将不会预算、数量、技术或任务需求做出任何变化。另一方面,这种固定价格形式的合同非常适合应用于验证过的且不需要重大高风险研发的大型生产项目。对于政府来说,这种合同形式的优点是,成本都是已知的(只要没有进一步的变化);对于企业来说,企业可以通过提高生产效率获得更大的利润。对于合适的项目,这是一个非常理想的合同样式。

(2) 成本加固定费用(Cost Plus Fixed Fee, CPFF)。以成本为基础的合同适用于需求不明晰或技术不确定能否实现(就是说,存在高风险)的项目。在这些情况下,承包商不可能履行固定价格合同(因为风险太高),而是会接受以成本为基础的合同。当费用是固定的时候,如果成本增加,承包商也不会获得任何额外的利益(只要规模保持不变),同时对于降低成本也没有奖励(就是说,没有追加的报酬)。

(3) 成本加奖励金(Cost Plus Award Fee, CPAF)。政府可以使用成本加奖励金去鼓励承包商改进性能、成本或进度。预设的奖励清单将费用表现为承包商绩效的函数。这种合同的另一种形式是成本加激励金(Cost Plus Incentive Fee, CPIF),它们的目标是一致的。这两种方法中,奖励金的多少是合同履行绩效的函数。理论上,这种合同意义重大。承包商如果降低了成本或者超越了指定的性能,将会得到更高的利润作为奖励。但是这也招致了大量的批评,因为奖励金经常不是依据要求的奖励结果发放的。2006 年的 GAO 报告发现,"美国国防部已支付了约为 80 亿美元的奖励费,不管采购结果低于、满足或超过国防部的预期"[127]。2009 年的 GAO 报告发现这种情况并没有显著改善[128]。

(4) 成本加奖励期(Cost Plus Award Term, CPAT)。在这种成本加奖励期合同样式下,承包商有较强的激励来圆满完成预定的目标,因为如果圆满完成了,将会被奖励获得下一阶段的合同(无论是额外的服务、更多数量的设备或产品的继续开发)。这不是一个常用的手段,但它对政府非常有吸引力,因为它为承包商提供了重要的激励,同样对承包商也很有诱惑,因为如果它做好了将会得到一个重要的后续合同。

(5)战时紧急需求(Urgent Wartime Need)。在战争环境里(生命正在逝去或任务不能完成时),危机有时要求快速反应。没有时间履行所有的合同程序——招标、选择来源、详细设计、技术演示——直至实行固定价格竞标,但是产品或服务却是急需的。这种情况下,必须放弃很多标准的程序,基于成本发包合同(竞争或非竞争)。针对这种系列的情况有专门立法。

(6)时间和材料(Time and Materials, T&M)。在这个通用的商业服务合同中,承包商获得所有劳动和材料成本(费用很少,因为风险很低)的补偿。在激烈的竞争阶段,承包商倾向于通过非常低的劳动力成本和间接费用最小化报价。在实施阶段,他们则试图最大限度地提高劳动力成本,从而最大化他们的收入。当规模定义不清时,这是很方便的合同样式,因为政府可以随着合同的推进控制合同规模。然而,这是基于投入的机制,投入的结果却至关重要(无论投入多少劳动力或材料)。另外,承包商有使成本最大化的逆向激励——因为劳动和材料的每一分成本都会有一定的伴随报酬(即使报酬比例很小)。

(7)不定期交货、不固定产量(Indefinite Delivery, Indefinite Quantity, IDIQ)的合同。在这种形式的合同里,货物或服务交付的规模和数量并不具体明确。这种合同形式应用领域广泛,通常对两个或更多的供应商授予多个合同,当任务来临时,再在这些供应商中为每一个单独的任务竞争性地选择供货商。通过这种方式,当任务明确时,政府可以具有很大的灵活性去维持竞争。这种合同样式对于小型服务采购特别有吸引力;到1996年[129],同时授予多项IDIQ合同的概念开始走俏。不幸的是,政府中的一些人感觉,通过将某项IDIQ合同同时给予多个承包商,他们更好地利用了竞争[130];他们也发现,也可以通过授予多个合同商IDIQ合同而简单地消除竞标人的抗议。将基础合同授予大量的中标人,为每项独立任务保持大量竞争,这一概念已经被滥用了。

(8)其他交易权限(Other Transactions Authority, OTA)。这种合同形式是法律所允许的,但是法律并未定义。它基本上是利用了法律囊括合同、拨款和其他交易权限的写法。瑞克·邓恩(Rick Dunn),DARPA法律总顾问,利用了这个定义的缺失。他提供了一个国会允许的灵活方式,以通过使用商业惯例和引入技术领先的商业企业(及其产品),加快开发和部署新军事能力,如果要完整走完政府立法和规定的程序,他们也许永远不会参与竞标[131]。国会首次授权DARPA使用OTA是在1989年。1991年,OTA固定了下来,并扩展至其他军事部门。最初的授权(美国法典第10章第2371节)针对的是研究项目,但它在引入非传统合同商上的灵活性和有效性使得国会在1994年扩展这个授权到原型项目(公法103-160,第845节)。最后,由于在OTA协议下建立了原型的公司不愿意在生产阶段接受突然的合同标准条款(国防部唯一的),国会允许在OTA协议下已经开始的项目可以继续在同样的基础上进行生产。不幸的是,一些非常大的项目(一个是海军某舰艇,一个是下一代的陆军整套体系)想要在主承包商层次上使用这种 OTA 的方式,国会感觉有点犯头,所以,这一概念被暂时重新设置。它的主要优点——灵活并能引来非传统供应商——是很有价值的,因此应该被用于适用的地方。如上所述,一个应该扩展到的是分包领域,在这个领域,主要承包商的倾向是将政府给主承包商施加的所有条款和条件全部传给所有分包商。这大大打击了商业供应商的积极性,即使在许多情况下,在较低层的商业供应商拥有最多的资源。必须尽最大努力寻找鼓励主要承包商使用 OTA 方式分包的方法,只要是适于引入最好的供应商,无论是来自传统国防领域还是商业世界(后者现在基本上是被排除在外的)。

(9)拨款。对于不能满足特定国防要求(如专门的成本会计系统)的大学或者其他组织,对研究工作或类似活动进行固定价格的拨款是适当的,并被经常使用(通常用于相对较小的合同)。

(10)合作研究与开发协议(Cooperative Research and Development Agreement,CRADA)。有时(特别是在研究活动中),政府和企业或大学联合行动是很有意义的。在这种情况下,政府支付其所承担的份额,部分或全部赞助其"合作伙伴"。这就需要一个新的方式,CRADA 应运而生。

11. 利润政策

国防工业需要在经营中赚取利润,以便投资未来的研究与开发、购买资本设备和给股东派发投资回报。但是,由于国防部合同中包含的大量公共资金,利润往往与其他受管制行业一样(如公用事业)对待处理,人们认为相对较低的利润是符合公众利益的。事实上,国防部采购总监在 1977 年的调查中发现,政府采购工作人员认为他们的主要目标是使利润最小化(对比期望反应,由于利润是总成本的一小部分,应该最小化总成本)[132]。虽然监管团体和政客们往往认为国防承包商赚取了巨大利润,但是他们的利润与其他管制行业相比是非常少的。2008 年(对承包商来说,是创纪录的一年,因为国防预算的大幅增加,还有大量的追加预算),一项针对 100 多家政府承包商的跨行业调查发现,42% 的被访厂商要么没有赚取利润,要么利润占收入的 1% ~ 5%,12% 的承包商在政府合同中赚取了超过 15% 的利润(其中很多是低层供货商,而且是固定价格合同)[133]。在本次调查中,联邦合同收入的大约 40% 来自于成本补偿合同(调查结果与成本补偿合同导致过高利润的普遍看法正好相反)。现实情况是这种成本补偿合同通过详细的政府审计得到了很高的关注,紧密关注的一方面就是边际利润。大部分人都比较吃惊,因为据透露,在伊拉克和阿富汗的数十亿美元的后勤保障合同中(LOGCAP 合同),其协商的基础是基本利润仅占收入的 1%(一些可能因为奖励金而有小幅增加)。

对利润还需要考虑到合同中的奖励报酬。很多公开报道注意到,明显超出计划成本、延迟交付或性能不达标的承包商仍然得到了 80% 以上的奖励金(这些费用是原打算奖励给那些满足成本、进度和性能要求的公司的)。奖励金的许多标准被发现是更多地基于面向过程的里程碑(比如按时提交了报告),而不是整体项目的实际成本、进度和性能。例如,GAO 指出,"科曼奇"直升机超过了预算(35 亿美元)的 41.2%,延迟交付近三年,然而波音公司和西科斯基公司的飞机团队仍然获得了 2.025 亿美元奖励金中的 85%[134]。研究发现,F/A – 22"猛禽"战机超过其预算(102 亿美元)的 47.3%,进度落后两年多,但是洛克希德·马丁公司仍得到了 8.487 亿美元奖励金中的 91%。研究还发现,联合攻击战斗机超过预算(101 亿美元)30.1%,落后进度 11 个月,然而洛克希德·马丁公司得到了全部的 4.94 亿美元奖励金。

主要国防合同商承担的这些大型项目的例子,给人以利润滥用的印象。然而,在许多情况下,成本的增加和进度的延迟是由政府需求的变化导致的。因此,也很难判断应该是由政府还是由承包商来对某个项目的超支和进度拖延负责。现实情况通常是两者的组合。但是,这一领域值得研究,因为奖励金的目的就是要建立一种促使项目在预算成本和规定期限内完成的激励。至关重要的是,政府和承包商都要像通常重视性能一样重视成本和进度。

与利润相关的最后一点是,它应和公司在项目中承担的风险相称。虽然监管规范指出,这是一个应该考虑的重要因素,但在很多情况下,它并没有得到足够的重视。国防工业的相对低利润依赖于政府经常承担了大部分的风险(本质上,形成为一种自我保险)。例如,在商业世界中,一个高风险的考量是,当公司在长期部件或资本设备上进行了重大投资,或者承诺支付劳动力中止成本之后,客户终止了合同。对于国防合同,终止责任常由政府承担。如果一个项目被终止,承包商就会向政府提交一份终止成本清单,包括所有的劳动力成本和资本成本。2006 年,波音公司的一个侦察卫星合同由于问题百出而被终止,波音公司有望获得 4 ~ 5 亿美元以补偿终止部分项目所造成的损失。2005 年,五角大楼打算终止与洛克希德·马丁公司的 C – 130J 运输机合同,但又决定保留项目的一部分,因为终止成本估计高达 16 亿美元[135]。

12. 多年合同

在美国,如果一家公司长期经营国防部的生产合同,那么,在安排下一年的生产之前,该公司通常要首先确定能够拿到下一年的合同,或要在等待过程中增加或减少其劳动力。国会和国防部审计员都偏好年度合同,因为这种合同在总预算约束下进行不同项目间的资源转移以及订货量的调整方面更具灵活性。但是,从企业经营的角度来说,这是一种非常低效的方式,尤其对于低层企业。如果主承包商有多年合约,那么可以提前订购部件(通常需要 18 个月交付),从而可以在来年的订单到达前做好准备,由于大规模生产和规模经济,这样的成本要少得多。公司(主承包商和分承包商)也可以规划自己的劳动力队伍并使其具有更大的稳定性,这种稳定性的成本差异非常显著。对于高优先级关键武器项目的长期规划能够大幅提高工作效率。海军的"北极星"、"海神"、"三叉戟"项目往往对未来几年的经费支出有一个清晰的勾画,因此它们都在国防部独立评估中被评为管理最好的项目。多年合同一般能够节约 10% ~ 15% 的成本。空军和洛克希德·马丁公司曾估计,F-22"猛禽"战斗机如果采用多年合同,那么将在三年时间里节约 2.25 亿美元[136]。波音公司估计,海军的"超级大黄蜂"战斗机如采用四年合同承包的话,可以为海军节约 10% 的成本(相比一年的采购合同)[137]。最后,在海军陆战队和空军特战司令部的"鱼鹰"倾斜旋转翼飞机项目中,贝尔公司和波音公司被授予了一项价值 104 亿美元的五年合同,贝尔和波音项目的副总裁表示:"多年采购合同不但可以让我们有稳定的生产计划,还可以为纳税人节约成本,并增加战斗机的生产数量"[138]。GAO 强调的一个问题是,国防部没有追踪多年合同相对于原来预期的结果,也没有努力去验证实际的节约。节约的实际数据信息能帮助国防部说服国会未来发包多年合同。考虑到奖励金,追踪将会出现同样的问题:在多年合同中,政府对项目需求的改变使得很难判断多年合同的效果以及预计的节约是否实际实现了。然而,进行实际节省开支的粗略估计是有必要的,因为多年合同的好处在理论上应该是存在的,而且跟踪他们对于证明未来多年合同的合理性也是重要的。

13. 抗议

如果一个企业在某项采购竞标中认为政府在做出评标决定时没有履行正当的程序,那么该企业有权向 GAO 或者联邦索赔法院提出抗议。它有权利抗议合同发标决策的程序,而不是发标决议本身。正常的程序是先去 GAO,因为这是免费的,处理也比较快。GAO 必须在一百天内做出裁决,而法院判决就没有时间的限制,可能还要再等六个月。抗议者可以不断抗议,没有次数限制(只要他们认为事出有因),并且他们还是可以先去 GAO 再去法院。GAO 的裁决仅仅是建议,国防部没有必要一定去执行,尽管通常执行了。如果 GAO 判定在竞标过程中国防部没有公平对待投标者(或许为某些投标者提供了更多的信息),或者在招标书中特别看重某项界定的指标从而改变了相对权重,那么,GAO 将可能建议重新竞标(重新招标和进行来源选择)。

最近,国防部逐渐扩大了单项采购的规模,并减少了大型采购的数量,因此每一次发标对于承包商来说至关重要。一个增加的趋势是,大型企业一旦竞标失利,就会聘请律师提出抗议。抗议的数量已显著上升。2002—2006 年间,承包商向 GAO 提出的抗议事件每年增长 10%(达到了 1327 起),向法庭起诉的企业数量增加了 50%[140]。然而,在后"9·11"时期,抗议增加的速度低于国防采购的增长速度。美国国会已通过立法鼓励抗议,他们认为如果竞争过程存在问题的话,对于竞争失败的企业来说这是唯一公平的途径了。但是,越来越多的抗议活动也引起了国会和行政部门的关注。2008 年 5 月,众议院军事委员会提高了对向 GAO 呈交不正当抗议公司进行罚款的可能性。它希望通过这种方式阻止承包商将游说抗议作为一种"拖延或惩罚性策略"[141]。但问题是很难判断哪些抗议是没有意义的或者是报复性的,哪些又是正当的。一般情况下,GAO往往站在政府的立场,裁定抗议没有根据。2007年,总共1318起抗议中只有1/4被判定为有理有据并需要官方决定。这个比例相比过去的五年有小幅增长(五年前只有20%)。增加的抗议看上去是由大型项目的"胜者全拿"式授标以及失败者想要拖延授标引起的(要么因为一方是在位者,要么它不希望将优势让位于竞争者)。连续多次抗议的数量也在增加。竞标失败的承包商将周期性地向GAO呈交抗议作为一种试探性的手段,以期表明他们能将抗议持续下去,至少知道项目发标将会拖延数月甚至是数年。连续抗议致使空军的作战、搜索和救援直升机(CSAR-X)更换项目拖延授标超过两年[142]。在GAO做出裁决后再向法庭提出诉讼,能够更有效地拖延项目的授权,这可能也是为什么竞标失败的承包商更频繁地向法庭投诉的原因。

抗议增加的另一个原因是,对大型的、复杂的采购抗议成功的概率明显上升。正如针对2008年数十亿美元的空军油罐车采购项目发标的持续抗议一样,这些极大型、极复杂的采购受到媒体的大量关注(以至于尽管更换空军老化的油罐车计划是2005财年优先级最高的项目,但是直至2010年也仍然没有发包合同,可又不得不更换)。

政府在来源选择过程中未能遵守相关程序行为的增加有很多原因。首先,反恐战争开始后,国防预算大大增加,并且还有大量的追加预算。但是,冷战结束后国防部采购人员数量大幅减少,"9·11"事件之后也没有增加。这就意味着,国防部没有足够数量和资历的人来处理国防采购事务。此外,在此期间政府和厂商之间的沟通也大幅减少。有人说,是因为担心不恰当的沟通,但现实是,一个便于讨论的开放通道被破坏了。由于缺乏沟通,企业对政府需求以及政府如何准备和实施来源选择过程缺乏正确的理解。

此外,项目办公室和来源选择团队中的合同商数量增加了(同样由于政府合同人员的减少),一些合同商被抗议存在利益冲突。一份GAO的报告发现,在国防部15个办公室中,合同人员占其采购总人员的比例高达88%,这些人参与了合同授予过程的关键环节。GAO指出,在所有有关政府个人利益冲突的法律中,合同人员仅被规定禁止贿赂和吃回扣[143]。

最后,由于IDIQ合同有越来越多的中标商,输家可以抗议每一个新订单,以增加承担任务的机会,哪怕他们都使用相同的订约工具(一项法院的裁决案例指出,存在28个中标者和更多的未中标者,所有的输家都可以因为没有进入中标名单而提出抗议,或者针对某一两个中标者提出程序瑕疵)[144]。在五角大楼国防信息系统局将一项计算机服务合同(价值120亿美元)授予五家大型国防企业后,其他四家大型国防公司向GAO提出了类似的抗议。在这个案例中,GAO裁定,国防信息系统局与竞标成功的企业进行了有意义的讨论,而没有与失败的投标者进行这样的讨论[145]。

政府内的抗议过程有点像职业足球教练提出质疑,要求赛会官员立即重放比赛一样。如果质疑得到支持,那么裁定将被逆转,而且对质疑方也没有任何惩罚。但是,如果质疑没有得到支持,那么质疑者将面对一定的惩罚,即失去一次有限的暂停机会。如果抗议不被支持,或许政府需要对抗议的公司施加一定惩罚(例如赔偿赢家和支付政府法律费);如果抗议属实,则对政府有关部门的不当程序进行惩罚(例如补偿抗议者的成本)。考虑到近年来大量抗议给政府和企业带来的高成本,这一领域的深入调查研究将会富有成效。

14. 监督

由于国防部每年要花费成百上千亿美元的公共资金从国防工业中采购货物和服务,所以对这些支出进行适当监督是必要的。透明度是通过监督这些活动的各种法规和组织建立的。监督过程的第一个要求是所有主要的国防承包商使用认证的成本会计准则,该准则是由政府会计部门指定专家组成的"成本核算准则委员会"制定的。这种簿记由国防合同审计局(DCAA)监督执行,国防合同审计局在全国范围内均设有地区办事处,并经常向关键合同以及某个公司工厂派驻专人。

合同签订后,国防合同管理局(DCMA)监控所有重大合同的执行,合同代表常驻主要的合同工厂。在厂时,他们检查项目的进展、产品质量以及合同项目的逐项交付。

存在各种各样的总监察,一个是国防部的,其他的则分散于国防部下属的部局。总监察办公室共有1737人。

合同专家被分配在整个国防部以监督每个合同(及其修订)。在国防部内有超过三万多名的合同专家。

最后要说的是,有超过30万的审计员在国防部工作[146]。2006年,一项国防部特许的采购绩效评估项目发现,当前的合同监督(几乎一致认为)问题极大。该项目的报告指出:"现有的监督依赖于一环接一环的重复检查,没有质量和重点……不顾监督程序,为了监督而监督[147]。"

同样,2007年一个调查伊拉克和阿富汗战区19万名承包商的秘书委员会发现,"该区域的审计员比政府合同专员还要多[148]。"然而,在2008年3月31日提交给众议院军事委员会和参议院军事委员会的一份报告中,国防部总监察长声称其办公室"人员极为不足",他"需要增加33%的人员编制[149]。"

除这种内部监督和审计外,媒体和独立非盈利组织也试图揭露国防部内部的浪费、欺诈和滥用。其中一个组织叫做"政府监督计划"(POGO)。许多这些组织存在先入为主的偏见,似乎相信"好消息是没有消息"。

最后,国会委员会和小组委员会在有授权和拨款职能的同时,也有监督职能。特别是,众议院和参议院政府监督委员会热衷从新闻中找出浪费、欺诈和滥用的案例,并立法防止类似事件再次发生。

关于对国防部行为的所有内外监督,许多作者已经注意到,对这种公费支出的监督远多于对私营部门经营的监督。这点可从新闻头条中的大型私营部门丑闻

（比如安然事件或麦道夫欺诈案）得到验证。

另外，经常指出的是，调整国防采购需要改变程序，而不是增加更多的审计员来检查这些不当程序。与其在汽车装配线最后环节安排更多的检验员，不如在汽车制造过程中解决问题，这说的也是同样的道理。

15. 国会

对国防工业行为影响最大的是国会，它主要起着三个方面的作用。第一，通过各种授权委员会和小组委员会，确定要买什么东西以及如何购买。它确定每年采购的船舰、飞机和坦克的类型和数量。国会还详细规定采购所有这些东西所适用的规则（法律）。第二，各种预算和拨款委员会、小组委员会确定拨款多少用于采购获批的物品。在最高层面，预算委员会确定从美国政府总预算中拨给国防部的预算水平。在最高层面之下，拨款人决定每年给予每个项目的经费多少。理论上来讲，每个委员会（授权人和拨款人）基于行政部门（即国防部）每年的申请作出回应。国防部提出履行使命的装备和服务需求，并请求拨款以满足这些需求。但是，国会并不需要完全满足行政部门的请求。最后，除授权和拨款的作用外，国会还是一个监督平台，解决行政部门落实法律规定和执行国会每年批准的预算及拨款好坏的问题。

1974年，美国正与越南展开热战、与苏联展开冷战，当时的国防授权法案不到一百页。到2001年，国防授权法案接近一千页。针对国防需求，国会已经过于纠结于细节。这一时期，国会工作人员数量剧增，而众议员和参议员人数仍保持不变，国会办公楼的数量增加了三倍，即众议员和参议员从各一处办公场所增加到各三个，以容纳这些数量庞大的工作人员。

在上千页的授权议案中，有些细节是需要研究的（通常由国防企业的当地议员代表提出）。这些研究实际上是没有资助的强制要求，需要国防部自掏腰包。国会并不提供资金拨款。每年的议案都会出现许多无资助的强制要求。它们是法律的一部分，必须予以执行。许多研究实际上也是有拨款的，只不过都给了企业，由它们来进行研究；虽然研究结果经常只会带来微小的变化，但立法者可借此表明他们响应了选民的请求。法案也包含大量的采购政策和程序的变更。2007财年的《国防授权法案》包括了61处采购政策和做法的变更，以及就这些变更向国会所作的报告[150]。

由于国会对行政部门的工作做出了极为详尽的阐述，这就降低了国防部以最小成本高效开展工作的灵活性。一旦在个别项目的个别情况下发现问题，国会就会试图制定新的法律，以防止问题的再次发生。这些新制定的限制条款适用于所有其他项目和所有其他采购。这就放缓了所有其他的项目，并使它们变得更复杂——全为了防止犯同样的错误，而且是在没有对这些法律变更的成本和收益做出分析的情况下。

即使世界在技术进步、作战需求、商业实践和全球化方面发生了巨大变化，国会立法程序也往往极为抵制变更。重大立法的申请需要60个参议员支持，更不必说最终通过。正如斯蒂芬·皮尔斯坦(Steven Pearlstein)在《华盛顿邮报》上著文称,"由于那些奇怪的规则,移民改革、重大能源议案、全球变暖立法、住房法案、航空系统革新以及替代性减税法案等都搁置在参议院[151]。"

国防领域已经全球化。国防部从国外获取先进技术,美国国防企业向海外出售美国装备,国防工业关乎多国利益。然而,国会在进出口问题上始终站在严格保护主义的立场。2007年《国防授权法案》的限制性规定搁置了1000多辆卡车向美国陆军的交付,原因是这些车辆使用了国外供应商提供的金属。外国金属的出现被认为违犯了《购买国货法案》的相关规定,该规定要求美国国防硬件装备中使用的所有特种金属只能来自国内[152]。在另一个案例中,当空军选定由空中客车公司设计其新型空中加油机时,国会就大声抗议这将导致国内就业岗位的流失并威胁要取消该项目——尽管实际上该空中加油机将在阿拉巴马州制造[153]。

遗憾的是,许多特定情形下为了特定原因制定的法律在更广阔的背景下却产生了意料之外的后果。出口管制规定和《购买国货法案》没能与时俱进,以应对技术的全球化。尽管制定这些法律的本意是保护美国工业,但它们限制了国防部从国外获得更高性能与更低成本的系统与零件。他们最终对美国国家安全造成了消极影响。与此同时,在20世纪90年代中期,国会立法裁减25%的国防部采办人员以节省管理费用。结果,有限的人力没有能力处理大量的采购任务和21世纪初期激增的采购支出。

众议院与参议院成员在财政拨款过程中希望为他们自己的选区争取拨款,这不足为奇。在选举期间,谁给家乡送去了大量资金谁就会获得更多选票。除尽力通过预算拨款拉选票外,国会议员还受到资助其竞选赞助商的影响。说客们穿梭于国会大厅,提醒他们的代表关于他们选举州区的就业状况、他们公司的贡献以及项目对公司的重要性。2007年,游说开支达到了27.9亿美元,其中相当大一部分来自主要的国防企业。诺斯罗普·格鲁曼、波音和洛克希德·马丁等公司在游说这一项上的开支就分别超过一千万美元[154]。

处理国防事务的授权与拨款委员会及其分委会的主要成员常常获得国防政治行动委员会(Political Action Committee,PAC)对其连任竞选的巨额政治献金。2006年,在参议员吉姆·塔伦特(共和党,密苏里州)作为参议院委员会海军分委会主席时,他接受了政治行动委员会的巨额献金。波音公司赞助了52400美元,通用动力公司、洛克希德·马丁公司、诺斯罗普·格鲁曼公司和雷神公司各向其捐助10000多美元,而其对手仅获得了来自国防部门总额为250美元的捐款。

游说活动和政治行动委员会的献金主要有两个目的:最大化公司项目获得的资金和增加国会对其的定向(Earmarks)拨款。因此自然而然,说客们设法最大化财政拨款议案中被分配用于给他们公司项目的资金。然而,由于最高额度某种程度上已经被限定(尽管财政拨款通常都会超出预算委员会的拨款指南),在某一领域的增长必然导致另一领域的消减。众议院军事委员会在制作编制其2008财年的预算时,额外增加了三艘战舰与供编外的飞机使用的停机坪,最终超过了军方原本申请的预算数额。然而,委员会却从申请建设导弹防御系统与军队未来发展计划的申请款中拿走了 16 亿美元[156]。此外,当海军作战部长极力敦促众议院不要在预算中增加拨款新增一艘 DDG – 51 驱逐舰(20 世纪 80 年代的技术)时,原因是这将倒退回 20 世纪 80 年代的技术,然而当时的众议院军事委员会海军分委会主席众议员 Gene Taylor(民主党,密西西比州)仍然这么做了。Taylor 的选区就是诺斯罗普·格鲁曼 Ingalls Shipyard 船厂的所在地,这个公司面临将要减产甚至关闭其 DDG – 51 生产线的窘境。最终,众议院拨款委员会国防分委会主席 John Murtha(民主党,宾夕法尼亚州)拒绝通过 DDG – 51 的购买,而是希望增加其他五艘战舰,并强调其中一艘必须是弗吉尼亚级攻击核潜艇[157]。综上所述,在授权人和拨款人之间也常常是有分歧的。预算问题常常演化为资金拥有权力者的权力之争。值得我们注意的是,这些行为涉及的资金成本非常大;以本案为例,仅仅一艘潜艇就要花费数十亿美元。后来,七位众议员主张向 2008 财年的国防拨款法案中另加24.2 亿用于波音为空军制造新型 C – 17 运输机。这些并未包括在五角大楼的预算申请中,事实上,空军已经抽回资金并叫停了这个项目。

由于国会增加或减少了上百个独立预算项目,不管资金是增加还是减少了,都会对每年的劳动力市场行业规划增加极大的不可预知性与不稳定性。结果就是导致了行业运作的严重低效。除低效外,被核准并拨款的装备采购数量的增减也具有不确定性。生产周期长的零部件不能提前预定,预定产量的固定设备数量可能到头来仍然不足,且一旦需求发生变动,劳动力也不能预先雇用或者解雇。

军方在这些事情中也不是完全无责任的。国防部长办公室可能为了平衡整个国防部预算而决定不注资某个项目,哪怕相关部队想要该项目得到资助。作为对策,军方往往会间接地让国会知道此事并希望国会插手那些特定的项目,当然他们也能得到其行业伙伴(以及伙伴的游说团队和工会代表)的强力支持。

游说与竞选捐助的第二个、也是可能最广为人知的影响是,国会"定向"拨款。通过华盛顿 34785 名注册说客,众议员或参议员出于其选区利益在授权或者拨款议案中增加了许多项目。2007 财年就有 15500 笔定向拨款,总值达 640 亿美元(数据来自国会研究服务中心)[158]。这一数据的显著性在于哪些项目被归类为定向拨款。例如,在某个国会议员的选区花费数十亿美元额外建造一些战舰被算作定向拨款,还是只有小额的附加款才算定向拨款? 如为当地大学图书馆增加拨款。尽管如此,国防定向拨款数额仍然巨大。2008 年,众议院《国防授权法案》有 99 亿美元是定向拨款,参议院议案又额外增加了 54 亿美元(总计 153 亿美元)[159]。《政府行政管理》杂志检查了 2008 财年国防拨款法案中的定向拨款,发现 20 个最大的国防工业承包商中有 13 个拿到了 8 项定向拨款(包括战舰、飞机、坦克与关键装备附件的订购大单)。只有众议院规定要求公布定向拨款的倡议人和预定接受人。参议院规定要求倡议人能够证明定向拨款不会为其带来个人收益(定向拨款的约40%,约53亿,是由参议员为未知的接受人增加的)[160]。毋庸多言,这些定向拨款对国防部和国防工业的高效运行计划都是具有高度破坏性的。

当总统接到一份国防议案时,他可以否决整个议案或者批准这个议案。他无权就议案内的个别条款进行否决。他可以强烈抗议议案中对个别项目高达数十亿美元的定向拨款,但是他若不否决整个议案便无能为力,而否决整个议案会导致整个政府部门的停止运行。签署2008财年拨款议案后,乔治·布什总统保留了随后的9800项总值达100亿美元的定向拨款:"这些项目的拨款不是基于利益价值的考量,而是对政府开支的极大浪费"[161]。

国会微观管理(不断变更预算项目和添加定向拨款)的最大影响是造成国家安全能力的低效与降低。值得说明的是,国防部和其他政府机构的高级行政人员必须为各种各样的授权与拨款委员会及其分委会要求的国会听证会花费大量的时间准备并提呈证据。这一过程中最为极端的例子就是国土安全部,国会有88个委员会和分委会对某些国土安全案件具有管辖权[162]。

除对授权与拨款的常规听证会外,还存在着许多与国会监察职责相关的听证会。批评者认为这些听证会存在的目的不在于改进整个体制而在于揪出一些人上报纸头条。当发现问题时,比如某个项目成本超支,违反了国会制定的某项法律或者对政府专用成本核算规则的不当运用——就会举行听证会,并通过新的规定。就像前面所说的,这些规则也许可以防止相同的情形再次发生,但是一旦应用于其他项目,往往会产生降低运行效率的反面效果。这些听证会带来的透明度(往往被媒体放大)在保障依法行事方面确实产生了不可小觑的价值;除了国会发包的大量资金以及为了选战的大量定向拨款外,事实上非法行为的案例很少。尽管共和党参议员兰迪·坎宁安公爵(Randy "Duke" Cunningham)2006年被控用定向拨款向军事承包商交换数百万美金的现金和礼物而定罪判刑,但这种情况非常少见。听证会在公共媒体中的可见度也制约了公众人物的不法行为。

16. 浪费、欺诈与滥用

数世纪以来,报纸文章一直致力于公布国防部采购的丑闻。早期就有质疑福吉谷的乔治·华盛顿军队食物和衣服价格的问题。20世纪30年代中期,参议员杰拉尔德·奈(Gerald Nye)发起了著名的"死亡商人"听证会[163]。20世纪40年代初期,参议员哈里·杜鲁门(Harry Truman)发起了"战争利润听证会"。但是,非法行为的丑闻并不是上十亿甚至是上千亿美元的成本超支或者低效武器系统的罪魁祸首。相反地,非法行为造成的损失很小。在许多这类案例中,一般货品可以在某个当地商店以很低的价格买到。在20世纪80年代中期的"零部件丑闻"中,政府购买一个扳手的价格是9609美金[164]。在这个案例中,政府给予了一个合理的解释,那就是包含了整个制造企业的管理成本。五金店的价格与政府支付价格的差别是,政府价格中包含了国防企业的相关管理费用,并不是工厂实现的利润。但公众的理解是过高价格的绝大部分被工厂作为利润收入囊中。事实上,当时的一个调查表明,美国公民认为国防部门支出中的浪费与欺诈是一个巨大且严重的国家问题[165]。平均来看,美国人相信国防采办预算中将近一半损失在浪费与欺诈上,欺诈的损失与浪费一样多,并且涉及国防采购的任何人,尤其是承包商,很可能实施了欺诈或有不诚信的行为。他们想当然认为,承包商在从锤头到重大武器系统的每样采购上都获取了巨额非法利润。

要想知道国防部标定的约为4500亿美元的合同中有多大一部分确实涉及非法行为,就必须首先定义什么是浪费、欺诈和滥用(由于媒体的误导,公众倾向于认为这三个词是可以互相替代的)。欺诈是非法行为的结果,浪费是由于管理不善而对政府资金的无效或低效运用,而滥用是不明智的、错误的但严格说来并不违法的行为。一些浪费的例子包括[166]:

(1)不合理、不实际、不充分或者过于频繁地改变国防部需求;

(2)在适用的情形下却未采用竞争性投标方式;

(3)没有为突发状况(包括飓风或武装冲突)进行事前订约;

(4)衡量可用资源时违反客观的风险价值评估结果的国会指示(比如定向拨款)或者行政机构的采购行为。

1985年,格蕾丝委员会(the Grace Commission)定义了国防部的104种浪费[167]。数量最大的前三种(目前为止)是国防承包商高额的管理费用(由于军工管理体制缺少节约成本的激励),预算与采购过程的不稳定性(导致了不经济的生产率)以及武器设计过程中缺少成本意识(同样适用于需求过程)。因此,挽回数十亿浪费的关键应当在于武器采购过程的结构体制问题。

浪费的另一个重要原因(也是前文提到的高额管理费用的重要原因)就是监管程序,据估计监管程序增加了整个成本的15%~20%[168]。监管过程包括繁冗的文书与社会经济计划、特别的成本核算程序以及国防部整合商业运作与产品的规制障碍。此外还存在一些其他的浪费情形,包括启动和关闭生产线、要求定制产品以及购买数量过低。

其中有些浪费所涉金额不菲,特别是涉及某个武器系统和武器系统项目管理不善造成的浪费尤甚。不过,即使浪费的资金数以十亿计,这些过失行为也并非不合法,只不过是无效或低效使用公共资金而已。重点关注的那些浪费案例实际上浪费并不大。1998年,国防部一名监察长发现,一名采购员为一架飞机的一些小电子备件明显地所付过多。为此,五角大楼收到了国会的大量来信,询问"谁为该事故被辞退了"。国防部长威廉·科恩(William Cohen)在面向整个国防部的广播节目中对此事回应说,他拒绝了这些要求,并承诺弄清楚错在什么地方及错的原因,希望人们"与其考虑惩罚无意的失误不如多考虑创新机制"。调查发现,采购员误将实际订购的大量留待后用的备件,当作即刻交付的少量零件而付款。得知其中的误差后,采购员纠正了错误,并接受了大订单折扣、大幅度降价。上述行为并非违法,只不过犯了无意的错误而已。在这个案例中,采购员创造性地试图按照目录采购,而非具体协商零件采购事宜;因此,国防部的矫正措施不是开除这位采购员,而是发布了一份目录采购的培训手册,在适用的情况下目录采购是值得鼓励的。

所谓滥用,即承包商经常钻既有法律的空子,但并没违法。比如,因为法律要求国防部留出很大部分业务给小企业和弱势企业,所以大企业经常利用小企业做"幌子"来利用该法规。尽管小公司向大公司的转包行为并非违法,但是这不符合照顾小企业的法律初衷。

尽管一切浪费和滥用都是人们不愿意看到的,但只有欺诈才是违法的。再者,欺诈案例往往只占国防部全部业务额中的很小部分。即使在里根复兴时期发生的备件丑闻和其他滥用中,国防部监察长(职责是尽可能多地揭露不当行为)也只是说"国防部浪费的每一美元中,只有两美分是被偷的,剩下的都是因为管理不善而失去的[169]。"

最危险的欺诈当属供应商故意供应劣质零件。这种欺诈损害设备的效能,并可造成人员死亡。因此,相关部门尽了最大努力,以最大程度减少有损质量的一切事件的发生。尽管如此,这样的事件偶尔还是会发生。因为政府政策要求公开自由竞争(相对于经验证的供应商间的有限竞争),所以存在这样极端的情况,即并非自己经营范围的供应商,从中国采购零件,对其重新分类包装后大幅度涨价出售给国防部,但其售价与美国供应商相比还是最低[170]。另一个案例是,位于北达科他州的一家Sioux制造企业为伊拉克和阿富汗驻军使用的头盔生产的凯夫拉尔线的制造中没有满足军事要求。该企业被罚200万美元,但接着获得了国防部7400万美元的合同,以生产更多头盔。在这个例子中,可能存在一个得到矫正的质量控制程序[171]。佛罗里达州现已不存在的一家钢铁公司将金属零件出售给美国航空航天局和国防部时,因修改测试证明,被认定有罪,这是第三例国防部小型企业供应商做出的欺诈行为[172]。

另一种欺诈行为是对零件或服务索价过高。有一个广为流传的案例,一家南卡罗莱纳州的小型零件供应商,为运输只值几美元的货物到伊拉克和佛罗里达,给军队开出了数十万美元的账单。因为这些都是优先的货物,所以通常由国防部采购系统自动支付货款。在这个案例中,供应商利用了国防部采购系统的这个弱点[173]。另一个发生在服务领域的案例是,KBR被控(且被认定有罪)在1999年和2000年巴尔干半岛军事行动中,按照向军队提供后勤保障的合同建设科索沃Stobendsteel军营期间,抬高各类物品价格[174]。这些例子都表明,某些紧急情况下匆忙行动会导致巨大浪费,且有时候会忽略某些欺诈行为,尽管后来通常会将其抓住。最常见的非法收费行为是劳动的不合理收费,也就是当费用应作为固定价格合同的一部分时,工人却根据成本补偿合同按时间收费。政府最终为本应为固定价格合同利润损失的成本买单[175]。一份GAO研究表明,这种欺诈行为占已发现欺诈案例的30%以上[176]。另外,详细审计通常会发现这些滥用的例子,审计的存在也极大地减少了滥用,但偶尔还是会有。

最后一个非法行为的例子是出口美国军事技术到未经美国政府批准出口的国家或组织。最常见手法是,利用被批准国家的"影子"公司,将设备转运到未经批准的区域。比如,在巴列维国王统治期间,伊朗采购了美国军事设备,包括 F - 4、F - 5 和 F - 14 战机,以及"眼镜蛇"、"支奴干"和"西科斯基"直升机。不过,伊朗革命结束后,伊朗被施加了武器禁运。为了使这些飞机能继续飞行,伊朗必须采购零备件,而一些军火商在不知情的情况下将此设备运往迪拜和南非,然后被转运到伊朗[177]。尽管金额不大,但这样的行为必须加以制止,因为这对美国安全策略非常重要。要找出这些为数不多的滥用或非法行为的详细审计代价非常高,因为这样的工作无异于大海捞针。如一位空军官员所说,当调查备件丑闻时,每个分析都表明,"找出这些案子的成本比节约的要高得多"[178]。

政府一旦发现欺诈案件便会采取严厉措施予以遏制。在 20 世纪 80 年代,最早的措施之一就是修正《欺诈索赔法》(1863 年颁布的旨在遏制内战暴利的法案),加强政府的调查权,加大提高民事案件中承包商欺诈索赔的可能性[179]。该修正案规定了传讯权、调查权、公诉权以及对联邦司法体系以外的审判活动。这些规则的最后一条是对司法部公开承认无法彻底调查其他联邦机构许多欺诈性案件这一事实的确认。正如首席检察官助理斯蒂芬·特罗特(Steven Trotts)所说,"国防采购体系是我们所面临过的最复杂的体制之一"[180]。最后,政府运用了与起诉人均分罚金的起诉方式(Qui tam),即谁能证明被告人欺诈了政府,政府将与其均分罚金。这就为一切正当或者非正当地检举揭发提供了额外激励。不幸的是,这也鼓励了起诉人提起无谓的甚至是报复性的控告,期望政府会盘查、发现什么罪证,最终向起诉人支付一笔可观的经济奖励[181]。与此同时,政府大大增加了审计人员的数量。据估算,20 世纪 80 年代政府额外增加了 5000 名审计员[182]。这些审计员的绝大多数被安排在承包商的工厂里。伊拉克重建中也采取了这一相似做法。例如,在通过 2008 财年《国防拨款法案》时,众议院给国防合同审计局增加了 1200 万的资金,给国防合同管理局增加了 1700 万,监察厅增加 2400 万,并花费 2100 万临时从总务管理局抽调 600 名合同专家到国防部协助合同的监察事宜[183]。最终,由于 21 世纪国防工业全球化的飞速发展,美国国防企业与欧洲国防企业合作商定了共同行为准则,制定了常规武器项目的规范性原则[184]。

在国防部迅速发展期间(比如 20 世纪 80 年代里根复兴时期),特别是合同建立在战争环境背景下的时期(比如"9·11"后伊拉克与阿富汗重建期间),资金流动更加自由。在这些时期,浪费、欺诈与滥用更是普遍存在。除里根复兴时期的天价零备件外,还有一个丑闻,就是波音的前雇员在被任命为海军部长助理后向该公司提供了非法帮助。在 21 世纪初期的重建中,很多人都关注了 Druyun 事件,她是一位空军副部长,在波音公司竞标时为其提供了非法帮助,以此换取未来受雇于波音公司(此案件中她与波音公司财务总监均锒铛入狱)。花费在伊拉克和阿富汗的巨额资金以及政府合同管理人员的不足导致了超过90起针对涉嫌欺诈案件的调查。这些案件包括一个伊拉克分包商向KBRS(Kellogg,Brown and Root Service)采购官员支付13.3万美金回扣[185],一个伊拉克当地公司向军方合同官员赠送金钱和其他贵重物品以换取获得数十万美元的合同[186],以及送给一些军方人员一系列价值3万美元的贿赂以换取在阿富汗的建筑合同[187],伊拉克重建项目特别监察长Suart Bowen说道,腐败在伊拉克政府是普遍存在的,然而"美国重建项目中的腐败案件,就我们目前揭发的大多数案件而言,似乎只占整个美国对伊拉克重建项目经济援助的一小部分"[188]。他发现,在47321个重建项目中,仅仅有112个因为承包商的过错而被终止(过错率为0.2%)[189]。同时,他还发现了大量的浪费实例,比如有420万美元花费在未授权的建设上(包括一个奥运场馆规模的游泳池和20辆应伊拉克官员要求而建的豪华房车)。然而,既然这些项目是经授权的,那他们就仅仅是一种浪费而非违法[190]。

公众以为,几乎在整个国防采购领域,欺诈性事件广泛且普通。与之相反,一项分析表明,在33万起被审核的采购中,只有372起被认为可能存在问题[191]。在国防部每年实施的1500万起合同采购中,只有千分之一的可能存在问题(并非不当或者非法)。在国防部长1984年提交给国会的年度报告中,他指出在被调查的24380起案件中(相当于上文提到的存疑案件),2/3的案件最终被证明不存在问题并被撤销调查,一部分需要行政作为(比如改变采购程序),一部分则提交公诉[192]。这一年,657起案件被定罪,因此少于3%的存疑案件是以提起公诉结尾的。大致归纳这两组数据,在每年1500万的采购案件中大约有1500起存在一定的违法行为。

同一概率(即万分之一)也适用于涉案金额。国防部长1984年提交国会的报告表明,在1983财年,司法部收缴了总额达520万的罚金、赔偿款和追回款,同时国防部收缴了960万美元。因此,当时总额约达1700亿美元的国防采购预算中有1480万重归国库,约为万分之一。虽然1480万美元并不是一笔小数目,但是当年政府花了远多于此的资金(支付国防部和司法部的审计员、律师以及其他雇员的工资)用于追回这些款项。这其中的关键是维护道德与法律的威严,但单单从经济来说,聘用更多的审计员和律师并不合适。

最恶劣的案件是贿赂案。海军采购丑闻涉及多达六位官员,而其官员总数约为7万(同样意味着万分之一的概率)。类似地,在伊拉克贿赂丑闻中,该地区的19万承包商中有15~20例犯事(又是万分之一的比率)。根据诺曼·奥古斯丁的观察,相对于大约三百万到五百万人的军事工业复合体,"是不是存在这样一个城市,其人口犯罪坐监的比率小于这个比例呢[193]?"受贿是违法的,罪犯必须严惩。应当"杀一儆百"。因此,每当合同数量显著增长的时期和浪费、欺诈与滥用明显增加的时期之后,就会建立一个高级别的委员会以提出建议促进改革;在这两个时期,也会大力实施一系列广泛的、结构性的和纠正性的改革。

令国防工业的观察家普遍感到惊奇的是,国防部管理如此大规模的合同采购

（尤其是在预算快速增长的时期），违法行为案例如此之少且涉案金额也相对较小。高可见度（透明度）让这些非法行为难以得逞。这是成千上万审计员对所有交易活动反复审查和国会与媒体的监督共同作用的结果。不管在国防部内还是在行业内，遵守规则都是须谨慎对待的。正如航天工业协会主席兼雷神首席执行官威廉·斯旺森（William Swanson）在谈及国防企业的道德行为时所言，"没有人会想要靠近这个领域的底线"[195]。

且不论公众的认知与频繁的媒体头条报道，国防采购的违法行为案例是非常少的，涉案金额同样也是相当少的。一个更迫切的问题是采购程序导致的数十亿美元的浪费。在国会拨款的基础上最大化国家安全能力，需要政府与国防工业对其将来如何经营作出重大改进。

17．国防商业行为的总结

国防是一个重要的行业[196]：

（1）每年合同总额超过4500亿美元（2007年的数据）；

（2）每年履行1.453亿宗支付交易，涉及将近600万人（2006年数据）；

（3）每年有5700万宗总账交易；

（4）每年处理1380万商业发票；

（5）每年处理700万的差旅费用；

（6）每年投入2550亿用于军人退休与健康医疗。

美国《联邦采购条例》规定了程序管制的方式。尽管详细的规制具有一定的潜在优势，但它的重点是遵守程序而不是结果。这个程序的独特性和带来的可见性阻止了许多世界级的公司从事国防生意。有些公司反对公开管理层工资和详细的公司成本信息；反对向全球市场的出口管制；反对公开专利信息；反对设计、制造和后勤保障的专用化特性。正如Angela Styles（前联邦采购政策办公室负责人）评论说："你有很好的实体公司……但看看形势，你会说'糟了，在政府合同中做错事情或者被认为做错事情的风险如此之高，对我而言不值得参与这样的市场。'[197]"这个问题因对政府合同的不完全理解而变得更加复杂。国会议员、众议院监管和政府改革委员会的高级成员Tom Davis（共和党，弗吉尼亚州）评论同僚的合同改革方法时指出，"他们没有任何政府合同的工作经历。基于闲闻轶事和媒体报道的反应，得到这些不适用的合同政策和实践，确实不是很好[198]。"如此多的规制也弱化了政府合同人员管理的灵活性，使得他们无法基于效率和效能的原则行事。正如Christopher Dorobek所争论的，过度监管使联邦合同官员处于非常不稳定的位置，在这样的位置上他们不敢灵活行事，"由于害怕一而再、再而三的审查，采办官员做事总是战战兢兢。如果联邦雇员有了失误，他们就会害怕被国会传讯，或者更糟[199]。"他认为监督是有必要的，而且错误的行为应该被揭露，但是太多的优秀联邦官员和承包商都卷入这漩涡之中。他的结论提醒到，形势已经对政府吸引新员工到公共服务领域特别是到合同领域的热情造成了损害。

政府需要一定数量富有经验的、聪明的采购员来处理国防部购买的复杂设备和服务,这些处理涉及大量资金,任务本身十分重要。这些人必须具有以下资质[200]:

(1) 有商业和组织头脑;

(2) 了解政府采购和项目管理;

(3) 理解经济学和市场力量;

(4) 了解并关注服务领域;

(5) 熟悉技术;

(6) 工作稳定和有晋升机会。

海军部长唐纳德·温特(Donald Winter)强调了富有经验的政府采办人员应具有的几个重要特性[201]。他应具用丰富的专业知识、业务知识(包括商业知识),对商业成本有很好的理解并掌握如何利用竞争来提高性能和减少成本方面的知识。

如果国防部的业务规模一定,就需要一个一体化的企业信息系统来运作国防部的复杂业务。这样一个系统要能够囊括金融系统、人事系统、后勤系统和采办系统。所有世界级的企业都有一个一体化的现代信息系统,但是国防部没有。2009年,国防部有4000多个不同的商业系统,这些系统既不能整合,也不能互操作。自从1995年,美国审计总署一直指出国防部商业系统现代化需求和金融管理相关领域的高风险[202]。国防部逐渐在解决这个问题,但是制度上的阻力和这项工作相对较低的优先级减慢了解决这个问题的进程。每个人都赞同拥有一个一体化的企业级系统,但很少有人打算放弃他们(已经用了很多年)的系统。

国防部采购商品和服务(特别是复杂武器系统)的程序被高度细化和复杂化。这种程序最不受欢迎的一个方面就是部署新军事装备需要大量的时间——从决定启动一个项目到最后完成交到军队手上。首先,有一个详细的程序就未来需要什么达成一致。之后开始招标,招标书经常长达数百页。接下来,企业会花6个月甚至更长的时间把大量的申请建议整合在一起(涵盖性能、成本和管理)。之后需要6个月(左右)进行申请评估、来源选择、合同起草和授权。如果没有抗议的话,获胜的承包商将提请政府进行设计审核,并进行详细的测试(首先是公司测试,之后政府再测)。最后,才开始首批生产和部署,同时建立项目的保障系统。

一般而言,武器系统的整个过程要持续10～15年,而且在这一过程中技术会变,需求也会变,数量和预算也会变。项目需要经历不断的修订(一般项目需要经历数千次的改变),和许多的人事变化(高级政府人员很少一直参与一个项目)。尽管在和平时期这样长的时间是可以忍受的,但在战争时期就不可容忍了。在冲突期间,战斗人员经常会产生新的紧急需求,而这些需求必须迅速得到满足(几周,几个月,最长是一两年)。战时条件下,政府会实行一个并行的采购程序(多是特设的),以便能有一个可以接受的程序进行快速应急反应。

为了有效地购买商品和服务,国防部采购系统必须解决四个关键问题:

（1）哪些商品和服务应该购买（在承受能力和技术约束的范围之内）；

（2）商品和服务应如何采购（在法律范围内,尽可能高效率）；

（3）谁应该负责采购（政府采购人员的数量和质量及适当的激励）；

（4）谁应该提供商品和服务（这涉及到工业基础的结构及工业和军事之间的全球化、竞争、创新、健康和合作的问题）。

这四个领域的结合,决定采购取得的成果。

第三节　国防工业绩效:结果和趋势

在评价美国国防工业基础时,或许最恰当的评价是,它提供了世界上最好的武器系统。在过去的 50 年里,美国的国防战略是基于技术优势,国家 21 世纪面临的最大挑战之一将是维持该技术优势。国防工业基础一切行为的必然结果是最大化绩效,但这不是充分的结果。装备必须在数量足够的同时,经济上可承受,要能按时交付,高度可靠,操作和维修便宜、简便,并能促进美国整体经济。

美国航空航天工业是净出口的领先者。在 2005 年[203],航空航天和国防工业的净出口额为 385 亿美元(出口总额为 650 亿美元)。这大大超出净出口的半导体材料、化工、新闻出版和超过净进口的行业,如粮食、饲料、饮料、电信设备、家庭用品、药品、计算机和计算机配件——这些都是贸易逆差。航空航天工业对美国的出口作出了杰出的贡献,因为其武器性能是全球公认最好的。由于这些出口不断增加的份额集中于服务领域,除了在制造业的好处外,净出口提供了大量的工程类工作岗位和出口装备的保障机会。据航空航天业的估计,2006 年其净出口产生约 140 万～190 万个就业岗位。贸易平衡和创造就业是重要的,但国防工业基础最关键的问题是要建立能够提供最大性能、经济可承受、按时交付、并具有高质量和高可靠性的系统。在这方面,记分卡①不太正面。美国审计总署（GAO）对特定武器项目的年度评估[205]表明,2007 财年主要国防采办系统的采购总成本比最初估计增加 26%。这些项目的开发成本相比最初估计增加了 40%。在大多数情况下,项目也未能按期完成:目前的项目交付平均延后时间是 21 个月。72 个评估项目中,没有一个项目符合计划成本、进度和性能的系统开发最佳标准。几个问题需要说明:

（1）使用成熟的技术。有数据表明,同时引进新技术和新的武器系统,容易导致高风险、高成本和工期延误。首选的方法是使用已被验证的技术,将新技术（通过螺旋式发展）嵌入到系统发展的序列阶段。

（2）稳定的设计。GAO 发现,63% 的项目在系统开发开始后要求变更,变更

---

① 结果。——译者注

的项目成本增加72%。没有变更的项目成本上升仅为11%。再一次说明的是,需求变更应该放到后续阶段,而不应直接插到设计过程中。

(3) 合格、稳定的管理和劳动力队伍。政府和行业的劳动力需要资格和经验。GAO 发现,自 2001 年以来,政府项目经理的平均任期只有 17 个月(少于国防部政策规定的 1/2),这破坏了管理结构的稳定性和责任性。GAO 还发现,政府采购部门人手不足,使得他们要么引进外部承包商帮助项目办公室工作(48% 的政府项目采取这个方式),要么依靠行业承包商做那些本来应该由政府做的管理工作。最后,GAO 发现,政府没有充分管理占据越来越大份额的(武器系统)软件行业,而这造成了成本的显著增长(比预期的代码行数增加了 25%)。

(4) 早期设计和开发阶段的计划。GAO 发现,后续生产和产品保障的规划(低成本、高可靠性、易于维护性的规划)不充分。

如果国防部还想继续拥有世界上最好的武器系统,上面四个问题必须以可以承受的价格,以切实、有效、及时的方式解决。

上文提到的成本和进度绩效信息相当确凿,但它需要和其他组织就如何处理成本超支、进度延期进行对比。图 4-4 显示了国防部与其他公共部门和私营部门的项目在开发和生产成本方面的对比。

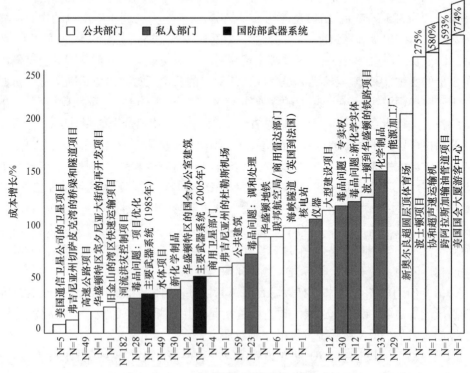

图 4-4　军地主要项目的成本增长

1986 年,总统的国防管理委员会(帕卡德委员会)[206]指出武器系统的平均成本增长在 40% 左右,而兰德公司的一项研究表明,2005 年的平均成本增长约为55%。如图 4 - 4 所示,国防武器的成本增长相当于或低于一些主要政府建筑项目(如哈特参议院办公大楼、雷伯恩内务局大楼、弗吉尼亚州的杜勒斯机场),远远小于企业项目,比如新奥尔良超圆屋顶体育场、波士顿的 Big Dig 高速地铁系统、环阿拉斯加管道系统、协和超声速运输项目以及最近的位于华盛顿特区的美国国会游客中心。美国国会游客中心推迟三年交付使用。开始时,该中心作为游客的休息室,预算为 7100 万美元;1999 年拓展为游客中心,预算变为 2.65 亿美元;最后,当在 2008 年完成时,耗资 6.21 亿美元。这是一个典型的"需求变更"的例子,但这次是在国会的直接管理之下。从开始 7100 万美元的游客休息室,拓展为价值6.21亿美元的像地下足球场的国会游客中心[207]。在国会关于国防武器系统成本超支的听证会上,这些国会控制的建设项目的例子是不会被提出来的。尽管如此,美国国防部不得不改革其采购程序,以控制成本增长和进度延误这些国防采购的痼疾。

1. 增长的高成本

如果设置了可用于武器系统的采购总金额,那么可以购买的系统数量取决于每个武器的单位成本。国防部已面临着两个成本问题:一是某个武器的单位成本较高(无论是预期的还是增长后的成本);二是随着系统变得越来越复杂,单位成本中的设计成本呈指数级上升,年复一年,能够采购的系统越来越少。我们首先考虑单个武器的单位高成本:

(1)一个新的核动力航母(不包括舰载飞机)的成本在 117 亿美元(2003 年估计)和 200 亿美元(2008 年估计)[209]。

(2)当前核潜艇和大型水面舰艇成本在 30 亿~50 亿美元[210],而下一代估计为 70 亿美元或者更多[211]。

(3)海军运输舰单个成本为 17.6 亿美元(几乎三倍于十年前预计的成本)[212]。

(4)B - 2 隐形轰炸机的成本约 12 亿美元[213](其中部分原因是采购数量从计划的 128 架减少为 24 架)。

(5)现代隐形战斗机的数量差异很大,取决于年份和生产的数量。F - 22 的估计成本为 2 亿美元,F - 35 单个成本估计超过 1 亿美元[214],和初步的估计相比,成本都有显著的增长。当时预计,F - 35 战机在大量生产时的成本为 3500 万美元。

(6)大批量生产的陆军和海军陆战队防地雷、防伏击(MPAP)车辆,单个成本超过 160 万美元(包括通信、电子、备件等)。

甚至为单个士兵和海军陆战队员提供防护的成本自越南战争以后也有显著增长。当时,每个士兵配备 35 磅的设备,成本约 1941 美元。而在伊拉克和阿富汗,个人防护装备重量增长到 75.3 磅,成本为 17442 美元。

单个系统的高成本只是问题的一部分,因为随着时间的推移,每个系统往往要加入更高性能的要求,这导致了其单位成本的增长。可以预料,最大的成本增长源于较大的项目。2000 年至 2007 年,有六个项目占所有项目总成本的 56%。在 4010 亿美元的总项目成本中,陆军的未来战斗系统(Future Combat System)耗资 697 亿美元,联合攻击战斗机(F-35)耗资 668 亿美元,SSN774 攻击型核潜艇耗资 273 亿美元,陆军的化学武器削减项目耗资 234 亿美元,空军的改进型一次性运载火箭项目(EELV)耗资 183 亿美元,空军的 C-17A 飞机耗资 176 亿美元。这些都是非常大的数字,但在许多情况下,仍然有大量系统被购买。武器系统的单位成本是至关重要的,因为它还要乘以要采购的数量。两个重要的措施是必需的:首先,初始设计的意图是建立在要采购的数量和经济可承受的基础之上,因此有必要将单位成本纳入设计需求;其次,如果成本保持不变,采购的数量就不会减少(只要采购预算总额不变)。

我们从单位成本和成本稳定性两个类别考察一些经验数据。当坦克的单位成本按照时间(调整通货膨胀的影响后)绘制,一千辆谢尔曼坦克(Sherman tank)成本为 140000 美元。如果将 M-60 和 M-1 坦克一起放入成本曲线,随着时间的推移,可以清楚地看出坦克的单位成本呈指数增加的趋势。同样,如果同时包括一艘中途岛航母和一艘现代航母的成本,这又是成倍增加的成本曲线。如果从早期喷气飞机(100 架 F4 价值 350 万美元),到现代战斗机 F-35 和 F-22 画一条成本曲线,这又是一条指数增长曲线[217]。在分析的各种武器系统中,这种单位成本指数增长的趋势总是重复出现。增长率取决于武器系统的性能。对于弹道导弹核潜艇(调整通胀因素后的不变价格),代与代之间的成本增长是每年 3.48%,而战斗机是每年 7.1%。

随着新的武器系统的出现,性能也成倍增加(战斗机的性能年平均增长率为 5.6%)。很多人会认为要付出更多成本才能获得更高性能。然而,计算机、计算器、电视机、手机的发展趋势表明,从一代到另一代,性能显著改善的同时成本却下降了。考虑到更多的武器系统依赖于电子设备,应该能够以较低的成本获得更高的性能,而不是接受要付出更多才能得到更多这样一个自然条件。

在国防部中,武器数量关系到整体作战力量的效率,而且国防的总资金是有限的。后果是,设备的单位成本上升,采购的系统数量则急剧下降。国防采购的整体现象是单位成本增加,性能提高,能够负担的武器系统项目减少,因而每年能够采购的武器系统数量也显著减少。事实上,诺曼·奥古斯丁已经画出并公布了战斗机数量减少的曲线。他发现,到 2054 年,美国国防部将每年仅能购买一架战机[218]。由于单个武器成本的持续上涨,可以预计,每种装备的数量都有一个类似的萎缩。例如,海军将不得不压缩,除非它开始购买便宜得多的船舰。下面看一下海军陆战队的坦克项目(被称为远征战车)。初步预算是花 84 亿美元购买 1,025 辆坦克(根据众议院监督委员会的报告),但由于单位成本开始大幅攀升,国防部表示,它将购买 593 辆两栖突击车,总成本 132 亿美元。同样,海军的装备从

F/A–18A/D升级到F/A–18E/F,平均单位成本从3800万美元增长到8260万美元。虽然开发成本和采购成本总额是可比的(每个分别约60亿美元和380亿美元),海军购买的总数量还是从1021下降到了462[219]。

单位成本增长的另一个显著影响是将要采购的数量顺延到下一年度的预算中,从而使得部队拿到装备的时间大大延迟。例如,上文提到的远征战车,生产顺延了8年。单个项目的成本增长如下:

(1)从2003年到2005年,陆军的未来战斗系统成本估计从920亿美元增至1650亿美元。这是一个财政上没有约束的项目,支出随着需求增加和系统明晰而逐渐增长,直至国防部长盖茨2009年将其取消。

(2)从2005年到2009年,总统直升机(起初是买现成的)从初始版本的23亿美元增长到37亿美元,到最后版本的45亿美元增长至75亿美元[221]。同样,合同被授予后,需求还在继续增长,直至2009年取消。

(3)从1999年到2005年,高级间谍卫星(未来成像体系结构项目)成本从最初的50亿美元增长到180亿美元。它遇到了技术上的困难和不断增加的要求,最终被取消[222]。

(4)从2002年到2004年,改进型的一次性运载火箭从154亿美元增加至280亿美元,尽管该项目减少了发射次数(138次而不是最初预计的181次)[223]。

(5)从1998年到2006年,信息收集卫星项目的成本(天基红外系统)从41亿美元增长到102亿美元,而卫星的数量从五个减少到三个[224]。

图4–5和4–6显示的是F–22飞机上升的单位成本(1992—2006年)和下降的采购数量(1986—2005年)。这些成本增加的原因已经知道了几十年,但系统内的激励机制允许这种做法继续存在,而这种增加的成本、延长的进度和减少的数量依然存在。

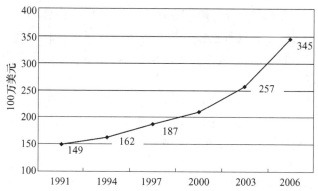

图4–5 每架F–22战斗机的平均总成本(百万美元),1991—2006
注:本图数据来源于美国审计总署2005年3月的报告"Tactical Aircraft: Air Force Still Needs Business Case to Support F/A–22 Quantities and Increased Capabilities"。

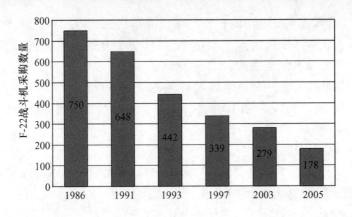

图 4 - 6   1986—2005 年间的 F - 22 采购数量

注：本图数据来源于美国审计总署 2005 年 3 月的报告"Tactical Aircraft：Air Force Still Needs Business Case to Support F/A - 22 Quantities and Increased Capabilities"

国防系统的高成本通常被夸大，因为他们没有指明描述的基础。图 4 - 4 中的数据表明，国防超支不小，但大大小于在其他领域的商业和政府收购项目。此外，为了使数字看起来很大，报刊上的文章经常强调武器的总成本，而没有展开细节分析。比如讨论 F - 35 战机，一篇文章指出，它最终可能耗资 1 万亿美元，但接下来文章指出，这个成本包括空军、海军和海军陆战队采购的 2458 架飞机、6500 亿美元的二十年运营和维护开支，以及最新型隐形战斗机 1 年的开发成本[225]。也许数字最误导的使用是当高度成功的项目减少了武器系统的单位成本时，国防部被说服选择购买更多。在商业界，这称为价格弹性，价格越低，销量越高。在这种情况下，数量已显著增加，但总成本给人的印象却是已经超支了。以同样的方式，一些分析声称国防部新系统的计划投资从 2000 年的 7900 亿美元到 2007 年的 1.6 万亿美元翻了一番，而实际情况是在 2000 年这样的主要系统有 75 个，到 2007 年，这样的系统是 95 个[226]。这种比较不是同等比较。同样，如果单位成本增长和国防部决定购买更少的系统，总成本是可以保持不变，但由于购买数量减少，军事整体能力也将下降。

然而，即使调整了通胀因素，考虑量的变化和性能提高等因素，国防武器系统的成本也已太高，并还在增长。如果美国想要能够在 21 世纪维持其国家的安全态势，这方面需要引起政府和工业部门的极大关注。

2. 延长的周期时间

为了最大化军事能力，国防部需要将高性能的系统从开发阶段投入到实战领域，而且这些系统需要部署适当的数量（不是一个或者两个的事）。特别是当战时指挥官发现美国需要有某种能力，而且是马上需要的时候，这一点尤其正确。这个问题在 21 世纪比在过去更为普遍，因为伊拉克和阿富汗的敌人在世界市场（商用和军用)上获得了先进的装备并将之使用到意想不到的方式上,这要求美国必须迅速反应。

新武器系统较短的开发和部署周期也往往最小化了项目的成本。如图 4-7 所示,首个新作战系统部署所用的时间越短,其增长的成本就越小。由于两方面的原因——缩短产品上市时间和降低开发单位成本——汽车工业、电子工业和其他商业部门不断努力并成功缩短产品上市的周期。不幸的是,美国国防部没有遵循这一趋势。从 1969 年到 1998 年,军事产品的平均周期时间从约 80 个月增加到 107 个月,而民用汽车行业的平均周期时间则从 90 个月减至 24 个月[228]。

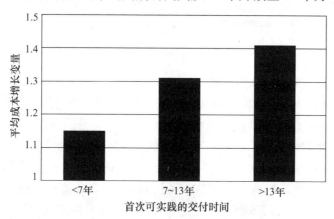

图 4-7　三个国防项目的平均成本增长

注:本图来源:兰德公司 1996 年的报告"Analysis of Selected Acquisition Reports"。

成本和进度之间存在着同向的相互影响关系。短周期的项目带来更低的成本增长,增加的成本会延长项目周期,更长的项目增加更多的成本。项目雇员工作时间越长,支付的工资也就越多,新的需求也会被加入,新技术也会被引进。下面的例子说明进度如何影响武器系统发展[229]。

(1) 2000 年 5 月,陆军的未来战斗系统计划启动,其研发于 2003 年 5 月开始。研发周期预计为 91 个月。到 2006 年 8 月为止,周期时间已增加到 139 个月,预计该系统直到 2014 年 12 月才能有初步的实战能力。

(2) 1994 年 2 月,"全球鹰"无人机项目开始论证,其发展和少量生产决定产生于 2001 年 3 月。预期的采购周期为 55 个月。到 2006 年 9 月,采购周期已增长到 78 个月,其单位成本从 7860 万美元增长至 16820 万美元。

(3) 1997 年 9 月,联合战术无线电系统(一种基于软件的无线电)项目开始,开发阶段始于 2002 年 6 月。采购计划周期为 55 个月。到 2006 年,采购周期已增加到 117 个月,预计到 2012 年 11 月才能决定是否批量生产。这个周期同商业电子设备的周期大大不同。

(4) 最后,表 4-4 给出了 F-22 项目进度推迟的情况,与图 4-7 中的成本增长数据是一致的。

表 4-4　F-22 项目的进度推迟情况

事件	拖延月数
关键设计评审完成	16
首次飞行	24
首次生产	58
作战飞机的初始交付	56
作战能力的初始形成	27
初始操作测试和评估完成	63
批量生产	63

3. 不充分的可靠性和可用性

任何武器系统履行其使命时必须可以工作,如果它不可用,则备份系统必须是可用的。当一个系统不可靠时,维护成本就会显著上升——因为每次系统出现故障,它就必须维修然后才能投入到工作之中。因此,对于战斗力和武器全寿命周期成本,可靠性和可用性至关重要。不幸的是,许多国防部的武器系统没有达到预期的可靠性或可用性。2000 年到 2003 年间,空军 B-2 轰炸机的战斗值班率(可用性)平均略高于39% ,到2005 财年,战斗值班率只有平均31%[230]。在这种可用率的条件下,需要有 3 个轰炸机才能有一个总是处于待命状态。在其较高的单位成本下,这是一个难以接受的昂贵比率。

同样,空军 F-22 先进战斗机的高设计成本并没有带来高可靠性。事实上,美国国防部表示两次严重故障之间的平均时间只有 1.7 小时[231];其可用率也只有55.9%(除此之外,每小时的飞行成本为49808 美元)。

海军陆战队的两栖远征战车(EFV),它可以以水上 30 节、路上每小时 45 迈的速度将部队输送到战场。到 2007 年,经过十多年的发展,测试结果表明,平均每4.5 小时就会出一次事故,并具有严重的软件问题。2009 年,陈旧的 C-5 战略运输机的可用率只有50% ,一些人甚至声称可用率更低。2008 年,五角大楼审查发现联合空地防区外导弹(Joint Air-to-Surface Standoff Missile)有着严重的可靠性问题(这是一个 60 亿美元的项目)。前一年的测试期间,号称高精确度、高战备率的四个导弹,偏离了目标多达 200 英尺①,有的甚至未能引爆。

据国防部长办公室测试评估部前主任皮特·阿道夫说,"大约有 50% 的完成初步作战测试和评估的武器系统被认为是作战无效或不适合作战的[234]。"这里的定义取决于规定的要求,而且(正如前面所讲过的那样)规定的要求往往过细。濒

---

① 1 英尺 =0.3048m。——译者注

海战斗舰（基于现有的和经过验证的设计）被海军选定后，1.4万个新的技术要求被添加到船舶设计之中，以遵守海军舰艇规则（Naval Vessel Rules）（如要能在浪高为27-42英尺的"第8种海洋条件"下运行）[235]。这一要求是否真的是必要的不是很重要。在它成为武器设计明细的一部分后，就必须被满足——即使它在相当程度上将系统复杂化，提高了其成本，并降低了其可靠性。

许多大的商业和政府项目都有可靠性的问题。如成本超支远大于国防部项目的波士顿 Big Dig 地铁隧道系统，项目完工拖延了五年，并且天花板掉落导致一名机车司机死亡和几百万人受到惊吓。还是在波士顿，20世纪70年代初，60层的约翰·汉考克大厦因为意外掉落窗户而变得臭名昭著，这使得在该区域行走非常不安全，在整体更换了两遍窗户后才恢复安全。然而，由于国防系统对国家安全和军人生命安全的重要性，军事装备必须在需要的时候能够正常工作。阿道夫·皮特在2008年发现，令人惊讶的是，"在过去十五年来，系统可靠性增长的重要性被国防部弱化或者放弃了。"

4. 工业绩效

国防企业经理们说，他们被评价的标准是其提供的武器系统的质量、成本和发货进度。事实上，他们的股票价格和效益奖金是依赖于其利润和年收入增长率。因为他们获得了公司里大量的股份，因此其本身也是股票价格的受益者。

"9·11"事件之后，美国的国防预算爆炸性增长，基本的国防预算被战时追加预算冲高，至2005年，美国航空和国防工业达到了新的销售和利润记录[237]，这种情况持续到2006年，当洛克希德·马丁公司的股价上涨了45%时，通用动力公司的股价上涨了30%，雷神公司增长32%，诺斯罗普·格鲁曼公司上涨13%。在很多情况下，这些记录持续到了2008年。

工业的利润可以以很多方式进行衡量，如投资收益或销售收益。在冷战后期整合之前，（依据标准普尔工业指数）按照资本回报率，国防工业是非常有吸引力的。这主要是因为大部分的资本投入和研发都是政府投资的。然而，在整合期间，国防公司的股票收益率下降明显（依据标准普尔指数），因为他们将其大量的股权用于收购。在预算增长和大规模的合并狂潮中止之后，国防工业再次取得了非常好的投资回报率（在21世纪早期）。

国防工业历来是一个低销售回报的行业。即使它是一个高度管制的行业，其销售收益也明显低于公共管制的电力单位。事实上，战略与国际研究中心（CSIS）的分析表明，国防工业的销售回报低于标准普尔500指数中的资本商品指数、制药和生物指数、技术硬件指数、软件和服务指数，也明显低于那些以高利润闻名的私营公司。2005年（国防销售非常火热的一年），五大航空航天和国防企业的销售回报率为——通用动力公司6.9%，洛克希德·马丁公司4.9%，波音公司4.7%，诺斯罗普·格鲁曼公司4.5%，雷神公司4.3%。与此相比，埃克森美孚为43%，微软32%，富国银行25%，财富500强企业14%[241]。2005年，航空航天和国防工业销售的整体回报率平均为 6% 左右,这是自 2001 年 3.9% 的低点连续增长五年后的结果[242]。一些最大的合同往往有一个相对低的销售利润率,因为大的合同往往有较高的竞争。正如上面所说的,在伊拉克和阿富汗战争中最大的服务合同是 LOGCAP 保障合同(授予 KBR 公司),它有一个仅为 1% 的基准费率(最大回报可能高达 9%)。假设该合同是在一个竞争的环境中投标,是一个成本基准合同,风险相对较低,因此公司只取得较低的销售回报率。从激励的角度来看,它促使承包商最大化其被授权范围内的工作量,即使只有 1% 或 2% 的销售回报率(和一定的奖励金),在较低的资本投资和高销售额的条件下,它仍然代表了相当高的利润。

从 2001 年到 2007 年,标准普尔的航空航天和国防工业指数攀升了 181.7%,而大盘上涨了 17.6%。在伊拉克重建和阿富汗战争期间,华尔街回报了国防股票。尽管有大的计划性成本增长、进度延误,比预期低的设备可靠性,企业高管(受利润、销售和股票价格的刺激)仍做得极好。2007 年,洛克希德·马丁公司董事长和首席执行官得到了价值 2600 万美元的综合补偿金,公司 5 位其他高管也得到 360 ~ 680 万美元不等[245];波音公司的首席执行官得到 1900 万美元[246];雷神公司首席执行官和董事长得到 1930 万美元[247];通用动力公司首席执行官得到 1570 万美元。这一年,政府允许(作为合同费用)的行政补偿金高达 597912 美元,这些都是计入成本基准合同的。其余的补偿来自于企业利润。然而,在这一年的利润足够高,这样额外的行政补偿费用可以很容易地覆盖,公司仍然有创纪录的利润。

公司的管理层总是说他们作为经理的主要工作是最大化股票持有者的价值。在 20 世纪 60 年代,当时股票的平均持有时间超过了六年,这是一个合理的考虑。但是,正如苹果公司的乔布斯发现,"今天,10% 的股份被对冲基金拥有,它们的平均持有周期是 60 天,而另外 85% 的股票是由互助基金和养老金持有,他们的平均持有时间为 10 个月。我不认为这些人是公司的股票持有人。他们是短期的投资者,他们的目的是最大化他们的投资收益。而 CEO 是要为公司长期的健康发展最大化负责的[248]。"国防部的一个挑战是如何创造足够多的激励,这样国防工业公司的经理们会把这个看作他们的目标,完成高质量的、成本可负担得起的并能按时交货的任务。一种方法是,用他们过去的(关于质量、成本和进度的)业绩来决定是否授予他们将来的合同,并将测量成功的标准基于他们竞标时提交的标书。不幸的是,这种衡量手段并不是很有效。另一种方法是,当他们完成目标时,奖励他们更多的钱(奖励金)。但是(如上所述),这会招致国会、GAO 和国防部对给予企业高额奖励金的政府项目管理者的很多批评,因为远低于预期,哪怕问题是由政府造成的。当绩效比预期的要差时,另一种方式是实行未来几年备选的方式,如果绩效符合目标,则会继续采购该项目,如果不符合目标,则不续签合同(并重新开始竞争)。还有一种方式,是采用价格弹性的商业模式。如果武器的价格下降并足以吸引人,政府就应该用节余的钱买更多的系统来奖励合同方,以提高他们的销售和利润。最后,还有其他的技术手段,例如利益共享,节省下来的钱由政府和合同方共享。在将来,所有的这些激励措施都应当得到认真的考虑。

最后一个值得注意的问题是,国防工业公司是否需要全额付税。GAO 在 2004 年的研究发现,61% 的美国公司,包括 39% 的大公司,在 1996 年到 2000 年之间没有公司所得税。举个例子,2008 年 KBR 公司(最大的伊拉克战争合同商)承认通过开曼群岛的两个分公司避税,据报道,因此逃避了数亿美元的医疗和社会保障税。最后,GAO 2004 年的一份报告指出,大型联邦合同承包商中有 24 个利用开曼群岛逃避税务[249]。当公司从联邦政府那里取得收入时,他们是有义务纳税的——大部分公司也都这样做了。

第四节 军事后勤保障和装备维护

2000 年,美国陆军参谋长 Eric Shineski 说,"如果没有国防部后勤的转变就不会有国防部的改变。"因为后勤是目前为止合同承包最大的一个领域,对部队的战备影响很大,它必须受到高度关注。后勤,广义来讲,是通过全球范围内的即时行动,投送和维持一支备战的联合军事力量和使作战指挥官自由开展作战行动,以满足和维持未来使命要求的能力。它的功能包括运输、维修、规划、订货(更换、修理和备件)、采购、财务、库存和决策。这些功能——从工厂到散兵坑、从零部件供应商到战士以及所有这些的中间过程——组成了国防部的供应链。这对战斗力影响重大,因为如果子弹没有及时到达,生命和战争都将丢失。

美国 2007 财年的数据是令人震惊的:

(1)年度后勤支出(包括追加部分),1720 亿美元;

(2)库存开支,940 亿美元;

(3)军事和政府文职人员,110 多万美元(至少这些,因为还有大量的合同商);

(4)零部件数量,500 多万美元;

(5)每年的征用费,1800 多万美元;

(6)政府基础设施建设——13 个维修站,3 个军械库,212 个中级维修设施,21 个配送站,23 个不同的周转基金,以及 2000 多个后勤信息系统。

为了发挥效能,这个复杂的系统需要做到以下三个方面:①同步和全面的集成;②整个供应链中所有的元素可见;③对需求快速、准确和可靠的反应。并且,必须以一种高成本收益的方法完成上述三个方面。在 21 世纪的今天,同步和集成要求在世界范围内、所有层次上跨越所有的功能单位(财政、人事、库存、运输和维修)、所有军种(因为大多数作战都是联合作战,必须共享需要的元素)、所有参与机构(例如,在伊拉克,美国国防部应该以一种集成的方式同国务院、美国国际开发署、情报机构和其他需要后勤保障的机构联合开展行动)、所有的盟友(也需要后勤保障,他们的战备状态会影响到美国遂行的一体化军事行动)以及相关的企业。

在伊拉克(战区承包商和政府人员的数量相当多),在阿富汗(承包商是军事人员的三倍),后勤系统一体化必须包括那些人员和他们的需求,必须把战士和工厂联系起来使零部件及时交付。这个系统必须完全一体化,并提供完全的资产可视性——即对所有资产的状态有实时的可视性,包括整个供应链的零部件和系统的流通及结果(结果更为重要);这些都要按照武器系统的实时性进行衡量。

最后,信息必须准确,供应链必须完全可靠。麦克阿瑟将军曾说:"战争的历史证明,军队 10 次失利中有 9 次是因为它的供应链被切断了[251]。"供应链断裂最显著的就是受到物理袭击。在阿富汗,发往巴格拉姆(在阿富汗的美国主要军事基地)的大约 90% 的货物从巴基斯坦卡拉奇港(只有武器和弹药被空运到阿富汗)需要经过长达 8 天的路程才能到达。不仅仅是这些车队不断地被攻击,叛乱分子还炸毁道路和桥梁阻断供应链(尽管北约已经买通当地军阀以保证安全通行,尽管有武装保安随护大型车队)。2008 年 6 月,在喀布尔南部约 40 公里的地方,一个 50 辆卡车的车队遭遇袭击,40 辆卡车丢失,60 名工作人员丧生[252]。此外,供应系统的各个节点(如港口和储存区域)是非常脆弱的,还有很多其他的潜在因素导致供应链中断,包括发生在工厂和存储区域的火灾、工厂罢工、运输工人罢工、飓风、恐怖主义行动、公司破产或者国外来源(由于政治上的原因)拒绝提供某些商品。这些事件非常常见,在商业世界中也可以观察到。例如,沃尔玛设有紧急处理中心,能对各种类似的事件进行反应,包括飓风、地震和暴力犯罪行为。事实上,该中心每天都能接到至少一家沃尔玛商店的危机报告[253]。最后,在 21 世纪,信息系统本身是十分脆弱的,易于受到网络攻击。1996 年,美国国防科学委员会主持了一次演习,国家安全局闯进了国防部的全球交通系统,将飞机派往(虚拟地)了不同的地方。一旦这个漏洞暴露就被立即补上了。第二年,国家安全机构进行了一次大规模的称为"合格接受者"的演习,发现了更多的漏洞。一年之后,一个大规模的扩展网络攻击(被称为"日出")让人们相信信息系统脆弱性可以切断供应链。不幸的是,所有这些袭击都不是演习。21 世纪,第一次大的袭击是网络广泛传播的蠕虫攻击(被称为"红色代码")。在 21 世纪的第一个十年,国防部每年受到超过四万次网络攻击。2008 年,在俄罗斯入侵格鲁吉亚之前,俄罗斯对格鲁吉亚整个政府信息系统进行了一个广泛的信息攻击。

任何建立在信息系统上的国防部供应链必须考虑隐私数据和专有数据(包括价格信息和部件的可用性)的安全保护[254]。安全必须满足苛刻的要求,不断进行"红方"攻击以测试其安全性和精确性。

1. 后勤改善的空间

尽管每年支出超过1720亿美元,(政府和工业)雇员超过200万,国防部后勤无论在哪个方面(例如反应能力、精确性、可用性或成本)都没有做到世界一流。下面列出一些观察到的问题:

国防部有超过两千个不能互通互联的后勤信息系统,并且很少能和其他单位连接(如金融、人事和采购)。

国防部缺乏成本的能见度(基于活动的成本)和业绩问责制。它衡量武器系统的可用性,但不和供应链责任制挂钩。

已作出一些改进(在第一次波斯湾战争,从订单到收货时间是49天,2003年伊拉克是22天,2008年是16天)。但在分配过程中有许多错误,没有一项达到世界一流的表现(国内两天、国际四天到达,但几乎没有不确定性,并且整个过程详细、实时可视)。

进入伊拉克需要3个月的部署时间(远低于军事要求的14天)。

2008年,后勤供应系统中超过5万份订单没有完成。

65%~90%的军事装备的可用率被评定为"不满意"(一些装备是远不可用;2005年,B2轰炸机的战备可用率只有31%)[255]。

国防部不能有效应对多达五万个的战区集装箱[256]。而且由于缺乏良好的追踪系统,许多单项物品在伊拉克没有明确的责任人(一个报告的例子是给伊拉克部队的19万枪支)。

追踪物资的射频识别(RFID)技术①应用极其缓慢。2005年国防部长指令要求实施RFID,四年后仍然没有完成。

GAO研究指出,一半以上的空军备件库存(价值18.7亿美元)并不符合当时的需求。大约一半从承包商订购的配件(13亿美元)都是不需要的;约3亿美元的配件到达后就被扔掉。多余的库存不断积累,而需要的短缺物品增长到12亿美元。作为这份报告的回应,在一个空军基地,计算机中过剩的库存"仅"为13亿美元。

在国防后勤管理局的库存中,2006年只有18%上交。其余的都过时了[258]。

约37%的弹药库存是陈旧的、无法使用的和无法修复的。

在另一份报告中,GAO评论道,国防部缺乏一种聚焦产出的业绩和成本评价指标,这主要针对在供应链管理改善计划中各种激励措施以及供应链管理改善计划的重点领域,包括需求预测、资产可视性和物资的分配[259]。

最后,另一个GAO的报告认为,"实现资产可视性是困难的,因为信息技术系统之间缺乏互操作性[260]。"

总体上来讲,GAO对国防部的后勤系统提出了很多批评,并自1990年以来就

---

① 又称电子标签技术。——译者注

把它列入高风险名单。很多这种问题始终存在着。不幸的是,后勤系统中大部分的资金和人力都投入在目前行动的问题上,而不是想要长远地解决系统问题——即把国防部后勤系统打造成世界一流的系统。结果是,美国在伊拉克和阿富汗战争中遭受没有现代后勤系统的困扰[261]。这个问题部分通过采用过多的库存和人员来解决,但结果是战时保障的无效率,而且成本很高。而且随着装备的老化、过度使用以及不高的更新率(主要由于高成本以及需要把预算花在行动上而不是装备现代化上),问题会更加严重。2007 年,一些装备的平均服役年限是 36 年,包括 B−52 轰炸机、C−135 加油机、C−130 型运输机、H−53 直升机;所有战术飞机(TACAIR)(作为一个整体),服役平均年龄是 20 年;U−2 侦察机是 24 年;海军两栖舰艇是 22 年;M−1"艾布拉姆斯"坦克是 22 年;"悍马"吉普车队是 18 年;陆军中型卡车是 23 年[262]。

现在很多电子系统都是电子密集型的,而且电子元件更新换代的周期一般是 18 个月(商业世界)。很明显,这些系统中很多不再是最先进的。由于在伊拉克和阿富汗持久冲突中的过度使用和训练任务,那些系统不仅正在老化,而且保障和维护成本也将持续升高——使得国防部后勤系统现代化的需求尤其迫切。

总之,军队需要现代化,但国防部不断上升的人员成本和旧设备的维护成本,使得军队与后勤现代化的资金短缺。当旧的设备需要更多的美元来操作和维护时,死亡的螺旋就会不断增长,越来越少的资金可以用于现代化建设,周期加速下行。预算削减使这个问题不断恶化。后勤系统的问题事关军队战斗力和总成本。

2. 商业比较

军用和商业公司对后勤系统的需求有着重要区别,当设计未来的国防系统时,这些不同点需要考虑到。首先,当供应链不能送达时,在商业的情况下,意味着经济的损失和客户的不满,但是在国防系统,就意味着战斗失败和人员伤亡,因此国防部需要一个更大的供应缓冲。其次,商用系统是在和平条件下使用的,而国防系统则是在危险的环境下使用。而且国防系统需要很多内在的安全因素。最后,商用系统可以达到很高的性价比,而国防系统会被政治、管理等因素影响(如法定要求,50% 的维修工作必须定点在政府设施由政府工作人员完成)。但是,商业后勤系统能够给国防部提供很多借鉴以及一些有效的和成功运行的技术和工具。

在商业世界中,公司将资源投入到能够给公司带来理想业绩的行动中。例如,美国联合包裹服务公司(UPS)每年投入超过 10 亿美元用于研究,一年花费 6 亿美元用于包裹流通技术,以改善其物流系统[263]。而国防部很少在这个领域进行研究和开发。而且,商用系统是需求拉动。通过采用感知和响应网络技术,一个需求或者在设备自身上被感知(并发送一个请求维修的消息),或者来自于零售或批发商店(会发送类似的消息),大量的努力是为了更好地预测和迅速响应(以适时为基础)。沃尔玛公司和戴尔公司脱颖而出,就是依赖于其感知和响应系统,他们在几个小时内就可以完成从订单到交货。相比之下,美国国防系统的主要特征仍然

是一个供应推动的系统(要求有上文提到的大量库存)。虽然国防系统很大,但令人惊讶的是商业系统更大:

(1)卡特彼勒(Caterpillar)公司每年处理 2800 万份申请单(而国防部只有 1800 万份)。

(2)联邦快递公司每年处理 90 亿个包裹。联邦快递全球枢纽(Global Hub)每 90 秒就有一架飞机降落。包裹需要在输送分类带上移动 300 公里。

(3)UPS 平均每天处理 1570 万个包裹。它的世界港(Worldport)每小时需要对 30 万个包裹进行分类转发。UPS 每天安排约 600 架飞机(自己的和租借的)巡游世界。

(4)戴尔根据互联网上的订单可以每 5 秒制造一个台式机。

(5)沃尔玛同 6 万个供应商持续进行信息沟通,告诉他们每个商品需求的变化。其每年的销售额为 3000 亿美元。

(6)贝纳可以大幅修订其生产过程,以迅速应对客户不断变化的需求。他们"不是为圣诞节生产很多不同颜色的毛衣,而是只生产白色的,然后将它们放入一个颜料池,颜料池的颜色取决于当年的圣诞节流行色(这种流行色可以在销售柜台上感知到)"。

(7)大多数商业企业采购管理的处理时间是以分钟计算。军队过去需要六个月到一年处理一个请求,现在则大幅减少到 14 天(从美国中央司令部确认订单后算起)。

(8)如表 4-5 所列,国防部后勤供应链的响应时间(库存物品的分发、设备维修、采购的管理时间)大大超过了世界一流的商业企业。

表 4-5 国防部和商业供应链的响应时间对比

阶段	国防部	商业公司		
配送(库存物品)	21 天(国防部平均)	1 天(摩托罗拉公司)	3 天(波音公司)	2 天(卡特彼勒公司)
维修(流通时间)	4~144 天(国防部平均)	3 天(康柏公司)	14 天(波音电子)	14 天(底特律柴油机公司)
维修(店内时间)	8~35 天(军用坦克或卡车)	1 天(康柏公司)	10 天(波音电子)	5 天(底特律柴油机公司)
采购(开始采购至订货时间)	88 天(国防后勤局)	4 天(德州仪器公司)	0.5 天(波特兰通用公司)	几分钟(波音公司,卡特彼勒公司)

注:本表数据来源于 1996—2006 年间的国防科学委员会多个课题组的研究

3. 后勤正在取得的进步

许多年来,国防部认为后勤信息系统的现代化是十分必要的。最后,2004 年,国防部设立了六个试点方案来测试基于性能的后勤战略(包括承包、规划、预算和财务流程)[265]。同样在2004年,参谋长联席会议将聚焦后勤作为一个必要条件,整合关键的反应感知单元[266]。为了实现这个目的,国防部发布命令要求在整个部属系统中采用 RFID 技术,任务始于2005年1月。

除了这些整个国防部的倡议,单个的军种和局机构也启动了他们自己的后勤现代化行动。例如,尽管花了两年才获得批准启动,陆军的批发后勤信息系统(LOGMOD)替代了老的、政府运营的、基于 Cobalt 的系统,取而代之的是一个现代化的、承包商经营的、商用的系统(计算机科学公司作为合同方)。并取得了以下成果:

(1) 绩效得到了大幅提高,5年多来成本每年减小一半(从2亿美元降到1亿美元);

(2) 所有的400个政府雇员保证被合同方至少雇用一年(目前的工资和福利至少不变);

(3) 所有的雇员必须接受现代 C++ 软件的训练;

(4) 旧的系统维持到替代品可以工作为止;

(5) 一个多年(五年)合同被竞争性发包出去;

(6) 对雇员的调查显示他们感到非常满意。

另一个例子是,空军(在佐治亚华纳罗宾斯的维修厂)通过竞争性程序选择汉密尔顿标准公司作为 C-130 型发动机叶片和轮毂部件的主要供应商:

(1) 发动机大修的时间下降了50%;

(2) 零部件的可用性增加了30%;

(3) 螺旋桨的回转时间减小了20%,刀片的回转时间减小了16.7%;

(4) 材料平均开支比计划的减少了64%;

(5) 质量有明显提高(前五年零返修)。

海军航空系统司令部(NAVAIR)同卡特彼勒商业软件公司和霍尼韦尔管理公司建立了后勤的公私合作关系,为其提供辅助的动力部件:

(1) 每个航空母舰舰载机的辅助动力装置的可靠性增加了10倍;

(2) 可靠性超过了要求的25%;

(3) 两次意外停机之间的平均飞行小时数有了显著改善,P-3 提高了300%,F/A-18 A/B/C/D 提高了45%;

(4) 在阿富汗,系统提高了50%以满足所有的要求。

国防后勤管理局实施了一个完整的业务系统现代化计划和产业主要供应商方案。他们的主要医疗用品供应商将药品直接交付到医院,而不是通过配送中心。取得了以下成果:

(1) 订购周期从110天降到8天;

(2) 前五年,库存减少、持有成本降低、生产成本降低共节约了超过7亿美元。

尽管有这些卓越的试验,但仍有巨大阻力抵制国防部改变沿袭已久的后勤方式,也就是说,从供应推动(大量的工作人员和大量的材料)到基于现代信息科技需求拉动(感知和响应)的改变。也存在许多遗留系统没有供应链相关基准的问题(或者基于行为的成本基准,或者任务完成情况的衡量基准)。2007年,一个高级外部审查组认为(由后勤专家组成,在后勤管理学院),"目前国防部的项目和计划在2020年之前不能实现聚焦后勤。"

4. 迈向世界一流后勤的障碍

改变一种文化总是困难的,阻力至少有10个方面:

(1)目前的系统行得通,而且被认为是国防部的核心竞争力("如果没有坏,为什么要修理")。这种观点没有认识到系统过于昂贵(以美元和人计算),而且性能(反应速度、可靠性、可用性)可以在更小的成本上大幅提升。

(2)政府雇员(构成了政府后勤工作人员的大部分)和军事人员(认为比政府雇员对产业工作人员的控制力更强)保住工作岗位的意愿都很强烈。

(3)维持现状容易得到政治支持。一个政府维修厂可能雇佣了某个国会选区的2万选民,导致立法规定50%的维修工作要在政府的维修厂由政府雇员完成(在国会山最大的单一国会党团(135个成员)是"仓库维修党团")。类似的法案已经通过,反对对一些政府固有的、但现在正由政府雇佣工人承担的工作进行竞争性外包(尽管结果表明这类竞争无论谁赢标,都会减小30%的成本)。

(4)对于关键的任务,承包商不被信任。因为担心他们在战场上不受控制,那样政府就会被单一来源套牢了。

(5)因为担心在危机时刻对后勤数据失去控制,所以反对后勤数据的跨军种共享。

(6)使用商用成品(COTS)的后勤系统只能满足90%的需求,因此不情愿改变传统的国防部流程以满足现代基于COTS的流程。

(7)一些人不信任即时运送("我想看到库存,我不相信即时运送能够满足军事需要。")。这种反对没有考虑到,为了满足军事需要,系统会因为战争的重要性而建立一些缓存。

(8)由于信息战(正如其他所有的问题,都需要很明确地应对),很多人不相信信息系统的安全性。

(9)有着重要的财务和审计问题。如果周转资金池用于解决所有经常费用,当一个项目节省了很多的时候,经常费用则会转移给另一个项目。例如,20世纪90年代末期,当有人说外包阿帕奇直升机的后勤保障可以实现巨大的项目节省和性能改善时,得到的回应是,它会大大提高M1A1坦克的成本,而不会改善其性能(坦克的经常费用率上升,以承担直升机已经承担了的固定经常费用)。而且,由于没有成本基准,很难说服审计员理解改变的正当性。最后,很难获得降低运行和维护成本的研发或者采购资金(由于不同的时间段和不同的国会委员会)。最后,审计官相信了国会的反对意见,节约不会实现,因此,不能进行投资。

(10)"转变将会太难"。在很多方面,这回到了第一个问题,如果你认为这件事做起来会非常难,并且你知道你并非不得不去做,那么为什么还要努力去做呢(在预期遭到反对的条件下)?

这个问题部分原因是在后"9·11"时代,国防预算迅速上升,没有预想的必要进行这种改变。通过一个附加提案,很容易得到追加资金;如果有足够的资金,就很容易累积足够的钢铁和人员,整个后勤系统就能运转了。当资金萎缩之后挑战就来了,人们意识到,通过进行必要的改变,就可以节省大量开支和实现绩效改善。

现实是,上述十个问题必须彻底地解决才能实现国防部后勤的系统成功转变。克服这些阻力需要大量的示范性试验、对现代供应系统及其能够实现的重大成就进行广泛的教育和培训,为政府和行业部门设置一系列恰当的措施和激励以及各军种、部局和产业部门主要领导的社会性推动等。为了实现这些,国防部的高级官员(军方的和文职的)必须认清需要,积极引导,为这个目标的实现提出清晰的策略。

5. 实现后勤转变的愿景和策略

转变后的国防部后勤系统主要基于三点。第一,基于一个集成、灵活、安全、以数据为中心的点对点的企业信息技术供给系统,具备实时、准确和全部资产可见的特点。第二,它是面向产出的,采用基于绩效的后勤作为标准,通过给工业和政府工作人员提供激励,来实现(或超出)预期的产出目标。第三,实现了政府和产业人员的最优组合(基于成本和性能评价的),所有的工作都通过竞争或者有选项的竞争(除非选项实施时,当前授权人不能实现竞争时承诺的成本和绩效目标)进行分配。

基于商用后勤系统的成果,只要上述 10 个障碍得到很好地克服,这个愿景应该可以在一个相对短的时期内实现。然而,实现转变的一个关键因素是,克服五种长期存在的不正确观念,尽管实证数据已经证伪了它们。

(1)要想省钱,性能必须降低(这忽略了大量高性能低成本的数据事实,正如计算机行业不断证实的)。

(2)合同雇员会比政府工作人员的成本更高(这种错误的观念,部分是因为使用合同人员确实多出了一项小费支出,部分是因为他们的小时工资偏高。但是,这没有意识到,竞争带来了效率的提高,从而用的人变少了,小费也就少了,当大部分成本减少了的时候,总成本也将显著减少。此外,正如下面讨论的那样,国会预算办公室和其他部门已经证实,在一对一的基础上,采用合同工进行维修比军队自己维修要便宜 90%)[267]。

(3)成本节省的承诺不会实现(很多人相信这一点,尽管大量成本减少的事后分析数据已经证伪了这种观点)。

(4)小型企业会被伤害(这种错误认识是基于这种担心,当许多合同的小部分聚合起来改变整个过程的时候,大型公司在合同授权过程中将占据绝对优势。但是,大部分合同授权时都有要求,比如,总合同金额的35%应转包给小型企业;事实也已经证明,小型企业比从前获得了总金额中的更大部分)。

(5)大量的政府雇员将要失业(这种观点基于这样的现实,如果要节省30%的成本,就必须有大量政府雇员失业。但是事实表明,只有非常少的人会失业,因为大部分政府工作人员要么在政府内部转岗消化,要么被中标的合同商雇佣得到了更高的薪水)。

大量驳斥上述五个观点的经验数据[268]必须广为人知(例如,放入国防部的某项教育课程之中)。而且,需要实行尽可能多的试验项目来证明可以以更低的成本实现更高的性能。来自伊拉克和阿富汗的两个案例显示了后勤转型的不同方向。第一个是关于伊拉克陆军车辆的维修合同[269]。在这个案例中,45 名合同工作人员,被纳入了一个"先锋"汽车旅,听从营指挥官的领导。结果表明(根据 GAO 报告),他们超出了陆军设定的 90% 的战备完好率目标。从 2003 年 10 月到 2005 年 9 月,战备完好率平均为 96%,尽管行驶里程超过预期的 800%。陆军说,"这些合同人员对维修很在行""提供了状态和零件的及时信息"和"是履行军事职能的自由战士"。但是,陆军决定用 71 个士兵替换 45 个合同工人,并进行"先锋"维修的训练。军队的理由是,"增加不同战斗情况下的灵活性"(成本和战备完好率不是要考虑的因素)。显然,陆军的思维观念并没有因为合同商的超好表现而有所改变。

第二个案例(支持更多采用合同商)是当阿富汗重建开始后,人们意识到对合同商保障的需要[270]。2008 年 9 月,美国国防部为阿富汗巴格拉姆空军基地及周边地区的道路建设和扫雷清障以及分析空中侦察数据进行合同招标。它还宣布,希望承包商提供 22 个中型和重型直升机在伊拉克和阿富汗进行人员和货物的运送。陆军也宣布了一项为 4600 辆地面车辆(预计在接下来几个月内到达)提供维修和安全存放的合同,以保障阿富汗国家警察;工程部队宣布了一项 5000 万美元的合同,以设计和建造一个能容纳 1000 人的综合监狱。最后,美国国防部宣布,它正在寻求情报承包商辨别被拘留者(以确定他们是否是敌方战斗人员)和伊斯兰宗教专家为拘留者提供宗教服务,并在某些情况下充当翻译。在这些情况下使用承包商的优势是,冲突结束后合同就中止,不像政府雇员或军事人员,只有那些行动必需的少数人才会被保留。希望通过阿富汗的军事行动,我们可以学到很多的经验教训,并在未来能够更加成功和高效地完成这些任务。

6. 实现后勤转变的行动

为了实现国防部后勤系统的转变,需要采用一个七步走的战略:

(1)组织结构。每个节点对点对点的供应链绩效和成本负责。

(2)激励措施。整个系统(无论公有还是私有)都必须采用竞争,传统与新型系统、公共和私人劳动力队伍都必须采用基于绩效的后勤。

（3）工作人员。政府后勤的主要领导人都必须经过现代后勤（包括信息系统）的训练。

（4）商业和金融规则。可视性和灵活性是必需的。

（5）基础设施。需要现代通信系统和完整的企业资源规划系统。

（6）为技术提供资金。要想快速实现，就必须为研究开发和设备提供资助。

（7）关注连续的改善。转变是一个过程，而不是一个事件，因此螺旋式的发展是用越来越低的成本实现越来越高的性能的最有成本收益价值和最快捷的方法。

第一，一个重大的文化变革几乎总是需要和这个变革方向相一致的组织机构。20世纪60年代，在罗伯特·麦克纳马拉部长领导下，国防部后勤局面大幅改观，结束了相互独立的军种供应系统（通用品），并创建了当时的国防供应局，随后成为后来的国防后勤局（DLA）。随着1986年戈德怀特–尼克尔斯法案的通过，美国国防部合并了美国本土之外的交通行政和管理机构（仍然处于军种部的管理之下），创建了新的交通司令部（TRANSCOM）。现代供应链管理，正如商业部门的实践一样，是基于所有后勤职能的全面整合，然而国防部系统仍是一个高度分离的系统。国防后勤局、各军种、交通司令部和战斗指挥官全部扮演重要并经常是独立的角色。许多人建议美国国防部设立一个唯一的后勤管理职位。一个国防部框架内的联合后勤司令部（LOGCOM）可以明晰行政和责任权限[271]。为了有足够的权威克服由变革引发的制度阻力，联合后勤司令部必须得到国防部长的全力支持，而且司令应是四星上将（像所有其他的主要司令一样）。他也需要得到各军种参谋长的全力支持，因为它将涉及到军种后勤行动的重大变革。这里是对这个机构的一些建议：

① 新机构将负责全球点对点的供应链绩效和成本。

② 该机构包括交通司令部、国防后勤局和军种后勤部门等现有机构作为组成机关。

③ 联合战区指挥官将保留对战区后勤的行动控制权。

④ 对于武器系统，项目负责人继续负责全寿命周期后勤保障的规划和配置控制。

⑤ 实施的监控将主要关注基于绩效后勤的标准。

⑥ 一个一体化的后勤信息系统是必需的。

⑦ 司令官应当任命一个由产业专家组成的外部咨询机构，在实施指导方面（包括合理的标准）提供协助。

第二，后勤系统的转变，需要为产业文化转变提供适当激励。在这里，应激励公司在较低成本上带来更高性能。如果一个公司实现这个目标，就应该奖励更多的工作，并不再强迫为增加的工作持续进行竞争。如果一个公司不能持续提高绩效和降低成本，则接下来的工作将会面临竞争。同样地，如果一个公司提供了保证并且系统的可靠性持续改善，那么它的利润将不断上升。再次，这是一个在较低成本获取更高性能的激励,因为这样就需要更少的维修工作和更少的备件。因此,所有系统(传统的和新的)采用基于性能的后勤、保证或者收益分享的激励措施,提高了可用性,降低了保障成本,将产生重要激励。竞争选项的持续存在将保留为一种额外激励。此外,竞争可以采取多种形式。它可以是政府最有效率的组织部门与私营部门投标者之间的竞争,也可以是公私伙伴团队的竞争,或者在位私营企业与其他私营企业的竞争。在以上任何一种情况下,某种合同授权可能导致垄断,从而失去了在更低成本上获取更高性能这一目标的恰当激励。幸运的是,这些基于绩效后勤努力的收益正在逐渐得到认可。到 2008 年,国防部有超过 200 个基于绩效后勤的工作正在进行[272]。他们展示的物资可用率高于95%,有 2 ~ 4 天的商用的、世界一流的反应时间(与之相应的是,国防部的平均反应时间是 16 天)。而且,有案可查的平均成本下降了11%(到 2008 年)。

第三,当前的后勤系统过于劳动密集。当乔治·W·布什总统计划加派21500 人的部队到伊拉克时(增加美国的军事力量),国防部说,增派部署需要多达28000 人的额外部队提供关键保障[273]。一个转变的国防部后勤系统应该更多依赖于信息技术而不是过多地依赖人力。而且,关键问题是这些工作是由政府雇员(文职或军人)完成还是由临时的合同雇工完成。问题不是要不要公开或者秘密招工,而是那些不是政府固有的所有工作(比如驾驶卡车、转动扳手和计算机软件编程)是否采取竞争的方式来实现高性能和低成本。公有部门有可能在竞争中胜出,因为他们在这个领域的先前经验,或者是公私合作的竞争团队胜出(最大程度上利用每个部门的优势),或者是有经验的私人部门竞争者胜出。但是如果让那些所有非政府固有的工作都进行竞争招标,则需要立法改变(改变要求在公共和私有企业之间平分工作的厂所维修规则)。即使是政府固有的工作,政府也面临着严重的人事问题,因为大部分的文职人员都将达到退休的门槛。将更多的非政府固有工作交给私营部门可能帮助缓解这个问题(即使由于政治的原因,一些私营部门的工作是在政府维修设施内完成的)。为了解决供给中断和生命丧失的劳务和风险问题,相当部分的战区后勤供给系统近来被转交给无人运输系统。例如,在阿富汗,卡曼航空兵团无人驾驶的 K - MAX 直升机被用来空运 6000 磅的物资到偏远山区[274](从伐木业学习来的)。

第四,为了实现后勤系统的转变,商业和金融规章方面需要更大的透明性和灵活性。下面给出一些建议:

① 为了最大化管理的可视性,应采用基于任务的成本计算方法;

② 应当建立应急承包、金融和行政措施,从而建立预算、合同和周转资本金方面的常备机构;

③ 必须有交易事后的审计和足够的可视性,以快速提供资金;

④ 必须能够实现在线处理和审批订单;

⑤ 应该深化和扩展"主承包商—子承包商"方法(即单一的买方同多个卖方

竞争);

⑥ 必须预设合同商和政府的收益分配比例,以便当成本下降的时候,双方都能获益;

⑦ 要全程使用非专用的和开放的系统;

⑧ 新旧系统都必须采用扩展的基于绩效的后勤系统。

第五,需要一个可扩展的基础设施来实现这个一体的、基于信息的、以数据为中心的系统,来提供必要的实时性和可审查透明性。下面给出一些建议:

① 必须有充足的带宽来解决所有东西的射频识别(RFID);

② 系统必须是无线的,能够处理所有的电磁干扰问题;

③ 必须采用全球的商业通信标准;

④ 联合的(跨军种)供给和维护数据必须可用;

⑤ 这个系统必须能够连接特定事件中相关管理机构的后勤系统(例如应对国内危机时连接国土安全部,远征行动时连接国务院和国际开发署);

⑥ 这个系统也应是一体化的,因此它能够连接政府和工业的数据库,同时保护专利信息,而且可以深入工业低层,得到足够多的部件可视信息;

⑦ 这个系统应该使用现成的商用企业资源规划系统,保证它们是集成的和可互操作的(但它们没必要是一样的);

⑧ 应该使用现成商品的中间件标准;

⑨ 系统应重点关注安全性和保密性(也需要全面保护私人和专利信息,但主要关注点需要放在军事敏感数据上);

⑩ 系统应该可以支持远程保障(具有追溯能力);

⑪ 系统应该是用户友好的,应该为用户提供扩展训练。

第六,后勤转变的关键驱动力是技术,现代系统由于商业创新可以迅速演进。但是,国防部后勤系统(考虑到其一些独特的要求)的发展需要研发费用(最好单列另一条线)。一个关键的问题是需要采用整体架构。这个架构是个简单的多军种的组合还是某种自上而下的形式呢? 如果是后者(也貌似更好),将使用什么样的模式呢? 一般来说,工业企业会强烈偏向一种基于门户的架构(类似于图4-8的模型),系统可以同多个用户和供给商交互(包括公有的和私有的维修设施,原来的主要合同方和他们的供给商以及军种的项目经理、部门经理和很多其他用户)。门户系统也允许管理机构和国防部监测和汇总数据。商业世界采用门户系统,将其建立在互联网和商用通信系统上。国防部也可以为其补充上一些特殊目的的系统和足够的安全性(及其测试)。

一般来说,门户系统提供了集成的方法,允许快速螺旋式发展。它具备以下优势:

① 更快的部署,因为采用了验证的商用现成技术;

② 更低的风险,因为它是边演进边展示;

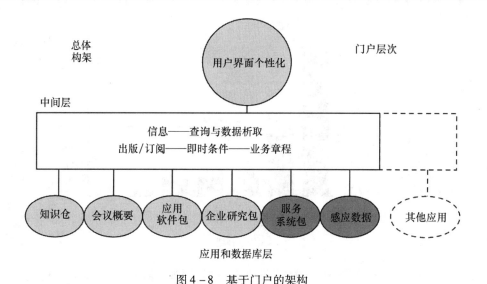

总体构架　　　　用户界面个性化　　　　门户层次

中间层

信息——查询与数据析取

出版/订阅——即时条件——业务章程

知识仓　　会议概要　　应用软件包　　企业研究包　　服务系统包　　感应数据　　其他应用

应用和数据库层

图 4 - 8　基于门户的架构

③ 它是一个高度协作的系统；

④ 它可以建立在目前的军种计划上；

⑤ 它可以集成老的系统（仍是可取的）；

⑥ 它能够认识到技术和需求是不断变化的，在标准不变的情况下，能够适应这些变化；

⑦ 它能够让用户直接参与到演进中来；

⑧ 它照顾了反对激进式变革的现实文化传统；

⑨ 它给所有用户提供了高水平的、精细的可视性，不论用户想要什么，它对公共部门和私有部门用户基本上都是实时的。

第七，可能是最重要的，后勤的转变需要长期关注、连续的改进。在较低成本下获取高性能需要连续的研究和实验（因此充足的科研经费是重要的）。追踪不同时点上的结果，有利于掌握已经达到的改进。图 4 - 9 显示了海军 F - 404 引擎的维护周期迅速缩短的情况。两年半来，这个周期时间从 83 天减小到 3 天，直接影响了飞机的可用性和需要购买的引擎和配件数量。节省下来的钱可以从维修的劳务费用中看出，但是更多的节省来自于间接操作成本的降低。最重要的是，在更低的总成本下，获得了更大的飞机可用率。

重要的改进也是可以做出的，只要能够不断认识到其他人在该领域中做的事情。在喷气发动机维修这个例子中，斯奈克玛服务公司（法国公司斯奈克玛和通用电气之间的合资企业）推出一个项目，称为发动机现场维修（Engine Maintenance On - Site, EMOS），旨在避免因维修或零件更换而拆除发动机。

公司拥有专家组成的专门团队到现场进行维修，有专用的翼机维修工具。在一个案例中，据报告，一个客户为维修支付了 5000 美元，节省了将发动机运送至维

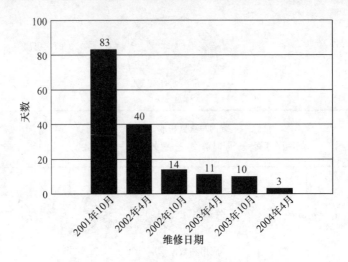

图4-9　持续改进：F-404引擎的维修周期

注：本图引自：David Pauling,"Sustained Material Readiness Via Continuous Process Improvement",2006年,网页链接(2009年2月3日)：http://techcon. ncms. org/Symposium2006/presentations/2006%20Presentations/plenarySession/pauling%20ctma%20brief%20mar%2006. pdf。

修店的成本,该成本在600000~800000美元之间,节省了额外的运输时间和在维修店的维修时间,并且免除了外修期间对异常昂贵的备用发动机的需要。别人这样的经验被证明是非常有价值的(只要人们愿意观察和应用别人的经验,并摒弃"非我所创"(Not - invented - here)的态度)。

7. 实现的愿景

商业世界已经证明在更低的成本下,可以取得怎样的后勤性能改善。目前,国防部必须成为后勤领域的一个世界一流的组织,因为这既对军事任务非常关键,也因为其成本非常庞大(在这样一个时代,国防预算不再继续增长,追加预算也会消失)。

为了实现这种转变,需要坚强的领导,来实现国防部供应链的现代化,这是国防部优先级最高的任务,必须采取恰当的激励来实现这个目的。示范需要鼓励和资助,成功的例子应该当做榜样。最后,在一些关键的财务问题上需要法律和管理的改革,特别是改变竞争的方式,消除目前一半的工作是单一来源的情况。

为了迅速有效的进行后勤转变,必须解决5个问题：

(1)国防部长和军种参谋长必须建立和充分资助"一体化的管理和组织",这主要通过一个单一的后勤司令部来完成,并且整个国防部都应该支持它。

(2)一个详细的"过渡方案"必须形成统一意见,它会随着时间变化(螺旋式发展),并充分利用竞争的优势。为了保证全面实现,必须不断监控并随进度采取相应措施。

（3）建立的信息技术"架构"应随着时间而演变,应是基于门户的和商用的现成技术,应重视安全性和保护隐私,应和其他的企业资源规划系统有互操作性,应采用允许持续竞争的标准（而非专用性标准）。

（4）连续不断评估的"工具和标准"应包括成本和性能的基准,强调战备的改善以及政府行动中基于活动的成本核算（提供全成本可视性,可以随着性能改善进行成本跟踪）。

（5）所有的"教育和培训"项目需要实现后勤转型所期望的愿景、策略以及结果。

在后勤转型中需要重点强调的是（特别是在教育和培训领域）,国防部能够在部队的战斗力方面有巨大提高（通过提高战备、机动性、灵活性、可靠性、反应能力、依靠能力和减少错误）,而且可以实现成本的显著降低。商业世界已经证明这是可以实现的,国防部必须充分利用商业经验和技术优势。但是后勤转型的关键在于,具有坚强的领导力来克服预期的障碍和制度约束。后勤现代化必须放在优先位置才能成功。

第五章

人员队伍：工业、政府和大学

为了使美国拥有尽可能强的国家安全态势，并让美国军人拥有尽可能好的装备和装备保障，我们需要一支有能力、有经验的采购人员队伍——无论是在政府还是工业企业。政府人员队伍包括军队采购人员、文职采购人员和高级政府官员。工业人员队伍从大型的国防工业到中小型企业都有，他们同时为军队和商业客户服务。这些采购人员通常按照专业领域来划分，比如制造业、软件工程或者服务业。图5-1是1965—2005年的国防相关总就业情况。如图5-1所示，工业劳动力数量有大幅度的起伏波动，在越南战争期间（20世纪60年代末期）出现了第一个高峰，到冷战即将结束时的里根总统期间（80年代末期）出现第二次高峰，再就是伊拉克和阿富汗战争时期（"9·11"事件之后）出现第三次高峰。国防工业就业人数变化明显，从200万左右的低谷到400万左右的高峰，这些大起大落都发生在相对较短的时间内。图5-1中还显示了自从20世纪70年代以来，在国防预算增长期间，政府军事人员和文职人员的数目都没有增加。相应地，预算的增长体现在国防工业人员的数量上，他们完成了大量的历史上由政府完成但非政府固有的工作。这种周期性就业变化通过外包来完成，这样（正如图5-1中显示的）也有了一定的灵活性。如果是内包，那么即使在低谷时期也要支付政府工作人员工资。

图5-1中选取的这40年中，尤其是自20世纪90年代的信息革命以来，国防从业人员工作的性质发生了戏剧性转变。例如，1990年，37%的国防从业人员在（广义上的）航空航天领域工作，但是到了2000年，这个比率下降到28%，到2006年，降到了16%[1]。国防劳动力从业领域的转变有两个主要原因：①服务已经成为国防工业最主要的职能（截至2007年，国防部采购中超过六成是服务性工作）；②武器系统制造的高成本使得蓝领制造业工作大幅减少，越来越复杂的性能也使得武器系统的种类和数量越来越少。

在武器采购过程中，也许唯一最重要的因素，是政府需要精明的采购人员，比如职业的政府采购专业人员。当国防采购预算在冷战末期直线下滑的时候，国防部的采购人员数量也相应地大幅减少。在20世纪90年代中期，随着采购预算趋于平缓并开始扩张，国防部1996财年的授权法案仍然要求国防部在2000财年完

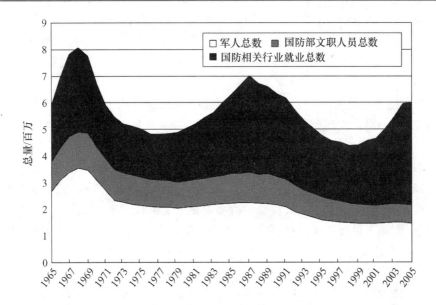

图 5-1 国防相关的人员雇佣总量

注:本图引自:国防部副部长(审计)办公室 2005 年 4 月报告"National Defnese Budget Estimates For FY2006"。

成之前,将采购人员数目进一步削减 25%。然而,当采购预算开始上涨(为了弥补国防部在后冷战时期经历的"采购假期")并在"9·11"事件之后猛涨时,采购人员还在持续减少,造成了工作量和人手之间的巨大差距。雪上加霜的是,大部分增加的工作都是复杂的服务合同(而不是采购人员接受培训的传统装备采购)。更糟的是,大多数工作的完成,都是与远征行动有关,在极其危险的条件下(在伊拉克和阿富汗),与战斗部队和那里作为志愿者的政府文职人员一起。在战区,政府合同人员的大多数职位都是空缺的,而在岗的职位中,也只有 35% 的人员是有岗位资质的。没有人可以独立地完成定价或者合同清仓的工作[2](2008 年,有 90 起合同欺诈事件被检举,这都是远征军事行动区那些问题百出的合同签订行为导致的,但考虑到政府合同人员严重短缺,这也就不足为奇了……)。在伊拉克和阿富汗远征军事行动中采购人员明显不足的问题暴露之后,陆军部长(也是这些行动的执行长官)和国防部长联合成立了一个咨询委员会(即"甘斯勒委员会",以其主席命名)以避免未来再出现这些问题,随后,他们采纳了委员会的咨询建议并采取了一系列措施来纠正这些问题。

正如委员会所建议的[3],纠正行动必须从政府采购人员的顶层开始。因为这些合同行为发生在战区,军队高层应当起到监管作用。而在后冷战时期,军队大幅裁员,陆军选择了保留战斗人员的将官职位,却大量削减了合同人员的将官位置。1990 年,军队仍有 5 个具有合约背景的将官职位,到了 2007 年,这 5 个职位全都被裁掉了。这也在某种程度上阻止了年轻军官们向合同领域发展,因为那里并没有他们渴望的将官职位。另外,在 1990 年,国防合同管理局(负责合同授予之后的管理)仍有 4 个将官(联合的)职位,到 2007 年也全部被裁。国防合同管理局人员总数从 1990 年的 25000 人,下降到了 2000 年的 13000 人,到 2007 年时,只剩下 10000 人,这是 20 世纪最后十年中对国防部负责采购的文职官员进行大规模裁员的典型案例——裁员幅度超过了 50%[4]。

当国防部预算在"9·11"之后开始猛涨时,政府采购人员数量却依然在持续地减少(无论是军人还是文职人员)。比如在陆军中,从 1995 年到 2006 年,采购费上涨了 382%,采购次数增加了 359%,而采购人员却减少了 53%[5]。这就产生了一个恶性循环。后冷战时期的新入伍人数被大幅削减,而整个国家又陷入了与伊拉克和阿富汗的战争,极其需要军事人员,所以非作战性质的军队工作就交给了政府文职人员,但是政府文职人员也被大幅裁减了,因此所有被认为是"非政府固有的工作(比如不是决策层面的或者是政府承诺委任的有关工作)"和保障的岗位就都外包给了私人部门(见图 5 - 1 的右边部分——从 1998 年到 2005 年)。到 2007 年,超过 190000 个合同人员活动在战区(人数超过总兵力的一半),但是当地并没有足够的政府人员,来对合同的履行和实施的结果进行监管。幸亏国防部和国会在 2008 年开始意识到了这个问题,并已经采取了相应的行动去完善。陆军被授权可以增加 5 个将官职位,来对合同履行进行监管[6],并创立了一个新的"陆军合同司令部(Army Contracting Command)",并且国会也为国防部提供了资金拨款和额外的职位,让其开始招募和培训更多的采购人员。但是如此程度和性质的变革需要充分的努力和时间——尤其是在国防部领导力和优先权方面。

第一节　政府采购人员

政府采购人员的最高职位是一些高级政治官员,如负责采购、技术和后勤的国防部副部长,各军种相应的副部长,国防科研和工程主管等。这些经由参议院确认的职位应该需要的是在国防采购领域有丰富阅历的人(在国防装备采购方面),但是他们的任命往往更看重政治(或其他)背景,而非国防相关的经历。因为这些被任命的人要接受大量的财产与安全背景调查(以满足行政与立法的双重要求),并要走一遍完整的参议院批准程序,使得政府高层人员的职位任命需要花越来越多的时间,如图 5 - 2 所示,管理机构花了 8 个多月才完成最高的 500 个岗位的任命。

由于这些高层职位的平均任职时间只有两年半,部门中的许多职业人员将他们称为"临时工",一旦他们与政策不一致,就会被轻易踢出局去。另外,要保证这些职位都能有合适的人选是一件非常困难的事情,因为他们的工资将大幅减少(假设这些人来自工业企业中的高层职位),并且他们还要同意接受就职之后的一些日益繁琐的约束和限制条件。如果政府想要拥有出色的采购人员——以最大化

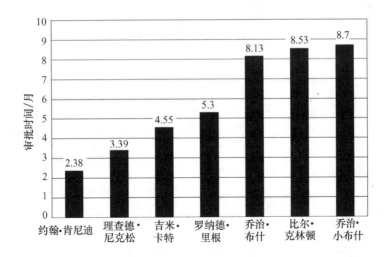

图 5 - 2　总统任命的前 500 高层职位审批时间,1961—2009

注:本图引自:布鲁金斯研究会,"Staffing a New Administration:A Guide to
Personnel Appointments in a Presidential Transition",《总统任命计划》2010 年。

几千亿美元采购资源的效率和效用,那么它必须先找到和留住那些具有相关经验的处于采购金字塔顶端的高层人员。

政府采购人员的第二层次是高级军官。他们的数量也被大幅削减,且常常是几乎没有任何采购经验的人来担任。正如一些持怀疑论者所言,这是在找到合适的指挥位置之前,指挥军官保留高级职位的一种方式。采购将官职位的缺乏必须得到修正,这样年轻的军官才会有动力在采购领域进行职业发展。

政府中的绝大多数采购职位都由政府职业文职人员担任。许多趋势都很明显。首先,联邦政府已经大幅削减了采购人员。对于国防部,采购人员从 1990 年到 2000 年大约减少了 65% ,"9·11"之后也并未增加。但是随着预算(尤其是国防预算)的迅速上升,仅有的采购人员的工作负担大幅上升。图 5 -3 清楚地说明了这一点。

2008 年国防部决定增加采购人员的数量,整个联邦政府中(工业企业中也一样)对有相关经验人员的竞争变得十分激烈。对于国防部来说,最需要的是招募那些愿意去战区从事合同和采购管理的人员。联邦部局之间(以及工业企业)对这些关键人物的竞争也采取了多种多样的激励手段,比如奖金、大量的实习项目以及其他实惠。

与采购人员相关的第二个主要趋势是政府人员(包括那些采购领域的人)的整体老龄化。后冷战时期的人员缩减在根本上减少了年轻的工作人员(按照"先出后进"的方式),因而导致了人员平均年龄的增大。除此之外,由于雇用了大量第二次世界大战之后"婴儿潮"时出生的人,到了 20 世纪末期,许多国防部文职人员都五十多岁了;到 2005 年,在国防部 124400 位文职采购人员中有超过

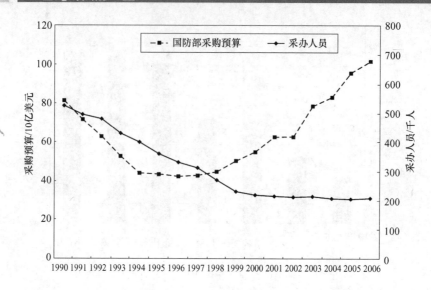

图 5-3 国防部采购人员随着采购预算的增加而减少

注:本图引自:远征行动中的陆军采购和项目管理委员会,《需要的紧急改革:
陆军远征合同》(华盛顿特区,美国政府印刷局,2007 年 10 月)。

半数的都将在 5 年内达到退休年龄[8](并且政府的退休福利越来越有吸引力)。事实上,到 2006 年,国防部采购人员中,有 75% 的人出生于 1964 年以前[9]。人员结构老龄化,难以吸引和留住那些拥有必要教育和经历的新人,再加上缺乏中层管理人员监督他们,这些混合起来就成了一个大问题。并且还要加上一个尴尬的事实,日益年长的采购人员通常并不具备符合国防部 21 世纪需求的现代计算机操作技能。

这些政府人员的问题使得许多关键的政府需求越来越多地转向私人承包。在一些案例中(例如,战区的武装安保人员,或是为政府合同服务的私人承包商,或者项目管理活动),国会已经极为关注这些是否是政府的本职工作。但是能够胜任这些工作的有经验的政府人员短缺,使得这些岗位只能由承包商来填补,再加上即将到来的大规模退休潮,若不采取修正措施的话,问题会进一步恶化。大量研究表明,政府没有采取足够的措施来解决这项预期中的危机——比如缩短招募流程,不要像往常那样花上 5 个月的时间[10]。或者采取其他方式来变得更有竞争力,从私人承包商手中争取那些关键人才[11]。国防领域不仅存在"婴儿潮"时期出生的劳动力老龄化问题,而且国防问题有其特殊性,比如雇佣的人要能够通过安全审查(并且必须是美国公民),要有高科技背景(而许多又恰好不是美国公民)。到 2007 年,国防部与国土安全部的国防采办工作均人手短缺,只有 8300 名合同官员[12],且其中许多人短期内即将退休。

最终,将许多先前由政府做的工作外包出去成了常见做法。如果是竞争性外包的,那么这样做利大于弊(从绩效、成本和灵活性方面而言),但是这通常会形成一个"混合型的劳动力队伍",即承包商和政府雇员同时在做着相近的工作。比如在2007年,陆军合同管理局的"卓越合同中心"(Contracting Center of Excellence),42%的合同专家(比如擅长合同发包的人)都来自合同商[13]。只要承包商做的不是政府固有的工作,或者他们以及他们的公司与承担的工作没有利益冲突,那么这样做并没有什么违法的、低效的亦或无用的(相反地,在许多案例中,这种做法远比先前更高效和有用)。但这样的"混合型劳动力队伍"已经给政府员工带来了众多管理上(以至于士气上)的问题(比如围绕管理权限和薪资差异的问题)。因此,外包的行为实践开始受到行政与立法部门的大量监督,并且需要更加明确地定义角色、职责以及存在利益冲突的潜在领域。但是,工作终究还是要做的,承包商又具备所需的技能,所以还是继续这样的做法,直到政府人员能够重新增多,且更多专业性的公司(没有利益冲突)被建立起来。

由于政府招进年轻人来代替即将退休的员工,而且能够提供指导的中层管理人员减少(原因是冷战后新招募的冻结),因此政府如果想要成为一个精明的买主,就必须为新雇佣员工提供大量的培训和教育。这些培训将要涉及一些更新的领域(比如远征行动合同发包、混合系统的采购,以及军种精细采购和管理的复杂领域等)和采购过程中用到的一些现代技能与工具(比如基于绩效的采购,战略规划,解决合同分歧的有效方法,独立定价,需求编制与合同清账)。同时,由于国防部文职采购人员不断地被要求自愿去战区为远征行动服务(去保障大量私人承包商的合同签订和管理工作),政府必须想出一些让这些人甘冒生命风险的更大激励措施(比如更高的薪酬激励,增强的人身保险,以及其他的增强福利)。在伊拉克和阿富汗战争期间,军事人员和私人承包商都享受到了许多福利,但是政府文职人员则没有,因此,改变这种不均衡被陆军和国防部调查伊拉克和阿富汗合同问题的委员会(如上文提到)作为一项重要建议提出。最后,一个解决政府采购人员问题的方法是,加强有专业技能的人从工业到政府的短期轮换(要同时避免利益冲突)。事实证明,在需求的早期用这种方式引进技术人员还是很有效的。国会最近开始放松这类规定(比如,在轮换制的基础上,允许国防高级研究计划局,从工业企业中招募20个具备特殊科学技能的人员),但是这与政府需求比起来仍是杯水车薪,因此这样的做法应当大规模地扩展以覆盖各个部门和技术领域,来满足政府的未来需求[14]。

由于在一定程度上认可了对旨在招募、培训和留住国防部采购人员的"采购人员发展基金"的需要,国会(2008财年国防授权法案第852条)提供了一些必需的发展资源,国防部长盖茨也承诺为国防部招募2万名新的采购人员。但是,我们不能简单地将不同军种的挑战视为等同的。我们需要有经验的人,新人进入决策岗位前必须要先经过适当培训,且这些人应当填补的是履行政府固有职能的岗位(而非"跑腿"或者其他保障性职位)。

第二节　国防工业人员

正如本书开篇提到的,国防工业(历史上被称作"民主兵工厂")为作战官兵提供了赖以制胜的武器系统和服务。这个工业中最基本的要素是人——从 CEO 到基层工人。这些人要生产和提供经济上可承受的最高质量、最高性能的武器和服务。这是高科技产业,它生产导弹、舰船、飞机、坦克,还有复杂的后勤、分析和工程软件服务。不像其商业同行,这个产业受到政治、管制措施和单个买家的独特特点的影响很大。国防工业的 CEO 和高级经理人既需要理解商业高科技的运作,也要理解国防部的办事程序和文化背景。这些 CEO 曾经趋向于具有工程项目管理的背景,但近来则转向金融领域。他们一方面紧盯华尔街,另一方面则关注公司并购,公司股票价值的变化为其带来了几百万美元的工资和股权。

在国防工业人员的构成中,一项更大的转变正在发生。过去,这是一个以"蓝领"为主的重型制造业。它以科技为基础,由工程师来完成关键的设计和原型工作,但大量资金流入的是装备制造和维修环节。然而,随着装备越来越复杂和昂贵,新造武器系统日趋减少,大量的合同资金转向了专业性服务(并逐渐支配了整个合同资金)。正如马克·罗纳德(一个大型国防企业的前 CEO 兼主席)所说,"我们的员工性质已经大幅改变……这曾经是蓝领的工业。但现在几乎是白领独占天下了……我们产品的性质也发生了改变……我们公司起家于飞机公司的整合,如今飞机只占我们所有业务的 7% ……我们是电子产品制造商,是软件开发商……和其他的大型航空航天集团一样[15]。"今天,一支高技术水平的员工队伍主要从事设计工作、原型建模、系统工程建造、系统体系架构和实施、软件开发以及关键的专业服务等。在许多情况下,他们做的不是政府的本职工作,但这些工作之前的确是由政府人员来完成的。

国防工业的劳动力队伍正在遭遇着和政府雇员队伍面临的同样问题。由于后冷战时期国防支出的大幅削减,20 世纪 90 年代的国防企业几乎没有招募过员工,而且由于政府和私人企业的劳动力队伍是同时建立的,因而他们都面临着员工老龄化问题。随着这些工人开始退休和"9·11"后预算上涨对国防工业的需求,导致对这些员工的人才争夺战(来自政府和高速增长的高科技商业部门)异常激烈,薪金也越来越高。比如,国防工业特别需要计算机模拟和建模人员,而华尔街和好莱坞都愿意出高薪来挖走这些人才。从 1995 年国防预算开始增长,大型国防工业企业逐渐合并,航空工业(广义上也包括电子和软件业)负责研发的科学家和工程师的薪酬也爆炸式增长——从年薪只有 17 万多美元,到如今的超过 37 万美元[16]。商业领域可以自由雇用非美国公民,因此国防工业要为美国公民和已经通过安全审查的人提供专门奖励。承包商为已经通过或上岗后愿意接受安全审查的人提供签约奖金、激励奖金和更高的工资。2006 年，签约奖金在 3900～11400 美元之间，安全审查的增加额从机密级审查的 3% 到绝密、测谎审查的 23%[17]。许多国防企业也为自身员工提供高达 1 万美元的奖励费或发现费，以鼓励他们为公司推荐录用新员工。

截至 21 世纪前十年的中叶，美国开始意识到，其劳动力队伍跟不上全球竞争（也许最好的例证是，国家科学院 2005 年报告，《在风暴中崛起：为美国光明的经济前景提供激励能量和就业机会》）中日新月异的科学技术的发展脚步[18]。

但是，航天与国防工业的问题也许更加严重。这里列出了会导致危机的八项因素：

（1）冷战后的就业率降低。随着政府采购的减少和冷战后发生的国防工业合并，失业大量增加，招聘被冻结。到 2005 年，航空航天产业只有 751300 个就业岗位——相比 1989 年的 130 多万个岗位的高峰来说，下降了 40%[19]。失业的有不少是年轻人，这样的比例失调越来越严重。裁员范围蔓延至工程师和科学家，从 1986 年到 2003 年，航空航天产业的工程师和科学家从 144800 人下降到 32500 人[20]。

（2）退休。2008 年，航空航天产业的员工有 30% 符合退休的条件[21]，且这样的情况会变得更糟，因为大量的"婴儿潮"时期出生的人（他们是大裁员中的幸运儿）也逐渐接近了退休年龄。劳工部曾经做过估计，从 2007 年开始，在美国的所有经济行业中，"婴儿潮"时期出生的人会以每天 7918 人的速度退休[22]。

（3）向高科技劳动力的转变。随着工作性质从低技术高产量转向高技术低产量，员工素质也相应发生了转变。对工程师和科学家的需求日益增长。此外，蓝领工人也需要具备高科技操作能力，这也导致了许多生产制造岗位的人员空缺（基本上是因为申请者缺少岗位必需的阅读和数学技能）[23]。

（4）美国科技人才的缺乏。美国经济竞争力和国家安全面临的一个主要的长期问题在于，美国学生并不倾向于选择进入科技领域。举个例子来说，从 1997 年到 2007 年，美国公民中由美国大学授予工程博士学位的学生人数减少了 23%，从 1987 年到 2007 年，获得学士学位的本科生当中，工程学、数学、物理学和地质学学士减少了将近 40%；1956 年获得物理学学士学位的学生人数大约是 2006 年的两倍[24]。即便在计算机科学领域，大学的计算机科学课程选课率在 2000 年到 2004 年之间下降了 60%，而在 1987 年，选课率曾经达到 70% 的高峰[25]。这些学术领域的人都是商业信息安全领域以及未来全球网络战争中极其需要的人才。

（5）来自日益强大的商业高科技领域的竞争。在 20 世纪的大多数时间里，许多美国的顶级科学家和工程师选择进入国防领域，因为它代表了科学技术的最前沿。但是，随着商业高科技领域的爆炸式发展（无论是美国还是全世界），其对相关领域顶尖学生的需求迅速增长（即便每年这些领域毕业的美国学生逐年下降）。

不少学生都受到商业领域创新工作的吸引。同时,商业领域也被认为是一个长期性的增长行业,不像国防工业,它一直以来都被认为是高度周期性的,长期就业的风险比较大。

(6)企业和政府研发投资的减少。在后冷战时期的收缩阶段,国防部大量削减了对研发环节的投资,尤其是一些长期研究项目。同样的事情发生在同期的国防工业中,华尔街和企业管理层都强调短期操作,这同样导致企业的研发投资大量减少。"9·11"事件之后,国防部预算有了大幅提升,资金大量投向短期的战时需求,研究环节再一次面临资金萎缩。随着连续多年需求的减少,那些有可能成为科学家或工程师的年轻人选择了赚钱的路子,选择了金融或法律的一些职业。正如诺曼·奥格斯汀所言,"2001年,相比研发,美国工业将更多资金花在了侵权诉讼以及一些相关成本上[26]。"

(7)有限的项目经历。随着新启动的国防武器采购项目越来越少,每个人能够服务不同项目的数量也在大幅减少(详见表3-1中,20世纪50年代至21世纪初新启动的军用飞机项目的数量变化)。工程师们曾经通过从事不同项目的工作获得经验,但是近年来,他们不得不在单个项目上耗费20年甚至更长的时间,这既在心理上令人无法满意,在经验获取上更是大大受限。和商业领域的爆炸增长以及新产品的层出不穷相比,这种对于单个项目的长期固守也使得人们对国防领域望而却步。

(8)对航空航天与国防缺乏兴趣。从上述众多原因可以看出,国防工业已经丧失了"阿波罗"登月以及冷战时期的那种吸引力。如今的理学和工程学的毕业生在选择向往的就业领域时,将航空航天产业与国防排在了不是最后也是比较靠后的位置[27]。贝恩公司一项研究发现,在排名前15的工科学校中,只有7%的学生愿意在航空航天与国防领域中谋求职业发展[28],而在对500名美国航空航天从业人员的调查中发现,有80%的人因为工作地点的不稳定性而不会建议自己的子女步其后尘[29]。

这八项因素的综合影响正在导致国防工业的就业危机。招募和保留员工是如今国防工业企业的头等重要问题。上文提到的贝恩公司的研究预测,在接下来的几年中,将会出现成千上万的美国国防工程师的潜在短缺。如果目前的趋势持续下去,那么在2010年即将退休的57000~68000位工程师中,国防工业将只能替换大约一半的人数。这对于所有大型的国防工业企业而言,都是一个不容忽视的问题。比如说,2006年,洛克希德·马丁公司有1/3的雇员年龄超过了50岁,公司每年都要招募1.4万名新员工。到2009年,估计需要招募约4.4万名新员工,而教育部的数据显示,美国大学每年仅仅能培养约6.2万名工程类本科毕业生(少于视觉艺术和表演艺术专业的学生)[30]。根据贝恩公司的调查,到2010年,很可能有约41000~87000名国防工程师的潜在短缺(取决于需求)[31]。这是关乎美国未来国家安全的一个主要问题,也同样(因为这些人同样也为商业领域所必需)关乎美国的未来经济竞争力。国防工业需要到大学中去寻找帮助以解决这个问题。

第三节　大学毕业生

　　理学和工学的教育现状很令人担忧——尤其是在研究生教育层次上。举个例子来说,2005 年,美国大学一共授予了41000 名工程类硕士和博士学位,而这其中有一半的人都是非美国籍人士[32]。随着越来越少的本国学生对此领域感兴趣,并且越来越多的外国学生进入该领域,这个比例将变得越来越悬殊。更糟的是,2001 年,美国大学从事博士后研究的学者中,有 57% 都是外国出生的[33]。美国研究生专业中,外国出生的学者占优的现象已经扩展到了越来越多的领域。举个例子,在电子工程学领域,2007 年,70%的博士学位授予了非美国国民。相似地,在信息技术领域,美国大学的研究生专业中,外国学生人数也多于美国学生。从 1996 年到 2001 年美国理学和工学博士学位的数量出现了下降,而亚洲和欧洲的相关领域毕业生人数都比美国每年多出 5 千多个[35]。美国本科生选择理学和工学专业的短缺映衬了美国籍研究生(国防工业所需的)的短缺。而在其他国家,在本科生阶段选择理学和工学的学生要远多于美国学生(见图 5 - 4)。

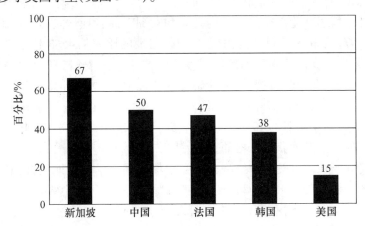

图 5 - 4　五个国家的自然科学与工程学本科学位授予数,2004 年

注:本图引自:Knneth Cohen,"National Math and Science Initiative",2007 年 11 月
(2008 年 9 月 4 日为国家科学院科学、工程与公共政策委员会做的简报)。

　　因此,美国大学面临着这样一个窘境:他们无法吸引美国学生选择就读理学和工学,而只能继续吸引外国学生选择这类专业。但他们也在追求一个新的方向——在国外建立美国大学分校。比如说,在卡塔尔,卡耐基梅隆大学有个校区,康奈尔大学有个医学院,德克萨斯 A&M 大学有个工程学院,乔治城大学也有个计算机科学学院。密歇根州立大学和罗彻斯特理工学院都在迪拜设有中心。纽约大学在阿联酋和新加坡正在开设分校;佐治亚理工大学在法国、新加坡、意大利、南非和中国有学位项目,印度项目也正在筹划中。如此持续下去的话,美国校区能吸引到的外国理科和工科学生、老师和学者会越来越少,并且过去许多人在大学结束后会留在美国,但现在他们无法再被美国工业(尤其是商业部门)招募了。尤其值得警觉的是,1/3的美国诺贝尔奖获得者都不是在美国出生的,大多数硅谷高新技术公司创始人也都不是在美国出生的。目前的趋势给美国未来竞争力和国家安全带来的影响是巨大的,而美国的政策也趋向于阻止外国理学与工学的学者和学生来美国深造。举个例子,如果他们是办理学生签证或者短期工作签证来美国的,就必须事先同意在学业或者临时工作结束时返回他们自己的国家(这是一项违背美国利益的政策)。自从"9·11"事件以来,美国收紧了对外国学者和学生的签证发放(因为担心他们可能是恐怖分子或间谍),这又是一项与美国利益相违背的政策[36]。

在非国防领域,有外国学生和学者在美国学习工作是非常有利的。事实上,如今的理学和工学领域内,有1/3的人出生在美国之外[37]。但是"9·11"之后,美国对移民数量的控制导致了2004年国际学生申请数量下降了32%,长期趋势也是显而易见[38]。

同样麻烦的情况是,为了获得所需的劳动力,美国商业公司正在将其研发中心转移到国外。博思艾伦汉密尔顿咨询公司和欧洲工商管理学院(INSEAD)的一项调查表明,1975—2005年间,研发中心在国外落址的比率从45%上升到66%。调查还发现,未来三年内筹划建立的新研发中心当中,有77%准备落户中国或者印度。对于美国公司寻找最重要的国外研发地点来说,中国和印度都处于赶超西欧的边缘地带。因此,到2007年末,中国和印度占据了美国公司"全球研发员工的31%",相比于2004年时的19%上升了许多。调查发现,"建立一个新的国外研发中心最常见的原因是能获得合格的员工[39]。"

如果美国要在国家安全和经济竞争力中保持其技术领先地位,就必须承认这个长期性的趋势。美国出生的科学家和工程师(尤其是研究生级别的)供不应求,商业科技公司又宣称要招募合格的外国人,尤其是那些接受过美国大学教育的。除此之外,那些留在美国的人通常都自己创办公司。在截至2005年的十年间,出生于外国的企业家在美国创立了1/4的工程技术类新公司[40]。

2001年,美国为20万名高技能工人发放了H1-B签证。然而到2004年,美国将H1-B工作签证的上限降为8.5万(其中6.5万给予有学士学位的外国工人,2万个给予美国研究生院的外国留学生)。2008年,16.3万人申请此类签证,巨大的申请材料处理量让美国国家移民局在五天后停止接受这类申请。如果不停止的话,申请数量会更加庞大。这些人并不是来取代那些失业的蓝领工人的,美国本国国民不足以填补这些职位的短缺。其实增加这类签证的通过量是符合美国利益的,因为这总比让高水平的科学家和工程师跑到别的国家去跟美国竞争要好得多。另外,这些人中应该要允许相当大的一部分去国防工业工作。大约3%的美军人员不是美国公民[41],退役之后他们就能立即获得美国公民资格。相似地,也应该允许非美国公民进入不涉密的国防企业工作,并获得美国公民资格(但同时也要承认,和美国作对的一批最著名的间谍也是出生在美国且终生在美国的)。

另外一项需要的变革是,缩短拿到签证和在美国找到工作之间的等待时间。如今,即便某家公司已经接受了持有 H1 - B 签证和美国大学高等学位的申请人,公司也还是要花上一年的时间才能真正录用这个人。另外,尤其对于像来自中国这样国家的专业人员,拿到绿卡的种种限制导致其要等上几年的时间才能获得永久居留权。举个例子,一位来自印度或者中国的科学家要想在 2006 年拿到绿卡就必须在 2001 年提出申请[44]。然而根据一项计算,自 20 世纪 80 年代,3000 家创始人为印度裔或者华裔的科技公司在硅谷创立(超过总数的 30%)[45]。创始人中有一个或多个外国移民的公司有英特尔公司(Intel)、谷歌(Google)、雅虎(Yahoo!)、太阳微系统公司(Sun Microsystems)以及易趣公司(eBay),一项 2006 年风投资助的在美国创立的私人公司调查表明,约 47% 的公司有外国移民背景的创立者。调查还发现,2/3 被调查的外国移民创立人认为,美国目前的移民政策阻碍了未来的外籍企业家来美国创办公司[46]。这也直接证明,美国维持一个更加开放的法定移民系统的特别重要性[47]。"曼哈顿工程"是在第二次世界大战期间运作的建造第一颗原子弹的秘密项目,它为观察非美国公民在国家安全领域内工作的潜在价值提供了一个有趣的视角。参与这个项目的美国国民很少。不少都是欧洲人,且主要来自美国当时的敌国德国和意大利。实际上,恩里科·费米直到原子弹成功之后才获得美国公民资格。

意识到不允许外国技术人才进入美国的问题已经有一段时间了。2006 年,比尔·盖茨就警告说,技术人才签证和居留权(绿卡)的缺乏正威胁着美国竞争力,"因为其他国家正从国际人才中获益,而美国雇主却无法雇用和保留这些国际人才。"然而,微软公司还可以选择。它有四个大型研究中心,只有一个在美国本土,其他的在印度的班加罗尔、中国的北京以及英国的剑桥[48]。国防企业则没有这样的选择(尽管他们可能是被迫的,如果这个趋势持续的话)。

提高 H1 - B 签证的通过量将不会导致外国居民抢美国国民的岗位。不少科学技术方面的工作需要人手。一份 2008 年的研究表明,仅标准普尔的前 500 家公司就有超过 14 万个技术性岗位虚位以待。2008 年,主要的美国科技公司每家平均有多于 470 个美国本土工作职位空缺,国防企业则每家有超过 1265 个。这些工作都要求至少有科学技术类的本科学位。比如,2008 年 1 月有空缺岗位的国防企业有:诺斯罗普·格鲁曼公司(3925 个),洛克希德·马丁公司(3901 个)和雷神公司(1694 个)[49]。随着员工队伍老龄化和选择理科和工科的美国学生越来越少,这个问题预计将会逐渐恶化。事实上,美国劳工统计局估计,"在 2006 到 2016 年间,美国雇主将不得不填补超过一百万个新的高科技岗位空缺[50]。"正如《纽约时报》记者托马斯·弗里德曼所言,考虑到引进外国技术工人和为愿意留在美国的高技术工人提供的就业绿卡数量,"给他们所有他们想要的东西吧！不仅仅是我们的公司现在确实需要他们,因为我们没有培养出足够的工程师,而且他们将创建更多的公司和创造更多的就业岗位,远多于他们可能取代的。硅谷就是很好的例证,创新的地点事关重大。它仍然是最好的工作所在地。"[51]

第六章
研究与发展的关键性

　　第二次世界大战结束后和冷战时期,美国的国防战略是基于技术优势的。1977—1981 年的国防部长哈罗德·布朗,以及当时的国防部副部长威廉·佩里决定通过技术投资而不是组建更庞大的军队来抵消苏联的数量型军事优势,原因是国防部的劳动力成本急剧上升[1]。

　　这项政策并未被普遍接受(特别是在许多军人眼中,他们更偏向于现有的武装),但这一政策的效力在 1991 年海湾战争中得到证实,先前发展起来的科技产生效力并助美军取得快速胜利。在 2006 年的黎巴嫩战役中,真主党袭击了北方的以色列城镇。34 天内,该组织袭击了以色列北部和黎巴嫩南部的以色列国防军(中东最强大的武装力量),它意识到通过常规力量难以与以色列直接抗衡[2],因此用科技来支持它的非常规战术。伊拉克反对派已经通过科技化(例如安全通信、互联网和路边炸弹)的小型武装与商业技术,十分顽强地对抗了远远强于他们的美军及其盟军。最终,掌握了核能或生物武器的小股武装,即使只有有限的武力,也可以极大地影响未来安全局势。

　　因此,美军及其盟军必须发展先进科技,预测高科技(军事和经济)未来如何应用及为谁来用,并发展技术的和(或)行动的反制措施。例如,正如俄罗斯军队 2008 年进入格鲁吉亚时所展示的,网络战可以在与敌人对抗时发挥重要作用。美国研究机构必须高度留意网络防御。总之,随着科技的迅速传播与全球化,美国需要保持领先(在进攻与防御上)来维护其未来安全。

　　幸运的是,第二次世界大战后研发投入的重要性已被广泛认知,研发投资也有大幅增长,如图 6 - 1 所示。

　　仅当经济健康平稳时,国防研发的大规模投资才有可能。在经济受限时,长期投资(像研发投资,特别是基础研究)往往被推迟以满足近期需求。

　　不仅国防支出需要平稳的经济,国防与非国防的研发投资也与经济具有协同关系,双向强化①。过去,美国经济从国防支出溢出效应中的受益要多于国防工业

---

　　① 经济越强,研发投资越多;研发投资越多,经济越强。经济越弱,研发投资越少;研发投资越少,经济越弱。——译者注

图 6 - 1　1947—2006 年间的研发支出（通货膨胀调整后的）

注：本图引自：国防（审计）副部长办公室 2005 年 4 月做的《2006 财年国防预算评估》报告。

业从私人研发中的得益，但现在，国防已从商业研发支出（特别是在信息科技领域）中得到相当多的收益。因为美国国家研发支出中增长的份额都在商业领域，国防部需要充分利用那些投资（并且不被行政与立法限制所阻碍）。

从国防科技向商业领域的溢出较多的有：

（1）商用飞机。莱特兄弟的早期飞机之一是被军队作为一项研发项目资助的。波音 707 主要得益于波音空中加油机（KC - 135），它是为了给战略轰炸机提供空中对接加油而发展的。从 1945 年到 1982 年，军事研发经费占了商用航空工业研发总投资的 74% 以上，并且从 1985 年到 2000 年，它从未少于该行业年度研发总投资的 70%[3]。

（2）喷气式飞机引擎。商用飞机引擎技术——1925 年的普拉特 & 惠特尼"黄蜂"（Pratt & Whitney Wasp），1980 年代的高涡轮增压风机，以及今天现代飞机的大型喷气式发动机——都是得益于军事采购与军队资助的研究发展。

（3）半导体。早期国防采购和持续的研发努力在这个产业的发展中扮演了重要角色，因为国防部转向高度依赖电子技术以取得科技优势。

（4）计算机。1945 年诞生的并被广泛视为第一台电子计算机的 ENIAC（Electronic Numerical Integrator and Computer）为美国陆军投资创建[4]，从那时起，国防部持续作为主要投资者之一，推动了计算机行业的加速发展。

（5）软件。随着国防部对高级计算机的大规模应用以及当前对综合电子系统及系统体系的严重依赖,先进软件的发展变得日益重要。例如,联合攻击战斗机(Joint Strike Fighter)超过 50% 的开发成本用于软件开发[5]。

(6)互联网。1974 年,高级研究计划局(ARPA),也就是现在的国防高级研究计划局(DARPA),开创了高级研究项目局网络(ARPANET)。ARPANET 是一个开放的、非专用的标准集合,这些标准构成了现在全球互联网的架构。通过允许(和实际鼓励)小公司参与到它的发展中,ARPA 可以充分利用小公司的创新优势。

(7)全球定位系统(GPS)。在 1972 年由国防部创建,作为飞机、船只、导弹以及车辆的三维导航系统,全球定位系统现在由国防部资助并且免费提供给全球范围内的商业用户。另外,GPS 卫星上的原子钟现在被世界银行系统用作标准时间。

(8)通信卫星。出于全球通信的需要,国防部在通信卫星的发展中扮演了主要角色,这些通信卫星现在世界范围内广泛使用(军用和商用)。

(9)核电。核电产业发展资金的大部分来自于国防部——起于核武器但主要得益于舰船的核反应堆。

(10)冻炸食品。许多研发工作是如何为军队提供食品。这种研发致力于研究如何包装新鲜食品,在室温条件下长时间保存以及快速加热(包括通过包装加热)。

(11)标准化船载集装箱。开发标准化船载集装箱以使大量装备能在军队出海时迅速打包和装载。此过程迅速变革了商用船运行业。

清单还可以继续列举,相当数量的管理现代化也是被国防部引进的——包括项目管理、日程控制技巧、现代制造(始于陆军资助的可交换的步枪部件)和制造技术项目。以上清单表明了国防研发对美国经济增长和领先的重大作用。虽然国防研发的溢出产品很有价值,但国防研发的大规模国家投资是为了国家安全,经济效益只是次要考虑。然而,它们的价值有利于维持国会对大型国防研发投资的持续支持。事实上,20 世纪 50 年代,国防相关的研发支出占联邦研发总支出超过80%,并且从 1949 年到 2005 年很少低于联邦研发支出的 50%[6]。虽然一直到 20世纪 70 年代美国联邦开支都主导着整个国家研发,但从 90 年代至今商业研发开始占主导地位——在 21 世纪占国家研发总开支的近 70%(图 6-2)。

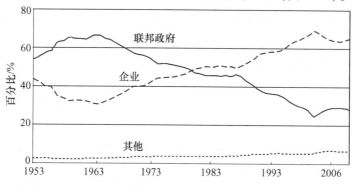

图 6-2 分部门的国家研发支出,1953—2007

因此,国防部必须利用商业研发的优势——无论国内的还是全球的。这意味着要消除目前许多阻碍商业公司进行国防研发和阻碍国防部使用商业产品(置商业产品的高性能和低价格于不顾)的法律和行政壁垒。

过去半个世纪的大部分时间里,工业企业(更多是国防产业)承担了60%~70%的国防部资助研发项目,政府实验室承担了大约20%~30%,美国高校承担了3%~5%(主要是基础研究)[7]。

由于国防部保有技术优势的目标需要大量的研发投资,因此它在纳米技术、网络安全方面的工作将会在商业竞技场上继续产生大量溢出。例如,据估计到2020年,15%的行业和100%的电子产业将基于纳米技术[8]。但由于商业界的技术含量越来越高(尤其是在电子和信息技术方面),国防部也将从全球商业技术中获益良多(称作"溢入")。例如,随着商业系统越来越需要网络安全(譬如在银行和医院里)以及医疗研究(政府研发投资的第二大领域)的持续,国防部期望能从网络防御和生物防御领域获益(如能有效预防被用作大规模杀伤性武器的生物工程病原体的宽带疫苗)。

强劲的美国经济和国家安全支出之间、国防溢出至商业界的研发投资和商业界中影响国防及国家经济增长的研发投资之间具有内在联系。它们为国防和美国经济之间、国防研发和美国经济之间、国防和国家安全之间提供了一个综合的内在联系和有力的协同机制。绝大多数21世纪的社会问题(如能源、环境、健康和经济,因为经济影响就业和贸易)和国内外安全问题将取决于国家继续成功地进行研发活动的能力。

整个20世纪下半叶以及进入21世纪以来,现代科技的两大关键特点是变化的速度(伴随着其快速应用)和全球化(军事上,尤其是商业竞争上)。这种变化速度最明显的例子是在电子领域。如图6-3所示(用对数曲线表示,因为线性曲线不适于表现如此之大的变化),在1900年,1000美元能买到的是每秒几次的机械计算器;接着在电子机械时代、真空管时代、晶体管时代、集成电路时代逐渐提高;现在在纳米科技时代,则达到了每秒数十亿次的计算速度。

微型芯片的处理能力每18个月翻一番(遵循摩尔定律),但是此种计算能力的成本却急剧下降。在1978年,英特尔的8086系列晶体管每个成本为1.2美分,每秒百万条指令(Million Instructions Per Second, MIPS)的成本为480美元。到1985年,英特尔386晶体管每个是0.11美分,MIPS的成本为50美元。十年以后,奔腾处理器的优惠价达到每个晶体管0.02美分和MIPS成本为4美元。并且,预计此价格还会继续下跌[9]。

在全球化方面,技术正在全世界范围内迅速传播,且同时被敌人和盟友利用。

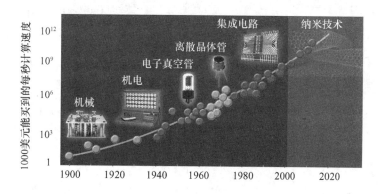

图 6 - 3　技术的加速进步,1900—2020

注:本图引自:Dave McQueeney 和 Gary Ambrose 在 2008 年 6 月国防科学委员会

讨论上发表的《国防部利用商用现货:信息产业的视角》。

进行基础研究的重要性也逐渐被国际社会认识到,并且从开发到部署的周期越来越短——以保持其领先地位。例如,2005 年中国国务院的战略文件指出:"基础研究已成为国家综合国力竞争的一部分[10]。"

保持领先——通过持续的研究和从研究到展示、系统发展和部署的快速转换——在国防采购的早期需要大量资源。在战时或预期有军事需要的时期,则倾向于把原本用于研究的资金转向现有武器系统的购买和人员的扩充。这种趋势在国家经济疲软时期变得更加明显。因此所面临的挑战不仅仅是要让民众知道保持基础研究领先的必要性,而且更重要的是要在采购过程的初期提供足够资源——即认识到此阶段所需资金比后续阶段少得多。

研究和开发周期的各个阶段,及 2006 财年的资助水平如图 6 - 4 所示。我们可以从中看出,阶段 1 的预算(BA1),即基础研究(通常由高校完成),规模很小。2006 财年,BA1 是 13.2 亿美元,而研究、开发、测试和评估(RDT&E)的总额是 693.6 亿美元,但 RDT&E 也仅代表了美国当年国家安全总支出的 10%。在下一年的预算中,国会通过了一项 2500 亿美元的农场补贴法案(超过国防部 RDT&E 总预算的 3.5 倍)[11]。虽然第二次世界大战后有一些轻微的变化,但开发支出很少低于国防部研发总支出的 80%,而基础研究略低于国防部研发总支出的 5%[12]。然而,正如乔治·W·布什总统所言,"正是研究使美国处在领先的最前沿[13]。"

最后,国防部在科学技术方面的投资需要正确看待。如图 6 - 4 所示,2006 财年国防部在科学技术方面投资 105.3 亿美元。这与所有其他联邦政府部门(如国家科学基金会和能源部)的总投资相当,但相比美国商业领域和世界在科技领域的投资就显得小巫见大巫了(图 6 - 5)。

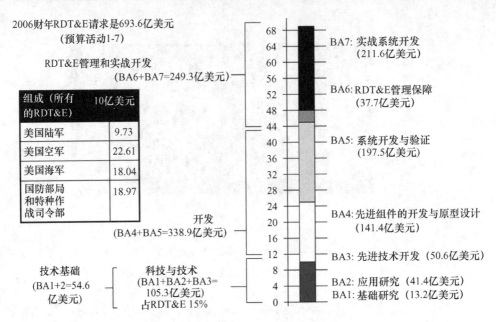

2006财年RDT&E请求是693.6亿美元
（预算活动1-7）

RDT&E管理和实战开发
（BA6+BA7=249.3亿美元）

组成（所有的RDT&E）	10亿美元
美国陆军	9.73
美国空军	22.61
美国海军	18.04
国防部局和特种作战司令部	18.97

开发
（BA4+BA5=338.9亿美元）

技术基础
（BA1+2=54.6亿美元）

科技与技术
（BA1+BA2+BA3=105.3亿美元）
占RDT&E 15%

BA7: 实战系统开发
（211.6亿美元）

BA6: RDT&E管理保障
（37.7亿美元）

BA5: 系统开发与验证
（197.5亿美元）

BA4: 先进组件的开发与原型设计
（141.4亿美元）

BA3: 先进技术开发（50.6亿美元）

BA2: 应用研究（41.4亿美元）
BA1: 基础研究（13.2亿美元）

图6-4　2006财年研究、发展、测试和评估的预算申请

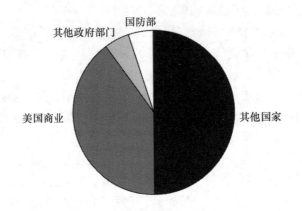

图6-5　2000年的科学技术投资

注：本图引自：国家科学基金会，"International Science and Technology Trends"，
"Science and Technology Pocket Data Book"，2000年。

第一节　提高国防部研发投资效率

为成功履行使命，国防部的技术优势策略有三个目标：因为它是一个垄断买家，它必须激励创新；因为其他国家和个体组织（例如恐怖组织）正试图获得优势，它必须将精力集中在避免意外上；同时，它需要保持领先地位。

为了实现这些目标,美国国防部有四个基本工具可以使用(除了投入研发经费):利用竞争性市场操作的优势实现低成本的性能提升;与其他组织机构合作(如企业、大学和盟友);进行大量的实验、测试和评估;利用其买方垄断势力刺激它所需要的并在商业界也有相当价值的技术领域。

1. 国防部技术优势策略的三大目标

1) 激励创新

不像商业市场上有许多偏好和需求多样的买家,国防市场基本上只有一个买家,即美国国防部,以及每个关键领域的若干供应商。在这个独特的市场中,如果政府要达到某一目标(在这里,是技术优势),政府就必须展现一个积极的角色。这个关于政府技术优势的争论是 1945 年由万尼瓦尔·布什在他影响深远的报告《科学:无止境的前沿》(Science:The Endless Frontier)中提出的[14]。理查德·尼尔森 1959 年和肯尼思·阿罗 1962 年曾经描述过政府研发资金的经济学原理[15]。在本质上,是否要由政府来为军事研发买单的争论是简单的。政府自己决定要买什么,公司花费不起数十亿的美元做研究以确定自己的设计是否是政府可能想买的。公司在这个独特的专用性市场上投资失败的风险太高。国防公司经常提到汤姆·琼斯的决定,他是诺斯罗普航空公司的董事长,用企业资金投资建造了一架先进的喷气式战斗机(F-5),但是空军最终却决定这并不是其所要的。琼斯的巨额投资基本上是浪费。为说服企业从事于最先进的武器系统,国防部发布招标并且授予获胜的承包商成本补偿合同以发展高风险的项目。

虽然这种市场失灵理论仍是国防部投资研发活动的中心思想,但这一做法也引起了担忧:

(1) 官僚主义并没有挑选"获胜者"的好名声。他们倾向于采用低风险的历史性途径。

(2) 政治性组织具有短期倾向。与其在新方向上努力,他们更倾向于改进现有技术。

(3) 许多国防部任务的创新性途径需要多军种(甚至多部局)的合作,这一点在大官僚主义的条件下难以实现。

(4) 技术在许多领域快速发展(如信息系统和电子),但相比现代技术周期,政府的采购周期非常漫长。

(5) 政府倾向于首选内部创新(因为大约有 100 个国防部实验室),偏好大型研究机构的员工,相对于提议和研究具有颠覆性的新方向,国防部人员更偏好从事渐进性的改善工作。

每一个担忧都必须通过国防部制定相应的政策和程序来应对。此类努力始于 20 世纪 70 年代,那时候联邦政府意识到日本在汽车、钢铁、计算机和电子产品领域正成为美国的一个主要经济竞争对手。1979 年,卡特总统公布了总统工业创新计划,这是由约旦·巴录(当时负责科技的商务部副部长)领导的,大约 500 个私企代表及 28 个联邦机构的 250 个代表参加的 18 个月国内政策研究的结果。这项计划包含 9 项关键建议:①通过扩大国家技术信息服务(NTIS)加强科技信息向工业的转化;②通过由国家科学基金会和工业界共同资助在大学里创建技术中心来增加技术知识;③完善专利制度;④澄清联邦反托拉斯政策,明确基础研究的合作不是托拉斯行为;⑤通过增加国家科学基金会的小企业创新研究(SBIR)项目并将其扩展至其他政府机构,培育小型创新性企业的发展;⑥通过转向性能要点而非设计细节,放开联邦采购创新;⑦通过鼓励创新免责改进管理体系;⑧通过强化的再培训项目促进劳动和管理向创新转变;⑨通过消除立法和行政上的创新壁垒来营造一个利于创新的氛围。

这一系列计划催生了大量显著刺激美国创新的法案。1980 年的 S－W 技术创新法案(Stevenson－W·ler Technology Innovation Act)授权商务部和国家科学基金会在高校创建工业技术中心,以促进产学研加强合作研究,帮助小型企业和新兴企业并开发培训课程。同年,国会通过了《拜杜法案》(Bayh－Dole Act),开启了建立统一的联邦专利政策的进程。这些法案(及修订)仍然有效并大大刺激了美国的创新,特别是提高了联邦资助研究成果在私有部门的应用、产学研合作和公立大学研究的经济激励。此外,高校已经得到了来自联邦政府资助发明创造的数十亿美元的版税许可,并且在联邦政府资助的专利基础上超过一千个公司被成功创建。根据 2002 年《经济学家》的一篇名为《创新的金鹅——拜杜法案》的文章,这项法案为美国经济创立了 2000 家新公司、26000 个新岗位和 400 亿美元的年经济增长[17]。另一项关键议案是 1984 年的《国家合作研究法案》,它要求在联合研究(不管是基础研究还是应用研究)的反托拉斯案例实行举证责任倒置。大公司开始与许多小的高科技企业合作,使得它们不必再完全依赖自身的技术。实际上,这一法案使得企业能自由地先开展联合研究再联合生产,从而加快了革新的速度。1986 年,《国家技术转移法案》通过,以促进商业创意从政府实验室向私人部门的流动。它建立了联合研发协议(Cooperative Research and Development Agreements, CRADAS),为政府实验室和外部各方共同合作提供了法律支持,而不必受制于联邦采购条例的广泛规制。CRADAs 的确立,使得各机构可迅速达成协议,并立即展开合作。该法案还允许联邦发明者从自己的发明中分享利润。

也许,最重要的立法变化是 1982 年制定的《小企业创新发展法案》,它使得小企业创新发展项目(SBIR Program)从国家科学基金会的一个试点(年度预算约 500 万)正式确立为联邦政府资助小型高科技企业的最大资金来源。该项目现在 11 个联邦机构中每年授权合同达 20 亿美元以上(国防部是迄今为止规模最大的,每年资助总额在 10 亿美元左右)。因为 60%～80% 的新工作和大部分的国家创新能力来源于中小型企业(雇员少于五百人),小企业创新项目(SBIR)对于国家的技术领先地位和经济增长已变得至关重要[18]。正如 Jon Baron(曾任职于美国国会和国防部)在国会听证会上所言:"在几个实例中,SBIR 项目催生了突破性的技术,正是这些技术改变了各自的领域并对美国的经济做出了重要贡献[19]。"

SBIR 项目要求每个相关机构为小企业留出一个项目,以使其参与有特定商业化目标的联邦政府研发——让其再卖给商业界或政府部门。法律要求,外部 RDT&E 预算的预留比例为 2.5%。2007 财年,国防部的 SBIR 项目经费约 12 亿美元(有 12 个国防部机构参与)。这些国防部机构就其当前需求发布了多项招标,并进行(政府内部的)同行评审以选择提交的众多提案。这是一个三阶段项目:阶段一是历时六个月的可行性研究,每项经费 100000 美元;阶段二是为期两年的研究工作,每项经费大约 750000 美元;阶段三是向商业转化,资金来源于其他渠道。通常,大部分公司员工少于 25 名,并且约 1/3 的公司是阶段一的中标者。由于基本招标都是围绕国防部任务需求的,阶段三通常最初也是由国防部项目办公室提供资金。但通常,由于国防部的支持,风险资本会迅速加入(利用小企业创新项目和政府同行评审作为判定项目是否具有广泛商业用途的审查标准)。这对小企业是个有吸引力的项目,因为它是早期研发资金的最大来源并且没有附加条件(公司保有 5 年的数据权)。另外,公司也不必在加入项目前放弃其股东权益(风险资本也是如此)。从政府角度来讲,它也是个有吸引力的项目,因为它是一个尝试高风险研发的安全途径,也是利用那些通常具有最高效费比、最具创新能力的小公司的一条途径,由于小公司具有极强的灵活性,他们通常都是成本效益最好的且最具有创新能力的[264]。最后,一个名为"小企业科技转移研发项目"(Small Business Technology Transfer Research Program, STTR)产生了,它也是一个和 SBIR(目标是挖掘商业化的潜力)类似的预留项目,但便于小企业和美国研究机构(尤其是高校)之间合作研发。预留的预算水平是外部 RDT&E 的 0.3%。虽然该项目比 SBIR 的资金规模明显偏小,但它对高校研究人员很有吸引力,并且及早并直接建立了源于高校的产学创意联结。

虽然政府资助的研发是创新的重要来源,其他的方法手段也使得研究人员能够充分利用一切可以利用的激励和机会。首先,假设所有的好创意并不都来源于政府,那么工业部门有将它被授权的一部分资金(合同内的)用于独立研发(IR&D)的激励。例如,一个国防组织(或大或小)可能预留 5% 的资金,用于其科学家和工程师的项目内部竞标,以为公司研发未来能够引起国防部兴趣的新产品。通常,它们是一些最能令人兴奋的项目,且倍受科学家和工程师的追捧。因为独立研发是任何公司在下一代产品的竞争中保持领先的一条途径,因此它是内部管理的焦点且被公司高层控制。许多先进的国防产品都是企业主导的独立研发活动孵化的。

国防企业的独立研发有点类似于商业公司的独立研发。在其承担合同的允许范围内,政府为企业的独立研发报销开支。另外,虽然政府拥有它所直接投资研究的数据权,但是独立研发的成果还是属于公司的,因此政府不能将独立研发的成果转至任何竞争者手中。面向私人和公共部门的公司发现,当允许其最有创造力的科学家和工程师去探索可能会带来巨大收益的领域而不具体明确他们的工作任务时,公司能从中受益。例如,谷歌允许其工程师投入自己 20% 的工作时间去做自己的项目,只要它们是有利于公司的[20]。

第二种鼓励创新的方法,是在政府的努力之外,尝试向风险投资家学习。如果一个产品可以军民两用(也就是说,尽管旨在满足军事需求但也有大量的商业应用),那么国防部就可以从商业世界的低成本和产品持续升级中受益。其结果是一系列由政府资助的风险投资项目的施行。第一个项目由中央情报局(CIA)于 1999 年创立。In-Q-Tel 是一家独立的、非盈利的私有公司,它为中央情报局和其他情报界官员服务,从事他们感兴趣领域(如信息系统、电力系统、虚拟现实)的工作。In-Q-Tel 将中情局的资金用于这些领域的创投中去,从而促进产品的开发。2007 年,其总投资约 6000 万美元。通常,In-Q-Tel 在每个创投公司中投入 300～350 万美元,同时也为那些无法得到商业性开发的创意提供大约 30 万美元的拨款,以加速其发展。公司的目标是让这些公司既具有商业上的可行性又具有经济上的盈利性,并且寻找第三方来补充其投资。基于投资的公司成功后获得的债券收益,In-Q-Tel 将来可以自给自足。例如,公司指出,它最初于 2003 年 2 月投资的卫星成像项目(被称作"锁眼"),最终发展成为了"谷歌地球"。这个概念涉及私人部门与政府部门分担投资,于是军队成立了一个名为"On-point 科技"(年度军队投资水平约 2000 万美元)的公司,美国宇航局(NASA)也建立了一个类似的名为"红色星球(Red Planet)"(现在被称为"星盘风投"(Astrolabe Ventures))的风险投资计划,NASA 投资约为 7500 万美元。

第三种激励创新的方法是由美国国防高级研究计划局(DARPA)于 2005 年提出的。DARPA 为第一个在复杂科技或工程方面——尤其是在那些政府所希望实现的方面,取得突破的企业或工人提供巨额奖励。DARPA 的第一个实验被称作"大挑战"(Grand Challenge),是一个旨在为军队开发全地形自动化车辆的有奖竞赛。2008 年,DARPA 举办了旨在开发城市自动驾驶交通工具的"城市挑战(Urban Challenge)"比赛,第一名得到了 200 万美元奖金,第二、第三名分别获得 150 万美元奖金。这种比赛的竞争奖励机制是一种非常古老的方法,曾经被英国政府用于解决 18 世纪最重要而且最著名的技术问题——如何让海上的船舶领航员确定船舶的经度位置,英国政府为此开出巨额奖金[21]。据联邦采购政策办公室前主任史蒂夫·科尔曼称,比赛这种方法备受青睐有两个原因:首先,相对于拨款与合同,他们更多地以绩效为依据,奖励结果而不仅仅是努力;其次,由于众多参与者(并不仅仅是诸如拨款或合同中的唯一赢家)致力于问题的解决,因此奖励激发出了更多的投资来寻找解决方法。一些联邦机构正开始采用这种方式,而且一些企业正通过互联网公开他们的问题,并为任何解决了问题的人提供奖励。

由于大量的资料记载显示科技和工程组织的地理集聚有利于促进创新[22],许多州乃至于世界上的其他国家都在建设研究园。他们为这些公司提供大量的激励措施(如税收优惠,利用孵化空间和费用分摊)来启动这些园区并参与其中。在一些国家(如印度、中国和新加坡),数十亿美元正在用于建立广阔的科学研究园区和创新中心;在美国,一些州区正在互相竞争以建立这样的科学园区和高科技公司集聚地(最好是建在邻近大学研究中心和高科技劳动力资源富足的地方)。通过把这些研究基地建设在大学附近,可以得到一个复合效应,既可以得到富足的劳动力资源,又可以得到那些想创业但又不想离开校园的教授的创意。联邦政府资助的基础研究中一大部分用到了大学,在某些技术领域,国防部是主要的资助者。2001 年,大学承担的计算机科学基础研究中超过 35%、工程研究中超过 30%是由国防部出资的[23]。

2)避免意外

正如 DARPA 原主任乔治·海尔迈耶所说[24],"出其不意者和被出其不意者的真正区别通常不是独自拥有一项新的技术……而是,承认或意识到新技术的影响,并果断地开发利用它。"例如,当苏联发射人造地球卫星时,美国也对这项技术极为感兴趣,但陆军、海军、空军和海军陆战队只关注以他们的传统方式运用技术。为克服这种体制惯性,DARPA 于 1958 年成立,目的是"确保美国在将最先进技术运用于军事上保持领先地位,并且杜绝来自潜在对手技术上的出其不意。"它的工作是做那些"各军种不做,但却会以意想不到的方式产生显著军事应用价值"的工作。它没有内部的实验室,而是将其研究工作交给企业和大学,每年的资助总额大约 30 亿美元。为鼓励原创,DARPA 不要求投标人提出具体的解决方案,而是发布广域公告(Broad Area Announcements,BAAs)收集研发申请,这些研发申请只是一般意义上的,但却能应用于解决识别到的问题。它还利用"其他交易授权(Other Transactions Authority,OTA)"吸引那些不和政府交易但有可能有适用于军事方面创意的商业公司。对 DARPA 来说,最重要的是找出并雇到最优秀的人才并给他们足够的灵活度去决定做什么和如何做,这也是它为什么能够成功帮助国防部避免出其不意的原因。它的目标是创造颠覆性的产品,令潜在对手感到出其不意,并对付潜在对手可能创造出的出其不意。它的工作面涵盖基础科学到综合系统,而且所有的工作都是在非常激烈的竞争下进行的。为了避免出其不意,它并不基于用户需求开展研发活动(因为很少有人会想到需要那些他们从未见过的东西)。

苏联人造卫星出其不意带来的结果,除了导致 DARPA 成立外,还使得国防部建立了一个外部顾问委员会(国家科学委员会),以便请国防部以外的人研究可能会出现意想不到的发展领域(和对付他们的方法),并预测国防部可以令潜在对手意想不到的领域。因此,半个多世纪以来,国防科学委员会已为国防部的发展新方向提出了许多建议,事实证明这些建议对他们的非传统观念有非常重要的价值。

出其不意的重要性已不是件新鲜事了。16 世纪,马基雅维利在《战争艺术》中写道:"出其不意是胜利最关键的因素……新的和突发的事情可以瞬间改变军队[25]。"现在,考虑到科技和工业全球化,以及科学技术的日益商业化,技术出奇不意的潜力空前巨大。但同时,即使技术的存在促进了改变,对新思路(尤其是如果它们颠覆了现有的文化、组织或习惯)的体制阻力持续存在。有一个著名的例子,因为船在海浪中上下或前后摇摆时,射击是非常具有挑战的,而当通过平衡装置稳定枪支后,命中率会呈级数增大,纵然如此,海军也拒绝在船上平稳其枪支,哪怕技术上是可行的[26]。这场军事变革阻力,被海军上将阿尔弗雷德·赛耶·马汉在他的1890年经典之作《海上力量对历史的影响:1660—1783》描述到。在讨论变革阻力时,他指出尽管技术存在,"战术上转变也必须克服保守思想惯性;但它是一个大难题……"历史证明,不能奢望军人都会披荆斩棘、厉行改变,但是做出改变了的人将会在战场取得巨大优势——一个本身没有任何价值的教训[27]。另外一个不承认能够实现但实现时却带来惊奇的著名案例是,《纽约时报》1903年10月9日的一篇文章指出"制造出真正能飞的飞机需要数学家和机械师共同不懈努力一百万至一千万年。"就在同一天,奥维尔·莱特在日记中写道,"我们今天开始组装第一架飞机",此后不久,他和他的兄弟威尔伯在北卡罗莱纳州小鹰市进行了短途试飞。

国防部也需要对那些在商业界发生的,但可能产生军事效用并需要政府积极响应的意外保持警惕。在20世纪70年代末,日本人在半导体和计算机存储领域(这会影响到军用电子能力)突飞猛进,因此在卡特总统的"产业创新的国内政策检讨"下,美国制定了优化国家创新以应对日本产业政策的路线图。说服国会需要这样的措施花了些时间(国会最终的反应无疑是基于害怕失去整体电子产业的领导地位,因为美国经济增长严重依赖于此)。SEMATECH联盟倡议公共和私人计划的联合(行业和高校人才的竞前合作),因此政府和行业平均分担了每年2亿美元的投资。最终结果是美国的半导体和计算机行业成功回到这个迅速增长的全球电子市场的显著位置——在网络中心战的时代,这对军事同等重要。今天,人们越来越关注中国对科学技术的高度重视——包括科技人员、研究园区、电子装备的研发生产,这些都具有重要的军事价值。

3) 保持领先

第二次世界大战结束后以及在整个冷战期间,美国通过在研发方面的大量投资使之能够在技术上领先于其他国家。在幅度和百分比两个方面,其技术投资明显高于欧洲的所有总和。这些庞大的投资在21世纪仍然需要,但其他两个相互关联的因素对于国防部保持技术领先至为重要,那就是全球化和高新技术的商业化。

正如美国国家科学院2007年指出的:"虽然很多人认为美国将永远在科学技术上保持世界领先,但随着越来越多伟大的思想和创意在世界各地涌现,这种领先也许将不再继续。我们忽略了科技领先地位丧失的突然性以及恢复的艰难性,一旦丢失,即便确实可以完全恢复,恢复也将十分艰难[28]。"就如国际战略研究中心(CSIS)一项独立研究显示:"全球化最重要的影响是科技领先地位的平衡[29]。"高技术劳动力日益增强的国际性流动和关键技术知识的传播吸收让很多国家能与美国在前沿科学领域的探索和创新上进行竞争。例如,2007 年 3 月 1 日的《伦敦时报》报道:"只有一个原子厚度的材料'将会变革这个世界',这是目前最薄的材料,并且可以彻底对计算机与医学进行改革。"文章描述了薄层上产生的仅有一个原子厚度的碳层,这一现象违背了物理定律。20 万层那样的碳层才一根头发丝的厚度。这种材料是由英国曼彻斯特大学的科学家们与德国马克思·普朗克协会(Max Planck Institute)合作研究出来的。它预计的主要应用是大大提高计算机计算速度与新药的研发速度[30]。图 6-6 表明,在美国和欧洲以外的国家,研发活动正在快速增长,这将对国家安全和经济竞争产生深远影响。

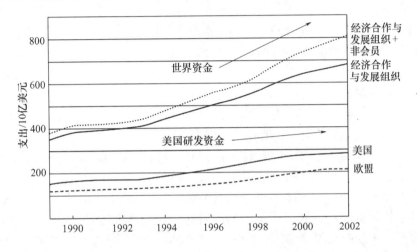

图 6-6　世界范围的研发支出估计,1990—2002
注:本图引自:美国国家科学基金会,2006 年社会经济指标;经济合作与发展组织,
主要科学技术指标数据库,2004 年 11 月。当前的价格计算,根据购买力平价转换;
1998 年后的欧盟数据包括 10 个新成员国。

　　除技术与工业的全球化之外,研究与开发的开支来源已经从国防部与政府资金转移到商业领域的研发基金。如图 6-2 所示,1966 年,美国研发经费中的 70% 来自于联邦政府资助,到了 2000 年,这一比例降为只有 25%(其他的都来自美国企业研发)。此外,这种变化发生在对国防部来说最关键的领域。在信息技术、通信的硬件软件和生物技术领域,如今的国防部扮演的只是一个很小的角色,但它们对国防部来说却至关重要。美国工业主导的研发投资活动大大超过了国防部的投资,而且大多数有实力的企业甚至不参与国防部的研发[31]。2006 年,美国非联邦研发投入总额为 2460 亿美元,国防部的研发投入为 370 亿美元。最大的一些研发活动都是没有国防部研发合同的公司投资的,如英特尔公司(52 亿美元),福特汽车公司(80 亿美元),思科系统公司(33 亿美元),安进公司(23 亿美元)和辉瑞制药公司(75 亿美元)。一些最大的工业研究投资也来自那些只有极少国防部投资的公司。微软的内部研发投资是 96 亿美元,它得到的国防部研发资金仅 190 万美元;IBM 的内部研发投资为 52 亿美元,来自国防部的研发投资只有 1270 万美元;通用汽车公司的内部研发是 67 亿美元,来自国防部的研发投资只有 30 万美元;杜邦公司的内部研发为 13 亿美元,来自国防部的研发投资是 360 万美元。意思很清楚,美国国防部并没有充分利用美国大型商业研发投资的优势。

把这两个宏观发展趋势放在一起,很明显,国防部需要更好地去跟踪和获取商业研发和国际研发的成果。国防部的一个问题是"非我所创"综合症。这种态度在国防部实验室、国防部采购单位和国防工业中明显存在。国防工业应该是商业技术或外国技术的主要转化机构,但它的工程师和管理人员却更倾向于用他们自己的产品。由于商业或外国的设计和技术不是由他们自己的工厂设计和开发的,他们对利用这些商业或外国的设计和技术态度消极。

在利用商业和外国技术方面,除了国防工业存在的上述壁垒之外,还存在一些政府壁垒。在商业技术方面,2008 年一项研究表明[32],美国国防部针对商业公司从事政府研发设置了几大障碍:

(1)技术数据的权利。对于政府资助的研发,政府认为应享有数据权(但商业公司认为研发成果应是他们自己的"王冠珍宝")。

(2)成本披露。公司认为成本属于竞争性的信息,因此只能对内专属,但由于政府不信任公司,因此坚持要对所有成本完全可见。

(3)充分遵循成本核算标准。政府想要的是所有成本支出的充分核算(包括企业日常管理费用),并希望根据专门的政府会计核算方法来操作。一家商业性公司要想承担政府工作,就必须建立一个独立的、完全不同的会计体系(这个系统既昂贵又繁杂)。

(4)商业秘密。政府希望能够将一家公司的图纸分享给另一家公司,这样他们就可以通过竞争来完成这个部分。然而,商业公司不想发布这样的信息,因为这是高度竞争的市场,每个公司都存在差异化。

(5)出口管制。商业公司的目标是建立一个全球性的市场(不仅仅是一个国内市场),他们担心的是,如果他们(在国防部资金资助或他们自己的经费支持下)开发出一种用于武器系统的产品,那么未来在全球市场销售这项产品,都将受到美国的出口管制。这就会影响国外销量(而且还会增加相当多的费用)。

(6)《联邦采购条例》条款向产业低层的延伸。子系统或系统的零部件包括许多商业的和外国的组件,商业公司更喜欢按商业的模式做生意。但是,在国防部《联邦采购条例》的合同中,主要国防承包商必须将《联邦采购条例》的所有条款和条件延伸控制至其供应商。商业供应商并未为此做好准备,并发现政府独特条款、条件和规定所带来负担和成本是很难接受的。

如果政府想充分利用商业公司的研发投资优势(潜在的对手已经这样做了),那么在与这些非传统的、通常是较低层的供应商打交道时,就需要消除这些壁垒,并要学会用更商业化的方式来做生意。第四章讨论的"其他交易授权"就是解决其中一些问题的尝试,但《联邦采购条例》"向下延伸"的要求限制了主要承包商与其分包商使用"其他交易授权"。

国防部在与全球高科技供应商交易时也面临着重要障碍。正如国防部一个独立审查小组写道的,"国防部和其他全球研究机构做生意时也存在无数壁垒[33]。"这些壁垒包括与国内商业公司有关的问题(包括知识产权、专有数据和成本问题),和与国外技术、生产相关的问题,包括《国际武器贸易条例》(International Traffic in Arms Regulations,ITAR),《出口管制条例》(Export Administration Regulations, EAR),《购买国货法》和其他安全问题。这些壁垒已在许多研究中详细叙述[34]。如果国防部想利用来自世界各地商业和军事先进技术的优势,那么它将不得不修改其 IATR 条例和其他出口管制措施。正如商务部出口顾问委员会在 2007 年表示的那样:"委员会普遍认为,现行的……出口监管制度不再有效服务于其预定用途,应由一个能够更好地反映当今国家安全需要和全球经济现实的新方案来替代。科学技术的深远发展、海量信息的自由流动、世界人口的流动、其他国家的经济负担,以及美国国家安全威胁特性的变化,已经使得现行制度变得陈旧。"[35]

2. 国防部研发的四个基本工具

(1)利用竞争的力量。许多作者指出,国防市场不是以常规的商业方式运作,特别是在研发阶段。商业公司开发新产品并将其投入市场供潜在用户评价。然而,对于国防公司来说,研发阶段的早期竞争异常激烈,因为许多国防公司都会向国防部提交书面的申请建议,政府只能选择一个赢家,为其提供开发资金并随后部署生产。这一极其昂贵和耗时的过程往往会提高产品的成本,原因是他们的研发和量产都是建立在单一来源基础上的。随着产品的开发,需求会不断变化,技术也逐渐进步(国防部通常要将技术的最新进展体现在他们的产品中),这一发展过程中常常需要 10~20 年才能大规模生产。然而,第七章的数据表明,如果在整个过程中维持竞争状态,那么这个过程才是最有效的。虽然看起来研发竞争将使得国防部支出翻倍,但接下来的生产和保障阶段,持续的竞争将会产生更高的绩效和资金、时间的整体(净)节省。尽管如此,这一模式——竞争性原型发包,所有关键子系统的竞争,和现有系统与下一代系统之间的竞争——在军队中却倾向于受到抵制,因为要在当年增加额外的投资才能在未来几年中取得显著的节省。军队通常是这样辩解的,"今年我们支付不起(多个)竞争来源。"随着时间的推移,美国经济对竞争的强烈偏好应用于国防部时,促成了美国在军事装备上的领导地位。相比之下的欧洲模式,许多国家声称他们没有大到足以保持多个来源,而是每个国家都选择"最偏好的来源",这使得每个国家的国防工业都是单一来源并由国家给予完全补贴。

正如克雷·克里斯琴所述,竞争的最有效形式是颠覆性竞争(Disruptive Competition)[36]。约瑟夫·熊彼特将其描述为"创造性破坏"(Creative Destruction),即"新产品,新技术,新的供应来源,新的组织形式……这些将赢得决定性的成本效益优势……它将从内部不断变革经济结构,不断破坏旧的,并不断创造新的[37]。"
这种颠覆性竞争对任何现有的文化都是一种挑战。比如说,遥控飞行器对有人操
作飞机是一种颠覆性技术,小型个人计算机对 IBM 公司的主机计算机是一种颠覆
性技术。这种变化通常会遭到激烈抵制,以至于它们必须被建立在独立的组织上,
自上而下地推动,否则他们将得不到足够的资源,无法进行竞争性展示。如果这些
颠覆性创意来自于其他国家的高科技发展,它们甚至不太可能被接受——直到它
们被成功证明具有更高的效率。在所有项目中,竞争利用得越多(不只在研发阶
段早期的初始竞拍),竞争开放给国外和商业来源的越多,美国就越有可能在未来
保住其技术领先地位。

(2)与其他组织合作。在冷战时期,苏联对其国防人员队伍实行了严酷的安
全控制。比邻而坐的工人往往不能互相交流信息,这大大抑制了创新思想的发
展[38]。今天,随着技术在全世界的广泛传播,如果新创意要发展迅速,那么共享和
开放是必不可少的。在给定领域内,研究人员之间的这种协同已通过互联网的出
现和其他关键软件的发展而变得极为方便,他们改变了现代条件下人们的集体工
作方式。

但是,参与国政策的开放性将决定能否实现这些利益。以美国为例,这种伙伴
关系始于不同军种之间的共享,以便在联合行动中实现最大利益。然后,它扩展到
了情报界(首先在情报界内然后又与国防部密切合作)。最后,它延伸到跨国研
发,其中,美国和盟国共享前沿技术研发,军队在世界范围内联合行动,多国行动将
有利于实现利益最大化。多国研发活动也会产生显著的经济(以及军事)效益,因
为它避免了重复建设且双方也都能从规模经济中获利。但是,最重要的是思想的
共享,它将使研发活动共享的创新合力最大化。

在产品和工艺水平方面共享是重要的,但关键的是在研究人员个体层面的共
享。随着技术迅速传播到许多国家,美国能够受益于这种世界性研究的最好方法
就是共享。例如,在计算速度和密码学领域,量子计算是一个有着巨大潜在效益的
领域,美国是这个领域中处于领先的几个国家之一(包括加拿大、法国、意大利、荷
兰和澳大利亚)。但美国研究人员必须与这些全球领先的研究人员合作以推动这
一领域的发展(事实上,如今在一些国防部发包的量子计算合同中,分包合同正被
授予瑞士、日本和其他一些国家。)

在认识到了全球共享的重要性后,里根总统颁发了 189 号国家安全决策指令
(NSDD – 189)(后来被小布什政府时期的国家安全委员会主任康多莉扎·赖斯再
次确认),其中指出"基础研究应该是开放的"(在公开和外国参与方面)。这对美
国来说特别重要,因为许多本科生、研究生、博士后和美国大学的教师在国外出生,
而他们在美国研究中发挥引领作用。纳米系统公司的执行主席拉里·博克(Larry
Bock)在国会听证会上表示:"美国在纳米技术研究上远远领先于其他国家,但美
国的大多数研究人员都是外国人,大部分来自亚洲[39]。"类似地,从 1987 年到 2007

年,美国博士后科学家和工程师为临时居民的百分比已经由 37% 增长为 59%[40]。

尽管国家政策(如 NSDD-189)明显倾向于共享——以通过共享和协同获得军事和经济利益——但在国防部和其他政府机构的实际操作中,他们并不遵循这一政策。2008 年,国会授权国家科学院研究了在美大学的外国学生学者问题及其从事的研究开放性问题。一篇题为《"9·11 后的世界科学和安全》的报告发现,许多政府机构一直没有执行这一政策。相反,安全被作为不共享基础研究信息的理由。国防部长罗伯特·盖茨率先对国防部重申了开放这类基础研究的重要性[42]。恐怖分子或潜在的敌对国家可能会从共享中受益的危害与风险,远低于在基础研发中仅仅利用美国公民以及无法与其他国家研究人员共享工作从而更快推进研发进展带来的风险(或损失)。但这个简单的成本效益分析仍然在许多方面被抵制,因为他们担心未来的潜在敌人能够利用这种信息。美国的挑战是保持领先,但在当今世界,孤立进行基础研究无法实现领先。

(3) 实验、试验和评价。许多科学与工程工作的一个主要缺点是在实验室的时间太长,并且集中于单一应用。克服这种延迟的方法是强调实验的重要性,特别是潜在用户而不是最初设计者的实验。新颖的创意可以从两个方面产生自这种实验——通过改进技术(导致性能的明显增强)和通过使用完全不同的技术,获得非传统应用的优势。现在已经启动了一些项目来满足这种需要。例如,美国国防部的先进技术示范(Advanced Technology Demonstrations,ATDs)就显示了新技术的价值。先进概念技术示范(Advanced-concept Technology Demonstrations,ACTDs)将新技术应用于不同的概念,以在非传统方式下显示其价值。这一宝贵计划已经获得了大量资金的支持。它是基于作战指挥官使命任务的需要,国防部长办公室负责基于新的或现有的技术遴选能够测试的新概念,以满足作战指挥官的需要。最后,一个特定的项目(也由国防部长办公室负责)被用于测试外国军事和商业产品以评估其对国防部需求的潜在应用。虽然这些项目是各军种在做,但由国防部长办公室直接管理充分体现了这些项目的高可见度和客观独立性。

同样地,几年前,新武器系统的测试和评价被要求必须在开发方之外完成。在开发测试令人满意地完成之后,需要做一个操作测试和评价(Operational Test and Evaluation,OT&E)。使用方决定了这些新产品的价值,并对进一步增强战斗力的可能方式提出建议(当测试得到的不是"通过-不通过"的简单结果而是具体找出待测新系统的能力和缺陷时,OT&E 测试才能完全发挥其价值)。

所有人都认为这样的实验性测试和评价是有价值的,但是他们仍经常资金不足或捉襟见肘,在从国防部的巨大开销中获得最大利益的方面来看,这无疑是目光短浅的。这个领域的极端情况是不充分利用"红方"——即让人努力攻破这些新概念以至于使项目的短板尽早凸现。再者,这对新武器系统的发展有价值但却通常遭到抵制,因为它的目标是去发现不足,而大部分的项目研发人员并不急于让缺陷早日浮现。尽管如此,在研发项目中,红方早期介入的越多,长期来看项目会越成功。

（4）运用唯一买家的市场影响力。大多数研发项目的主要问题（无论是在商界还是在军事领域）是在创意被演示之后如何让系统初步运转起来（这通常被称为"死亡之谷"）。国防部采购支出巨大，因此国防部可以利用其购买力来启动该项目。作为第一买方，它可以大量订购新技术的早期版本，像来自商界或者军界的具有军民两用用途的产品（例如，过去的半导体或通信卫星，未来的量子计算机和纳米技术）。只要安全和出口控制的限制条件不太严格，商业世界可以提高产品性能并降低其成本，这也能为军队带来好处。如果能够合理利用军队作为第一位的买家，这个地位的话，将会刺激产生巨大的军事和经济效益。

第二节 趋势和未来需要

不幸的是，美国，特别是国防部，似乎忽视了科学技术对长远未来的全局重要性。在这方面，世界正在迅速变化，但国防部没有调整其政策、做法或预算，来适应这些关键的变化。为了近期的开发和生产，长期研究的资金支持显著不足，未来科学技术队伍得不到重视，商业和外国科技对美国未来安全和经济竞争力的重要性也得不到承认。

引用 2001 年 Hart – Rudman 委员会的话："在下一个四分之一世纪，我们的研究和教育系统的毛病对美国国家安全造成的威胁，要比我们能够想到的任何潜在常规战争，带来的威胁都大……仅次于大规模杀伤性武器引爆一个美国城市的威胁，我们可以认为没有比不能妥善处理为了公共利益的科学、技术和教育问题更危险的了[43]。"

近期的趋势如下：

（1）国防部的长期研究明显减少。在 20 世纪 80 年代早期，基础研究占国防部整个科学技术支出近20%，但最近这一比例已下降到12%[44]。

（2）在过去的 30 年中，国防部投入科学技术的所有研究、开发、测试和评价资金比例，已经从20%下降到13%[45]（占比政府和企业支出）。

（3）在总统的国防预算请求中，基础研究已经从 1994 财年的高峰 15.5 亿美元，下降到了 2006 财年的 13.2 亿美元（都是以 2006 财年的不变美元计算）[46]。在 2008 财年提交的预算中，用于基础研究和应用研究的所有联邦资金也有下降，实际上已经是连续第四年下降了[47]。

（4）从 20 世纪 80 年代中期，国防企业的独立研究和发展（IR&D）已经下降了50%，其独立研发关注点也从创新转向主要发展项目保障上了[48]。

（5）从 2000 财年以来，国会拨给国防部的科技款项中具有指定用途的数量明显增加。在 2008 财年的拨款中,国会指定了 2.2 亿美元的特定承担人的科技项目(这就是"定向拨款")。为了满足国会的指定用途,国防部许多特定任务的科技资金请求都未被纳入(尽管由于那些"定向拨款",科技总拨款的确有明显增加)。这些专项拨款不进行同行评审,不看绩效,不竞争性发包,也不实行机构资助。大约 40% 的各军种的科技拨款被定向资助[50]。

(6) 尽管我们需要的是关键性创新,但趋势却是追求风险最小化。大多数研究似乎是面向低风险,对现有技术和应用的增量研究,而不是所需的颠覆性技术。一般的看法似乎是,华盛顿官僚机构中"零缺陷"的政治文化是风险承担最小化和消极鼓励重大创新。当国家科学院的一项重要研究建议设立一个相当于 DARPA 的 ARPA－E 时,它受到了美国能源部国家实验室的强烈抵制,也未获得国会通过[51]。许多分析和独立研究表明,国防部的主要颠覆性需求在今天并没有被实现。这包括实时、双向的语言翻译设备(在伊拉克和阿富汗迫切需要这种设备);信息安全(由于对手在其通信系统上变得越来越复杂);网络防御(如俄罗斯展示的,当他们进入格鲁吉亚的时候,网络袭击已经成为有力的袭击方式);先进电源(重量轻,持续时间长)以及无线电源(为移动设备自动充电);微型机器人(空中、陆地和水下使用的);生物防御(因为生物技术的全球传播和可用于的不良用途);依赖石油的系统如何节省后勤成本和降低脆弱性;生物启发的认知结构(软件模仿人类大脑功能);和许多目前还不是很清楚的、其他国家可能已经在开发但美国还没有的颠覆性需求。

(7) 主要国防武器系统的发展支出占据了国防研发总预算的绝大部分。主要发展项目如空军的先进战斗机和陆军的未来作战系统,花掉了越来越多的国防部研发预算,代价是许多关键技术领域的大量小型研发项目被搁置。由于这些大的项目是面向近期的,长期研究难以为继。国防部正在吃掉未来的种子。

(8) 由于产业的垂直一体化发生在后冷战时代,主要承包商已经越来越多地将大部分的子系统和部件选择内部制造,这大大压缩了具有竞争力和创新力的国防产业低层公司(制造像电子元件和传感器等)的研发活动。

当主要的合同承包商选择产业低层的外部研发时,他们总是要将《联邦采购条例》的所有国防专用要求都贯彻下去,并通常要求小企业从事研发必须建立在固定价格的基础上(即使主承包合同是基于成本的合同)。这些做法大大限制了低层研究的数量,而且往往把有新思想的(在产业的低层上)许多商业、军民两用以及外国公司排除在竞争之外。在实践中,部件或组件层面上的创新(如电子管、晶体管、集成电路和纳米技术)往往会造就新军事技术的突破。

(9) 最重要的需求之一(已基本上被忽略的)是为武器系统和保障服务降低成本的研发(同时保持或提高性能)。成本是一项设计要求(对于产品和过程),但研发却专注于制造技术,成本控制尚未得到其应得份额的研发资源。智能机器的研究也被忽略了(智能机器可以思考,可以快速按照确切规格生产部件,不会有日程外的延误或延长的工作周期);工艺流程技术,能够通过先进制造技术实现少量的高效生产。即使 DARPA 曾经有关于制造技术和低成本武器系统的项目,但这些都着眼于短期和各军种制定的更高的绩效目标。幸运的是,他们在 2010 年进行了制度重建。

(10)未来研究的关键因素(除了降低成本目标)是发展流程的变化,以更快速地实现新想法。对手正从全球商业市场获得更多的现代科技并将之用于意想不到的方式(如创新性爆炸装置或者叫做"路边炸弹"),美国必须能够快速反应,因为这些新技术及其应用已经在战场上出现。

(11)合格的国防科研工作者越来越短缺。美国对科学家和工程师的需求非常迫切,但即便如此,国防领域需要的还是美国公民。如果美国想要实现其理想的21 世纪国家安全和经济竞争态势,政府和行业就需要解决这一问题。

第三节　研发小结

我们需要一个不同的视角去看待科学技术对美国未来的重要性,不仅是经济的,还包括未来安全意义上的,这都需要一个强有力的技术领导地位。美国不能阻碍那些潜在对手或竞争者获得大部分的现代科技。美国的政策很简单,就是必须保持领先。为了达到这一目的,需要四个具体措施[52]。首先,美国需要创造有才能的并且能够带来知识创新的科学家和工程师的大量供给。世界上存在大量有才能的学生学者,这种全球性的人才供给值得发掘。其次,美国要投入足够的资金来支持这些科学家和工程师的研究,并且这些资金必须既投向短期应用又投入长期和颠覆性创新。再次,工程师需要全面理解基本的物理定律,并具有无拘无束的、富有想象力和创造力的思想,将最新发现的科学知识转化为新产品和服务(具有更高的性能但较低的成本)。最后,美国必须建立一个有利于创新的环境,尤其是那种有利于发展破坏性创新的环境,从而通过激励和支持的环境克服反对变革的制度和文化偏离。这个终极目标需要风险资本、完善的专利政策、建设性的税收政策和合理的债务法律来保障。还需要重点修订美国的进出口管制措施和建立全球合作的开放文化。这四种方式的组合能够保障美国保持技术领先,并强化其对经济和安全的综合效应。

第七章
国防采办中的竞争

竞争是国防采办战略中最重要的方面(对于商品和服务来说),竞争能激励创新,实现低成本高收益。采购来源单一则缺乏这样的激励,供货商在利润最大化的驱使下,会趋向于提高成本和减缓商品或服务更新。在商业市场中,商品卖出的数量会随着价格的下降而显著增加(即价格弹性),在国防市场中情况会不同,产品的需求数量受制于既定的军种结构(假定预算允许),在这样的情况下,公司没有动力去降低成本。

竞争是美国经济的驱动力,只要竞争存在,企业就会不断提高质量,革新性能,降低成本,改进产品设计和流程,力求满足顾客不断变化的需求。然而,正如表7-1中所指出的,在商业市场和国防市场之间有着显著的不同,国防市场被高度管制,并且只存在一个时时需要先进性能的买者。

尽管国会已经意识到竞争的益处,并实施了《合同竞争法》,但是,国防部门的资金中仍有很大一部分用在单一供应商交易模式上。当一个项目启动的时候,通常的做法是引入一个初步的竞争。接下来,最终胜者将成为项目后续的开发进程、生产计划以及辅助项目中的唯一供应商,并会持续多年。问题是,从项目的启动直到几十年后完成的这段时间里,可能会发生诸如技术进步、发展问题、威胁变化以及性能不足等数以千计的变化,所有的这些变化都由垄断的单一供应商提出解决方案。因此,在项目生命周期中,容易造成比较显著的成本增长。

表7-1 商业市场和国防市场

方面	商业市场	国防市场
产品	已证实的技术,应用迅速	尖端技术,应用缓慢
市场结构	许多买家和卖家	一个买家;购买少量的大项目
需求	竞争的;对价格和质量敏感	买方垄断;对价格不敏感;最优性能主导
供给	竞争的;需求主导	寡头垄断;巨大的过剩产能
进入与退出	进出自如	进出壁垒广泛存在(如独特的需求,对两个供应商中高成本一方的判断,特殊会计准则,国会)
价格	受市场竞争约束	基于成本和受管制

（续）

方面	商业市场	国防市场
产量	受市场竞争约束	政府决定
风险	公司承担	政府和公司共同承担
利润	受市场竞争约束	政府管制
竞争	在生产中	通常在研发中

一次性竞争和持续性竞争之间有着关键性区别。后者常见于商业市场,市场中存在着大量的卖者和买者,但在国防市场中不常见——尽管有充分的数据表明持续性竞争模式在提高性能、减少国防商品及服务的成本方面具有明显优势(或者至少有一部分)。竞争怎样被实施是至关重要的,有了初始竞争并不意味着国防部已经获得了持续性竞争中的所有可能收益。例如,在一个高科技产品上挑选低价竞标者是一种错误的招标方式。一个权衡了性能和成本的"最优价值"的竞争能促成各种参数的最佳结合。同样地,在一个组织里有两个供应商并不代表着竞争,它仅代表着一个垄断组织。

竞争有许多的形式。竞争形式可以在采购的不同阶段有所变化,而且对于不同的采购项目或服务应该采取不同的形式。另外,保持选择的竞争性(只要是可靠的选择)能够有效激励供应商。竞争可以是正式的,也可以是非正式的。例如,DARPA 有一个传统,邀请知名的有资质的公司(或者邀请其他可能入围的公司)开展一个简要讨论——关于他们怎么解决这个问题,他们会委派哪些研究人员去解决这个问题,以及在这个领域他们有什么经验。基于这些讨论,DARPA 将把竞争限制在 2～3 个公司之间,然后向初级阶段(这个意义重大的一步发生在书面建议之后硬件展示之前,对于先进技术尤其是这样)推进。这种"产品竞争"有别于另一种基于"目标性能"的竞争——不指定产品。"全面开放的竞争"和"有限竞争"之间也有区别。实证研究(由政府采购委员会实施并由 Frederic Scherer 发布)表明,竞标者在有限竞争(他们认为更容易赢得竞争)中比在有许多竞争者的竞争(每个人有同样的获胜机会)中更加努力创新。事实上,除非这些公司认为他们很有可能赢得竞争,否则他们不会去投标,因为立项的成本非常高。

能清晰识别的商品和列于美国总务管理局(General Services Administration,GSA)上的商品可以按先前商议好的价格交易,或者购买者可以要求所有潜在供应商竞标,然后简单地"打开信封"(这个过程仅适用于产品在性能上可完全互换时)。

除了这些形式多样的竞争,在研发项目、生产项目,以及保障或服务活动中,实现竞争的方式也可能不同。最后,在许多复杂的高科技系统中,在高风险、高成本的子系统水平上必须保持竞争(不仅仅是在最初承包商的水平上)。例如,对于一个飞行器或一个导弹,最终的装配和测试在总成本和总风险中只占很小一部分,然而,具有高风险和高性能的传感器(制导系统)以及推进系统,常占总成本的70% ~ 80%。

在商业世界,竞争评价中的一个主要考虑是每个供应商过去的表现,包括产品是否起作用,是否准时送达,服务是否令顾客满意,产品在其生命周期内是否可靠,公司对于机构的要求是否做出了回应,公司能否遵守成本承诺等,考虑这些问题将会帮助政府采购官员进行下一步的供应商选择,而且也许能使他们向可靠供应商的更好产品支付更多的钱。

竞争的好处可以在数据中看出——在低成本条件下获得高收益(得益于产品和工艺的革新)。尽管有经验数据支持和《合同竞争法》的法律要求,在许多国防项目中,实行完全充分的竞争仍存在着巨大阻力。一些采购商不想支付少量的预支费(前期成本)给第二供应商(即使该竞争会节约大量的长期成本),并且现在的生产商总是采用很多的政治性保护措施(包括通过国会)来避免竞争者的进入。本章主要阐述五种竞争——研发竞争、生产竞争、国防保障与维修竞争、服务竞争以及公共和私营部门之间的竞争(不是政府固有的事务)。

第一节　研发竞争

一个典型的武器系统是以嵌入在系统关键要素中的科技为基础的。在飞行器上,系统的关键要素包括气动设计、隐身特点、推进系统、雷达、航空电子设备和计算系统、火控系统以及武器装备,虽然每一个要素要经过不同承包商各自独立的研发。在飞行器自身设计的立项阶段,每2~3个主要竞标者组成供应商团队(每个团队对应一个关键系统),然后提交一份数千页的计划——描述技术特点、性能承诺、交货日程表、管理计划以及详细的成本分析。然后政府会建立一个庞大的评估团队。在空军加油机的竞争中,150名政府雇员评估两份建议[2]。基于这个书面竞争,一个评估团队会对大量的材料进行评估、打分,然后挑选出获胜者。经过挑选程序后,所有后来的开发及更改(更改是经常发生的)都在一个单独供应商环境下完成。例如,在濒海战斗舰上,每星期有75次未知的更改[3]。另一种方法(也是国防部的基本政策)是至少选择两个竞标者(基于产品及其复杂性、成本决定挑选多少个竞标者),让他们都建造可比较的原型样机。这种方法曾在许多项目中应用(比如F-16和F-35战斗机),被证明是一种成功的模式。第一,它对于两家生产商都产生了巨大激励,以实现他们的竞标建议从而成为接下来大规模量产的唯一胜者(假设该飞机可以由单一供应商完成);第二,这提高了成功概率——两家公司中至少一家会达到预期效果。有时初始的可行性合同交给了三家公司,其中两家公司会被挑选出来进行原型样机的全面开发,从而维持了竞争性。DARPA曾用这种模式开发新一代超级计算机。它最初资助IBM、CRAY和Sun Microsystem三家公司,随后授标给CRAY和

IBM 两家公司约 2.5 亿美元的竞争性合同去开发下一代超级计算机[4]。两家公司有四年的时间在竞争的环境中进行原型开发。如果其中一家失败了,那么仍然还有一家可供选择;但是如果两家都成功了,那么未来的用户就有了选择(根据成本和性能),不必向单一生产商支付垄断价格。

相比生产和保障阶段,项目的研发阶段成本是较低的,维持竞争性原型开发——既在主承包商层面,又在关键子系统层面有巨大的优越性。竞争的一个显见的缺点是两家公司(而不是仅一家)都必须被资助,这意味着在一个资源有限的环境中,其他一些项目将不得不被推迟。另一方面,收益(在技术进步和低成本方面(特别是在单位生产成本成为原型设计的考虑因素之一时))将大于第二个原型开发的成本(归因于研发竞争带来的生产阶段与保障阶段的节省)。为了节约费用,只要两个竞争原型之一出现了领先,通常就会做一个较早的选择。但如果通盘考虑,就要拒绝这种诱惑,以便在生产阶段能获得竞争的充分利益。

第二节　生产竞争

生产阶段的竞争有多种模式。竞争性的原型机被建造后,要么仅有一个胜者,要么在生产份额的竞争中每个商家都会在第一轮和随后的几轮中得到资助。如果是一个"赢者通吃"(All – or – Nothing)的竞争,只有一个胜者,双方竞标者都会视其为一个必赢项目并且鼓足信心来竞标(因为数十亿的资金会被授予获胜者,而失败者则基本上要退出此行业几十年)。竞标者都意识到(获胜后)在成本、进度甚至性能方面,无论他们实际做得怎样都没有关系,因为用户必须购买他们的产品以满足任务需要,并会持续资助他们来改进或是修理产品。但是他们必须赢得最初的竞争,所以他们的投标必须非常有吸引力(在提议的成本、时间进度和性能方面)。结果导致国防武器系统(在中标者确定后)的成本显著增加和更新进度推迟。

另一个竞争模式是,两个开发商都被确定中标,他们都被授予该业务的一部分(分配比例是这次竞标和先前表现的函数),其结果是,两个供应商都会持续提高性能、降低成本。即使没有创造出有竞争力的原型,政府仍然可以通过一两种方法从持续的产品竞争中受益。政府可以从单一供应商获得图纸(因为政府支付了研发费用,所以拥有图纸的所有权),并竞争性选择第二供应商,第二供应商只需"根据图纸进行生产"即可。这种做法过去在子系统和武器系统方面已经实施过,并被作为引入竞争的一种有效方式。这种方式的一个不利之处是,不能在给定的领域里维持两个工程设计团队,因为第二个被选出的供应商通常是纯粹的生产运营商——专注于低成本生产。由于先进武器系统创新的关键是两家公司间的设计竞争,另一种(也是更优的)模式(以防两个原型都没有成功)是为两个产品引入不同的竞争,这两个产品都可以满足同样的军事需求,但设计不同。如果是一个子系统,那么其目标就是实行标准化接口(如航空公司通过标准化接口的形式、形状和功能来处理其导航设备和其他子系统),或者仅拥有两个产品,每一个都能满足任务需要,这样就可以让两个供应商为市场份额展开持续竞争。"大引擎之争"的案例即是如此(两种不同发动机的生产者竞争同一战斗机的订单)。

维持第二供应商需要一定的成本——第二供应商的认证成本、一次性的工程和设备成本、政府对两个供应商的管理成本(尽管市场力量导致的成本降低能有效地帮助管理这两个供应商)以及保障两套不同系统的后勤成本(尽管承包商的保修承诺大有裨益)。但是持续的产品竞争能够产生潜在利益。它给了公司在设计和产品生产方面做出改革的动力(来自两家供应商的更佳性能、更高可靠性,以及明显低廉的成本);由于竞争(有大量的证据表明,一旦一家公司成为唯一生产商,它将会把自己的顶尖团队转移到另一场竞争中),使得公司分派最好的人员从事这个项目;竞争将导致在一个订单中有两家公司而不是只有一家,这样可以在两个机构中(在两种设备中)产生未来的竞争并提供了产量激增的可能性(应该是被需要的)[5]。

竞争的潜在利益(在性能和成本上)可能与学习曲线理论有冲突,后者认为竞争采购使得每个生产者建立较少的系统,不能沿着下滑的学习曲线实现改进。但是学习曲线理论来自于商业领域,而在商业领域几乎所有的商品都有持续竞争,因此它建立在竞争存在的基础上。在国防模型中,当竞争不存在时,公司有不合理地拔高成本的动机(经验数据似乎印证他们确实这样做了)。在竞争的基础上,实际的学习曲线既非平坦也非上升(而是下降)。

表 7 - 2　1964—1979 年生产竞争研究中观察到的节约

研究组织	年份	生产系统数目	实测净节约(百分比)
Frederick Scherer(美国经济学家)	1964	—	25%
Robert McNamara(美国前国防部长)	1965	—	25%
兰德公司	1968	—	25%
巴特尔纪念研究所	1969	20	32%
陆军电子司令部	1972	17	50%
物流管理学院	1973	—	15~50%
联合经济委员会	1973	20	52%
国防分析研究所	1974	1	22%
ARINC(美国爱瑞克公司,即航空无线电通信公司)	1976	13	47%
陆军采购研究办公室)	1978	11	12%
国防分析研究所	1979	31	31%
TASC Corp(施耐德电气公司)	1979	45	30%
注:本表数据引自:国防科学委员会 1996 年 8 月题为《联合安全时代的国际武器装备合作》的报告			

现在分析这方面的经验数据。首先,表7-2展示了自1964年至1979年进行的一系列历史性研究。这些研究比较了有产品竞争的项目和没有竞争的项目之间的净节约。

这些数据基于主合同和转包合同,包括了第二次采购中净节约的成本。表7-2显示,来自于持续产品竞争的预计净节约在12%~52%之间,平均值约为30%。

表7-3展示了实际取得的关于竞争性飞机生产采购和唯一供应商模式下的(非竞争性)飞机生产采购的汇总结果。

表7-3　存在和不存在竞争两种情况下的飞机项目成本增长,1971年—2000年

飞机	净成本增长(百分比)
A. 有竞争的商业飞机	
B737-400	0.76
B757-200ER	0.80
A310-300	0.98
A320	0.92
A330-300	0.86
DC10-30	0.83
MD-11	0.73
平均数	0.84
B. 没有竞争的国防部飞机	
A-6E/F	0.96
B-1B	0.98
C-17	1.70
EF-111A	1.62
F/A-18A-D	1.54
F-14A	1.25
F-15A-D	1.47
F-16A-D	1.29
JSTARS	2.04
T-45	1.74
平均数	1.459

注:竞争的商业飞机数据来自《1971年—2000年的历史租赁价格/价值》,http://www.aircraft-values.co.uk;非竞争的国防部飞机数据来自John Birkler等的《联合攻击战斗机的评估竞争策略》,兰德公司,Santa Monica,2001

虽然表7-3没有一对一的比较飞机类型,但该表显示,从1971年—2000年,商用飞机在持续地竞争,而军用飞机则在一个唯一供应商的环境里生产。在商业案例中,所有项目都有2%～27%的成本降低,总的来看,整个项目的生命周期平均减少了16%。相较而言,国防部飞机采购项目的实际成本(而不是基线预测)则上升了25%～104%(有两个项目有些许降低),平均增长了46%。表7-4的数据则表明产品竞争是怎样影响7个导弹项目的——这7个项目在第一供应商着手生产后引入了竞争。

表7-4　生产竞争对7个导弹项目的影响

成本改善比率(百分比)			
导弹项目	第一来源(采购)	第二来源(采购)	百分比差异
AIM-7F(导弹名,"响尾蛇"导弹的一种)	0.87	0.84	3.00
Bullpup(导弹名,"小斗牛"式)	0.82	0.80	2.00
TOW(一种反坦克导弹)	0.98	0.89	9.00
AIM-9L(导弹名,"响尾蛇"导弹的一种)	0.90	0.83	7.00
AIM-9M(同上)	0.94	0.85	9.00
Hellfire(导弹名,"地狱火")	0.94	0.92	2.00
Tomahawk(导弹名,"战斧")	0.79	0.71	8.00
注:本表数据引自:国防科学委员会1996年8月题为《联合安全时代的国际武器装备合作》的报告			

所有这些案例中,在开始时第二来源供应商的学习曲线比第一来源生产商的陡峭。正如图7-1中所示,在所有这些案例中,第一供应商有很平坦的学习弧线,直到引进第二个供应商,竞争的出现导致两个供应商立即通过工艺或设计的变化来降低成本,而且随着竞争的持续,两个供应商的学习曲线同时显著地降低了。

图7-2揭示了本部分最后一个(竞争)案例——战斧导弹项目。

在这个案例中,为进一步提高导弹的可靠性,政府想要承包商承担更多的责任,但通用动力/康维尔(总承包商)不愿意为这个巡航导弹中的McDonald-Dougla's导航系统提供担保。所以政府决定引入竞争(通过强迫交换技术),增加第二个有竞争力的导弹生产商(以获得更可靠的武器)。引进第二个生产商的成本是低廉的,由于有很大的年生产量,而且通用动力公司在其研究中制定了一个相对平缓的学习曲线,因而政府的风险很小。真实结果如图7-2所示,两个生产商的成本都显著降低了。在竞争压力下,两家公司改善了设计和生产流程,最终导弹系统的可靠性从80%左右提高到了97%。除此之外,政府和承包商都认为,引进生产竞争可以导致显著的成本节约和性能改进。

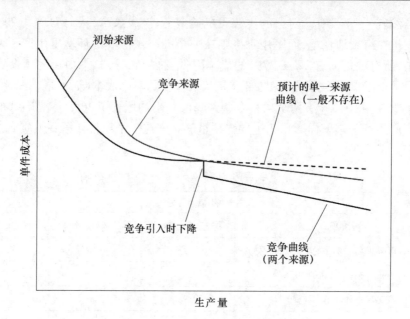

图 7 - 1　生产阶段的竞争效应

注:本图引自:国防科学委员会,《联合安全时代的国际武器装备合作》,1996 年 8 月。

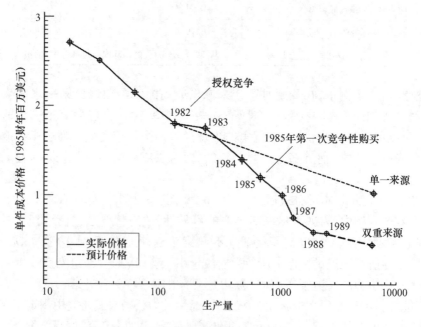

图 7 - 2　"战斧"导弹的竞争经验,1982 年—1990 年

　　第二供应商有一些启动成本——通常相当于产品生产计划成本的 1% ~ 6%(例如"战斧"导弹为 2%),但是从每个项目来看(有许多这样的项目),第二供应

商(如果他是一个高质量的生产商)和第一家相比有一个显著陡峭的学习曲线。因此,在短时间内,第二供应商的成本就可降低到第一家的水平。然后,第一家供应商便会降低其产品成本(图7-2中向下的实线),最后两家公司都会形成陡峭的学习曲线[6],并达到表7-2所示的成本节约。例如,"伯劳鸟"反雷达导弹系统在只有一个供应商时,售价为每枚19500美元。有了竞争之后,第一生产商的价格降为每枚4480美元(降低了77%),第二生产商的价格降为每枚3850美元[7]。这些策略被用到武器系统的关键子系统中时,也会得到类似的结果。比如说,HARM导弹系统中的计算机单价从26万美元降至5.2万美元[8]。

在这些产品竞争案例中,最著名的便是"大引擎之争"。在这个案例中,F-15和F-16战机引擎的单一供应商对政府的要求反应迟钝,而且其生产的引擎可靠性比预想的要低得多。幸运的是还有第二种引擎可供选择(尽管其设计与前者不同,但也有过硬的技术),并且只要政府愿意接受两种不同的设计,其启动成本也可以降到最低。因此,政府决定用附带担保的固定价格合同(担保是提高可靠性的激励)来引进竞争机制[9]。结果引擎的可靠性得到了显著提高。一千飞行时数的返修率是引进竞争前的一半,而且(供应商)承诺的返修次数从900次增加到了4000次。空军发现承包商的反应速度和投资增加也会提高生产效率、提升制造能力、降低成本和促成其他一些可以提高质量的改变。他们还发现和原来只有唯一承包商时所花的保修成本相比,通过带有保证条款的竞争,可以显著降低成本(5300万美元)。现在在低层有多个供应商,提高了生产的灵活性并扩大了工业基础,可以应对任何生产冲击。最后,空军估计他们在该飞机20年的生命周期中节省了30~40亿美元[10]。一般来说,新的引擎(发动机)被证明比起初的唯一来源的引擎(发动机)性能更强、更耐用、更易维修、更便宜。

另一个能说明竞争好处的例子是麻雀III防空导弹系统,它通过双供应商生产来提高可靠性(因为第一供应商在这方面有些问题)。结果其可靠性得到了明显提高并且成本有了显著降低。

持续竞争在国防采购中的诸多好处得到认可已经很多年了。1964年,Frederick Scherer公布的调查结果显示:在第二次世界大战期间,双来源的轰炸机生产学习曲线比单一来源的更陡峭[11]。20世纪70年代末,具有双来源的海军巡逻护卫舰FFG-7项目,具有比其他在建海军船舶(单一来源)更陡的学习曲线。然而,仍然有人极不情愿引入双源竞争概念,无论是在开发中还是在生产上。有人认为,数量不够大或者已经存在足够的合同激励机制来确保单一生产商达到所期望的结果。还有一些人因为启动成本以及筹集初始投资资金方面的困难而不愿引入。事实上,国会有时会支持各军种(或初始承包商)抵制引进第二来源[12]。

最后,在1984年,美国国会通过了《合同竞争法》(CICA)[13]。它要求在各军种必须建立一个"竞争倡导者"和一个总负责军官。它也承认,在大部分国防部采购中使用密封竞标是不恰当的,质量与价格可以得到均衡的谈判竞争("最佳价值"竞争)将是可以接受的竞争形式。它制定了一系列限制条件,在这些条件下单一来源奖励是恰当的。然而,意想不到的是该法案激起了强烈抗议(针对政府的决定)。抗议活动迅速增加,一直持续到现在。

在此,反对竞争的两个观点需要再讨论一下。第一个观点认为,奖励费可用于管控武器系统的总成本而不是支付引入第二个承包商产生的额外费用。在此,部分问题是一般项目只有总成本的5%~8%的(奖励)费用(即便是固定价格合同,固定价格的水平也是由前一年的成本来决定,而费用也由此来评估)。因此,总价的主要份额是92%~95%的基本成本,由此有一种"反向激励"来使成本最大化,然后只需在基础成本上直接增加5%或8%即可。如果承包商明显提高了基础成本——即使其奖励百分比略微缩小,他也会获得更多利益。此外,实证结果显示(如上所述):实际获得的奖励经费往往较高——即使承包商成本超支且推迟交付。国防部需要更有效地使用奖励经费(作为控制成本、保证进度以及实现目标性能的激励),即便如此,这些经费产生的激励效果仍然无法与竞争比肩。例如,在合同竞争法引进竞争而且竞争数量明显增加之后,分析表明惠普公司管理员工减少了10%,波音公司表示,他们已经削减了25%的间接费用,通用动力公司的目标则是减少它40%的经常费用(日常开支或一般管理费)[14]。竞争的威胁似乎降低了价格。例如,海军部长雷曼说,他可能会购买价格大幅度下降的F-14战斗机而不是价格已经显著提高的F-18[15]。

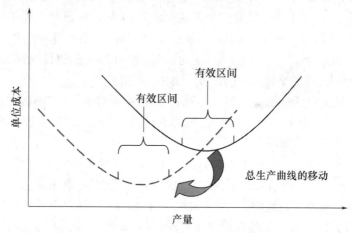

图7-3 适应小产量的生产效率曲线调整

用来反驳建立第二供应商的另一个常见观点是,第一供应商将因生产的减少而降低效率。如果初期产品生产线的规模已经被限定在一定程度(也就是由单一来源完成全部生产),而且高开销低效率的初始来源被允许继续存在,那么这个论据就有些可信度了。在这种情况下,成本将会上涨——因为那些大额的管理开销被生产出的少量产品分摊。然而,如果最初就假定分开采购,在投标后两家公司都根据其生产规模来估算其经常（管理）费用，并且每个提交的价格都是基于经济生产率的高效操作，那么它就有可能在少量的生产上产生效率。比方说，当海军决定将每年购进的洛克希德·马丁公司的"三叉戟"D‑5战略导弹系统从60套减少为12套时[16]，这种大型复杂战略导弹系统的单价有所下降。图7‑3给出了生产效率曲线移动的一个解释。

DDG51驱逐舰的采购竞争进一步说明了这一点。在这种情况下，每年仅能建造很少量的船，有一两艘船用了几年建造，有四到五只用了更多年的时间。尽管造船量很低，但是造船费用相当稳定（不变美元价）[17]。

压倒性的实证数据表明，生产竞争（只要规模是合理的）产生了大量的净成本节约，竞争理应成为一种常态。2007年国防部的一些案例更具有代表性。也许其中最为著名的是美国空中加油机项目。空军将其视为首要任务，其老化的加油机编队需要远程的、持续性能强的新加油机。第一批100架订单（未来将会买更多的，以替代600架老旧的加油机）的预算约为200亿美元。空军在两家商业飞机之间选择"赢者通吃"的竞争模式（选择波音公司或者空客公司，后者建在阿拉巴马州，由诺斯罗普·格鲁曼公司管理），以便改善这项任务。

最初，空军打算从波音公司租赁飞机，但是这一进程被美国国会叫停。后来，空军打算仅从波音公司购买飞机，但是一个政治丑闻（如上所述）使其放弃了单一供应商而采用"赢者通吃"的竞争模式。这些商用飞机都使用大量的美国和外国子系统，都已经有全球物流保障，并都有很好的生产系统——这个系统在飞机的学习曲线中表现得非常出色。因此，任何一个系统的启动成本都将相对较小（虽然空客公司会有一部分启动成本用于从法国到阿拉巴马州进行的最终装配）。如果联邦快递（FedEx）或联合包裹速递服务公司（UPS）也使用双供应商采购模式，那么在前一百架飞机以及未来生产的大量飞机的供应中竞争会持续存在。一个竞争激烈的、双来源的采购战略将会形成（而不是判给一个单一来源）。然而，空军并没有包含"政府保留挑选一个或多个投标人的权利"的传统条款。相反，它表示竞争中的赢家将获得前一百个订单和所有的后续订单。如果将前一百架飞机的单源与双源学习曲线（表7‑3）进行比较，双源购买（相对于从唯一来源购买）将意味着净节省数十亿美元（单一来源的成本无疑会从空军技术和/或任务要求的变化中增加）。在双源的情况下，降低成本可能会是两家公司的主要焦点，因为他们知道他们打算再次竞争大量的后续购买。此外，如果增加在生命周期中提供担保的要求，那么将会产生更多改善可靠性的激励，空军将从飞机的可用性和维修成本的减少中获益。

当诺斯罗普·格鲁曼公司的提案胜出时，美国国会议员反对"购买外国设计"，而美国审计总署（GAO）则反对波音公司提供的一些采购细节。总体方案一拖再拖，因此空军的"迫切需要"推迟了至少两年。在2009年初，基于节省成本的倡议，奥巴马政府最初提出再延迟该加油机项目五年，但随后决定开始另一场"赢者通吃"的竞争。诺斯罗普·格鲁曼公司认为，新提议的要求偏向于波音公司，于是"不竞标"[19]。如果国防部选择了这款飞机的双源竞争模式，并且得到国会同意(基于实证数据所揭示的竞争的好处，以及每家公司都在美国建造飞机的事实)，那么将会有更显著的成本节约——更及时的交货、更高的品质，并能证实飞机能够真正满足一个国家的需要，但在美国设立第二条生产线也有一些前期成本。

第二个例子是历史上规模最大的喷气式发动机项目——F35联合攻击战斗机，这是一个跨国项目，需要数以千计的喷气发动机来支持该架飞机的三种型号，将有11个国家参与。这种选择类似于上面描述的"大引擎之争"。空军参谋长迈克尔·莫斯利将军表示，他支持竞争选择发动机[20]。国防部独立的成本分析显示，根据历史趋势(包括大引擎之争)，将从这些发动机的竞争性双源采购中节约大量开销。GAO关于引擎替代(发动机)选项的独立研究指出，2443台发动机以及它们的保障部件成本可能超过F–35剩余发动机项目约534亿美元。研究还指出，即使对第二个发动机追加36亿~45亿美元的投资，"考虑到关于这些因素的某些假设，如果竞争能产生10.3%~12.3%的节约，发动机替代选项的额外成本就可以收回……根据空军的实际数据，从过去的发动机项目，包括F–16飞机，有理由预期至少能节省这么多。此外，还能从竞争中获得许多非经济的利益，其中包括更佳的性能，更高的可靠性，并改善承包商的响应[21]。"空军选择不支付第二发动机的启动成本，但国会每年都投入资金以保持竞争性项目的运转。当时的军事委员会主席参议员约翰·华纳指出，没有竞争的唯一供方将会形成"一个1000亿美元的垄断"。有些人认为在这个案例中，海军和空军(这款飞机的联合买家)在预算中没有考虑第二来源发动机的钱，而是指望国会增加这笔钱[22]。

正如国防部不愿衡量双源竞争好处的后两个例子(与一个单一来源，或者分配到两个基本独立的来源相比)，考虑到军队在伊拉克和阿富汗需要装甲车，此时许多士兵已被路边炸弹炸死或致残。有两种方法可以满足这种装甲车的迫切需要。第一种方法是迅速为美国陆军和海军陆战队添加15274个防地雷反伏击车(MRAP)。国防部长罗伯特·盖茨宣布，这是五角大楼最优先级的计划，并且国防部宣布，将为三个不同的公司颁发单一来源合同[23]。由于这些车辆变得越来越笨重，并且越来越昂贵(每辆150多万美元)，海军陆战队削减了他们的订单[24]，但三个单一来源合同继续获得了国会的大力支持。此外，一项美国国防部监察长的研究发现，用于装甲车及其配件的单一来源奖项共计2.2亿美元，并且强烈建议在未来的装甲车辆合同中引入竞争[25]。然而，当陆军和海军陆战队决定替换"悍马"而购买145000辆车(估计费用为20万~25万美元一辆)时，他们再次决定采用"赢者通吃"的竞争方式来获得联合轻型战术车(JLTV)的原型。他们本可以选择具有竞争力的双源原型或采用具有竞争力的双源模式成批采购。由于路边炸弹很可能在未来激增，这项计划如果成功的话，可能拥有一个更大的、全球性的和法规更加完善的市场。

2007 年和 2008 年的这些例子表明，一些人在接受竞争性双源生产项目会带来利益的实证数据时，部分军种还存有抵触情绪，并抱有这样的想法："这一次我们会更好地管理它，成本不会遵从于历史趋势。"

第三节　国防保障和维修的竞争

国防部采购中最大的单项开支是后勤保障和设备维修。2007 年，此项耗资 1720 亿美元，由于设备老化和持续使用保障（包括零配件）和维修成本也在持续增长。所以这个领域可能值得考虑竞争的潜在利益。然而，这个领域的惯例是要么原来的装备制造商提供保障要么政府自己完成（这被叫做"有组织的"）。无论哪一种情况，占国防部采购经费最大份额的部分基本上采用单一来源模式。

表 7－5 显示了基于绩效的后勤（PBL）竞争性奖励在武器装备方面的潜在利益。

表 7－5　基于绩效的后勤（PBL）竞争性奖励：有效性和响应时间比较

海军项目	材料的有效性/%		后勤响应时间/天	
	PBL 前	PBL 后	PBL 前	PBL 后
F－14 LANTIRN	73	90	56.9	.5
H－60 航电设备	71	85	52.7	8
F/A－18 备件	65	98	42.6	2 CONUS
管理系统				7 OCONUS
轮胎	81	98	28.9	2 CONUS 4 天 OCONUS
APU	65	90	35	6.5

注：1. 材料有效性数据来自 2005 年 5 月 5 日的 Paul Klevan，NAVICP，UID 的《项目管理者研讨摘要》；后勤响应时间的数据来自 2004 年 3 月 2 日的 Lou Kratz，OSD 的《现状报告》，NDIA 的《后勤会议摘要》

2. CONUS 指的是美国本土的 48 个州；OCONUS 指的是美国本土之外的州

表 7－5 中，列标签"PBL 前"揭示了五个真实的单一来源的性能——由五个海军项目可以看出；列标签"PBL 后"揭示了巨大的改善——当一个承包商通过提供最好的实用性和最短的响应时间赢得竞争时就可以实现。相较于单一来源，这些绩效结果以较低的成本获得。正如表 7－5 所示，后勤响应时间在竞争环境中能缩短一个数量级，这在军事实力上产生了巨大差异。特别地，这个结果既可以由固定价格担保也可以由中标人的承诺所保证。在这种情况下，过去的绩效可以用作后续奖励的标准。在许多情况下，竞争环境中质保的成本可以与单一来源环境中

质保的成本作比较(在大引擎之争中,单一来源的质保成本严重超过了竞争环境中所提供的)。

此外,后勤方面的竞争通常在承包人(提供基于绩效的后勤)和政府(有组织地提供)之间展开。谁赢得这场竞争无关紧要,只要在奖励后经测量都获得了显著改善的结果(他们的真实表现和真实成本方面)。如上所述,国会强烈支持国防部门的维修工作(单一来源)在国有设施中进行,因为在给定的国会选区乃至一个州中这些部门往往是最大的雇主。要在后勤和维修领域的竞争中获得绩效和成本利益,需要相当的领导力来克服国会的抵制(甚至允许政府部门的和私人的竞争者,政府部门经常以显著的成本节约赢得竞争)。

第四节　服务竞争

当今60%甚至更多的国防部门的采购通常发生在服务领域,服务市场的进出壁垒比巨大的军事装备合同市场低得多,更多的竞争可能会集中在这个部门,此类案例也越来越多。然而,这个领域有许多风险。第一,服务有时会被当作商品对待(因为"谁都能做到"),因此被授予出价最低的承包商(而不是基于"最优价值")。许多年前有这样一个案例,海军基于最低小时工资雇用工程顾问,并以最低时薪在全国各地招募。但不是所有的工程师都是一样的,而且这个服务并不是一种商品,所以必须基于最优价值对其进行评价。然而,国会(以及来自公共部门工会的压力)要求政府劳务人员的报酬必须基于最低竞标者给出的工资标准,而不是基于最优价值(最优价值招标认为产业每小时费率包括管理费,而政府每小时费率没有包括管理费)。当公有部门和私营部门展开竞标且后者取胜时(由于生产率的提升),国会就会通过立法来阻止竞争。

服务合同的另一个缺点和社会经济立法有关。例如,阿拉斯加的本地企业(ANCs)在法律允许下获得了单一供应商地位的奖励(在任何水平并且没有竞争)。美国审计总署的报告指出:"'有竞争力的投标'的私人担保合同的成本比ANCS'没有竞标'的合同成本减少大约25%"[27]。当军队没能与ANCs就全国众多军事基地的安全警卫更新两个价值各为1亿美金的合同时,国会开始重视此问题。

另一方面,一个同样不受欢迎的结果是竞争太多。正如 Mike Scherer 所说:"太多的竞争令人气馁,而不能给人有效的激励[28]。"在一些高质量的公司之间进行有效竞争和单纯地把所有服务合同扔给许多合格者之间是有区别的。越来越多的做法是近乎允许每一个曾在指定服务领域有过任何交易记录的投标者均列为成功者,以至于每次在服务区内出现一项任务,所有的赢家都会去竞标。例如,海军海港多倍奖励合同是一个不定期交付、不定数量的合同(IDIQ),超过2000个成功承包商去竞争以下任务:建模,仿制,训练,分析保障,程序设计说明书,技术数据保障,软件工程与规划,以及网络保障[29]。海军一年可以发出53亿美元的订单合同,有两年基础期,多达八年的选择期。这种方法(许多赢家在第一阶段就上了成功者的榜单,但要获得后续的每项任务仍需要继续竞争)看起来公平,但却非常低效(不管从政府还是企业的角度来说),因为只有当公司有足够大的把握在竞争中取胜时,公司才会选派他们最优秀的员工和尽他们最大的努力参与竞争。所以两三家公司竞争比几十、上百家公司竞争更有效率。不幸的是,在IDIQ合同中有许多赢家使得政府在第一阶段的任务简单化了,因为大多数人都是赢家(极少有抗议)。但这种做法并不是政府获取长期利益最大化的方向。赢家的数量应相对较小,这样当增加额外订单时,政府就可以在更有效的竞争中获益。

在服务合同中最艰难的方面之一是定义性能的衡量方式:确定"草"是不是被适当地割掉了,或者确定复杂的程序是否被设计好了。衡量保障服务的性能并且比较它们的花费是有效采购的重要环节。作为服务竞争的一个例子,美国航空航天局的传统做法是通过本单位员工维护台式计算机,而且没有办法追踪成本,没有比较的标准,不能追踪服务质量。当美国航空航天局决定外包它的台式电脑维护工作——美国航空航天局台式电脑外包倡议(ODIN),它通过竞争将提供和管理航天局大部分台式电脑、服务器以及内部通信设备的任务转移给了私营部门。美国航空航天局的具体目标是减少台式电脑成本,提高他们的服务质量,实现美国航空航天局的可操作性和标准化,将美国航空航天局信息技术人员作为它使命的核心。审查承包商的绩效,可发现所需的服务达到领先水平(服务交付98%,可用性98%,客户满意度在90%~95%之间),硬件和软件在每个中心都已经标准化,可操作性和安全也有很大改善。尽管没有成本对照,信息技术成本现在可以分摊到公司的固定价格合同之中,美国航空航天局对绩效和成本都很满意。

第五节　公共和私营部门之间的竞争

美国的经济政策规定:政府不能与私营部门竞争,而应当只执行固有的政府职能。然而,几十年来,政府已经涉足许多不是它原来职责的领域。2001年,政府试着统计了联邦这一层面中那些不是政府职能但都是政府的人在做的工作,发现有849389个岗位适合公共部门和私营单位竞争。众所周知,公共部门和私营部门之间竞争规则的订立是很清楚的,在这两个领域,岗位要求和补偿制度都有着很大的差异。20世纪70年代,行政管理和预算局(OMB)发出《A-76号文件》,清楚地定义了应该如何执行(竞争),各种行政机构试图将这种竞争强化或淡化成一种理想的管理倡议。例如,当乔治·W·布什就职时,作为他的五大管理倡议之一,就是使这类竞争更加激化。

公共部门和私营部门的竞争不同于外包(外包意味着公共部门的工作移交给私营部门,不许公共部门竞标),它也不同于私有化(私有化意味着政府的设施、设备、人员都私有化)。这两种情况既可以采用单一供应商模式,也适用竞争模式。但这些做法对那些想加入工作竞争的政府人员不公平,他们独自做这些工作已经很多年。公共部门和私营部门的竞争当然与内包不同,内包是指从私营部门移交到公共部门的工作(常常是应政府人员的请求,并且得到国会的支持,最近由奥巴马政府实施)。内包完全没有竞争性,并将竞争环境变成了一个单一供应商的(垄断)环境。

表7-6　行政管理和预算局A-76公告的公共部门
和私营部门之间的竞争结果,1978—1994

	完成的竞争	年平均节约/百万美元	节约百分比/%
陆军	510	470	27
空军	733	560	36
海军陆战队	39	23	34
海军	806	411	30
国防部局	50	13	28
总计	2138	1478	31

注:本表引自:国防部负责采购、技术、后勤的副部长办公室1997年11月的《国防改革倡议报告》

正如表7-6所列,从1978年到1994年,使用行政管理和预算局的A-76指令模型,公共和私营部门之间进行了2000多次的竞争。包括各种各样的功能性竞争和广泛的政府文职岗位竞争(每次竞争有数百到数千个职位)。

表7-6显示,谁赢得竞争并不重要。平均而言,节省超过了30%——国防部平均每年可节约15亿美元左右。

冷战后,随着国防部大幅削减预算以及努力节省开支,参加A-76竞争的人数开始增加。如表7-7所列,从1994年到2003年共举行了逾千次的竞争,涉及超过65000个文职职位。

当政府人员竞标上岗时(这些岗位他们已做了很长时间,并且被要求建立最高效的组织(MEO)),他们表示以更高的质量和更少的人做同样的工作。正如表7-7所列,当他们赢得了竞争,他们执行项目时将用比过去少44%的人。在此期间,承包商赢得56%的竞争,并且不管是谁赢得了竞争,总平均劳动力减少38%。

随着竞争的增加,1997—2001年间政府非竞争性投标数量(原有职位数量)与实现超过30%的最高效组织带来的职位减少数量之间的变化关系是一致的,如图

7-4 所示。由于职位竞争以及政府开始提高针对这些方案的竞争能力,结果更加惊人。

表7-7　国防部竞争性来源结果,1994年—2003年

中标人	赢得竞争的数量	文职职位竞争(不包括直接转换)	MEO FTEs(不包括直接转换)	从文职到MEOFTES百分比下降
内部	525(44%)	41791	23253	44%
承包商	667(56%)	23364	16848	28%
总计	1192	65157	40101	38%

注:1. MEO 是指效率最高的组织;FTE 是指全日制

　2. 本表数据来源:2004 年 10 月,Jacques S. Gansler 与 William Lucyshyn 所著《竞争性来源:联邦雇员将会发生什么?》

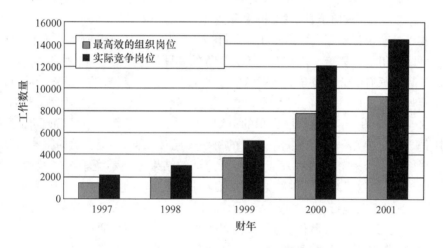

图7-4　比较1997—2001财年政府劳动力新旧岗位的对比

(根据行政管理和预算局《A-76文件》)

注:本图引自国防部的商业活动管理信息系统(CAMIS)的人力资源数据。

例如,2004 年美国国税局举行的两项竞争,政府都赢了。第一个是区域配送中心,有 400 个职位提供竞争,获胜的最高效组织仅需 160 个职位(减少了 60%);第二个是国税局"校园中心"的运行和保障,有 278 个职位提供竞争,胜出的最高效组织仅需 60 人来做同样的工作(减少了 78%)[31]。

正如所预期的,在竞争之后最受关注的是能否实现当初的承诺。为了确定能否实现节约,海军分析中心对 16 个已完成的活动进行了研究[32]。研究发现预期的节约(竞标的胜者,无论是政府还是私营部门)平均为 35%,实际的节约(在调整了这些项目执行过程中发生的范围变化和数量变化之后)平均为 34%。在这 16 个案例中,只有一个是成本增加的,观察到的已实现的节约(不考虑成本和数量的变

化)平均值仍然为24%。即使在范围或数量增加时,在总体方案中仍有节余。值得注意的是,这些竞争的很大份额由公共部门的最高效组织赢得了。2006年,公共部门赢得87%;2007年,公共部门赢得73%[33]。

因为大部分竞争流向了公共部门,私营部门的投标人质疑他们是否应该继续参与竞标。正如代表许多专业服务公司的专业服务理事会总裁斯坦·索罗维在2007年所言:"A－76的竞争苟延残喘,(在私营部门)只有极少数人愿意参与[34]。"政府工作人员也质疑,要减少目前岗位的劳动力使之变成最高效组织,是否要大量裁员。根据政府全部人员数据库中真实裁员信息的详细研究发现,尽管有大量的节省,但(平均)只有5%的工人真正下岗了[35]。在东欧和俄罗斯,私有化对就业和工资影响的研究也得出了类似的结果,研究发现三万多最初的国有制造企业"一直抵制私有化带来的工作丢失,他们从来没有暗示过大额减薪。"[36]许多工人或者找到其他政府职位,或者自愿到中标的私营公司去谋取高薪职位。此外,许多工人取得政府退休资格,并利用这种优势。

鉴于这些统计资料,竞争的阻力大得惊人(特别是来自政府工会及国会),相较于可以获得的非固有政府职位,可供竞争的实际岗位很少。在2007财年中,整个联邦政府只有132场竞争(涉及4164个全职岗位),或者说约1.5%的联邦政府岗位参与了竞争(不是政府固有的职能)[37]。尽管如此,行政管理和预算局估计,从2003年至2007年因竞争而累积的节约额预计在72亿美元以上,而运行竞争的费用是2.4亿美元——所以竞争花费的每一美元带来了30美元的回报[38]。

尽管竞争带来节约的潜力巨大,而且论证的结果也显示竞争可以获得同等或更好的绩效,但由于政府机构的工会强烈反对任何这样的竞争,并能够说服国会抵制它们,因此可以进行的竞争很少。同样,在许多国会选区,政府雇员占主导地位,或者至少是庞大的选民队伍。例如,在2006财年,美国国会通过公法109－115决议,其中要求,在任何行政管理和预算局(OMB)的A－76中涉及10个工作岗位以上的竞争中,政府投标人必须享有10%或1000万美元的成本优势;即使中介机构可以证明,当成本和质量都考虑进来时,外部承包商能提供最好的价值[39]。在2008财年,《国防授权法案》(第325节)禁止行政管理和预算局"根据《A－76文件》,直接命令或要求国防部长或军事部门各部长进行岗位的公私竞争。"[40]最后,在2008财年《综合拨款法案》(公共法110－161)以及2009财年众议院版本的《国防授权法案》(H. R. 5658)中有一个规定,暂停所有国防部A－76竞争三年。一位美国联邦政府雇员指出,国会正在考虑将内包作为一项命令[41]。奥巴马政府将这个想法作为其早期的举措之一——尽管众多独立研究(例如,美国国会预算办公室、总审计办公室等)[42]都显示,"内包"工作(这不是政府固有的职能)比较昂贵,如设备维修、后勤保障和安全服务,约比使用竞争选择的承包商贵90%。

对待竞争——如果公共部门参与了竞争,国会显示出了一种模糊信号——一方面通过了一些允许竞争的法律,另一方面又通过了一些禁止竞争的法律[43]。印第安纳波利斯市的前市长史蒂芬·哥德史密斯进行了有关私营和公共部门竞争的州层面实验,他指出竞争的好处有可能在州层面上实现而非联邦层面,"因为华盛顿看起来对公私竞争的创新很敏感[44]。"许多州和地方政府已经从提高性能和降低成本(通过在工作中引入竞争而改变之前的公共部门单一来源模式)中获益。表7-8给出了一个关于五个城市公共运输承包竞争的例子。相较于被取代的非竞争性公共服务成本,服务水平提高了26%~300%,节约了20%~60%。

表7-8 五个城市公共交通的竞争收购,1979年—1996年

城市	年份	绩效提升
丹佛	1988—1995	服务水平提升26%
圣迭戈	1979—1996	服务水平提升47%
印第安纳波利斯	1994—1996	服务水平提升38%
拉斯维加斯	1993—1994	服务水平提升243%
洛杉矶	1980—1996	服务可靠性提升300%;抱怨(投诉)降低75%

注:本表数据引自:E. S. Savas 的《私有化与公共契约关系》(纽约:查塔姆研究所,2000年)

还有许多类似的节约例子[45]。

人们逐渐认识到,一些利益可以通过公共部门工人获得,另一些则可以通过私营部门的工人获得。在一些行政管理和预算局的 A-76 竞争中,公共和私人部门之间正在形成一种联合,一起对抗其他联合或其他私营部门。一项飞机维修工作的竞争由公共部门赢得,主承包商是政府航空站,但它将70%的工作转包给了私营部门。在一个陆军工程兵团的竞争中,政府与洛克希德·马丁公司合作,中标的是约520名政府雇员和350名合同雇员的工作团队。以前需要大约1300名联邦雇员和1500名合同雇员。劳动力的大幅削减是通过一系列的调整完成的,如将工程兵团调动到一处,并使很多保障工作固定化。这样的安排使政府能够保持其核心竞争力,并导致零裁员(因为政府工作人员在工程兵团找到了其他职位)[46]。这种公私伙伴关系很重要,但他们必须维系在竞争的方式中,以获得性能提升与降低成本的好处。当在单一来源的基础上完成时,他们只是创建了一个新形式的垄断。

第六节 国防采购竞争小结

数据明确显示,在国防采购中,运行良好的竞争提高了性能,并降低了成本。当竞争存在时,政府与供应商之间的权力关系也发生了巨大变化,这给了政府最大

的杠杆作用。即使竞争只在两个实体之间也很激烈,而且能够实现全部的好处。但是,当由一个唯一来源承担时(不论是在公共还是私营部门),所有竞争的好处都会丢失,创新和低成本激励都将消逝。

在国防采办中,由于供应商有限,而且只有一个买家,国防采办中的竞争与商业采购中的竞争是非常不同的。实际上,这是一场寡头垄断供应商和独家垄断的买方之间的权力斗争。但只要至少存在两个有实力的竞争者,政府就可以获得增加创新、提高性能、改善质量以及净成本节约的好处。这种组合代表了对政府的最优价值,应该积极推行。这种竞争模式是美国国防工业和外国同行之间的主要区别之一,后者主要使用单一的、国内来源优先的模式。

第八章
他国的国防工业战略

　　21 世纪,美国国家安全(包括军事和工业安全)需要一个全球性的战略。在未来的日子里,几乎所有影响国家安全的情景,都将涉及到其他国家,而且科技和工业本身也将是全球性的。此外,通过分析其他国家国防工业模式的优缺点,我们可以学到很多东西。

　　美国不能单独对抗全球恐怖主义、武器扩散和地区不稳定。它也不能单单依靠其传统盟友(如欧洲、日本和澳大利亚),而是必须发展强大的同盟关系,如俄罗斯和中国,一起解决这些问题(他们在这些方面同样脆弱)。

　　本质上,世界上其他国家国防工业战略的实现途径都比美国更具计划性。尽管美国政府是唯一的国防工业产品买家,而且美国国防工业几乎是完全管制,但是整个国防工业还是相当自由竞争的。其他国家(无论是资本主义还是社会主义国家),都认识到政府在国防工业中扮演的重要角色。政府在国防工业中兴许有程度不一的控制权和管理权,但是不论政府干预多么少,他们均认为这个行业不是完全的自由市场。一些国家鼓励国防工业内部竞争,但大多数国家认为国防工业主要是与他国竞争(对外销售)。这些国家的政府全面卷入国防工业的市场结构、企业行为和绩效评估,包括了国防工业的研发过程、生产能力建设和融资过程。他们视国防工业为重要的国家竞争能力,而且大多数国家通过财税政策吸引高科技军工企业(尤其是来自美国的)进入他们国家。

　　举例来说,美国的研发税收抵免大约为 3%,但新加坡的接近 24%[1]。同样,所有的外国税收政策就像一个磁铁,诱使美国国防生产能力流失。美国的企业所得税税率是 35%,但爱尔兰的企业所得税税率只有 12.5%,以色列的企业所得税税率只有 10%,而且有为期两年的免税期,中国也有 5 年的免税期,并且免税期之后的 5 年只收一半的税[2]。当这个激励机制能够吸引到高质量、低成本的科学家和工程师时(在美国聘用一个工程师的花费可以在印度聘用 11 个合格的工程师)[3],美国公司发现将他们的研发活动转移到国外是极具吸引力的。尤其当国防工业可以军民两用时,它就会给公司所属的国家带来双重利益(包括军事和经济利益)。这也可能有利于美国的国家安全。如果适当关注每一个国家的安全考虑,并适当控制向第三国的转移(产品或技术),而且如果美国仍然在该技术领域维持国内生产能力,那么那些在海外设计和建造的军事设备就可用于联合的跨国军事行动。

从历史上看,产业结构被认为主要取决于制造业创造的工作机会,因为劳动力是产业结构主要的驱动因素。今天,绝大部分的工作机会由服务业提供,并且在印度、中国、爱尔兰、澳大利亚、新加坡或巴西,劳动力供给充足。世界各地的企业正利用全球化的劳动力,这对于一个国家的国防工业战略既是一个机遇,也是一个挑战。从军事和经济角度来看,核心问题在于,进行国防安全合作和工业共享使国家受益更多还是承担更高的风险。

鉴于先进技术的重要性(不论是商业还是军事领域),大多数国家日益关注研究以及科学与工程教育,这对于国家军事和经济发展必不可少。相对于其他项目,各国在国防研发方面的政府支出份额差异很大。例如,2003—2004年间政府研发的总支出,美国52%花在了国防上,英国57%和法国43%花在了国防上。而日本,47%花在了能源上,德国38%花在了工业生产力增长上。同样,在任务导向的政府研发支出方面也有很大差异。美国只有6%用于非任务导向的研发,但德国和法国有28%,日本有24%,英国有17%[4]。

统计数字的差异(即将研发支出用于国防预算还是统计为其他政府类别)可以归结为美国国防部庞大的预算规模。比如,如表8-1所列,美国国防预算大幅超过俄罗斯、中国和印度的预算,甚至超过了它们的总和。

表 8-1 印度、中国、俄罗斯和美国 2004 年的军费开支

	人口/百万	人均 GDP /美元	现役军人 数目	估算的国防支出 /10 亿美元	国防支出占 GDP 百分比
印度	1110	691	1325000	19.6	2.6%
中国	1300	1462	2255000	62.5	3.3%
俄罗斯	144	4043	1212700	25.1	4.3%
美国	294	39796	1433600	465.0	4.0%

注:1. 2011 财政年度美国国防部的拨款总额(包括为伊拉克和阿富汗战争追加的)为 7250 亿美元
　　2. 资料来源:S. J. Flanagan 和 J. A. Schear,《战略挑战:美国的全球安全备忘录》(华盛顿:Potomac Books 出版社,2008),188 页

欧洲拥有 30 万以上的国防工业员工,但欧洲所有国家的国防预算总和只有美国国防预算的一半,并且美国的国防研发投资几乎是欧洲的四倍。然而,美国和欧洲在基础研究和科学与工程教育方面,有非常不同的趋势。美国在这些方面兴趣的快速下降以及其他国家在这些方面兴趣的迅速增长,影响美国长期的国家安全与经济竞争力,美国要把解决这一问题作为 21 世纪国家战略的一部分。

尽管美国未来的国家安全战略和国防工业战略必须在全球化的基础上构想,

这里关于欧洲、俄罗斯、中国、日本、印度、以色列、非洲和中东地区的探讨,只考虑那些国防工业战略已经采取的路径以及和美国所期望的 21 世纪国防工业战略有关的路径。

第一节 欧洲

由于几个世纪的战争,欧洲各国形成了国防上自给自足的历史趋势。即使欧盟积极推进建成了共同的商业市场,欧盟宪章第 296 条也允许各国政府在国防采购上避免非国有的竞争者[5]。对自给自足的信仰,导致各国的国内市场很小,并且国防预算很有限,使得各国面临两难。首先他们觉得,他们仅仅可以负担起少数军品开发(在任何给定的国防工业部门只有一个或两个公司);其次,他们需要将国防工业和政府注意力集中于对外军售上,以便获得一个可以使国防生产高效并收回其研发投资的足够大的国防市场份额。尽管各国本质上都是垄断供应商(或者在某些领域有两个寡头垄断供应商),但他们仍然被迫采取低成本的设计,以便使本系统既能被他们的国家接受又能吸引国外买家。举例来说,在法国实质上只有达索一家战斗机公司,然而它生产出的低成本、高性能的军用飞机,是世界上最成功的[6]。达索公司有许多美国飞机公司不具备的理想组织特点——包括小型的设计团队,持续强调提高现有产品的设计,最简单的设计图纸和大数额的转包合同,出于国内和国际的原因持续强调低成本设计,并和政府保持紧密的合作关系。类似的特点,可以在德国、英国、意大利、瑞典、挪威等国的重要国防项目中找到。每个单一军品供应商(要么是主系统,或者是关键子系统),政府在宏观层面的介入是有限的,并且在微观层面采取不干涉政策(在企业的日常经营活动方面)。在对外军售方面政府则会鼎力相助。2006 年,欧洲 75% 的航空航天和国防产品对外出口,虽然其中有很多销往了其他欧洲国家,但是到目前为止,大部分是销往了欧盟以外的国家[7]。

到 20 世纪末,欧洲国家认识到,由于他们的国防预算相对较小,他们在全球安全的舞台上不可能扮演一个重要角色(四大欧盟成员国中的任何一个国家的国防预算,至少比美国的预算少一个数量级)[8],此外,由于存在由单纯复制其他国家的国防项目导致的低效率,他们不能实现竞争或者是规模经济的好处。1996 年,法国、德国、意大利和英国创造了一个叫做欧洲联合军备合作组织(OC-CAR)的四国军备代理机构,以提高协同项目的效率,2004 年,欧洲防卫总署(EDA)成立并向所有欧盟成员国开放。欧盟宪章提出在危机管理中增强防御能力,促进欧洲军事合作,加强欧洲国防工业和技术基础,并创造最具竞争力的欧洲武器装备市场[9]。

　　这里的竞争主要是指与美国国防工业在全球武器市场上的竞争(不是在欧洲共同体内部的竞争)。一些欧盟其他组织向欧洲内部拨款时,它们排除美国公司的参与。例如,欧洲研究协会称:"基金面向欧盟内部的任何科学家(任何国籍的)。"(相比之下,美国国立卫生研究院资助了188名非美国的研究者——其中一些人获得的资助接近100万美元)[10]。再举一个例子,基于"美国可能会把全球定位系统(GPS)关闭,而欧洲就会失去这方面能力"的担心,欧洲太空总署决定建立一个能够对抗美国全球定位系统(GPS)的设施,不管怎样,大多数人认为首先投资70亿美元,就可以使欧洲人拥有自己的系统。自从1983年GPS系统向民用开放以来,美国从来没有关闭GPS系统的信号,而且所有的国际银行系统的交易都是基于GPS系统的原子钟,所以关闭了它就意味着关闭了所有国际银行系统。此外,世界范围内的商业航空运输系统变得越来越依赖GPS,所以关闭GPS是件极不可能的事。美国军方也愿意与其盟国分享其军事GPS信号,美国政府愿意持续提供该系统,并且由总统声明,而这种声明代表美国的国际承诺。由于美国政府提供人造卫星、地面站和该系统运转的费用,使得全世界的使用者都不需要花费成本,这很难想象欧洲太空总署的竞争计划(称为"伽利略")会让商业用户付费。尽管如此,欧洲继续执行"伽利略"计划[11]。

　　欧洲也得到来自中国、印度、巴西等国家的财政支持,这些国家也在寻找美国GPS系统之外的新选择,并将此作为加强与欧盟联系的一种方式。问题在于,这些国家与美国和欧盟在国家安全领域是竞争还是合作,是否符合他们的国家利益。

　　在后冷战时期,美国国防工业经历了急剧性的整合,欧洲航空航天和国防工业也合并成四个主要公司——英国航空航天系统公司(BAE Systems,总部位于英国伦敦)、泰利斯公司(Thales,总部设在巴黎)、欧洲宇航防务集团(EADS,法国和德国各一个总部)和芬梅卡尼卡集团(Finmeccanica,总部设在罗马)。这四个公司控制了整个欧盟市场,并获得了研发收益和广阔的美国市场,他们在美国已经有了广泛的并购并建立了国际化的经营基础。然而到了2003年,他们的平均规模大约为美国大公司的一半[12]。在很多情况下,他们也从几乎完全归政府所有变成很大程度上的私人所有,但政府仍然拥有"黄金股"并在大公司运作方面有重要的发言权。逐渐地,这些公司开始和其他欧洲公司合作。除此之外,就像在美国一样,欧洲国防工业在欧盟各国内和大西洋两岸的各行业内继续进行合并。在转包合同中的下一级供应链和关键系统的低层部分更是如此(例如,法国斯奈克玛公司与萨基姆合并,创建赛峰集团)[13]。

　　这种合作继续在全欧洲环境下创造更强大的垄断供应商。主要理由是(正如法国国防部长米歇尔·艾略特玛丽在重申她支持卫星制造商欧洲宇航防务集团与阿尔卡特–阿莱尼亚航天公司合并时所言)[14]垄断供应商在全球竞争下利大于弊的论点。全球武器出口销售由俄罗斯和美国所领导,这次欧洲国防工业的合并使得其在出口方面,已经可以与美俄并驾齐驱。从这个意义上说,欧洲国防工业整合可以说已经成功了。

　　美国、俄罗斯和欧盟之间的武器出口竞争条款,很难达成"限制什么武器和对哪个国家限制"的一致意见。举例来说,美国拒绝向中国出口关键军事装备,但对俄罗斯没有本质上的约束。1989 年 6 月,出席在马德里举行的欧洲议会的部长们同意在欧盟范围内对中国施加外交和经济制裁,包括武器禁运和中断军事合作[15]。他们不了解什么是被禁止的,也不清楚违规行为将受到什么惩罚。许多欧洲国家都依赖欧盟行为准则的一个条款,军事装备的转让由各成员国酌情处理。在许多装备可以军民两用的事实面前,一个军售的大门被打开了(如电子、直升机、运输飞机和空间系统)。因为中国的年度国防预算大约位居世界第三,这是一个极具吸引力的市场。许多欧洲国家在销售完整的武器系统时犹豫不决,但在整个武器禁运时代中违背多于遵守。在 1993 年至 2002 年间,法国向中国售出了超过 1.2 亿美元的国防产品,英国向中国出售了泰利斯的"空中霸王"(某机载预警雷达系统)和中国 JH－7 战斗轰炸机的发动机。萨里郡卫星科技有限公司(SSTL)与中国在微卫星发展方面(一项被用于卫星武器的技术)进行合作,德国和法国的船舶柴油机使中国的新型潜艇和水面舰艇更加有战斗力,德国的奔驰公司在中国生产船舶柴油机以使中国的新型宋级(A 级)潜艇更具战斗力,法国人设计的船舶柴油动力被用于武装中国新型的 054 级隐形护卫舰。

　　在欧洲范围内独立的政府控制着出口,由于没有明确的欧盟指导方针和适当的处罚措施,武器出口限制将是无效的。在这里,为了全球和平与安全的利益,必须运用日益强大的欧盟力量(在政治和经济意义上)去达到适当的、跨国的控制(与美国和其他国家一起)。

　　当欧洲的国防工业集中发展大西洋两岸的关系时,当英国航空航天系统公司(BAE Systems)、欧洲宇航防务集团(EADS)、芬梅卡尼卡集团(Finmeccanica)和泰利斯公司(Thales)参与美国国防工业计划时,它们各自国家的政府仍然将主要精力花在自己企业的出口市场上(而不是一个紧密合作的大西洋工业战略)。由于美国公司专注于美国政府市场(出口是次要考虑的问题)以及国防部的主要购买目标是技术优势,因此,美国和欧洲国防投资的最大区别在于研发。在 2004 年,美国国防研发支出总额达 675 亿美元(大部分流入国防工业的主要承包商),而欧盟四大公司的国防研发总支出是 119 亿美元[16]。

　　这种差异(除非美国将其技术与欧洲盟国分享)将确保美国在所有未来关键的军事技术领域仍然遥遥领先。这种情况极大地限制了美国在联合作战环境下的军事目标,同时限制了欧洲各国单独或者联合作战时的军事能力。这并不反映在欧洲科学和技术的质量或数量上。事实上,欧盟和美国在这些领域里有相同数量的工作人员,到 2007 年为止,欧盟一直向美国输送科学研究成果[17]。(欧盟国家在非军事研发上投入了大量资金)。欧盟所缺乏的是一个让企业家茁壮成长的生态系统,而这种环境正在慢慢形成[18](围绕政府机构、企业、大学和风险投资合作伙伴而建)。另外,因为很多新奇的创意来自小公司或商业公司,它们也适用于国防行业,欧盟将不得不打破这些公司进入国防行业的壁垒(大型国防供应商抵制新的加入者,而且往往会抗拒技术或设备的更新)。

在20世纪90年代,美国构建网络化军事力量,改变以欧洲版图为中心,转向快速机动化和在世界上的任何地方进行远征行动。欧洲缓慢地应对这两个转变("军事革命"和远征行动)。结果导致欧洲开始在智能弹药、全天候作战、空中加油、空中运输系统以及集情报、监视、侦察于一体的现代指挥和控制系统方面出现差距(最初在科索沃战争期间,后来在阿富汗和伊拉克)[19]。

欧洲需要决定它是要继续单独关注其国防架构的内部整合还是关注大西洋彼岸的联盟。欧洲内部,整个大陆已经形成一体化的新武器系统开发流程。例如,欧盟新无人飞机(被称为神经元)有许多合作伙伴。一个由达索公司和IBM共同研发的软件工具正在设计该飞行器,达索公司负责整个项目管理和设计,泰利斯集团负责初级和中级数据的链接,法国的RRTM公司制作引擎,萨博是项目管理与设计的合伙人,沃尔沃制作排气系统,阿莱尼亚是负责电力系统和大气数据系统的项目管理和设计合作伙伴,伽利略航空公司负责光电传感器和目标分类算法,欧洲宇航防务集团天文学高级研究中心负责建造地面控制站、机翼、数据链路管理,瑞士RUAG公司做了气动测试和武器装载与发射系统,希腊的HAI公司负责后面机身、排气管、尾部管道,以及综合替补硬件[20]。再举一例,挪威的F-310护卫舰在西班牙进行最后的组装,带有西班牙的船体、意大利的大炮、法国的光电系统、挪威的导航雷达系统和反潜作战控制系统、英国的身份识别系统、丹麦的电子对抗系统以及来自美国的宙斯盾武器系统和垂直发射系统。

这两个例子都是合作行为的体现(后者体现的更是横跨大西洋的合作)。虽然真正的合作会导致成本显著节省,而且从各个国家中挑选最好的系统可以使性能大幅提高,但实际上的合作却往往会明显偏离这个理想状态。这种合作往往更多地是基于政治的、公平的和讨价还价的标准之上的工作分担安排(正如"回归公正"原则,一个国家的公司针对某一特殊项目所收到的合同比例需要反映这个国家对该项目的投资量)。这导致在开发和生产方面的低效,因为每个参与国往往要求分享该项目的更多高科技成果并(时常)要求建立独立的国家生产线。

对合作研发的批评主要涉及以下因素带来的交易费用,包括过度的官僚机构、管理层达成一致、合作伙伴的平等投票权、决策过度延迟,这些因素导致了产品进度大量延误和费用成倍增长。为了满足每一个参与国的需求(包括变化的预算环境)[21],在工作需求和交货时间方面需要达成妥协,这也导致了效率的低下。英国国家审计署的一位官员研究表明,合作项目的总开发成本比同类国家项目高出140%~200%,具体数额取决于合作伙伴数目[22]。随后关于生产成本的研究发现,合作项目达到的规模经济只有同类国家项目的一半,与此同时,合作可能会引起平均 11 个月的延迟[23]。

这并不意味着国家之间应该避免协作,但是要改革决策制定和项目管理的方法去实现潜在的利益。到 2007 年,整个欧洲仍然有 20 个海军船厂和 23 个码头[24],这反映出提高效率和效益还有巨大政治阻力。在工业方面,这更容易看出来。例如,在导弹领域,MBDA 协会是由英国航空航天系统公司(37.5%)、欧洲宇航防务集团(37.5%)、芬梅卡尼卡公司(25%)组成的。在缺乏政治干扰时,这些公司能拿出以最低的成本达到最高性能的最优方案。但将政治排除在外仍然是一个挑战,而且更难达到与大西洋彼岸的最优合作——即便工业和军事合作可以获得最大利益。

欧洲还没有成为一个单一的实体。它的主要成员有英国、法国、德国和意大利等,它们有历史差异(即使在上面的讨论中有广泛的相似之处)。美国必须定位北大西洋公约组织的未来角色、北大西洋公约组织与欧洲以及美国与欧洲的关系,而且必须发展它们的双边关系(在政治、军事以及工业领域)。

1. 英国

2005 年 12 月,英国国防部(MOD)发布了一份名为《国防工业战略》的重要文件[25]。在许多方面,这是一个从 20 世纪到 21 世纪的国防战略转变。例如,它认为联合攻击战斗机将是最后一款需由人工驾驶的战斗机,它将于 2006 年开始使用一种无人驾驶的空中战斗机(一个技术展示)。航空航天工业将通过维护、升级和新武器的整合来实现。当前系统的全寿命周期保障,同样地,对于陆地车辆,它声称:"对于先进的战斗车辆,英国不需要生产其所有的组成部分。但是,对先进战斗车辆的维修和检查能力却是必需的。"这份文件旨在规划英国的国防工业,并指导未来数十年内政府与美国、欧洲公司的关系。这个战略旨在保持 BAE 公司"国家冠军"地位[26]。针对外国竞争威胁 BAE 公司生存的议论,BAE 系统公司的首席执行官迈克·特纳声称,早在《国防工业战略》发布前,"我们公司在英国的未来已经受到了质疑"。他进一步表示,《国防工业战略》将公司"作为陆地、天空和海洋方面的选择性伙伴,进而对公司进行重新定位[27]"。实质上,这个战略保证了英国武器系统采购预算的很大份额将流向 BAE 公司。

这种方式代表了英国武器系统采购政策的一个巨大转变。之前的 20 年里,为了实现国防部的最大利益(以最低的成本达成最高的性能),它强调国际竞争的重要性,但是新的《国防工业战略》更关注维持本土国防工业的重要性,即使这使得成本显著提升[28]。BAE 系统公司是天空、陆地、海洋武器采购的特别合作伙伴[29],《国防工业战略》认为国防部通过合作竞争可以达到同样的效益——这个说法可以有历史数据作证,而且有英国和美国的经验支持。例如,前国防采购部长罗德·列文勋爵告诉议会国防委员会(Parliamentary Defense Committee),他认为关于合作交易可以和竞争一样有效的概念,是"一个根本性难题"[30]。尽管如此,

《国防工业战略》确保一个公司可以因一项武器系统而受益一辈子——从而确保了该武器系统有唯一的研发、生产和长期保障来源。

在其《国防工业战略》中，国防部承认"英国企业通常还是在美国市场寻找更大的市场份额和更多的利益。英国企业还是会继续在美国投资，仅在 2004 年就通过近 40 次独立的收购兼并了价值约 20 亿英磅的美国公司。像英国航空航天系统公司、劳斯莱斯、史密斯集团、VT 集团、奎奈蒂克这样的英国公司，都购买了美国的企业以克服进入美国市场的重重障碍，这是安全渐进的进入方式……这使得在何处建立公司并投资，成为了英国公司董事会要面对的难题[31]。"这清楚地解释了英国从国际竞争转变为保障国内唯一来源的原因——确保这些公司至少会保持其总部设在英国，即使它们的业务大部分来自海外。通过宣称合作伙伴关系可以达到同竞争一样的利益，国防部决定在大多数关键装备领域展开竞争（一个在大多数欧洲国家普遍适用但此前被英国抵制的模式）。

在 1991 年到 2006 年间，英国在研究和技术方面的投资下降了 50%（扣除物价因素后）[32]，而且研究活动在《国防工业战略》中没有得到重视，第二年国防部发布了一份名为《国防科技战略》的文件。它强调了研究对于国防部的重要性，并承认国防部研究方式已经发生了变化。1991 年，国防研究局（DRA）吞并了皇家航空研究院、海军研究基地、皇家武器研发公司以及皇家信号与雷达公司。1995 年，英国防卫评估与研究中心（DERA）合并了 DRA、防御测试和评估组织、化学和生物防御公司以及国防分析中心。最后，在 2001 年，DERA 被分成两个组织——奎奈蒂克英国国防科技公司（QinetiQ，一个私人研发组织）和国防科技实验室（DSTL），DSTL 仍然是一个政府研究机构，它的员工数目仅略多于 DERA 员工总数的 1/3[33]。从本质上说，这些变化使之前 2/3 国有的国防部研究活动私有化。因为奎奈蒂克是英国研究的首选机构，人们希望私有化可以鼓励它探寻世界其他地方的研究成果（因为美国的科研经费比英国高一个数量级，奎奈蒂克在美国的收购活动十分积极主动）。

英国国防科研与许多其他国家显著不同的另一点是，英国的研究经费在很大程度上不是建立在自上而下的确立优先任务需求上，而是建立在广泛的基础科技项目上——由英国贸易署管理，并按照其要求投标（一年两次）、配置研发资金[34]。其他研究经费来自英国国家科技艺术基金会（NESTA），它有一笔靠投资获取的 7 亿美元捐赠。然而，NESTA 相对于美国的许多项目而言太少了，如每年在小型商业创新研究计划（SBIR）上花费超过 20 亿美元（几乎有一半是国防部的经费），每年在国家科学基金会（NSF）上的花费为 68 亿美元，每年在国防高级研究计划署上花费 30 亿美元。如果英国想继续维持其在许多研究与技术领域的历史性领导地位，它需要显著增加在该领域的投资，最可能的是，调整它管理这些资源的方式来为国防部获得最大效益，以维持其技术优势。在这个方向迈出的第一步发生在 2008 年，国防部成立了一个全球技术监察组织来寻找全球范围内可以适用于英国的技术(识别日益全球化的技术并且这些技术不可能来自英国)。

21世纪初,英国国防工业的主要变化是对私人融资计划(PFIs)的关注。在过去,英国用过这种方法为大型民用基建项目融资(如道路、监狱、医院),在这些项目中,承包商要建立一个设施并提供服务,以期获得未来的有保障的回报。国防部发现资金短缺、军事设施需求增加,而通过PFI协议,国家不需要在项目开始时提供所有的资金成本,而是在合同期间内逐渐支付(就和人们选择租赁而不是购买汽车一样)。早在2007年,国防部就为空中加油机研发承诺未来价值数百亿美元的合同,并(在一个分包合同中)让私人承包商承担大多数士兵、飞行员和水手们的培训任务(包括战斗机飞行员的训练)[35]。虽然这一开始看起来非常有吸引力,但随着越来越多的合同通过PFI协议签订,另一个份额越来越大的国防设备年度支出被提前承诺,在很大程度上减弱了21世纪国防安全的需求弹性(考虑到需求在未来有更大的不确定性)。

随着英国国家安全战略以及其与21世纪安全运作相应的国防工业结构的转变,也许对英国而言最大的困难在于如何平衡东方和西方的问题。英国既要关注西方(并维持其与美国历史性的"特殊关系",共享许多领域中的情报、技术以及政治/军事关系),又要同时关注东方(支持欧盟的首创精神,它是欧盟的一个关键成员,并且已经宣称自己有一个加强欧盟并使之更加有效地与美国竞争的目标)。美国和英国在未来的日子里,都需要解决技术分享和其他活动所面临的困难[36]。

2. 法国

在认识到21世纪国家安全领域发生的急剧转变后(特别是更全面的整体观察),法国总统在2008年6月发布的《法国国防和国家安全白皮书》[37]中指出:

"在1994年的白皮书发表之后,世界已经发生了深刻变化,特别是在全球化浪潮的冲击之下。信息交流的大大加强、商品贸易和服务的增加以及个人的快速流动,在积极和消极两个方面改变了我们的经济、社会和政治环境,以及国家和国际安全的范式。国际格局已经改变,并且将继续演变。世界不一定更加危险,但是它已经变得更不稳定、更加无法预见。新的危机,特别是来自从中东到巴基斯坦的危机,已经涌现而且变得更加频繁。受圣战主义激励的恐怖主义武装则直接关系到法国和欧洲,我们处在一种更易受到直接伤害的境地。当我们展望2025年的前景时,法国和欧洲将会处在弹道导弹射程内;新的风险已经出现,蓄意的(网络攻击)或者非蓄意的,如生物圈恶化所导致的健康或环境危机的扩大。(这本)白皮书旨在展示未来15年的战略评估,并展示新的国防和安全政策所带来的结果。"

白皮书还指出,法国必须"创造激励并重塑欧洲国防工业":

"工业必须是欧洲的。每个欧洲国家不再能掌握每一项技术和能力。法国必须保护其领土主权,关注维护国家战略和政治自主所必需的能力:核威慑力量,弹道导弹,核动力攻击潜艇和尤其值得关注的网络安全问题。至于其他可能希望获得的技术和能力,法国认为首先要在欧盟框架内获得:战斗机、无人机、巡航导弹、卫星、电子元器件等,虽然(法国的)采购政策必须包括世界范围内的采购。"

关于国防部门的电子元器件工业,该报告指出:

"法国和欧洲的国防电子产业基础已经支离破碎。为了和那些在这个领域将自己国家的法规强加于人的国家(美国及其 ITAR 规定)建立一个更平衡的关系,法国将支持欧洲的做法,这种做法对建立一个欧洲的工业基础是有利的。这样做的目的是,排除那些越来越抑制我们自由出口能力的关键性障碍。"

像过去一样,法国将继续强调出口对其国防工业的重要性。从历史上看,它曾经通过支付武器系统 80% 的开发成本以及假设剩余的费用将通过武器出口获得来激励出口。这个措施也鼓励了工厂生产产品并在世界市场上展开竞争,但制约了法国的公司将美国子系统和零部件集成在他们的武器系统上——因为美国限制第三方销售的 ITAR 条款(例如,限制法国卖给许多美国认为的不适当国家)。尽管法国公司在很大程度上可以自由出售给任何潜在的买家,但经常遭到美国的反对。例如,当法国卖给伊朗国防装备时,美国会因伊朗是一个已知的在中东地区为恐怖分子提供武器的国家而反对。法国的大型供应商也同时为印度和巴基斯坦供应潜艇[38]。2010 年,法国政府开始积极向俄罗斯促销其米斯特拉尔军舰;这是第一次由一个北约国家向俄罗斯销售主要武器系统[39]。然而,英国强调国内生产的重要性(即使是在一个相对小的市场)和需要一个显著的武器出口市场来提高军事设备生产效率(通过实现合理的规模),法国的政策在这方面与英国类似。2007年,法国总统萨科齐表示,产业政策将会是他管理政策的主要目标,并且在这一政策的建立过程中,法国国防工业有重要的发言权[40]。

最后,法国认识到研发对其军事态势的重要性,并将政府研发预算总额的近50% 花费在国防上。此外,法国已经认识到研究设施集群化的协同效益[41],截至2007 年,法国已经建立了三个研究集群(包括一个在普罗旺斯的航空航天集群,它以欧洲直升机公司、泰利斯公司、阿莱尼亚宇航公司、达索航空公司和国防研究机构——法国航空航天研究院为主),募集到超过 6.85 亿美元的公共资金。此外,其他额外资金将会由集群中的公司出资[42]。

3. 德国

像许多欧洲军事合作伙伴和许多美国军队所做的那样,德国在一段时期内抵制向网络战争的转变。然而,它在 2007 年将"欧洲鹰"项目交给欧洲宇航防务集团和诺斯罗普·格鲁曼公司组成的联合团队,这是联邦德国国防军改变自身并获得 21 世纪网络中心战开能力的信号。德国在整个世界的技术密集型产品市场上仅次于美国[43],并且一直强调科技进步。德国未来正面临两个重要的问题:对于俄罗斯的燃料的愈加依赖以及德国劳动力的萎缩。正如其他国家正在做的那样,德国正在重新评估其国防和国家安全的远景。以上许多关于法国的评论(以一个更加全面的国家安全角度和认识全球化在安全方面的重要性)同样适用于德国。

历史上,德国遵循欧洲的模式,在每一个关键的国防技术领域优先考虑国内采购,并在许多领域具有较强的代表性。欧洲宇航防务集团(EADS,部分属于德国但在荷兰注册)是迄今为止规模最大的国防工业企业;德国在关键领域有很多重要贡献(如精密玻璃方面的 Zeiss),并且是欧盟重要的参与者(例如在导弹方面)。德国的发展趋势是在欧洲内部和国际间增加企业合作。

4. 意大利

意大利的芬梅卡尼卡集团是欧洲第四大防务公司(位于 BAE 系统公司、欧洲宇航防务集团和泰利斯公司之后)。公司已经把自己从子系统供应商重塑成了一个总承包商和系统集成商(更加强调研发和技术)[44]。它积极改变自己作为意大利的欧洲公司地位,开始成为一个主要的国际性航空航天防务公司。这主要是通过出口(例如,卖给美国和加拿大 C-27J 战术运输机)和在全球范围内的重要兼并来完成,这使得它在世界范围内的很多市场占有一席之地(例如,2008 年,它在美国收购了 DRS)。同样在美国,意大利的阿莱尼亚北美公司在美国大型国防工业市场上进行了许多重大收购。总的来说,这个国家是航空航天、直升飞机、国防电子系统市场上的重要成员,并且在一些低层领域也是一个世界有影响的供应商(如复合空间和飞机构件、传感器和各种电子防御子系统)。最后,意大利大大扩大了与其他外国企业的合作,并在这一领域取得了成功。例如,欧洲第一、世界第二的导弹公司 MBDA(欧洲导弹集团),由 BAE 系统公司、EDAS(欧洲宇航防务集团)和芬梅卡尼卡组成——它们拥有平等的治理权。一个广为流传的成功案例是,芬梅卡尼卡赢得了(与洛克希德·马丁公司一起)美国的总统直升机项目(通过它的阿古斯塔·韦斯特兰子公司)。芬梅卡尼卡使意大利在世界主要国防供应商中占有了一席之地,并还将继续扩大其世界影响力。

5. 其他欧洲国家

挪威、瑞典、丹麦、芬兰、荷兰、比利时、西班牙、葡萄牙和希腊等国的国防公司在欧洲和世界其他地方扮演着重要角色(包括作为一个整体或作为直接供应商)。BAE 系统公司、EADS、泰利斯、芬梅卡尼卡、劳斯莱斯、赛峰、达索、萨博、DCN 和奎奈蒂克等大公司决定了欧洲国防工业部门的在欧洲内部和全球范围内未来走向。

第二节 俄罗斯

俄罗斯在 21 世纪初两个最明显的特征是,经济实力和军事实力的不断增长。

俄罗斯经济繁荣得益于价格高昂的石油、天然气和其他出口商品（如海绵钛）以及俄罗斯政府实行的稳健财政政策。俄罗斯国内生产总值的增长和原油价格之间有很强的相关性。从 1999 年到 2005 年，俄罗斯国内生产总值从大约 2000 亿美元增长至 8000 亿美元，而原油价格从每桶 20 美元增长到每桶 55 美元[45]。俄罗斯宣布的国防预算从 20 世纪 90 年代晚期的每年 70 亿美元增长到 2008 年的约每年 400 亿美元——并持续增长，预计到 2011 年将超过 580 亿美元[46]。

在苏联时代，这个国家的国防预算占了 GDP 的 1/3，但在苏联解体之后，预算也出现了下降。然而，在普京总统的领导下，国家财富开始增长，国内国防支出有所增加，并重新强调对外军售。2006 年 6 月，俄罗斯公布了一项 2007 年至 2015 年的新军备计划，计划花 2000 亿美元重整俄罗斯军队[47]（仅略低于中国的长期武器采购计划）。这个计划提供的信息是：钱不是问题，石油和天然气财富会用在国防部门，部分来刺激经济增长，部分来维持军事优势。2007 年，克里姆林宫宣布了一个新的产业政策，将国有企业与国外技术、国外投资者相结合，以重振其重工业[48]。这个战略的一个重要组成部分是，将各关键行业的要素合并成单一的公司。这严重偏离了苏联模式，例如，在苏联模式中，多个公司可以设计出不同的飞机并（通过）竞争（决定）哪一个可以投入生产。在某种意义上，俄罗斯正在由一个接近美国的竞争模式转向欧洲的垄断模式。2006 年 11 月，俄罗斯联合航空公司（OAK，其俄文首字母缩写）成立。OAK 在商业和军事领域整合了几个俄罗斯的飞机设计和制造公司（例如，MiG、Tupolev、Irkut、Ilyushin、Sukhoi 和 Yakovlev）[49]。在导弹领域的其他公司被合并成为新的战术导弹公司[50]。正如苏霍伊公司总裁、OAK 第一任副董事长波戈相所言，"我们需要整合我们的一切资源，以便在世界市场上获胜。"目的是利用对外军售来激励国防部门，并通过扩张规模来获得高效率。这样的对外销售同样有着政治含义。即使有少数外部股东 OAK90% 的股份属于国家，其他大的国防公司实质上也由俄罗斯政府控制，（例如，MiG 和 EADS 有一个合作关系——在这个关系下，MiG 完成了 A-320 的货运转化）。

对外出口产品是这些新合并的俄罗斯国防公司的重点。例如，2006 年，MiG 只有 10% 的工作服务于俄罗斯空军（订单金额 25 亿美元）。MiG 公司向阿尔及利亚出口 MiG-29，向印度出口 MiG-33，为斯洛伐克升级 MiG-29——从而使斯洛伐克的舰队达到了北约标准[51]。

如果俄罗斯计划与北约在共同的安全问题上合作，包括反恐、大规模杀伤性武器——反核扩散、导弹防御、航空航天管理，那么升级到北约标准是重要的[52]。因为俄罗斯和中国代表了未来的主要军事力量，他们既可以维护也可以破坏世界和平，所有国家（尤其是美国）在这些区域都需要俄罗斯这样的合作伙伴。2010 年，法国向着这个方向作出了努力（如上所述），当时它与俄罗斯协商，向其提供一个大型海军军舰（西北风级两栖攻击舰）并且其第二代产品在俄罗斯建造（众所周知,俄罗斯的目标是实现舰载电子系统的技术转让)。

在苏联时代,莫斯科强调低成本武器系统的重要性,这既是为了国内消费也是为了出口,它明白要想产生新的创新和更低的成本,激励是必需的(特别是在共产主义环境下)。因此,它根据可以实现的节省提供货币奖励(每年经常多达 10000美元,共三年)。这激励了为降低成本(而进行)的创新[53],通过设计方法的改进,在低成本下达到了较好的性能。例如,对比美国和苏联 1976 年的一项研究,具有相似性能的喷气式发动机,即使将苏联引擎拿到美国的工厂由美国的人员用美国的材料制造,苏联引擎成本也只有美国引擎成本的 1/3 ~ 1/2[54]。苏联引擎成本很低的原因是在设计、维护理念和规格方面的差异。苏联的米格 – 25 飞机就是一个高性能、低成本的例子:

它不需要先进的电子技术、进口材料、精密制造技术,或者是复杂的结构。同样,它用不锈钢和铝作为飞机的主要材料,而不是像美国"铆钉头"飞机那样使用未经打磨的(除了在空气动力的关键领域)合成材料,而且据说是原始但足够的焊接。更大的发动机是用于克服阻力障碍。雷达虽是基于已经过时的美国标准的技术,但却是已有飞机中最先进的技术之一,不容易受到干扰。整个米格 – 25 飞机被美国航空分析家描述成"在易于维护和维修方面非常卓越"、"标准化的杰作"、"历史上最具成本效益之一的战斗机投资"[55]。

这些设计实践根深蒂固地植根于苏联体系的文化之中,并延续到俄罗斯 21 世纪的制造工艺之中,使它们对出口市场以及大量的国内采购而言极具吸引力(例如,下一代的苏霍伊 T – 50 隐形战机(现在正在进行样机试验),弗拉基米尔·普京声称苏霍伊 T – 50 隐形战机在全球市场的售价将仅有美国 F – 22 的 1/3[56]。俄罗斯武器出口到 70 多个国家[57](包括中国、伊朗、委内瑞拉、印度、阿尔及利亚、阿拉伯联合酋长国、阿根廷、约旦、也门、马来西亚),2008 年,俄罗斯在全球的武器出口销售额已经超过 80 亿美元[58](仅次于美国的对外军售)。21 世纪初,这些产品出口迅猛增加。2009 年 5 月,俄罗斯武器出口垄断商(俄罗斯国防出口公司)表示,它的武器出口组合订单是 350 亿美元,亚历山大·福明(联邦服务军事合作局的首任副局长)说俄罗斯的国防产业已经"达到其上限"并且不能再承担更多的合同了[59]。

俄罗斯国防出口包括战斗机和轰炸机、反潜飞机、柴油潜艇、驱逐舰、舰艇防空系统、短程地对空导弹系统、反潜反舰导弹、军用和民用直升机、防空系统,甚至包括生产设备(如在委内瑞拉生产 AK – 101 和 AK – 104 卡拉什尼科夫冲锋枪的设备)。当俄罗斯借给委内瑞拉 10 亿美元来购买俄罗斯生产枪支的设备[60]和喷气式战斗机、直升机、装甲车以及其他装备时,当俄罗斯的轰炸机和军舰去委内瑞拉培训和联合演习时,这对美国而言有显著的政治影响。当俄罗斯宣布一项与印度尼西亚的 10 亿美元武器交易时[61],或者是向阿尔及利亚、伊朗、中国(俄罗斯最大的市场之一)大规模出售武器时,在美国和世界各国关于区域稳定的担忧也被提出了。哥斯达黎加总统奥斯卡·阿里(诺贝尔和平奖得主)在2006年针对俄罗斯出口武器到委内瑞拉发表声明："一个新的军备竞赛已经在拉丁美洲展开。"使用石油赚来的钱,委内瑞拉已经在喷气式战斗机、护卫舰、潜水艇、坦克上花费了数十亿美元,查韦斯总统曾经表示,这些武器是用来在其他国家入侵时保护他的人民的[62]。南美的其他国家都觉得有必要对抗这些堆积在委内瑞拉的价值数十亿美元的武器。例如,阿根廷为了武器开始与俄罗斯进行谈判,俄罗斯为了阿根廷的牛肉(俄罗斯是牛肉的最大进口商)而提供军用直升机和装甲巡逻船[63]。

也许最令人惊讶的是,俄罗斯国防部副部长(负责武器采购)弗拉基米尔·波波夫金宣布(在2010年),俄罗斯打算"从西方购买"先进的武器(包括无人驾驶飞机等)——法国"西北风"战舰是第一个目标[64]。他以前(2008年)曾宣布,俄罗斯广泛地利用国外的电子元器件来制造军事卫星;(在2010年)他宣布,在获得泰利斯公司许可的前提下,俄罗斯正在为其坦克装配法国夜视仪[65]。

然而,在低成本、高性能的直升机方面,俄罗斯比西方国家更具优势。作为美国努力支持的阿富汗、伊拉克军队,美国一直为他们购买俄罗斯的直升机(例如,截至2010年,在米–17上花费了8亿美元)[66]。

俄罗斯的国防工业已经从冷战后的萧条中恢复过来。它正在为其超过100万的常备军和2000万的预备役,建造最先进的武器装备。正如俄罗斯所证明的,当2008年进入格鲁吉亚时,它很愿意运用军事力量,同时它也认识到现代科技的重要性(它在将坦克开进格鲁吉亚前,成功地运用了信息战)。此外,正如总统普京所言,俄罗斯正在使其洲际弹道导弹现代化,从而使导弹防御系统"无能为力"[67],而且越来越强调其核部队[68](有点像艾森豪威尔总统在美国所做的那样,当时美国军队被认为在战术对抗上不及苏联军队)。最后,俄罗斯公布了其7年军备重整计划和太平洋航队建设计划(旨在配合其传统的西进战略),这些彰显了其扩军意图。

第三节　中国

在后冷战时期,世界安全的焦点发生了急剧转变——从欧洲转到亚洲。作为未来潜在的竞争对手,中国日益增长的经济和军事力量(高速的经济增长率,庞大的人口以及其成为21世纪强国之一的可能性)已经引起人们高度关注。对许多人来说,维持强大的美国国家安全态势是合理的(在"9·11"恐怖袭击之前)。对另一些人(包括本书作者),他们关心的是,这种行为会间接导致把中国视为敌人,而不是和中国在解决共同需求方面(防核扩散、打击恐怖主义、解决能源需求、消除全球污染和促进健康)创建一个恰如所需的合作伙伴关系(像俄罗斯、欧洲以及其他国家那样)。事实上,中国是一个未来的经济竞争对手,而不一定必然导致军事冲突——但需要美国和其他国家的积极行动来确保这一和平结局。

中国有着明显的竞争优势[69]:

(1)和世界上其他国家相比,它有一个非常高的储蓄和投资率(大约40%);

(2)擅长利用全球知识、海外华人,并且在中国境内允许大量的外国投资和设施;

(3)关键的研发资源被越来越多地集中用于提高竞争力和推动军民两用方面,这在经济竞争和国家安全方面都是有价值的;

(4)巨大而日益增长的制造业基础、先进的外向型物流、极少的出口限制(相对于美国出口管制而言);

(5)在教育和培训方面持续强劲的投资,打造一支庞大的世界一流的中国科技人才队伍,并专注于研发;

(6)农业部门的大量过剩劳动力(约1.5~2亿人)将继续降低劳动力成本;

(7)一个有着强烈国家意志的政府,在关键技术的发展方向和建设资金上提供指导和集中(极少的政治干扰)。

中国的经济和安全计划强调科学和技术。这个国家的文化一直有一个长远目标——几十年甚至几百年(与华尔街关注季度收入形成对比)。这个国家的重点在于科学与技术,这与其长远目标相一致。截至2007年,中国已经取代美国成为世界最大的信息技术产品出口国,而美国已经成为这些产品的净进口国[70]。在2006年高等数学和物理学的比较测试中,美国在20个国家中几乎是垫底的;24岁青年中拥有理学和工学学历的人数比例,美国排在世界第二十位。与此形成鲜明对比的是,据估计未来几年内,大约有90%的科学家和工程师将生活在亚洲[71]。佐治亚理工大学有一项关于"高新科技竞争力指标"研究,该研究采用四个核心指标反映未来的竞争力前景——国家定位、社会经济基础设施、技术基础设施和生产力,研究发现从1996年到2007年,中国增长的速度比美国快了将近4倍,并且取代美国位居这个高科技排名之首(德国和日本分列第三和第四位)[72]。中国政府实施的政策促进了排名的急剧上升(用了十二年时间)。1996年,中国在科学方面的投资排在世界第十四位,但是到了2007年,它已经位居世界第二了[73]。

正如美国总统科学技术顾问委员会注意到的[74],"中国的整体科技生态系统正迅速发展。这是一个明确的政策可在(2005年7月中国国务院战略文件中见到),其政策中阐明'基础研究成为综合国力竞争的一部分'"[75]。在2006年2月9日,中国政府重申了研发支出急剧增长的需要,并列出了16项关键技术,包括计算机软件、通信、核能和一个军队管理的太空计划,它们将得到来自政府和私营工业的更多支持[76]。

这都是由自上而下的政策所驱动。在2006年的全国科学技术大会上,胡锦涛主席概述了主要的战略任务——建设一个创新型国家,并且阐述了"自主创新能力是国家竞争力的核心,是统领中国未来科技发展的战略主线。世界科技发展的实践告诉我们:一个国家只有拥有强大的自主创新能力,才能在激烈的国际竞争中把握先机、赢得主动[77]。"

此后,(2007 年 10 月)一次由中国科学院组织的高水平研讨会(该会议旨在描绘 2050 年科学技术)前沿领域的蓝图[78])强调了研究在未来中国的重要性。

美国海军研究办公室的一份报告指出,它调查了中国在科学和技术方面的投资,并注意到了中美投资的差异:"中国强调自然科学学科,以巩固国防和满足商业需求。美国强调的研究领域集中在医学、心理学和社会问题[79]。"例如,在 2005年,中国在导弹方面的论文有 100 篇,而美国只有 24 篇。中国发表了 100 篇入侵检测的文章,美国只有 23 篇(这个比率在医学研究和微生物学上正好相反)。该报告进一步指出,"中国出版的有关未来关键军事技术的研究文章以惊人的速度增长,例如纳米技术和能源材料,中国几乎成为这些领域的领导者。"2007 年,温家宝总理在全国人民代表大会上的工作报告中强调"加强国防科研和武器装备建设",彰显了使武装力量现代化的国家意志[80]。

此外,中国密切跟随美国强调网络中心战,并且明白信息流对于指挥、控制、通信、计算、情报、监视、侦察(C4ISR——自动化指挥系统)的重要性,并在努力开发一种称作"综合信息电子战"的能力[81]。

除了在科学技术方面庞大的、持续增加的投资,中国也强调科技人才的重要性。在中国,52% 的大学学位颁发给科学技术领域(的学生)。1999 年至 2003 年间,工科毕业生的数量翻了一倍,而美国仍然停留在原来水平(在某些情况下,诸如计算机科学和计算机工程学[82],美国理科毕业生的数量显著下降[83])。中国也资助学生到美国或者其他国家学习,以获得更高的学位。因为有很多学生选择留在美国(以便利用美国的科研和经济机会),所以中国采取吸引科学技术人员回国的政策——利用高昂的薪水、建立重点实验室的机会以及他们的工作自由[84]。截至 2008 年,超过 275000 名科技人员已经回到中国,这些人被称为"海归",他们是理学或工学专业的博士。在中国科学院(隶属于政府部门的研究所),81% 的成员是回国人员。

现在跨国公司在中国投下巨资,它们被多种因素吸引,包括中国大量的研发投资、重点发展科学技术员工队伍、巨大的国内市场以及对不断增长的世界出口市场份额的掌控能力。许多(跨国公司)已经在北京和上海建立研究中心,另外一些也在进行与研究中心有关的生产运营(它们断言未来的创新和低成本出口将来自中国)[85]。在 2007 年,英特尔公司(世界上最大的半导体生产商)提出并获批在中国建立一个价值 25 亿美元的芯片工厂,以服务于因个人计算和手机而繁荣的中国芯片需求以及可能的下一代产品的出口——25 纳米芯片技术(这些芯片是如此小,以致可以在大头针的头上安置 3000 万个)。

中国也曾声称希望进入航空领域。波音公司估计,在未来 20 年内,中国将在飞机上花费约 2800 亿美元,并将成为世界第二大飞机市场(在美国之后)。2005年,波音公司在上海设立了一个飞机修理维护和检修基地(在中国,这样由国外控制的设施还是第一个)。它的初始投资超过 1 亿美元,持有 50% 的股份(上海航空公司和上海机场有限公司占有其余股份)[86]。作为回应,另一个大型商用飞机的主要供应商空客公司,声称它将在天津建立一个组装厂,中国则宣布了一项价值100 亿美元的合同——向空客公司购买 150 架 A - 320 客机。然后波音公司回应道,波音公司从中国购买越来越多的零件并出口到在美国的组装厂,它在中国已拥有了 6 亿美元的供应合同,在全球运行的一万两千架波音飞机中大约有 34% 可以找到中国制造的部件。

然而,中国渴望建立自己的飞机制造业,特别是制造大型客机[87]。除了波音和空中客车的大型飞机设施,中国的国有公司——中国航空工业集团公司正试图用小飞机来从事支线业务,以便进入商用飞机市场。目前,该公司主要是一个国防承包商[88]。

历史上,中国曾在军用飞机上一度依赖苏联俄罗斯。他们在 1991 年第一次购买俄罗斯的苏 - 27“侧卫”战斗机(Flanker,军用飞机),并在 1996 年获得生产许可。这给中国的工业提供了一个获取第四代战机制造知识的途径。然而,中国的歼 - 11A 战斗机仍然使用俄罗斯的引擎、雷达和武器。

中国的军工企业最初关注于武器的数量,但是他们建造的系统质量正在不断提高[89]。随着战斗机关键设备的改进,这些企业也建造卫星制导和雷达制导的精密武器系统及无人平台。他们正逐渐摆脱严重依赖俄罗斯系统的境地,FC - 1 轻型战斗机就是由中国与巴基斯坦共同开发的。在关键的技术领域,他们在两个中国公司之间使用竞争激励(例如,洛阳激光制导精确炸弹与中国航天科技集团公司的卫星制导武器展开了竞争)。因为中国要保护海上航线和东部海岸水域(方面)的利益,它也集中力量建造潜艇和舰船。

最后,由于中国意识到空间的重要性——无论是对于未来的商业还是军事用途,它已经将人送入太空,建立独立的地球观测和导航系统,并探索军事用途。由于美国担心失去其在太空中的优势,美国对中国实施空间出口管制。正如中国国家航天局的副局长罗格所言,“除了美国以外,我们与世界其余国家有着广泛的空间合作[90]。”他继续描述了与欧洲太空总署、巴西在人造卫星开发项目方面的合作。2007 年 1 月,中国用一个有显著军事潜力的弹道导弹摧毁了一颗自己的卫星(一个 5 平方英尺的气象卫星)[91]。虽然这不是具有技术挑战性的事件(一个非机动卫星的路径是可以预测的),它仍被认为是一种高度挑衅并展示了中国的军事技术能力。

近年来,中国制定了尽可能使其国防工业军民两用的方针政策。这使得国防投资可以造福国民经济(对于国内和出口的商业高科技产品来说),反过来也降低了国防产品的成本(来自更大规模的两用工厂)。本书认为美国也应该朝着军民两用产业发展。

2004年,兰德公司发布了一份长达332页题为《中国国防工业的新方向》的报告[92],暗示部分中国国防工业可能比以前被假定的更先进。这份报告提到,中国的导弹领域做得很好,海军造船业从商业部门的快速增长中获益(因为中国是世界上第三大商业造船国)。这个国家同时还生产涡轮发动机,并已成功地形成了一个"数字三角"——由繁荣的商业信息技术公司、政府研发机构以及军工企业组成。最后,报告发现,中国已不再生产仿制一些苏联20世纪50年代设计的武器,尽管这些仿制品在全球范围内具有一定的竞争力。它更出众的武器系统扩散(包括在灰色市场领域,如东南亚和拉丁美洲)将显著地影响到美国未来的军事计划和美国的对外军售潜力。

在中国国防工业显著增强的背后,是中国国防预算的急剧增长。公开的国防支出从2000年的152.1亿美元增加到2007年的449.4亿美元[93]。然而根据五角大楼的估计,公开的部分大约只相当于实际军费开支总额的1/3,因为它不包括购买外国的设备、研发投资和工业固定资产[94]。因此,2007年中国的实际国防花费达到了1350亿美元左右(仍远低于美国,但显著高于其潜在的区域性对手,包括日本、印度,甚至俄罗斯)。如果中国保持每年两位数的国防预算增长,那么到2020年,它的国防预算将达到4000亿美元(是欧洲国防开支的2倍,俄罗斯的4倍)[95]。

中国正在建立它的军事力量(如同正在发展的强大经济力量),其阐明的军事重点在于阻止其邻国(日本、俄罗斯和印度)和美国(由于其在太平洋地区的强大影响力)的侵扰。即使在未来,华盛顿和北京在解决世界和平、能源、环境问题和恐怖主义的问题上,将保持极好的合作伙伴关系,中国也将继续增加其军事能力,以便使其符合中国21世纪全球经济大国的地位。

2004年12月的中国国防白皮书描绘了一个将其军队从落后中摆脱出来计划。这个计划指出军队依据"中国特色军事变革"进行现代化建设[96]。这包含"信息化"(在美国被称为指挥、控制、通信、计算机、情报、监视和侦察(C4ISR)),强调卫星和机载传感器、无人机、信息战争和战略核威慑(维持一支洲际弹道导弹和潜射弹道导弹力量)。中国官员继续向美国保证,中国将继续坚持不首先使用核武器的政策。基于中国对美国军事理论和武器采购的研究,它正在开发多种情况下利用美国漏洞对抗美国军队的能力,如利用太空反击、航母反击、夺取制空权和信息战争[97]。这并不意味着中国正在准备与美国开战,但是从乔治·W·布什政府时期的政策来看,美国似乎将国防重点放在将中国视为竞争对手方面,中国被迫采取预防措施——从而迫使美国对预防措施采取预防措施。对美国来说,在政治和军事上,21 世纪致力于地区稳定、避免军备竞赛或新的冷战是可取的[98]。

中国主要关注反击对手的信息系统和利用信息战争。他们在这一领域广泛训练(新华社报导了一个包括陆地、空中、电子战部队、炮兵部队和特种部队的超过八千人的训练)。"12 天的演习,通过将部队暴露于最严峻的电磁环境下,旨在根除存在于中国军队中的任何问题。"在另一个类似的演习中,曾卫华总指挥说:"本次训练的主要目的是信息技术的应用。我们希望军队通过参与本次训练,知道在信息技术上的失败就意味着在实战中失败……电磁环境是战争的第五维度。"他表示,电磁是现代军事行动中的一个组成要素[99]。

中国与上海合作组织(一个地区安全组织,成立于 2001 年 6 月,由中国、伊朗、哈萨克斯坦、吉尔吉斯斯坦、俄罗斯、塔吉克斯坦、乌兹别克斯坦组成)中的成员国以及其他一些国家(如巴基斯坦、印度、白俄罗斯)进行了许多次多国军事演习,美国一直寻求观察员的身份[100]。

中国军事装备的出口,特别是核武器和战术武器,与美国安全极其相关。中国一直是一个出口导向型的国家,近年来,它从低成本玩具的出口迅速转变为高科技领域的出口。例如,世界上大约80%的笔记本和台式计算机在中国组装——通常是在台湾进行原始设计[101]。虽然中国自称有武器出口的管理机制,美国的决策者们已经质疑这些机制的实施[102]。

中国在军队控制的军工企业(它希望从出口销售中获得额外的资金)和中央政府的出口控制机制之间有一个内在冲突[103]。例如,在 2007 年阿布扎比举行的国际防务展览会的武器展中,当中国新时代军火公司展示其最新武器时——尤其是它在中东市场(这个市场与伊朗有联系)的出现,明确透露出力争在世界赚钱的武器市场中占有一席之地的意思。存在着这样的可能性:武器销往中东可能会进入伊拉克,尤其是考虑到新时代公司以前的记录——忽视国际武器贩运条例[104]。在中东之外的"灰色区域",中国军事出口可能增加地区的不稳定,中国则从中获益。例如,中国在非洲日趋活跃,它向津巴布韦的专制政府出售了 12 架军用飞机(在 2005 年和 2006 年),从全球稳定的角度来看,这明显涉及到了美国的利益[105]。

中国是严重的石油依赖国,但正如邓小平曾经说的:"中东盛产石油,中国盛产稀土。"中国正加快与伊朗、非洲[106]以及其他拥有石油并想获得武器和稀土资源(以满足电池及其他需要)的国家建立战略联盟。

在未来几年里,中国将拥有强大的经济和军事力量——要么成为引起未来冲突的因素,要么与美国、俄罗斯、欧洲以及其他国家一起维持 21 世纪全球范围内的和平。常见的多边关系包括反恐、反盗版、新能源、环境保护和对付"无赖"国家。

美国和其他国家需要与中国密切合作,以帮助他们达成理想的解决方案。在短期内,会存在统一台湾以及与日本的岛屿冲突问题。从长期来看,中国在军事和政治舞台上选择的方向一定会成为美国未来几年里关注的焦点。

第四节 其他国家和地区:日本、印度、以色列、澳大利亚、中东和非洲

虽然美国、欧洲、俄罗斯和中国将会成为 21 世纪初军事领域的主要力量,但是在国防工业方面还有其他重要成员。

1. 日本

从第二次世界大战结束到 20 世纪 80 年代末,日本本质上依赖于美国提供的国防保护,因此其国防开支不到国民生产总值的 1%。但是一些事件使日本开始重新评估其进一步发展国防工业的需要:越来越担心中国的军事建设、朝鲜的核武潜力(朝鲜测试发射了一枚导弹,该导弹在 2006 年 10 月 9 日飞过了日本)以及美国安全保障的可靠性。在决定国防工业发展方向时,它选择了在民用领域取得成功的"日本模式"——以政府为主体、非正式的、指导性的规划。可能的需求被估计出来,然后工作被分配到几个大的私营公司——利用军民两用的模式。例如,2005 年,日本三菱重工(日本最大的国防企业)在国防上的收入超过 20 亿美元,但是每一个主要的公司其国防收益仅占商业总收益的很小比例——三菱重工,9%;川崎重工,10%;三菱电机,3%;资本经纪公司(Capital EC),2%[107]。最初,日本许多军事研发来自美国,但是当它通过强大的内部科技项目发展了自主能力后,它开始在这一领域扮演平等角色。例如,因为日本担心中国和朝鲜的导弹,截至2000 年,日本积极参与美国的反导弹防御工作。日本宪法将国家的军事活动限制在自卫上,然而日益增长的担忧——例如保护海上航线,核攻击威胁,中国的武器扩散(包括向非国家行为体),来自朝鲜的导弹与核威胁以及美国对核力量的不重视(曾给日本提供了核保护伞)[108]——促使日本重新评估其国家安全态势。

2006 年,日本将其国防机构升格正如首相所言,"给国防机构与其他国家相关部门一致的地位是必要和自然的,并对任何情况做出恰当的反应[109]。"日本继续提升它的军队——被称为自卫队,但这些活动在根本上被限制于非战斗任务(因为日本的宪法宣布放弃使用武力来解决国际争端)。尽管如此,日本正在走向一个安全生存的平衡——既不太依赖于美国也不容易受到来自中国的威胁[110]。

日本工业无疑是军民两用模式。引用三菱电机 Abi 先生的话,"根本就没有'民用'或者'军用'技术。所有的高新技术都是'两用'技术[111]。"这种两用方法适用于重型工业以及日本一直处于领先地位的其他商业领域,也同样适用于军事

方面。例如,美国需要日本的技术,如液晶显示器、精细陶瓷、复合材料、语音识别技术、机器人、计算机辅助设计、人工智能和超级计算机——所有这些是由各种日本公司开发的,并将其纳入军民两用技术范畴[112]。

日本在20世纪后期和21世纪初是一个科技强国,1995年,日本创立了一个能源和工业技术开发的新机构,制定了《1995年科技基本法》——提供了一个经济发展、提高社会福利以及实现环境可持续发展的框架。2001年,日本建立了科学技术政策委员会(CSTP),它由首相、六个内阁部长、五个专业学者和两个负责开发日本重大科技项目(包括日本的五年计划——"科技基础战略")的工业代表组成。委员会为首个五年计划留出了2120亿美元,并继续增加这项预算。这项经过深思熟虑计划的研发预算集中在五个主要领域——纳米技术和材料、信息技术、生命科学、环境以及航天技术。其他一些较小的研究领域集中于燃料电池、机器人以及计算研究[113]。他们的目的是将大学作为合作者与工业、政府连接起来。日本拥有杰出的大学并且66%的毕业生来自科学技术领域,因而他们将在未来多年保持主要技术领导者的地位。例如,日本的地球模拟器——一台用来预测地球活动和大气的超级计算机,在2002年6月到2004年11月之间是世界上最快的计算机,在一个基于美国专利许可数量的排名上,前十名的公司中有五个是日本的[114]。

日本国防工业日益要求(政府)允许其出口更多的设备以保持竞争优势,并从出口中获利。例如,日本的经济团体联合会(它的国防工业协会)已经尝试了三项军事技术非出口条例的修订[115]。这其中有很多显然是两用的,因此它的最终用途也是模糊不清的(尽管它显然适用于军事用途并因此适用于出口控制条例)。有几个两用设备出口不当(通过第三国)的例子,未来应在跨国基础上重点关注这个领域。同样,日本在以复合材料为基础的航空构件方面(航空航天工业不再使用铝材料)也扮演着一个重要角色,这也成为一个军民两用的重要关注领域。日本三大制造商(三菱、川崎、富士)占有波音787飞机生产的35%[116],它们集中于关键的大型复合构件生产(如翼盒、外翼以及机身部分)。因为很多这类的两用技术同样适用于军用飞机,出口管制的担心又被重新提起。

日本的最大问题,是关于发展自主核能力(作为针对来自中国和朝鲜核武器威胁的一种威慑)的讨论是否将迫使它自主发展核武器。据估计,日本能够在3~5年之内建立一个核武器模型,大约耗资17~25亿美元[117]。尽管威慑是一个防御性的动作,除非对手相信它会被使用,否则它是不可置信的。因此,发展核武器计划受到日本国民抵制,并且基于日本宪法,它是官方禁止的。美国需要维持在未来给日本提供核保护伞的可信度——而这种可信度正在消弱。2008年,一连串的事件(装载着一些核材料的货船无意中进入中国,一架不知是否装有两个核武器的空军飞机围着美国飞行)引起了对核威慑重要性的重新评估,(该评估)不是仅针对美国的国家安全战略,同时(从核保护伞的角度看)也针对我们的盟友(尤其是日本和韩国)[118]。同样地,随着中国极大提高在海军上的投资,人们担心日本是否会建立一个远洋海军以确保日本的海上航线在保持畅通。

2. 印度

印度的经济正在蓬勃发展,尽管在国防上的投资相对较小(在 2006 年约为 220 亿美元),2005 年的一个全球市场调查表明,"印度的航空航天和国防工业正在成为亚太地区航空航天以及国防市场的一个关键参与者[119]。"印度拥有一系列的重要优势,包括关键领域的大量有才华的、训练有素的科学家和工程师(特别是在化学和软件领域);世界级的研究机构(如印度理工学院和印度管理学院);一个充满活力的创业阶层(利用了 200 多个国家实验室和研究所,1300 个工业研发单位和超过 300 所具有强大人才培养能力的高校);一个由海外印度人维系着的海外网络使(人们)从海外回到国内市场;并且有一个庞大的以英语为母语的人口——这使它成为对跨国公司研发极具吸引力的地方。印度在人力资本上有巨大的成本优势(雇佣 11 个高素质的工程师花费的成本仅相当于一个同等美国工程师花费的成本)和较为成熟的金融市场(比许多其他发展中国家要成熟)[120]。这些优势使得许多企业,如微软、高通、SAP、谷歌、通用电器和 IBM,在印度设立了研发中心。例如,2007 年,IBM 宣布在印度进行一项价值 60 亿美元的研发投资[121]。

美国和印度的政府关系促进了两国间的产业联系。例如,2005 年美国和印度建立了战略合作伙伴关系,内容包括:一个关于两用技术中民用技术合作的双边协定;10 年的美印国防关系框架(包括一个国防的联合集团);一个两国的科技资助基金;一个农业知识创新联合中心(有 1 亿美元的研究基金);一个双边的能源对话平台(集中在民用核能合作);以及一个美印民用空间合作小组[122]。

在国防工业方面,印度有它自己的结构。印度斯坦航空公司是印度最大的国防公司,在 2005 年有超过 10 亿美元的国防收入,并且其超过 90% 的总收入来自国防领域。然而,印度国防装备主要来自进口——首先来自俄罗斯,最近则更多的来自以色列(包括和以色列的联合开发,例如改进的 Barak – 2 导弹)。截至 2006 年,印度已成为以色列军事装备最大的买家之一[123]。这包括和以色列航空工业公司(IAI)签订的一份价值 11 亿美元的合同,涉及印度空军的费尔康机载预警和控制系统,以及来自以色列航空工业公司的中高空无人机。以色列也升级了印度空军的俄制米格 –21、米格 –27 和米格 –29 飞机,并提供了很多其它装备。同时,印度与中国发展重要的跨国投资关系与成立合资企业(包括一些由新加坡充当中间人的印中合作)[124]。

印度极其强调知识密集型产业(如信息技术和制药)以及强大的不断增长的经济,在建立多国合作关系、实现 21 世纪全球和平稳定上,印度将成为一个主导者。将来它需要克服的一个主要缺点(从其不断增长的经济来看)是官僚主义,这使它的经济减速并常常妨碍它的许多经济活动。从这种过于冗繁的官僚结构转为反应迅速且积极主动的结构,对印度来说是必要。美国也面临着很多同样的问题可以从印度的教训中引以为鉴。

3. 以色列

以色列是一个小国（因为它的历史和不友善的邻居），它始终专注国防。它将大约8%的国内生产总值投入国防建设（这是发达国家中比例最高的，尽管它已经从1991年的15%降下来了），并且强制服兵役（男人从中学毕业之后服役三年，妇女为两年）。最初，以色列依靠法国的国防设备；但在1967年的第三次中东战争之后，法国停止了对以色列和三个周边国家的武器出售，以色列也因此从依赖中学到了一个惨痛教训。他们发誓说，从那时起他们的国防领域将自给自足，并且自此之后他们在军事装备的研发与生产上形成了一个令人印象深刻的能力。到2005年，美欧之外的排名前十的国防公司中有三个是以色列的——以色列航空工业公司（IAI）、尔比特系统公司（Elbit Systems）以及拉斐尔军备发展公司（Rafael Armament Development Authority）。政府拥有这三个公司的大部分股份（分别为67%、93%和100%）[125]。以色列国防工业拥有57000多名员工，除了这三大公司，它还有蓬勃发展的150家私营公司，它们的产品——特别是在军事电子领域的产品——非常成功地进入了国际市场[126]。这些公司设计并生产坦克、军用飞机、导弹、船舶、枪支以及电子战装备，它（电子战装备）可以和世界上的任何同类产品一较高下。在一个小市场上，每种类型的关键设备一般只有一个或两个供应商。但通过同全球其他公司的不断竞争，这些公司仍然对价格、高性能和高质量保持敏感。在许多情况下，这些公司是由政府与私人部门共同拥有的，因此在国防部、商务部以及私营部门之间有一种强健的纽带，包括明确政府对维护国防工业的责任。此外，许多国防公司的高级经理以前是军队领导人。

以色列是一个需要强大国防以应对周期性危机的国家，但除了外部经济援助和出口之外，以色列没有能够支付国防经费的资源。在20世纪70年代中期，美国试图通过对国防部门的财政援助——每年20亿美元的军事装备经费，来帮助以色列。然而却不允许以色列人拿这笔钱去建立自己的国防工业，美国国会要求以色列将这笔钱用在采购美国的军事装备上，使得以色列的武器出口更加困难，不能促进本国国防工业的发展。

以色列是美国的一个强大盟友，它在世界上一个充满危险的地带生存，它有高度熟练的劳动力——他们能够生产技术先进和高质量的军事装备。因此美国需要继续同以色列在军事领域、国防工业部门以及政治领域保持密切的联系以确保21世纪有一个稳定和平的中东地区。

从工业基础的角度看，以色列的经验表明，如果适当地进行规模化、管理和计划，一个可行的、先进的国防研发和生产工业可以在一个非常小的市场中得到维持，但它必须在与其他国家的协调中完成——特别是在出口控制制度和跨国的防扩散政策方面。

4. 澳大利亚、中东和非洲

如今大多数国家和地区都担心自己的安全，澳大利亚、新加坡、韩国、中国台湾和南非拥有一定规模的国防工业,并从本国和本地区实际出发精心规划国防工业的发展。例如,在 2007 年,澳大利亚公布的《国防工业战略》指出,作为一个国家,它是不可能自给自足的,但也有一些领域需要国内生产能力。这些领域包括设备维护、根据澳大利亚的任务需求进行软件控制的能力和对自己的设备进行加密的能力。其他的所有系统都可以购买或与盟国合作开发。

除此之外,随着石油带来的资金涌入一些国家,如阿布扎比、阿联酋以及海湾合作委员会中的其他国家,他们已经购买了大量的外国装备[127]。但其中的一些国家也希望发展自己的国防能力。例如,在罗伯特·约翰逊成为拥有 110 亿美元业务的霍尼韦尔宇航公司首席执行官和董事长之后,迪拜航空公司(一个致力于建立全球航空制造和服务的公司)雇用其担任首席执行官。

中东地区最受关注的国家也许是伊朗,它长期以来重视科学技术发展[128],目前则活跃在重要的未来技术领域,如纳米技术、生物技术、核能以及航空航天。我们担心的是,伊朗已经利用其国防工业为真主党(一个起源于黎巴嫩的什叶派穆斯林准军事集团)提供远程导弹、反舰巡航导弹、反坦克武器系统和满载炸药的无人机——所有这些都被真主党用于 2006 年在黎巴嫩和以色列北部地区进行对抗以色列的战争中。另外,伊朗一直在为伊拉克什叶派提供武器,例如,简易爆炸装置(或聚能装药)——被用于带有精密运动传感器的路边炸弹(临时爆炸装置)以此对抗美国在伊拉克的军队。

伊朗不仅有发展核武器的潜力,并且是中东地区的不稳定力量。这个国家对美国和其他许多国家来说关系重大,因为它已经超出了发展自卫能力的范围,并正在利用其国防工业支持恐怖主义和世界各地的不稳定因素。例如,2010 年(在庆祝国防日的仪式上)它公开了它的国产无人轰炸机(具有运载 200 公斤炸弹并飞行 1000 公里的能力)和两艘高速海军舰艇(其中的一艘能够发射导弹和鱼雷)[129]。这是国防工业的潜在负面影响,必须被跨国协议所控制并给作恶者施加压力。

第九章

美国国家安全工业转型

第一节　变革的必要性

　　根据文化变革学说,实现变革的第一个条件是认可变革的必要性。人们对国家安全态势需要变革的普遍认识始于 2001 年 9 月 11 日针对美国本土的恐怖袭击。在那时,当时的国防部长唐纳德·拉姆斯菲尔德呼吁国防部实现彻底转型,但所需的变革被广泛存在的体制性阻力、注意力向伊拉克和阿富汗战争的转移以及大幅增加的国防预算等因素所延迟。

　　然而,大卫·沃克(美国总审计长和审计总署主任)于 2007 年 2 月在陆军战争学院的演讲中警告说:"'现状'并不是一种选择。国家面临庞大的且不断增长的结构性赤字,主要是由于已知的人口发展趋势(驱动社会保障成本)和不断上升的医疗费用(医疗保险和医疗补助)。美国审计总署的模拟结果表明,在 2040 年实现预算平衡需要削减联邦总开支近 60%,或将联邦税收提高至今天的两倍……联邦政府就像"热锅上的蚂蚁",现在的花钱方式是不可接受的[1]。"财政危机正在来临,国防部(经费支出最多,但尚缺乏成本控制能力)需要显著的跨越式变革。沃克关于即将到来财政危机(由医疗成本、社会保障以及伊拉克和阿富汗战争的成本上升所推动)的警告在 2008 年华尔街的全球经济危机之前就已做出。这场危机通过增加数万亿美元的公司债务救助和经济刺激,已解决先前的经济问题——但这进一步限制了国防部的可支配预算。

　　到 2009 年初,国防部长罗伯特·盖茨提供了一个解决方案——"面向新时代重组五角大楼[2]。"在《外交事务》的一篇文章中,他表示国防部必须准备将有限的资源更多地用于管理内容宽泛的潜在未来冲突——恐怖主义、远征行动、地区冲突、未来竞争者和核威慑。实现他所谓的"平衡战略"需要大幅度重组武装力量、武器装备、采办队伍、采办方式及其工业基础。

　　关于这一点,国防部一长串的负面倾向已被确认为需要紧急关注:

（1）尽管世界日益全球化，国防部和国会的倾向却转变为孤立主义。没有利用全球化的好处（例如，通过修订出口管制，减少进口限制并减少对外国学生和学者的限制），美国已经失去了它的经济竞争力和国家安全优势——尤其是通过了越来越多的保护主义立法（如陈旧的《购买国货法》规定）。出于政治和灵活性的原因，美国国会和国务院一直不愿对《国际武器贸易条例》（ITAR）、其他出口管制以及《购买国货法》做出必要的修改。

然而，变革的必要性越来越被认识到。2010年，参议员帕蒂·穆雷说："一些美国的国家安全和采购政策已经成为限制美国航空航天业竞争力的重要负担。"而且，在同一次会议上，国家安全顾问詹姆斯·琼斯将军宣布，政府当局打算"彻底改变美国的出口管制，使其现代化"，以维护21世纪的国家安全利益[3]。

（2）美国已经将其研发转变为短期的、增量的发展，而不是强调需要保持领先和维持其技术优势的历史性战略态势（通过"颠覆性的"研发方式）。

（3）在美国国防部（和其他部门）越来越依赖先进的信息系统时，国防部1.5万个计算机网络正遭受着不断的攻击。事实上，国防部系统每天被未经授权用户的访问超过了600万次![4]此外，国防部所依赖的民用基础设施（电力、银行、医院等）同样是脆弱的，这使得"网络安全"成为国防部和国家的关键性需求。

（4）在未来国防预算大幅削减的时期，武器成本的增加和交付时间的推迟已经限制了合适数量武器的支付能力，从而大大削弱了国家整体安全态势。

（5）2005年，只有15%的美国军事人员从事的工作可归类为战斗岗位（而且这些战斗职位包括了参谋长联席会议和其他高级人员）（表9-1）。这是一个"本末倒置"的糟糕比率（或用企业术语来说，直接劳动力比间接劳动力）。

表9-1　国防部人员的分布

职业	文职官员数量/千人		军人数量/千人		总数/千人		百分数	
	1996年	2005年	1996年	2005年	1996年	2005年	1996年	2005年
维修与工程	233	198	455	402	678	600	27%	29%
行政	262	270	119	207	382	476	16%	23%
战斗	12	8	324	296	336	304	14%	15%
服务、供应，以及采购（后勤）	132	92	152	127	283	218	12%	11%
健康和医疗	28	28	131	112	159	140	6%	7%
技术	114	76	91	50	205	128	8%	6%
通讯与情报	6	7	137	118	143	125	6%	6%
其他与未知	50	8	180	60	229	69	9%	3%
总计	874	687	1599	1370	2472	2057	100%	100%

注：本表资料来源：国防科学委员会，《夏季研究》，2006

此外,伊拉克和阿富汗的长期战争已经使在作战环境中的军队超过负荷,这就增加了签约奖金的需要和削弱了美国的整体防御姿态。

(6)因为在伊拉克和阿富汗的长期战争和许多装备的寿命问题,装备维护和升级成本迅速增加。加之燃料成本的增加,运行和维护总成本(O&M)迅速上升,限制了其他关键国防领域的资金需求。

(7)国防预算中医疗保障的拨款份额迅速增加,这和美国经济其他领域的情况一样(通用汽车公司花在医疗上的钱比花在钢铁上的多,星巴克在医疗保障上的支出要比花在咖啡上的多)[5]。到 2008 年,国防部的医疗卫生总费用(包括家属和退伍军人的花费)达到每年 930 亿美元,并且还在增长。

(8)作战指挥官关于对其迫切需求反应缓慢的抱怨越来越多。例如,经过多年才解决了陆军人员车辆抵御路边炸弹的装甲防护问题,这个过程中士兵一直冒着生命危险。

(9)长期来看,在政府和企业中,劳动力老龄化问题和目前的技能组合差异问题越来越严重。

(10)因为缺乏资金和存在变革阻力,国防部的供应链系统一直停留在 20 世纪的模式。在商业领域,世界一流的后勤运行机制利用信息技术可以实现所需的快速、高效和卓越的后勤保障。

(11)美国国防部和国务院逐步认识到缺乏一个综合方法来综合使用“硬实力和软实力”(在伊拉克、阿富汗以及世界各地)。

(12)各军种不愿修正其基础设施、装备、反应能力以及预算的分配——尽管大家广泛地认识到 21 世纪许多装备和方案需要这样的变革。例如,到 2010 年,有 12000 个地面机器人存于国防部的库存中[6],且不管这个事实,基础设施(行动、组织、培训、预算等)仍主要集中在 20 世纪的装备和方案上。

(13)正在规划的政策尚未调整到足以反映这样的事实:在未来的远征作战中,超过总人数的 50% 将是承包商——尽管承包商在伊拉克和阿富汗的人数已经超过了军队的人数。

(14)关于在战区工作的庞大政府文职官员志愿者队伍的政策迫切需要修订。需要解决的领域包括生命保险、长期医疗保险和加班工资。

(15)尽管竞争产生了较低成本和较高绩效的巨大收益,但哪怕在原型阶段的竞争都受到了强烈抵制,原因是增加的前端支出(需要将“今年的钱”用在别处)。

(16)国防工业已经不再有活力,创新越来越少并且更加抵制改变(主要是大的合并增强了其政治影响力)。

(17)通过增加其垂直一体化水平(在产品和服务两方面),国防工业已经大大降低了低层的竞争,制造了显著的利益冲突。

(18)国会和审计总署都指出,国防部缺乏现代的、一体化的企业级信息系统。它有 4000 多种不同的商务系统(用于采购、金融、物流和人员),它们之间不能互通。这与世界一流的现代商业运作模式极为不同,企业内部的现代信息系统提供了管理和监督的可见度,有利于快速、有效地制定决策。

（19）商业公司和跨国公司在试图和国防部做生意时,遇到重大阻碍,这大大降低了国防部获得先进产品和技术的可能性。

（20）获得与我们的盟国分享产品的出口许可证会有长时间的拖延。例如,2006年,每年的申请量大约是8万份,并且在国务院向五角大楼发送技术援助申请之前有两个月的等待期,然后才开始审议程序[7]。

（21）国防部的大多数采购属于劳动密集型服务项目（包括海外维稳行动、安全、培训、后勤、基地运行和重建）,但国防部的采购条例和程序设计的初衷是购买产品,而购买尖端服务远远比购买产品复杂。

（22）主承包商正遇到越来越多的利益冲突,因为他们被迫去选择（"制造或购买"决策）自己的产品还是竞争对手的产品。这是由两个因素导致的——网络中心战的趋势（重点在于系统的体系）及能独立从事体系结构和系统工程设计的承包商数量绝对减少。

（23）美国的国际形象越来越负面,它需要在软实力方面有更多的投资,但一直不愿给国务院提供这样的国家安全基金[8]。

（24）国会继续通过立法禁止公共机构和私人公司之间的竞争。这种阻力忽略了非常大的成本节约（平均超过30%并且最近更多）和效能的提高——这来自于政府机构和私人公司之间的竞争,竞争的是政府目前正在做的却不是政府本职的工作[9]。

（25）由于政府采购人员的短缺,承包商正在做的许多工作本应由政府来执行（这是政府的本职工作）,这方面的问题受到越来越多的关注。2007年,海军部长唐纳德·温特说:"'系统总成商'（即从事体系系统关键决策的组织）应该是海军而不是承包商[10]。"这种观点得到了海军参谋长、上将迈克·马伦的响应,他指出:"我们已经将我们的很多监督职责给了承包商……'钟摆已摆得太远,我们需要把它扶正'[11]。"

（26）根据一个研究伊拉克承包商诈骗原因的委员会所做的调查[12],采购人员的严重短缺是由后冷战时期国防预算的急剧减少和2001年9月11日后虽然预算以指数形式增长但却没有相应增加政府采购人员造成的。

（27）最后,也是最关键的,参谋长联席会议主席曾表示,21世纪可能的作战环境将具有不确定性、复杂性、快速变化性,以及持久性[13]。当然,这对国家安全、军队和国防工业基础来讲,是一个具有挑战性的时期。

总之,世界正在发生巨大的变化,但国防部和国会监督委员会未能应对这些变化。正如杰克·韦尔奇（通用电气的前首席执行官）所言,"当组织外部的变化速度大大超出了组织内的变化速度时,末日就快到了。"或者如同查尔斯·达尔文多年观察的那样,"存活下来的既不是最强的物种,也不是最聪明的,而是最能适应变化的物种。"

鉴于日益受到的关注,国防部要求国防科学委员会调查 21 世纪美国国防工业基础转型的必要性。委员会的报告得出结论指出,不仅工业需要进行转型,而且这个转型要等到国防部本身有重大转型后才能实现[14]。该报告提出了四项关于 21 世纪国防需求的关键发现:

(1) 国防部的政策、流程和广义的国防采购企业管理制度,阻碍了其向一个有效、灵活和经济可承受的联合军事力量的转型。

(2) 美国政府的政策、实践和方法不利于具有创新性的、经济可承受性的和快速获得的武器、系统以及服务的发展、部署和保障。

(3) 国防部的采购人员缺乏必要的技能(如系统工程学、生物技术以及先进信息技术),大量的人员已经接近退休年龄,并且已经进行了大幅裁员——所有这些都极大阻碍了军事能力的开发、生产、保障和监督。

(4) 政府的采办政策和行业发展趋势(如进一步横向和纵向的合并)不会产生所需的竞争性的、反应灵敏的、高效的、创新的国家安全产业基础。

国防科学委员会总结到,国防部的完全转型(包括基础设施、装备和采购人员)和国防工业的完全转型(包括买什么、怎么买、谁来买以及从谁那里买)必须符合美国 21 世纪的国家安全需求——特别是在国防资源减少时。委员会还发现,"美国目前有一个强大的 20 世纪的国防工业体系,但这不是国家未来所需的,需要转型才能建成 21 世纪的国家安全产业基础。"

随着人口趋势和持续的经济危机,显然,保罗·肯尼迪在《大国的兴衰:1500—2000 年的经济变化和军事冲突》中的预测是正确的[15]——国家需要财富来获得军事实力,并且需要军事力量来取得和保护财富。如果一个国家将太多的资源用于军事目的,而不是创造财富,那么从长远来看,这会削弱国家的实力。然而,即使在 2008 年和 2009 年的金融危机期间,许多军事工业集团要求政府"保护"国防工业基础。相比之下,汤姆·琼斯(诺斯罗普·格鲁曼公司的前总裁)表示,在国防开支裁减的早期,"国防工业没有存在的自然权利[16]。"

相比于保护 20 世纪的国防工业基础,政府和行业需要做的是将其转化为一个 21 世纪的工业基础,可以通过以可承受的价格提供所需的军事装备来证明它的存在。这需要一个全面的转变,具体来讲,包括基础设施、装备、人员队伍以及国防工业。

第二节　理想的产业结构

在描述政府政策和实践需要实现的转变之前,我们必须首先概述 21 世纪国防

工业基础的愿景。由于美国要从一个成熟的 20 世纪国防工业结构转变为 21 世纪的新结构,必须满足以下要求:

(1) 产业结构必须在资源允许的范围内,满足 21 世纪中期的国家安全需要。

(2) 为了保持美国历史上技术领先的国防态势,新的结构必须是技术领先的(并在瞬息万变的世界中保持软件、硬件、系统和服务的先进性)。

(3) 新结构必须是高度创新的(包括架构、产品、流程和应用程序),专注于改变游戏规则,并形成这些颠覆性创新的原型演示[17]。

(4) 要利用商业世界全球化迅速发展的技术进步,产业结构必须清除军民一体化和国防部门全球化的障碍(同时承认,一些关键领域仍需要保护)。

(5) 新的产业结构需要急剧减少装备的单位成本,以便能够负担得起用于未来潜在安全环境所需的装备(包括国内和世界范围的)。例如,目前舰艇和飞机的单件成本难以承受。为了获得未来所需的足够数量,产品和工艺设计成本的降低必须作为所有未来武器系统和系统体系的一项固定军事"需求"。

(6) 为了在提高每个武器系统性能的同时实现创新和低成本,产业结构需要在各层级都高度竞争。在每一个关键领域必须至少有两个企业,但它们的总部不必都设在国内。

(7) 为了满足未来国家安全环境的巨大不确定性,产业结构必须敏捷和反应迅速。它必须跟上对手的变化,并意识到对手可以在全球技术市场迅速获取技术,并在其使用中进行革新。

(8) 最后,产业结构必须具有足够的灵活性来处理在今天的环境中存在的各种漏洞(包括物理的和网络的攻击、自然灾害、火灾、罢工以及不断变化的地缘政治环境)。

实现这八个要求将大大改变目前的国防工业结构,这个独特市场(买方垄断的,并且在每个部门都有几个寡头垄断的卖方)的转型是政府的责任。这个行业将响应其客户的需求和需求的方式。为了产业转型能够顺利进行,国防部必须改变其业务模式,而要做到这一点,必须要有一些关于转向何方的愿景,并且监控实现目标的过程。

第三节 未来国防部的业务实践

不幸的是,没有"良方(高招)"能够实现所需的国防部文化变迁。解决方案必须包括四个认识:

(1) 国防部购买的是什么样的装备和服务:这是需求过程,也是最重要的组成部分,因为获得了错误的装备或服务是毫无意义的。必须有人决定什么样的装备将是最有效的和多少数量是 21 世纪的安全所需要的。

（2）这些系统如何采购：必须以最低的成本、最短的时间实现最大的性能。

（3）谁来负责采购并管理开发、生产以及采购物品和服务的保障：政府必须确保采购人员具有所需的技能和经验来管理这些复杂的采购行为。

（4）从谁那里采购货物和服务：这是国防工业基础。政府需要变革前三个领域，以实现国防工业基础向 21 世纪理想模式的转型。只有政府变革了，企业才能响应客户的变革。

第四节　实现转型

"必须记住，没有什么比创建一个新的系统更加难以计划，更易受到质疑和更加难以管理的了。那些能从保存旧体系中获利的人，以及限制那些有可能在新规则下做得很好的人的卫道者，将对创新者充满敌意。"——Nicc·lò Machiavelli, The Prince(1513)。

政府改革是困难的。而改造国防工业意味着改变了政府的业务模式。国防部需要采取九个相互关联的行动来改变其业务模式和工业基础，而这九个行动中的任何一个，又都需要更细致的行动来实现。

行动 1：聚焦网络中心的系统体系

要想将重点放在网络中心的系统体系（而不是继续当前以平台为中心的方法），国防部必须将可利用的所有资源（资金和人才）从平台转向复杂的系统体系。这个展望中的显著变化，将会影响国防部的整个预算、需求、采购、组织和管理流程。政府将在所有主要领域需要一个系统架构管理师（或系统工程管理师），它必须在系统体系的设计和演进中提供富有经验的政府项目管理和系统工程监督。

这个政府监督机构必须在早期建立（在提案过程中），以便能够被产业充分理解。这方面的一个关键因素是使用独立的系统架构和工程公司与政府一道优化体系中的每个系统。他们必须接受硬件和软件的合同豁免条款，以避免任何潜在的利益冲突（主要是在整体架构内选择自己的系统或子系统）。

在测试任何新装备时，互通性将是一个关键的性能参数，它需要在体系的层面上进行测试。因为互通性并不主要是一个技术问题（它是一个治理问题），让承包商认识到如果他们的系统达不到互通性要求，那就无法通过运行测试，这是使互通性深入承包商文化的唯一方法。

随着该系统的发展，为了确保它不会轻易受到非法入侵，需要引进一个对手（它可能以非对称的方式使用全球的技术），有必要建立一支小型"红队"（由政府和产业人员组成），它以非传统的方式独立地尝试反击该系统。

最后,由于这种新的文化和以网络中心体系为重点的做法与当前的预算和国防部、国会的计划方法(以平台为中心)不相符,有必要转向任务—能力的组合式管理,聚焦具体的任务领域(如战场空间感知和联合指挥与控制)。这是国防部在其2003年2月《国防工业基础转型路线图》[18]中提倡的方向。然而,要想让它生效,其他变革(如从平台到网络中心的综合整体性转变)是必需的。

行动2:实现更低的成本、更快的部署以及更好的性能

实现更低的成本、更快的部署以及更好的性能,应作为从"付出更多,得到更多"的旧模式中转变出来的典范。商用计算机业表明,如果现代产品和工艺技术应用于此目标的话,就可以实现在越来越低的成本上获得越来越好的性能。我们可以同时具备性能优势和支付能力。

实现这一点要从改变武器系统的需求过程开始。在固定的需求集合之中(来自联合需求监督委员会),成本和进度必须成为系统分析工作的一部分。在这种方式下,固定单位成本和明确的采购时限与所需的军事性能同等重要——构成承包商设计的整体挑战。这种方法在过去的项目中已经得到有效运用,例如联合直接攻击弹药(如上所述,其要求是"以4万美元以下的代价击中目标"),但这种做法鲜有尝试,更少被遵守。然而,它是可以实现的。联合直接攻击弹药可以非常精确地命中目标,而每个只要1.7万美元左右的成本。

理解系统所需性能的一种方法是广泛地进行实验并收集用户对样机实验的反馈。实验将会实现开发系统第一个"模块"的必然需求。在最初的原型阶段后,所有的武器系统都应该利用一个五年左右的周期对每一个模块(立项、系统开发并形成初始作战能力)进行螺旋式的开发。从第一个模块开始,系统的每个模块可以只使用完全成熟的技术,但同时要为后续模块的研发提供经费。一旦新技术成熟,它可以分阶段引入下一个模块。当这种做法正确实施时,这种螺旋式的发展将获得性能更高的设备,并且更迅速地部署应用,这样做将平均节省约30%,并且风险更低。

最后,某些系统(特别是在战时)必须对作战指挥官在战场上遇到的情况迅速做出反应。这些反应需要在数周或数月内做出,而不是数年。今天,这种工作是通过串联各种各样的专门组织来完成的,每当紧急情况需要新的装备时这些组织被迅速地拼凑在一起,例如为在伊拉克的高机动多用途轮式车辆(HMMWVs)添加装甲护板时。但这些专门组织没有制度依循,偏离标准采购做法的行为需要不断申请批准。为了解决这方面的需要(这种需要很可能在21世纪的安全环境中增加),2006年的国防科学委员会《夏季研究》[19]建议,建立并资助一个快速的战地组织(从当前的专门组织和他们每年30亿美元的资金开始)。

行动3:通过资助创新保持领先

在过去的60多年中,国防部的国家安全战略一直是保持技术优势;但是尽管自2001年9月11日后国防预算大量增加,但研究经费仍在下降。此外,全球范围内的技术革新加速如果仅关注增量变革,没有一个组织可以负担得起这种后果。一些资源必须被用于突破性的技术,这将导致未来军事行动方式的转变。用于这方面的财力必须满足对非传统技术与应用的研究和分析;同时还必须为这些新想法的原型和论证提供适当财力,以便它们能够被认可。因此,基础研究的预算必须提高,而且国防研究与工程主任(Director of Defense Research and Engineering)办公室应该为突破性系统展示(除了已经为 DARPA 进行非传统研发所提供的资金之外)留出大量资金(也许是研究、开发、测试以及评估预算总和的 6%——约 40 亿美元每年)。

作为这项政策的补充并鼓励国防公司不断地进行创新,国防部应为公司发起的独立研究与开发(IR&D)重设一项单独的管理费用补贴。这之前的做法已经变质,因为国会立法允许独立研发和投标与提案(B&P)费用一起报销,这鼓励了企业投入其所有的财力去试图赢得下一个竞标(通过精心制作投标和提案的努力),而忽略了较长期的研发努力。恢复研发与投标和提案相分离的状态,给企业的独立研发努力提供政府可见性,可以刺激企业把重点放在保持领先上。

此外,美国国会和行政部门必须考虑为单项合同拨款额、小企业合同期限设置更高的上限,特别是考虑通过小企业创新研究(SBIR)计划[20]。国防部科学技术项目中的小企业可以促进创新,应该鼓励他们在研发中考量产品成本和生产要素。

最后,美国没有充分利用非美国公民科学家和工程师的优势。美国 1/3 的诺贝尔奖得主原本不是美国公民;硅谷的建立也主要是靠那些原本不是美国公民的人。恩里科·费米研发原子弹时并不是美国公民,并且目前在美国顶级大学科学技术领域的研究生中有一半以上都不是美国公民。由于签证和其他的限制(如"视同出口"等)持续累加,在国防领域工作的非美国公民的人数正在下降。基础研究是对所有人开放的,并且是可充分发表的——这是国家政策(如罗纳德·里根在 189 号《国家安全决策指令》中所言),但这一政策没有在实践中得到落实——如果国防部想要从那些科学家和工程师中获益,它就应该被落实。

行动 4:进行更多基于最优价值的竞争

经验数据充分地表明,在垄断环境中,很少有实现低成本或者高性能(成本不增长)的激励。因此,美国国防部需要更多地利用最优价值竞争——该竞争不是基于最低的成本或者最高的性能,而是两个参数的结合。

在主系统和关键子系统层面,这种竞争的首要目标必须是实现创新,第二个目标必须是节约成本。没必要为了保持一个竞争性的产业,而总是在国防领域的每个部门维持两家公司从事生产。但在所有关键领域至少要有两个设计团队,而且每个团队都必须得到原型设计的资助,以便他们解决技术可行性、经济可承受性、可生产性和可保障性的问题。如果数量足够,那么就可以进行接下来的生产竞争了。这种方法曾在为了 F - 15 和 F - 16 制造发动机的"大引擎之争"中使用——持续的生产竞争,使得性能和可靠性不断提高的同时,成本也显著降低了。

竞争不应该是一项死板的要求——但竞争应该经常被用于原型开发阶段。相反,只要当前的生产者不断地提高性能和降低成本,那么它就应该得到后续合同的奖励。必须始终存在可靠的供替代的供应商,而且要以一种廉价的方式保持这种选择(以及鼓励不断创新),保持替代的方式就是资助第二来源开发可替代的、下一代的、成本更低的和性能更好的技术原型(在系统或者子系统层面)。

即使对于复杂的战斗机(根据兰德公司的研究)[21],这种替代来源也只需要1000~2000个工程和技术管理人员(每年的费用是1~2.5亿美元)从事下一代装备的工作。在关键的子系统领域,需要的花费更少。由于是为数十亿的项目维持竞争性来源,保持替代来源的成本付出是值得的。

最后,从历史上来看,由于国防采购中使用的规定和条例大部分是为采购物资而制定的,而今天超过60%的国防采购是服务项目,美国国防部需要开发和充分利用新的规章和做法,且重点应在于最优价值服务的竞争性采购(特别是专业服务和战场上的承包商服务)。

行动5:理解并利用全球化

由于地缘政治的原因(也许甚至超过了军事的原因),未来的军事行动有可能是在联合环境中进行。因此,各国必须学会分享技术,并为联合行动共同训练。这个领域的需求是为了国家主权和军事优势——而不是闭关自守(自给自足)。从国外来源采购或与他们共同进行系统开发并不意味着变得脆弱——每个国家都必须采取必要的行动来确保这样可行。同样,现有的商业(COTS)系统——特别是软件——必须仔细测试,以确保它们是安全的。在这个领域需要进一步的研究,以寻求新的工具和技术。在这个领域需要的主要改变是立法和管制的重大变革(例如,《国际武器贸易管制条例》中的出口管制、《贝瑞修正案》以及特种金属条款),以跟上全球防务市场(以适当的风险为基础兼顾安全性和脆弱性问题)。

许多独立组织(如国防科学委员会、国防商业委员会、战略与国际研究中心、国家研究委员会)已经很好地定义了需要的变革[22]。一般情况下,只有个别领域需要实施管制。在这个极为重要的(但政治上困难的)安全领域,国防部必须积极主动地引导国务院、商务部和国会。美国无法承受旨在保护美国当前技术法律的意外后果。法律无法阻止技术和产业的全球化。美国必须学会从这种全球化中获得好处——既是为了国家安全,也是为了经济竞争力[23]。

行动6:建立一支高素质、高技能的政府采购队伍

如果政府不重视建立一支高素质、高技能的采购队伍,那么程序和结构的变革将在很大程度上失效。一系列的因素(包括冷战后人员的急剧削减,以及到2012年将有超过50%的采购人员符合退休条件)使得国防部有必要重视招募、培训以及建设最优秀、最明智的人员队伍,特别是采购管理方面的人员(在政府所有本职工作中,如金融、人事、项目管理、采购、后勤、工程设计以及生产的管理与决策)。

为了与工业界争夺最优秀的人才,国防部将不得不修订其薪酬政策。绩效工资计划就是沿着正确方向迈出的一步,但还需要更多——例如,为工程师增加初始薪水,以便与工业界竞争。此外,国防部必须制定和实施与军人计划(在计划中提供了培训和开发所需的资金、时间,以及额外的职位)相媲美的,针对政府文职官员的人才培养和职业发展计划。另外一个必需的(尤其是因为国防部采购核心资深人员的退休)步骤,是提高从企业到政府的临时岗位轮换(反之亦然)。

所有不属于政府固有的职能(目前其中的许多职能由政府文职人员或军人完成)都应进行竞争性外包——在公共与私营部门之间竞争。当这个完成时,无论是谁赢(公共或私营部门),平均的成本将降低30%以上,绩效也会显著提高(因为绩效考核已经成为了一个重要的考虑因素)。这包括许多针对决策与管理等政府本职岗位的辅助服务。采购领域列出的所有职能都不是政府的本职工作(例如,跑腿、分析以及系统工程等工作)。这些保障性服务应由相关领域熟练的企业人员竞争性填补,并在工作完成时停止服务。

行动7:国防部后勤系统向现代化的、信息化的世界一流供应链转型

当埃里克·肯·辛塞奇(又译艾力·肯·新关,Eric Ken Shinseki)将军还是美国陆军参谋长时,他曾说,"如果没有国防部的后勤转型,我们就不能实现国防部的转型。"目前的后勤系统是国防部采购环节中最昂贵的(2005年,它的预算是900亿美元,但实际花费却超过了1260亿美元——包括追加拨款),同时它也是持久作战中最关键的部分(因为它影响着战备和快速反应能力,从长远来看,也将影响到作战能力)。然而,尽管有比战斗位置更多的人在后勤领域工作,有巨大的库存(2005年至2009年,库存从670亿美元涨到了900多亿美元),以及每年在后勤环节的支出超过1000亿美元,但是目前国防部的后勤系统仍旧远未达到世界一流水平。事实上,世界一流的系统以小时数来衡量它们的响应能力,而美国国防部(在最好的情况下)则是以星期数来衡量。该系统正在改善。在第一次海湾战争期间,从货架到士兵手中的平均响应时间为36天(具有较大的不确定性,部分零件要订购三次)。第二次海湾战争的平均响应时间下降到21天,然后是16天——同样伴随着较大的不确定性。相比之下,世界一流系统在国内的送货只要12小时以内,国际间的传送则在24小时以内,正点概率达到99.99% 。此外,世界一流的运营始终提供"全资产可视性",而国防部离实现这一目标还很远——特别是在送到战士手中的最后一步上,战士急需送货。

这些数据压倒性地支持(国防物流系统)向基于绩效的后勤(PBL)转变,或者为所有的国防部系统(传统的和新的)提供担保。这将大大提高设备的可用性和降低保障成本。如果基于绩效的后勤或担保没能在不断降低成本的同时不断改进性能,保障工作就需要向其他承包商开放竞争。

最后,国防部的传统后勤方式已经花光了每年用于当期后勤保障工作的所有的钱——没有留下可用于改善系统的资金。因此,强烈建议从整体保障预算中取出一小部分(也许1%或者大约每年1亿美元)成立一个新的基金,用于实现后勤转型的研究和开发。商业界已经证明这不是一个技术挑战,这只是另外一个必须通过坚定的领导来实现文化变迁的领域。

行动8:提高对承包商作为未来军事行动武装力量重要组成部分的认识

在伊拉克,承包商占了全部武装力量的50%,在阿富汗,他们占了全部力量的75%(在2010年的战场上,一共有239451名承包商)[24]。国防部和国防工业(在国会的支持下)需要为承包商参与未来军事行动做好规划,这需要考虑的因素很多,包括远征承包、安全、教育培训、准备、演习以及人员政策。尽管这还是一个新问题,但它太重要了以至于不能长期处于临时性安排状态。

行动9:细化并实现21世纪的工业结构

虽然上面提到的很多变革可以独立完成,但国防部——与国土安全部以及国家情报总监(因为这三个组织都需要利用同一个产业基础)密切合作——需要对21世纪的国家安全产业基础有一个清晰的愿景,并努力实现所需的转型。在这个独特的市场环境中(买方垄断和几家寡头垄断的供应商),政府必须在实现其理想的产业结构中扮演重要角色。

由于在许多技术领域和生产过程中(如灵活制造),商界已经遥遥领先于国防工业,现在有可能从军民一体化的产业组织(在工厂层面)中获益。这使得国防工业可以从商业界所做的持续改进中(以提高性能和降低成本)获益,并从规模经济效应中获益——规模效应往往存在于少量的国防产品与大批量的商业产品混合生产时。但关于这种一体化的监管和立法障碍必须被清除,包括政府独特的成本会计要求、专门的军用规格标准以及独特的政府采购法规(通常制定时出于保护主义或社会经济的考虑,但这并不适用于商界)。

此外,国防部的利润和管理费政策需要鼓励结构转变、资本投资以及成本降低计划,并鼓励新的商业公司进入。例如,在国防部的利润政策中,其管理指导方针(2000年修订)为提高效率(特别是在某些领域,如减少或消除过剩的设施、成本降低计划、商业项目和流程的纳入以及承包商在降低成本设施上的投资)而允许增加利润率。另一种可以使企业赚取额外利润的机制(也是在2000年添加的),是使用分类的技术激励来降低成本。如果企业降低了成本或提高了产品可靠性(要认识到,提高了可靠性就可以降低产品的生命周期成本),那么他们就应该获得更高的利润。这些为低成本且高可靠性的装备而设立的高利润率激励措施,并没有受到显著的关注,但应该鼓励合同人员未来充分利用它们。

同样地,政府应通过更多的参与主承包商的"制造还是购买"决策,来积极创造降低垂直一体化的激励机制。在"未来战斗系统"的案例中,项目经理在主承包商的"制造还是购买"决策过程中起着显著作用,从而确保供应商(主承包商分公司以外的)有充分的机会,并在评价方面得到公平的对待。在今后的项目中,招标过程中应确保政府能够进入并监督这些决策。

同样,政府应鼓励民用和军用工厂的一体化,政府需要消除那些妨碍商业公司直接将技术和设备卖给国防部以及阻碍其参与国防部研发的障碍(如成本会计标准、出口管制和其他特殊的国防要求)。

阻碍实现高效和成功业务运作的一个现实是,2009 年,美国国防部已经拥有4700 多个独立的、不能互操作的业务信息系统。所有世界级的商业企业都拥有集成的商业系统,该系统将公司的所有业务系统联系在一起,并且与该公司的客户和供应商直接链接。一个新的国防部组织(业务转型局,Business Transformation Agency)被创建以解决这个问题。它遭到了激烈抵制,但它对于建立 21 世纪的国防工业结构必不可少。该组织在 2010 年被裁撤,但其功能是迫切需要的。

为了实行一个新的一体化的企业体系,国防部应与国家标准与测试研究所(National Institute of Standards and Testing)一起建立接口标准(与一般系统相对照)、安全程序以及准许并要求充分的、企业范围的(政府和工业界的所有层级)网络中心产业化运行协议——充分利用现成的商业软件。这种做法应该应用于生命周期的所有阶段,以提供管理决策制定所需的所有信息——目标也是以较低的成本达成更高的性能和更快的部署。

最后,美国国防部应当至少每三年,对国防工业基础的每一个关键部门,进行一次详细的部门分析。这种分析应着眼于每个部门拥有的研发竞争能力、军民一体化的潜力以及在每个领域建立全球市场的潜力。当存在大量潜在的国内供应商来提供关键技术时(甚至是存在来自多个国家、多个企业的外国供应商时),这种分析是不需要的。但在许多关键的国防部门里只有两三家公司,或者(在某些情况下)只有一家,政府的这种分析就是必不可少的了,以此为国家的长期安全保持一个高度竞争的、创新的、低成本的和技术先进的工业基础。

一般情况下,国防工业的转型不能通过简单地重排组织模块或增加规则(这会减慢采购程序,使得它更加独特和低效)来实现。然而,一个非常理想的组织变革可能发生在信息技术中——在武器系统中(尤其是在系统体系领域)和内部中(在政府内部和政府与供应商之间)。国会已经制定了克林杰·科恩法案,要求每一个机构都聘请一个首席信息官(CIO),他直接向该机构的首长汇报。国防部已经设立了一个负责网络和信息集成(Networks and Information Integration)的助理部长,他直接向国防部长汇报。2008 年,国会设立了一个副首席管理官(Deputy Chief Management Officer,DCMO)的新位置,他负责所有业务系统的采购,直接向国防部副部长汇报,并负责业务转型局。然而,戈德华特·尼科尔斯法案规定要有一个单独的国防部采办执行官,他负责所有机构的采购活动;在国防部,这一职责由一个负责采办、技术和后勤的副部长负责。

这三个法案是有冲突的。虽然首席信息官、负责网络和信息集成的助理部长以及负责采办、技术和后勤的副部长,可以以合作的方式来避免冲突,但是信息技术对作战和业务运营的重要性表明,国防部采办执行官(即副部长)应该单独对信息系统负责。负责网络和信息集成的助理部长和副首席管理官（DCMO）应该放到副部长（负责采办、技术和后勤的）的组织里。副部长在国防部的位阶已经是第三位的了。他/她的头衔也应改为信息、采办、技术和后勤的国防部副部长，以强调信息在整个采购过程中的重要性。这种变化可以帮助国防部提高整体的效力和效率。克林杰·科恩法案修改一下，网络和信息集成的助理部长仍可作为国防部的首席信息官。

总之，为了产业转型，国防部业务必须首先转型。这种转变的方向是明确的（如上所述），但为了实现这种转型，无论是国防部还是国会都必须从尽可能规避风险的态度（通过过度管制和保护主义），转为实现有效的和成功的国防采购管理的目标。这个转型后的产业结构模式应该是，政府和企业在不断竞争的市场上并肩合作，这个市场上的企业应该是灵活的、适应性强的、反应迅速的、创新的、有弹性的、低成本的和高品质的，并有能力满足21世纪国家安全需求。实现这种伙伴关系需要主要军工企业（以及一些低层的供应商）的首席执行官，国防部长、副部长、负责采办、技术和后勤的副部长，以及各军种参谋长之间的频繁（至少半年一次）接触（这种做法以前是存在的，但近些年来并没有经常发生）。

第五节　为什么这次可以实现变革

犬儒主义者可能会指出，长期以来就一直存在着国防部采购程序改革的需要。数百份研究报告，甚至是著作，都论述了改革的必要性以及需要采取的行动。然而，保障国家安全所必需的武器和服务的成本继续上升，而且交付它们（武器与服务）的时间一直在延迟。我们很自然地会问，"为什么这次会有所不同？"答案是国家安全已经达到了临界点——该点涉及到的全部国家安全注意事项（国内外的恐怖主义、远征冲突、局部战争、在世界不稳定地区的维稳活动、潜在竞争对手以及核威慑）简直成了这个时代的不可承受之重，（在这个时代）国家必须将其资源用在不断增加的医疗保险、全民健康保险、应对人口老龄化的社会保障、重建其日益恶化的基础设施以及偿还因21世纪前十年经济衰退所引发的债务上。

如上所述，关于文化变革的文献表明，有两件事是实现重大变革所必需的。首先是认识到变革（危机）的必要性。在当前的情况下，经济现实是如果历史趋势继续下去，美国将没有足够的资金维持其所渴望的国家安全状态。这种迫在眉睫的危机正在越来越被行政和立法部门以及广大国民认识到。

成功的文化变革所需的第二个条件，是领导力的问题，领导层要具有愿景、战略和一系列的行动，并具有调整和激励他人实现所需变革的能力。众所周知（如马基雅弗利在16世纪所揭示的），这些必要的变革会遭遇激烈反抗，因此，（一个）

强大的、一致的且持续的领导机制是必不可少的。

　　国防部正在面临财政危机,变革是必须进行的。由于变革的需求(如本书所述)被普遍认识到,克服阻力并实现必要变革的时机已经成熟。美国的纳税人以及所有军人应该致力于实现这些变革。最重要的是,国家的未来安全需要实现变革。

参考文献

第一章

1. Warren Zimmerman, *First Great Triumph: How Five Americans Made Their Country a World Power* (New York: Farrar, Straus, and Giroux, 2002).

2. Michael Signer, "A Scary World," *Washington Post*, February 24, 2008.

3. Paul Kennedy, *The Rise and Fall of Great Powers: Economic Change and Military Conflict from 1500 to 2000* (New York: Random House, 1987).

4. David Ignatius, "Wise Advice: Listen, and Engage," *Washington Post*, June 24, 2007.

5. Ibid.

6. Ibid.

7. Joseph S. Nye, *Soft Power: The Means to Success in World Politics* (New York: Public Affairs, 2004), as noted in Hans Binnendijk and Richard Kugler, *Seeing the Elephant: The U.S. Role in Global Society* (Dulles, VA: Potomac Books, 2007), 183.

8. For example, see John P. Kotter, *Leading Change* (Boston: Harvard Business School Press, 1996).

9. Jacques Gansler, Memo to the chair of the Defense Science Board, defining the terms of reference for a study on globalization and security from the Undersecretary of Defense, October 6, 1998.

10. Defense Science Board, Summer Study on Transformation, Subpanel Report on Defense Industry and Acquisition, "Assessment of the Current Situation and Recommended Actions," August 9, 2005.

11. "Military Culture Remains Rooted in Cold-War Era Mindset," *Inside the Army*, September 4, 2006.

12. Ibid.

13. Adm. Michael Mullen, "Navy Weighs Tank Maritime Strategy Options but Others May Immerge," *Inside the Navy*, April 23, 2007.

14. Ibid.

15. Abraham Lincoln, Second Annual Message, December 1, 1862, next to last paragraph.

16. David M. Walker, "America's Imprudent and Unsustainable Fiscal Path," *Defense Acquisition Technology and Logistics* (March–April 2006).

17. Robert Gates, Eisenhower Library Speech on Defense Spending, May 8, 2010, http://www.defense.gov/speeches/speech.aspx?speechID=1467 (accessed on October 21, 2010).

第二章

1. This term was first used by President Franklin Roosevelt in December 1940, in connection with "Land Lease" to supply equipment to the U.K. and Russia who were at war with Germany. Then he used it in connection with production for U.S forces in WWII.

2. For a detailed discussion of the history of the U.S. defense industrial base, with numerous references, see Jacques S. Gansler, "The Diminishing Economic and Strategic Viability of the U.S. Defense Industrial Base," PhD dissertation, American University, 1978 (University of Michigan Microfilm International, 1978).

3. Lieutenant General Michael M. Dunn, U.S. Air Force, "The U.S. Defense Industrial Base: Past, Present, and Future Challenges," Paper presented at the Industrial College of the Armed Forces, June 2, 2005.

4. For a discussion of planning for surprise, see Defense Science Board, *Summer Study Final Report*, September 2008.

5. Naval Historical Center, "The Reestablishment of the Navy 1787–1801," online, June 22, 2007.

6. J. M. Blair, *Economic Concentration: Structure, Behavior, and Public Policy* (New York: Harcourt Brace Jovanovich, 1972), 380.

7. J. Houston, *The Provisioning of War: Army Logistics 1775 to 1953* (Washington, DC: U.S. Government Printing Office, 1956), 24.

8. Charles W. Freeman Jr., "National Security in the Age of Terrorism," Paper presented at the "National Security" Conference, Williamsburg, VA, January 6, 2006, and published in *Middle East Policy* (January 6, 2007).

9. Stephen Barr, "For Defense, Crunching the Numbers Is Half the Battle," *Washington Post*, May 12, 2008.

10. The $60 billion estimate comes from Sami Lais, "The Future of Intelligence," defensesystems.com, 2008. See also Walter Pincus, "2007 Spying Said to Cost $50 Billion," *Washington Post*, October 30, 2007; Walter Pincos, "ODNI Executive may have disclosed U.S. Intelligence Budget Amount," *Federal Times*, June 7, 2007. Bill Sweetman, "Blog: Black Budget Blows by $50 Billion Mark," *Aviation Week and Space Technology*, http://www.aviationweek.com/aw/blogs/defense, summarizes the data in the DoD's fiscal year 2010 budget for intelligence programs.

11. Walter Pincus, "DNI Cites $75 Billion Intelligence Tab," *Washington Post*, September 17, 2009, A7.

12. B. M. Blechman, E. M. Gramlich, and R. W. Hartman, "Setting National Priorities: The 1975 Budget," Brookings Institution Report, Washington, DC, 1974.

13. Wassily Leontief and Marvin Hoffenberg, "The Economic Effect of Disarmament," *Scientific American* (April 1961): 3–9 (and the ratios might be even greater for today's high-tech, high-cost defense sector).

14. For example, see Murray Weidenbaum, *The Economics of Peacetime Defense* (New York: Basic Books, 1974).

15. J. F. Lawrence, "Spending for Defense: Boom or Detriment?," *Los Angeles Times*, January 10, 1978, 1.

16. John T. Bennett, "Defense News," July 22, 2010.

17. *The Economist*, "Arming Up: The World's Biggest Military Spenders by Population," June 8, 2009.

18. Based on Department of Defense, *Green Book*, fiscal year 2005.

19. Tina Jonas, Paper presented at Jane's Defense Conference, Washington, DC, April 22, 2008.

20. Jim Greenwood, "Toward a More Accessible and Affordable Health Care System: Regulate or Innovate?," *Bio News*, February–March 2008.

21. According to the Social Security Administration's Office of the Chief Actuary, Centers for Medicare and Medicaid Services.

22. "Unified Military Medical Commands Studied," *Newport News Daily Press*, May 21, 2006.

23. "Schoomaker Expresses Concern Over FY '07 Army Budget," *Aerospace Daily and Defense Report*, July 17, 2006.

24. Paper presented at a Jane's Defense Conference, meeting, Washington, DC, April 22, 2008.

25. Government Accountability Office, *GAO Report 05647 on Military Health Care*, Washington, DC, May 2007.

26. Center for Strategic and International Studies, *CSIS Report*, June 13, 2007.

27. From Christopher Bowie and Karen Rodgers, Northrop Grumman, "Key Defense Policy Issues Facing the New Administration," briefing, September 18, 2007.

28. Norman R. Augustine, *Augustine's Laws* (Washington, DC: American Institute of Aeronautics and Astronautics, 1983)..

29. F. W. Lanchaster, *Aircraft in Warfare: The Dawn of the Fourth Arm* (London: Constable, 1916), chap. 5.

30. Gary Hart, *The Shield and the Cloak: The Security of the Commons* (New York: Oxford University Press, 2006).

31. John J. Hamre, "Realities of Today Demand a New Defense Acquisition Reform," *Aviation Week and Space Technology*, November 28, 2005, 74.

32. Barry Goldwater, "DoD Reorganization: Summary of the Problems," *Armed Forces Journal International* 123, no. 4 (October 1985).

33. Sam Nunn, "DoD Reorganization: An Historical Perspective," *Armed Forces Journal International* 123, no. 4 (October 1985).

34. RAND National Defense Research Institute, "Goldwater-Nichols Brief: Pre-Interview Information," RAND National Defense Research Institute, Washington, DC, 2008.

35. Some of the material in this section comes from a paper that the author presented at the Industrial College of the Armed Forces on June 2, 2005, and published as "U.S. Defense

Industrial Base: National Security Implications of a Globalized War," National Defense University Press, Washington, DC, April 2006).

36. James Langenfeld and Preston McAfee, "Competition in the Defense Markets: Meeting the Needs of Twenty-First-Century Warfighting," Institute of Defense Analysis, January 2001.

37. Raytheon, "The Consolidation of the Defense Industry," briefing, January 14, 2000, based on transaction closing data as of December 31, 1999.

38. Langenfeld and McAfee, "Meeting the Needs of Twenty-First-Century Warfighting," and JSA Partners, "Competition in the Defense Markets," both presented at the Institute for Defense Analysis Conference, January 14, 2001.

39. For a detailed discussion of this issue, see Jacques S. Gansler, *Defense Conversion: Transforming the Arsenal of Democracy* (Cambridge: MIT Press, 1995), 69–84.

40. Paul Blumhardt of Martin Marietta reported a 32 percent success rate from data from 1973 to 1993. Naval Research Advisory Committee, *Defense Conversion* (Washington, DC: U.S. Government Printing Office, November 1993), 55. A 1991 survey of 148 firms reported a success rate of 36 percent. Wiabridge Group, DRI/McGraw-Hill, the Fraser Group, "The Commercialization of Defense Technology: A Survey of Industry Experience," Lexington, Massachusetts, November 1991, 2.

41. David Ravenscroft and Frederick M. Scherer, *Mergers, Selloffs and Economic Efficiency* (Washington, DC: Brookings Institution, 1998).

42. McKenzie, "Defense Company Acquisitions of Defense and Commercial Businesses," 1986, as reported by Loren B. Thompson, in a presentation at a conference at Harvard University, April 21, 1994.

43. Jacques S. Gansler, "The Defense Industrial Structure in the Twenty-First Century," Paper presented at the American Institute of Aeronautics and Astronautics Acquisition Reform Conference, Washington, DC, January 27, 2000, and as reported by Lauren Thomson, *Defense Week*, January 18, 2000.

44. Bureau of Labor Statistics, as reported by Raytheon, at a conference on "The Consolidation of the Defense Industry," in Washington, DC, January 14, 2000.

45. Pierre Chao, "Structure and Dynamics of the U.S. Federal Professional Services Industrial Base, 1995–2006," Center for Strategic and International Studies, May 2007, 22, 33; see also Zachary Goldfarb, "Mid-Tier Contractors Getting Left Out: As Federal Contracts Grow, Medium-Size Firms Can't Keep Up," *Washington Post*, September 3, 2007.

46. John Harbison, Thomas Moorman, Michael Jones, and Jikun Kim, "U.S. Defense Industry under Siege: An Agenda for Change," Booze-Allen and Hamilton, July 2000.

47. Ibid.

48. Gansler, "The Defense Industrial Structure in the Twenty-First Century," Presented at the Aerospace Industries Association's "Acquisition Reform Conferences," Washington, DC, January 27, 2000.

49. Ibid.

50. Department of Defense Report to Congress on the Adequacy of Defense Industry Capabilities, February 2005.

51. For example, see Jeff Cole and Thomas Ricks, "New Offer by Lockheed and Northrop on Merger Is Rejected by U.S. Officials," *Wall Street Journal*, March 18, 1998.

52. Anthony Velocci Jr., "Face-off over Merger Leaves Industry Riling," *Aviation Week and Space Technology*, March 16, 1998.

53. "Navy Breaks Up Destroyer Design Team," *Norfolk-Virginia Pilot*, June 6, 1998.

54. Lauren Thompson, "The Defense Industry's Winter of Discontent," *Defense Week*, January 18, 2000.

55. Jeff Cole and Ann Marie Squeo, "Defense Industry Questions Move by Pentagon to Spur Competition," *Wall Street Journal*, December 3, 1999.

56. Ibid.

57. Anthony Velocci Jr., "Merger Review Policy: Deciphering the Record," *Aviation Week and Space Technology*, December 3, 2001.

58. Langenfeld and McAfee, "Competition in the Defense Markets: Meeting the Needs of Twenty-First-Century War Fighting" (from data supplied by the Department of Defense, the Teal Group, industry publications, and JSA Partners Analysis).

59. "Arms Sales Monitor," *Federation of American Scientists* 21 (July 1993): 16; also see "Arms Sales Boom," *The Economist*, August 13, 1994, 24–28.

60. Richard Stevenson, "No Longer the Only Game in Town," *New York Times*, December 4, 1988.

61. R. Forsberg and J. Cohen, "The Global Arms Market: Prospects for the Coming Decade," Institute for Defense and Disarmament Studies, Cambridge, MA, 1993.

62. Department of Defense, *Inspector General Report D-2000–088*, February 29, 2000.

63. "Military Culture Remains Rooted in Cold War Era Mindset," *Inside the Army*, September 4, 2006.

64. Ashton B. Carter and William J. Perry, "China on the March," *National Interests* (March–April 2007): 21.

65. Lieutenant General Ross Thompson, Testimony before the House Appropriations Subcommittee on Defense, as reported in *GovExec*, February 12, 2009.

66. "Structure and Dynamics of the U.S. Federal Professional Services Industrial Base: 1995 to 2004," Center for Strategic and International Studies, May 2006, 10.

67. Ibid., 18.

68. "In Military Spending Boom, Expense of Pet Projects Prevail," *Wall Street Journal*, June 16, 2006.

69. Ibid.

70. Government Accountability Office, "Defense Acquisitions: Assessments of Selected Weapon Programs," GAO-08-467SP, March 2008.

71. "Congress Still Concerned about Affordability of Ship Building Plan," *Inside the Navy*, May 15, 2006.

72. "Defense Spending Set for Sharp Rise," *Wall Street Journal*, February 7, 2007.

73. Merrill Lynch, "Report on Aerospace and Defense," January 18, 2008.

74. Greg Grant, "Gates Tells Military Services to Prepare for Unconventional Wars," *Government Executive*, April 22, 2008.

75. Robert Gates, Defense Department Secretary, "Evening Lecture at West Point," Paper presented at the U.S. Military Academy, West Point, NY, April 21, 2008.

76. "New Top Spy Inherits an Office Still Finding Its Way," *Washington Post*, January 7, 2007, 10.

77. As of September 30, 2004, there were 1,426,836 active-duty personnel according to the DoD, Directorate for Information Operations and Reports.

78. Message from Deputy Secretary of Defense John White to Congress and then to reporters, April 5, 1996.

79. Herbert Meyer, "What in the World Is Going On? A Global Intelligence Briefing for CEOs," http://www.chosinreservoir.com/worldgoingon.htm.

80. "Outsourcing Market View," *INPUT*, January 12, 2006, 1.

81. Committee on Science, Engineering, and Public Policy, and the Committee on Policy and Global Affairs of the National Academies, *Rising above the Gathering Storm: Energizing and Employing Americans for a Brighter Economic Future* (Washington, DC: National Academies Press, 2007).

82. As quoted in Norman R. Augustine, *Is America Falling off the Flat Earth?* (Washington, DC: National Academies Press, 2007), 23.

83. For example, see Defense Science Board, *DSB Summer Study on Transformation, Sub-panel on Defense Industry Acquisition: Assessment of the Current Situation and Recommended Actions,* Defense Science Board, August 2005, urging the exploration and exploitation of commercial and global technologies.

84. Robert Brodsky, "Former Defense Leaders Call for Simpler Acquisition System," *Government Executive*, June 3, 2009, governmentexecutive.com.

85. International Monetary Fund, "World Economic Outlook," May 1997, 45.

86. Terrence R. Guay, "Globalization and Its Implications for the Defense Industrial Base," Strategic Studies Institute, U.S. Army War College, February 2007.

87. Thomas Friedman, in *The World Is Flat: A Brief History of the Twenty-First Century*, categorized this Internet era of globalization as "Globalization 3.0."

88. World Trade Organization, "Selected Long-Term Trends," *International Trade Statistics 2005,* as quoted in Guay, "Globalization and Its Implications for the Defense Industrial Base," 3.

89. "Boeing Global's Strategy Takes Off," *Business Week*, January 30, 2006.

90. Leslie Wayne, "Boeing Not Afraid to Say 'Sold Out'," *New York Times*, November 28, 2006.

91. Wayne Arnold, "Where the Appetite for Aircraft Is Big," *New York Times*, November 28, 2006.

92. Augustine, *Is America Falling off the Flat Earth?*, 26.

93. Pierre Chao, "The Future of the U.S. Defense Industrial Base: National Security Implications of a Globalized World," Industrial College of the Armed Forces, June 2, 2005.

94. Augustine, *Is America Falling off the Flat Earth?*, 19.

95. Ibid.

96. Thomas W. Anderson and William J. Zeile, "U.S. Affiliates of Foreign Companies: Operations in 2004," *Survey of Current Business* 86, no. 8 (August 2006): 195–211.

97. Deborah Orr, "The Largest Foreign Investments in the U.S.," *Forbes Magazine*, April 10, 2008.

98. Jacques Gansler, "Trade War," *Foreign Policy* (March 2009), http://www.foreignpolicy.com.

99. The decision to use location is based on section 2500 of Title X of the U.S. Code, where it defines a member of the national technology and industrial base.

100. For a full discussion of this topic, see National Research Council of the National Academies, *Science and Security in a Post-911 World* (Washington, DC: National Academies Press, 2007).

101. According to data provided to the author by the undersecretary of defense for personnel and readiness in 2008.

102. For a full discussion of this topic, see National Research Council of the National Academies, *Science and Security in a Post 9/11 World*.

103. National Science Board, *Science and Engineering Indicators 2006* (2 vols.) (Arlington, VA: National Science Foundation, 2006).

104. Ibid.

105. Chris Nuttall, "Intel Chief Calls for Easing of Visa Curbs," *Financial Times*, February 8, 2006, 2.

106. "Early Intervention, Pentagon Eyes Ways to Encourage JSF Partners to Accelerate F-35 Buys," *Aviation Week and Space Technology*, April 2, 2007, 30.

107. Richard Kirkland, vice president, Lockheed Martin, February 2005, quoted in Michael Brewer, "An Aerospace Business Case for Transatlantic Cooperation," in Milton S. Eisenhower Symposium proceedings, conference on "American Mass Media: Redefining the Democratic Landscape" (Baltimore: Johns Hopkins University Press, 2005).

108. "Northrop Embraces the Small-Satellite Plan," *Wall Street Journal*, April 11, 2007, A9.

109. For example, Congressman Hunter stated that to hold the line on Buy American, we must block EADS bid to make Air Force tankers, .

110. Augustine, *Is America Falling off the Flat Earth?*, 17.

111. Robert Trice, senior vice president, Lockheed Martin, "Globalization in the Defense Industrial Base," briefing to the Defense Science Board, December 11, 2006.

112. Office of the Deputy Undersecretary of Defense for Industrial Policy, "Study on Impact of Foreign Sourcing of Systems," January 2004.

113. Ibid., v.

114. Ibid.

115. "Made in Mexico," *Aviation Week and Space Technology*, April 2, 2007, 67.

116. "Wiring the World," *Aviation Week and Space Technology*, July 30, 2007, 54.

117. "Made in Mexico," *Aviation Week and Space Technology*, April 2, 2007, 68.

118. "Oil Price Rise Fuels Leap in U.S. Arms Sales," *London Times*, August 21, 2006.

119. "Foreign Sales by U.S. Arms Makers Doubled in a Year," *New York Times*, November 11, 2006.

120. "MCS Announces Paveway II to the Czech Air Force," Prague, press release, October 12, 2005.

121. "Pakistan Seeks Three Subs from France," *Defense News*, February 27, 2006.

122. *The Economist*, December 24, 2005, 9.

123. "Agency Announces Surcharge Increase for Foreign Military Sales," *Inside the Pentagon*, March 22, 2006.

124. Frieda Berrigan, "Big Battles over Small Arms: But Progress at the United Nations Is Too Slow," World Policy Institute, January 23, 2006.

125. "Weapons Given by U.S. May Be Used against U.S. Troops," *Washington Post*, August 6, 2007, A14.

126. RIA Novosti, "Russian Arms Exports Break Records," March 8, 2007.

127. Tom Shanker, "Russia First in Selling Arms to Third World," *International Herald Tribune*, October 30, 2006.

128. "Russia, France Overtake U.S. as Top Arms Sellers," Agence France-Presse, October 30, 2006.

129. Kelly Hearn, "Russia Negotiating Arms Sales to Buenos Aires," *Washington Times*, August 9, 2006, 11.

130. RIA Novosti, "Russian Arms Exports Break Records," March 8, 2007.

131. Kelly Hearn, "Russia Negotiating Arms Sales to Buenos Aires," *Washington Times*, August 9, 2006, 11.

132. Robert Kimmitt, former deputy treasury secretary, Paper presented to the Atlantic Council, June 14, 2007.

133. Will Reese, paper presented to the Association of American Universities in La Jolla, CA, March 10, 2008.

134. "Defense Trade and Security Initiative," May 2000, http://www.fas.org/asmp/campaigns/control/dtsa17pts.htm.

135. Walter Pincus, "Taking Defense's Hand out of State's Pocket," *Washington Post*, July 9, 2007.

136. "Agency Announces Surcharge Increase for Foreign Military Sales," *Inside the Pentagon*, March 22, 2006.

137. "World Public Favors Globalization and Trade But Wants to Protect Environment and Jobs," WorldPublicOpinion.org, April 26, 2007.

138. "Buy American: A Roundtable Discussion," *Aerospace America*, September 2006, 28.

139. Ray Ann S. Johnson, "House and Senate Debate the Berry Amendment: Keeping the Focus on the Needs of a Twenty-First Century Military," Manufacturer's Alliance/MAPI, August 2006.

140. "Buy American Creates Hurdles for Pentagon's Business Plans," as stated by the Pentagon's deputy undersecretary for industrial base, *The Hill*, November 29, 2006.

141. J. C. Anselmo, D. A. Fulghum, and D. Barrie, "National Insecurity: Pentagon's Zealous Enforcement of Law Requiring Use of Domestic Metals Is Holding Up Deliveries, Threatening Corporate Profits," *Aviation Week and Space Technology*, March 13, 2006, 24.

142. As told to the author by the then-program manager of the activity in Iraq.

143. "Congressman Introduces Bill to Extend Berry Amendment," March 14, 2006, Government Printing Office, H.R.4946.

144. "ITAA Backs Relief from Berry Amendment for DoD," press release, June 26, 2006.

145. Ibid.

146. Kimberly Palmer, "Buy American Compliance Tricky in Increasingly Global Economy," *National Journal*, November 22, 2006.

147. Ibid.

148. Gordon Adams, Christoph Cornew, and Andrew James, "Between Cooperation and Competition: The Transatlantic Defense Market," Chaillot Paper 44, which was quoting from the *Blumberg News*, October 28, 1999.

149. "Boeing Fined $15 Million for a Chip," *Washington Post*, April 9, 2006.

150. Statement by the deputy undersecretary for acquisition, technology, and logistics, *International Affairs*, July 13, 2007.

151. International Traffic in Arms Regulation, "ITAR Summary: Definitions and Subchapters Pertaining to Non-tangible Items on Munitions List."

152. "High-Risk Series: An Update," *GAO Highlights* (January 2007).

第三章

1. Alvin Toffler and Heidi Toffler, *War and Antiwar: Survival at the Dawn of the Twenty-First Century* (Boston: Little, Brown, 1993).

2. Gary Hart, *The Shield and the Cloak: The Security of the Commons* (New York: Oxford University Press, 2006), vii.

3. As quoted in Hans Binnendijk and Richard Kugler, *Seeing the Elephant: The U.S. Role in Global Security* (Dulles, VA: Potomac Books, 2007), 63.

4. Ibid., 167.

5. For an excellent discussion of the difficulty of achieving a paradigm shift, see Thomas S. Kuhn, *The Nature of Scientific Revolution* (Chicago: University of Chicago Press, 1996).

6. For an excellent discussion of this new environment, see Hart, *The Shield and the Cloak*, especially 11.

7. As reported by Greg Grant, "Gates Tells Military Services to Prepare for Unconventional Wars," *Government Executive*, April 22, 2008.

8. Chairman of the Joint Chiefs, "Capstone Concept for Joint Operations: Version 3.0," Department of Defense, January 15, 2009, 2.

9. As described by Thomas Friedman in *The World Is Flat: A Brief History of the Twenty-First Century* (New York: Farrar, Straus and Giroux, 2005).

10. Richard L. Kugler and Hans Binnendijk, "Future Directions for U.S. Foreign Policy: Balancing Status Quo and Reform," Working paper, Defense and Technology Papers 40, Center for Technology and National Security Policy, National Defense University, Washington, DC, May 2007, 10.

11. As described in Steven Flanagan and James Schear, eds., *Strategic Challenges: America's Global Security Agenda* (Washington, DC: National Defense University of Press, 2007), 111.

12. As quoted in Thom Shanker, "Gates Says New Arms Must Play Role Now," Paper presented at Heritage Foundation Conference, Colorado Springs, Colorado, May 14, 2008.

13. Flanagan and Schear, *Strategic Challenges*, 88.

14. Ibid., 89.

15. Graham T. Allison, *Nuclear Terrorism: The Ultimate Preventable Catastrophe* (New York: Times Books, 2004).

16. M. Schwirtz, A. Barnard, and C. J. Chivers, "Russia and Georgia Clash over Separatist Region," *New York Times*, August 9, 2008.

17. Bernard Lewis, as quoted in Binnendijk and Kugler, *Seeing the Elephant*, 96.

18. Greg Grant, "Gates Tells Military Services to Prepare for Unconventional Wars," *Government Executive*, April 22, 2008.

19. Moisés Naím, *Illicit: How Smugglers, Traffickers, and Copycats Are Hijacking the Global Economy* (New York: Doubleday, 2005).

20. As quoted in Binnendijk and Kugler, *Seeing the Elephant*, 154–155.

21. Robert D. Kaplan, *The Coming Anarchy: Shattering the Dreams of the Post-Cold War* (New York: Random House, 2000).

22. As described in Binnendijk and Kugler, *Seeing the Elephant*, 83.

23. Charles Lutes, Elaine Bunn, and Steven Flannigan, "The Emerging Global Security Environment," in Steven Flannigan and James Shear, eds., *Strategic Challenges: America's Global Security Agenda* (Dulles, VA: Potomac Books, 2007).

24. Samuel P. Huntington *The Clash of Civilizations and the Remaking of World Order* (New York: Simon and Schuster, 1996).

25. As described in Binnendijk and Kugler, *Seeing the Elephant*, 68.

26. Admiral Michael Mullin, Chairman of the Joint Chiefs of Staff, at the Atlantic Council, Washington, DC, April 21, 2008.

27. As discussed in Binnendijk and Kugler, *Seeing the Elephant*, 173.

28. Carl von Clausewitz, *On War* (London: Penguin Books, 1968 [1832]), chapter 1, book 1.

29. Rupert Smith, *The Utility of Force: The Art of War in the Modern World* (London: Allen Lane, 2005), 17, 269.

30. Major General Robert Scales, at the Joint War Fighting Conference, Virginia Beach, Virginia, June 17–19, 2008.

31. Walter Pincus, "Irregular Warfare, Both Future and Present," *Washington Post*, June 7, 2008.

32. Binnendijk and Kugler, *Seeing the Elephant*, 269.

参考文献

33. Ashton B. Carter, "Defense Management Challenges in the Post-Bush Era," in *Defense Strategy and Forces: Setting Future Directions* (Newport, RI: Naval War College, 2008).

34. Lieutenant Colonel Richard Ellis, Major Richard Rogers, and Lieutenant Commander Brian Cochran, "Joint Improvised Explosive Device Defeat Organization (JIEDDO) Tactical Successes Mired in Organizational Chaos: Roadblock to the Counter-IED Fight," Joint Forces Staff College, March 13, 2007.

35. "Violence on the Rise" *Washington Post*, June 15, 2008, based on data released by NATO's International Security Assistance Force; Craig Whitlock, "IED Attacks Soaring in Afghanistan Stymie U.S. Counteroffensive," *Washington Post*, March 18, 2010.

36. David Eshel (reporting from Tel Aviv), "No Room for Maneuver," *Defense Technology International* (July–August 2007): 41.

37. Michael Moss, "Supply Gap in Iraq: What Went Wrong," *International Herald Tribune*, March 8, 2005 (originally published in the *New York Times*).

38. For a full discussion of this change, see Smith, *The Utility of Force*, 1.

39. Colonel T. X. Hammes, "Fourth-Generation Warfare Evolves: Fifth Emerges," *Military Review* (May–June 2007): 20.

40. Ibid., 14.

41. Lieutenant General Jeffrey Sorenson, army chief information officer, as quoted in Sandra Erwin, "Troops in the Digital Age, Disconnected," *National Defense Magazine* (December 2007).

42. David Bond, "Washington Outlook," *Aviation Week and Space Technology*, April 2, 2007, 27.

43. Government Accountability Office, "Defense Acquisitions: 2009 Is a Critical Juncture for the Army's Future Combat System," March 10, 2008.

44. "Network-Centric Warfare," *Aviation Week and Space Technology*, May 23, 2005, 50.

45. Martin Amis, "Terrorism's New Structure," *Wall Street Journal*, August 16–17, 2008, 101.

46. See Paul Boutin, "Biowars for Dummies," as discussed in Hammes, "Fourth-Generation Warfare Evolves."

47. For example, see Mark Mientka, "Dark Winter Teaches Bio-Lessons," www.usmedicine.com.

48. Binnendijk and Kugler, *Seeing the Elephant*, 270.

49. Bill Lambrecht, "Boeing among Defense Contractors Fighting Cyberterrorism," *Chicago Tribune*, June 28, 2010.

50. David E. Sanger, John Markoff, and Thom Shanker, "U.S. Steps Up Effort on Digital Defenses," *New York Times*, April 28, 2009.

51. "Second Fleet Releases Top Ten C-4 Requirements List for the Navy," *Inside the Navy*, December 18, 2006.

52. Sanger, Markoff, and Shanker, "U.S. Steps Up Effort on Digital Defenses."

53. "Fundforpeace.org and Foreign Policy Magazine," as noted in "States of Instability," *Washington Post*, June 24, 2008, which listed Somalia, Iraq, Nigeria, Kenya, Egypt, Iran, Ivory Coast, Liberia, Haiti, Pakistan, Bangladesh, and others.

54. Robert R. Tomes, *U.S. Defense Strategy from Vietnam to Operation Iraqi Freedom* (London: Routledge, 2007), 269.

55. As specified in the secretary of defense's August 2007 memo that established the transformation of the Southern Command as an integrated operation.

56. Noah Shachtman, "How Technology Almost Lost the War: In Iraq, the Critical Networks Are Social-Not Electronic," *Wired* (November 27, 2007).

57. Asharq Al-Awsat, May 2, 2007, as reported in *Terrorism Focus* 4, no. 13 (May 8, 2007).

58. J. C. Herz and John Scott, "COTR Warriors: Open Technologies in the Business of War," *DoD Software Tech News* 10, no. 2 (June 2007): 3FF.

59. "Rumsfeld Calls for More Spending on Non-lethal Weapons," *Inside the Navy*, May 22, 2006.

60. "Nano-Air Vehicle to Fly Like Seed," *Flight International*, August 1, 2006.

61. "Iraqi Translators High-Dollar Risk Can Mean Huge Payday," *New York Daily News*, May 6, 2007.

62. "Forward Observer: Bartlett's Not-So Familiar Quotations," *Congressional Daily*, May 1, 2006.

63. Robert Gates, secretary of defense, "Remarks to the Heritage Foundation," *U.S. Department of Defense Speeches*, May 13, 2008.

64. For example, I have argued for it in three prior books—*The Defense Industry* (1980), *Affording Defense* (1989), and *Defense Conversion* (1995). .

65. Government Accountability Office, "Contingency Operations: Army Should Do More to Control Contract Costs in the Balkans?," Washington, DC, September 2000, 9.

66. Congressional Budget Office, "Contractors' Support of U.S. Operations in Iraq," Washington, DC, August 2008, 1.

67. "Contractors Outnumber U.S. Troops in Afghanistan," *New York Times*, September 1, 2009 (based on a report by the Congressional Research Office).

68. Chairman, Joint Chiefs of Staff, Joint Publication 4–10, "Operational Contracts Support, Final Coordination," November 1, 2007, as quoted in *Atlanta Constitution*, MONTH DAY, 2003, II-1.

69. Government Accountability Office, "Military Operations: Contractors Provide Vital Services to Deployed Forces But Are Not Adequately Addressed in DoD Plans," Washington, DC, June 2003.

70. Renae Merle, "No Protection Policy for Overseas Contractors: Oversight 'Inconsistent' Report Says," *Washington Post*, June 26, 2003.

71. "U.S. Cannot Manage Contractors in Wars, Officials Testify on Hill," *Washington Post*, January 25, 2008.

72. Ibid.

73. "Army Manual Takes On Nation-Building," *USA Today*, February 29, 2008.

74. Robert Gates, "A Balanced Strategy: Reprogramming the Pentagon for a New Age," *Foreign Relations* (January–February 2009): 1–7.

75. "Truckers in Iraq," *New York Times*, September 27, 2004.

76. Warren Zimmerman, *First Great Triumph: How Five Americans Made Their Country a World Power* (New York: Farrar, Straus, and Giroux, 2002), 493.

77. Government Accountability Office, "Contingency Operations: Army Should Do More to Control Contract Costs in the Balkans," September 2000.

78. "Halliburton Successes: Improving the Lives of Soldiers and Iraqis," Halliburton Press Release, March 18, 2004.

79. Paul A. Brinkley, deputy undersecretary of defense for business transformation, "Restoring Hope: Economic Revitalization in Iraq Moves Forward," *Military Review* (March–April 2008): 8ff.

80. "Law Allows Contractors to Help Guard Military Bases," *GovExec.com*, December 5, 2002.

81. Steve Fainaru and Alec Klein, "In Iraq, A Private Realm of Intelligence-Gathering: Firm Extends U.S. Government's Reach," *Washington Post*, July 1, 2007, A-20.

82. "Contractor Personnel Authorized to Accompany the U.S. Armed Forces," *Department of Defense Instruction* 3020.41, October 3, 2005.

83. Dennis C. Colby, Lockheed Martin Orlando, remarks at DoD Conference in Annapolis, Maryland, as reported in Richard L. Dunn, "Contractors Supporting Military Operations," Center for Public Policy and Private Enterprise, School of Public Policy, University of Maryland, September 2006.

84. U.S. Army Material Command, Pamphlet 700–300, "Logistics Civil Augmentation Program (LOCAP)," August 2003.

85. Peter Higgins, "Civilian Augmentation of Joint Operations," Army *Logistician* 35 (January–February 2003), which describes each of these three programs.

86. Mark Cancian, "Contractors: The New Element of Military Force Structure," *Parameters* (U.S. Army War Colleges) (Autumn 2008): 61–77.

87. Congress Congressional Budget Office, "Contractors' Support of the U.S. Operations in Iraq," 1.

88. See George Cahlink, "Army of Contractors," *GovExec*, February 1, 2002; Claude M. Bolton, Jr., assistant secretary for acquisition, logistics, and technology, U.S. Army, Testimony before the Senate Armed Services Committee, April 19, 2007.

89. "Contractor Deaths in Iraq Nearing 800," *Houston Chronicle*, January 28, 2007, August 2009, page 1.

90. Ibid.

91. "Truckers in Iraq," *New York Times*, September 27, 2004, 1.

92. Steve Fainard, "Iraq Contractors Face Growing Parallel War: As Security Work Increases, So Do Casualties," *Washington Post*, June 16, 2007, A-1.

93. J. W. Anderson and S. Fainaru, "U.S. Confirms Killing of Contractors in Iraq," *Washington Post*, October 23, 2005.

94. Renae Merle, "Census Counts One Hundred Thousand Contractors in Iraq: Civilian Number, Duties Are Issues," *Washington Post*, December 5, 2006.

95. "Contractor Deaths in Iraq Soar to Record," *New York Times*, May 19, 2007.

96. Walter Pinkos, "Contractors in Iraq Have Become U.S. Crutch," *Washington Post*, August 20, 2007, A-13.

97. Steven Schooner, "Remember Them, Too: Don't Contractors Count When We Calculate the Costs of War?," *Washington Post*, May 25, 2009, A21.

98. David Phinney, "Dangerous Business: Sending Contractors to War Zones Poses New Problems for DoD," *Federal Times*, February 24, 2003.

99. Richard L. Dunn, "Contractors Supporting Combat Operations: Developing the Vision to Fill Gaps in Policy," Center for Public Policy and Private Enterprise, School of Public Policy, University of Maryland, January 2008.

100. A. E. Cha and Ellen McCarthy, "Prison Scandal Indicates Gap in U.S. Chain-of-Command," *Washington Post*, May 5, 2004, A-20.

101. Lieutenant Colonel Pamela Hart, as quoted in Leon Worden, "Army May Be Misusing Contractors," *The-Signal.com*, June 15, 2004.

102. Ibid.

103. David Bond, "Protecting Contractors," *Aviation Week and Space Technology*, September 6, 2004, 23.

104. "Bechtel Pulling Out after Three Rough Years of Rebuilding Work," *San Francisco Chronicle*, November 1, 2006, 1.

105. Gates, "A Balanced Strategy."

106. Joint Chiefs of Staff, "Operational Contract Support," Joint Publication 019, U.S. Government Printing Office, November 1, 2007, I-12.

107. Mark Lindemann, "Civilian Contractors under Military Law," *Parameters* 37 (Autumn 2007): 83–94.

108. Cancian, "Contractors."

109. Department of Defense Instruction No. 3020.41 issued by the Undersecretary of Defense (Acquisition, Technology and Logistics), October 3, 2005.

110. Renae Merle, "Pentagon Revises Contractor Rules," *Washington Post*, May 7, 2005, E-1.

111. Congressional Budget Office, "Contractors' Support of U.S. Operations in Iraq," 19.

112. Commission on Army Acquisition and Program Management in Expeditionary Operations (known as the Gansler Commission for its chair, the author of this book), "Urgent Reform Required: Army Expeditionary Contracting," October 31, 2007.

113. Paul Brinkley, "A Cause for Hope: Economic Revitalization in Iraq," *Military Review* (July–August 2007).

114. "Memorandum of Agreement between the Department of Defense and Department of State on U.S. Government Private Security Contractors," May 12, 2007.

115. Robert Brodsky, "New Direction Chartered for Wartime Contracting," *GovExec.com*, January 25, 2008.

116. "Official History Spotlights Iraq Rebuilding Blunders," *New York Times*, December 13, 2008.

117. Commission on Army Acquisition and Program Management in Expeditionary Operations, "Urgent Reform Required."

118. Mary Pat Flaherty, "Private Guards Status Outline by Pentagon: Number in Iraq Expected to Grow," *Washington Post*, May 5, 2004.

119. This material is drawn largely from Cancian, "Contractors," 61–77.

120. Mary Pat Flaherty, "Private Guards Status Outlined by Pentagon: Number in Iraq Expected to Grow," *Washington, Post*, May 5, 2004.

121. As a result of the adverse publicity, Whitewater changed its name to Xe Services LLC.

122. Jeremy Kahn and Nelson Schwartz, "Private Sector Soldiers," *Fortune Magazine* 149, no. 9 (May 3, 2004): 33.

123. Congressional Budget Office, "Contractors Support of U.S. Operations in Iraq," 2.

124. Congressional Budget Office, Logistics Support for Deployed Military Forces, Washington, DC, Congressional Budget Office, October 2005, 36–43.

125. Robert M. Gates, "A Balanced Strategy: Reprogramming the Pentagon for a New Age," *Foreign Affairs* (January–February 2009).

126. As quoted in Joint Chiefs of Staff, "Operational Contract Support," I-1.

127. John P. Kotter, *John P. Kotter on What Leaders Really Do* (Boston: Harvard Business School Press, 1999).

128. "Realignment of ACA and Establishment of ACC," Department of the Army, January 30, 2008.

129. Richard Lugar and Condoleezza Rice, "A Civilian Partner for Our Troops: Why the U.S. Needs a Reconstruction Reserve," *Washington Post*, December 17, 2007.

130. Joint Doctrine Pamphlet 4/01, "Contractors on Deployed Operations (CONDO)," Ministry of Defense, United Kingdom, December 2001.

第四章

1. *The Government Contractor* 50, no. 16 (April 23, 2008): 1.

2. Pierre Chao, "Structure and Dynamics of the U.S. Federal Professional Services Industrial Base, 1995–2005," Center for Strategic and International Studies, Report, May 2007, 19.

3. Ibid., 21.

4. Steven Hall, "Defense M & A Trends and Issues," Office of the Deputy Undersecretary of Defense (Industrial Policy), 2007, based on data provided by the Department of Defense Directorate for Information Operations and Reports Procurement Statistics.

5. Tom Shoop, "Onward and Upward," *Government Executive*, August 15, 2007, 17.

6. "Carrier Industry Mounts Budget Defense," *The Hill*, April 12, 2006.

7. Tom Shoop, "Onward and Upward," *Government Executive*, August 15, 2007, 17.

8. DoD director for information operations and reports procurement statistics.

9. Anthony Velocci, "Lessons in Preparedness," *Aviation Week and Space Technology*, May 12, 2003, 47.

10. Chris Cavas, "LCS: Over Budget, But Still a World-Beater," *Defense News*, March 18, 2008.

11. "Pentagon Trims Armored Vehicles Due in '07 for Iraq," *Washington Post*, July 19, 2007; Committee on Armed Services, "Demand Improvement in Obtaining MRAP Vehicles," July 19, 2007.

12. "Stockpile Report," Federal Preparedness Agency, 1976, 1.

13. For a discussion of the abuses of the stockpile, see Walter Adams, "The Military Industrial Complex and the New Industrial State," *American Economic Review* 58 (May 1968): 655–661; also see Jack Anderson, *Washington Post*, December 14, 1976, B-13.

14. "Federal Funding Accountability and Transparency Act—Reporting," *Federal Register*, March 21, 2007.

15. Martin Bollinger, Booz Allen Hamilton, "Vertical Integration in the U.S. Defense Industry," Paper presented to the Defense Science Board, June 12, 2007.

16. For an extensive discussion of the benefits of smaller size in achieving innovation and growth, see F. M. Scherer, *Innovation and Growth: Schumpeterian Perspectives* (Cambridge: MIT Press, 1984), especially 224 and 237. In addition, see J. M. Blair, *Economic Concentration: Structure Behavior and Public Policy* (New York: Harcourt, Brace, Jovanovich, 1975); J. Jewkes et al., *The Sources of Innovation* (New York: Norton, 1971), 71–85; D. Mueller, *The Rate and Direction of Inventive Activity* (Princeton: Princeton University Press, 1962), 323–346. For example, see Department of Commerce, "The Role of New Technical Enterprises in the U.S. Economy," 1976.

17. National Academies, "Rising above the Gathering Storm: Energizing and Employing America for a Brighter Economic Future," October 2005, 15.

18. Created by the Small Business Innovation Development Act of 1982 (Public Law 97-219).

19. National Research Council of the National Academies, *An Assessment of the Small Business Innovation Research Program at the National Science Foundation* (Washington, DC: National Academies Press, 2007).

20. GAO, "Contract Management: Protégé's Value DoD's Mentor-Protégé Program, but Annual Reporting to Congress Needs Improvement," January 31, 2007.

21. Small Business Administration, "Small Businesses Garner $79.6 Billion in Federal Contracts in FY 2005: Another Record Year for Small Businesses," June 21, 2006.

22. "Second Small Business Scorecard Finds Dollars Rise but Percentages Decrease in FY 2007," *Washington Post*, October 23, 2008.

23. House Small Business Committee, "Manzullo: U.S. Small Businesses Secure Record Amount of Federal Prime Contracting Dollars," June 21, 2006.

24. GAO, "Alaska Native Corporations: Increase Use of Special 8(a) Provisions Calls for Tailored Oversight," June 21, 2006.

25. Griff Witte, "Alaska Native Firms Capitalize on No Bid Deals," *Washington Post*, April 12, 2006.

26. *Government Executive*, June 23, 2009.

27. Small Business Administration Office of Inspector General, "Participation in the 8(a) Program by Firms Owned by Native Alaskan Corporations," July 10, 2009.

参考文献

28. "DoD Issues Seven Rule Changes to DFARS," *Federal Register,* June 16, 2006.

29. For example, refer to Defense Science Board, "Creating an Effective National Security Industrial Base for the Twenty-First Century," July 2008.

30. "Northrop and Lockheed Go to Court," *New York Times*, February 24, 2001.

31. Office of the Secretary of Defense, "Annual Industrial Capabilities Report to Congress," March 2008, 72.

32. GAO, "Report to the Chairman, Subcommittee on National Security and Foreign Affairs, Committee on Oversight and Government Reform, House of Representatives"; "Department of Defense: A Department Wide Framework to Identify and Report Gaps in the Defense Supplier Base Is Needed," October 2008.

33. For an example of an abuse, see Nathan Vardi, "The Spy in the Lab: U.S. Companies Need to Be Increasingly Careful about What They Tell Their Chinese Engineers," *Forbes Magazine*, July 21, 2008.

34. Office of the Deputy Undersecretary of Defense for Industrial Policy, "Study on Impact of Foreign Sourcing of Systems," January 2004.

35. Defense Science Board, "Final Report of the Defense Science Board Taskforce on Globalization and Security," Washington, DC, Office of the Undersecretary of Defense for Acquisition and Technology, 1999.

36. Jack Spencer, "The Military Industrial Base in an Age of Globalization: Guiding Principles and Recommendations for Congress," Heritage Foundation, 2005.

37. Kimberly Palmer "'Buy American' Compliance Tricky and Increasingly Global Economy," *National Journal*, November 22, 2006.

38. Ibid.

39. Capgemini, "Security and Offshore: Taking a Responsible Approach and Realizing the Benefits of Off shoring without Compromising Security," 2007.

40. Ibid.

41. "Booz Allen Weighs Splitting Operations," *Washington Post,* December 18, 2007.

42. For a detailed discussion of this topic, see Jacques S. Gansler, *Defense Conversion* (Cambridge: MIT Press, 1995).

43. Based on DoD reports to Congress and reported in "Creating an Effective National Security Industrial Base for the Twenty-First Century: An Action Plan to Address the Coming Crisis," Defense Science Board, July 2008, 25.

44. P. Chao, J. Gertler, and S. Seifman, "What Shipbuilding Crisis? These Are Bountiful Days in U.S. Shipyards, but the Industry May Be Steaming into Rough Seas," *Armed Forces Journal*, April 2006.

45. See "The Navy's Public/Private Competition Program" (parts A & B), Case study, Harvard Business School.

46. "Military Repair Work Booms," *Wall Street Journal* October 23, 2006, B8.

47. "Sir Janus: Sir Richard Evans, Chairman of BAE Systems, Is an Aerospace Boss Destined to Face Two Ways as His Company Grows outside Europe," *The Economist,* December 23, 2000, 106.

48. Gordon Adams, Christopher Cornu, and Andrew James, "Between Cooperation and Competition: The Transatlantic Defense Market," Chaillot Paper 44, Institute for Security Studies of WEU, January 2001.

49. Jacques Gansler, "Trade War," *Foreign Policy*, March 2009.

50. A. Butler, R. Wall, and A. Nativi, "Early Intervention: Pentagon Eyes Ways to Encourage JSF Partners to Accelerate F-35 Buys," *Aviation Week and Space Technology*, April 2, 2007, 30.

51. Bill Dane, "Fragmented Fighter Market: Euro Fighter Flexes Muscle as U.S. Eyes F-35, JSF Cuts," *Aviation Week and Space Technology*, January 15, 2007, 20.

52. "British Merchant Has Passport to Pentagon," *New York Times*, Aug. 16, 2006, C9.

53. Terrence R. Quay, "Globalization and Its Implications for the Defense Industrial Base," Army Strategic Study Institute, 22.

54. D. Barrie and J. L. Anselmo, "Cashing Out: General Electric Begins a Push Back into Systems Arena as Smith's Group Throws in Its Aerospace Hand," *Aviation Week and Space Technology*, January 22, 2007, 27.

55. "Europe Takes Offense as U.S. Buys Up Defense," *Financial Times*, July 10, 2003.

56. Ellen McCarthy, "Foreign Firms a Mainstay of Pentagon Contracting," *Washington Post*, March 18, 2006.

57. John Douglas, "Forty-First Annual Year End Review and Forecast Luncheon," Aerospace Industries Association, 2006.

58. "U.S. Army Poised to Restart Transport Aircraft Contest," *Flight International*, December 20, 2005.

59. "Euro Copter Wins First Major U.S. Military Contract," *Aviation Week*, July 16, 2006.

60. "BAE Systems Wins First U.S. Missile Contract as Prime," *Flight International*, April 28, 2006.

61. Merrill Lynch, "Thales Wins Large U.S. Order," June 19, 2007.

62. Aerospace Daily and Defense Report, "Navy, Air Force Maneuver to Save JSF Alternate Engine," January 5, 2006.

63. Walter Pincus, "Taking Defense's Hand out of State's Pocket," *Washington Post*, July 9, 2007.

64. "Agency Announces Surcharge Increase for Foreign Military Sales," *Inside the Pentagon*, March 22, 2006.

65. Derrick Johnson, "The $63 Billion Sham," *New York Times*, November 2006, as reported in the *Boston Globe*, August 1, 2007.

66. Dana Hedgpeth, "Sales to Navy Help Lift General Dynamics Profit Sixteen Percent," *Washington Post*, October 23, 2008.

67. "Arms Forced Stability: President Bush Re-Embraces the Middle East Strategy He Wants Repudiated," *Washington Post*, August 1, 2007, A16.

68. Simeon Kerr, "Oil Rich States Step Up Market Presence," *Financial Times*, September 10, 2007, 4.

69. Robin Wright, "House Members Say They Will Try to Block Arms Sales to Saudis," *Washington Post*, July 29, 2007.

70. "Arms Dealers Fight It Out for Sales in Booming Asia," *Los Angeles Times*, February 27, 2006.

71. David M. Walker, "Americans Imprudent and Unsustainable Fiscal Path: Fiscal Challenges Confronting DoD Will Necessitate Better Acquisition Outcomes," *Defense AT&L* (March–April 2006): 13.

72. "Lawmaker Calls Pentagon's Buying System 'Terribly Broken,'" *The Hill*, April 6, 2006.

73. Ibid.

74. This list comes from a GAO analysis of space systems acquisition entitled "Improvements Needed in Space Systems Acquisitions and Keys to Achieving Them," April 7, 2006.

75. As stated by Representative John Kline (R-Minn.) in "Lawmaker Calls Pentagon's Buying System 'Terribly Broken,'" *The Hill*, April 6, 2006.

76. Monitor Group, "Defense Acquisition Performance Assessment," 2007.

77. Daniel Terris, *Ethics at Work: Creating Virtue in an American Corporation* (Lebanon, NH: University Press of New England, Brandeis University, 2005).

78. Some of the material in this section comes from an earlier book by the author, *The Defense Industry* (Cambridge: MIT Press, 1980), 72–74.

79. Walter Adams, "The Military Industrial Complex and the New Industrial State." American Economic Review, LVIII no. 2, May 1968. 655–661.

80. James. W. McKee, "Concentration in Military Procurement Markets: A Classification and Analysis of Contract Data," Report RM 6307-PR, RAND Corporation, Santa Monica, CA, 1970, 16.

81. E. Raymond Corey, *Procurement Management: Strategy, Organization, and Decision-Making* (Boston: CBI, 1978.).

82. One exception to this was a 2003 case involving the Boeing Company and senior air force procurement officer Darleen Druyun. Druyun was found guilty of inflating the amount of a large contract to her future employer and giving Boeing information about a competitor's bid before she left the air force. Both Druyun and Boeing's chief financial officer served time in prison. This is considered a rare instance of corruption in the highly transparent defense marketplace.

83. For example, Adams, "The Military Industrial Complex and the New Industrial State," 10; or M. J. Peck and F. M. Scherer, *The Weapons Acquisition Process: An Economic Analysis* (Cambridge: Harvard University Press, 1962), 46.

84. David Ignatius, "Duplicating Uncle Sam," *Wall Street Journal*, December 18, 1978, 1.

85. Lt. Gen. Ross Thompson, Testimony before the Senate Armed Services Committee, January 24, 2008.

86. Commission on Army Acquisition and Program Management in Expeditionary Operations, "Urgent Reform Required: Army Expeditionary Contracting,," October 31, 2007; http://www.army.mil/docs/.

87. The basis for this is the Armed Services Procurement Act of 1947, which established the Armed Services Procurement Regulations (ASPRs). In 1978, the ASPRs were changed to the Defense Acquisition Regulations (DARs) by DoD Directive 5000.35.

88. Mark J. Green, ed., *The Monopoly Makers: Ralph Nader's Study Report on Regulation and Competition* (New York: Grossman, 1973), 8.

89. Adams, "The Military Industrial Complex and the New Industrial State," 10.

90. For a sophisticated presentation of this incorrect argument, see J. Kurth, Hearings before the Joint Commission on Defense Production, 95th Congress, September 29–30, 1977.

91. Vice Admiral Steve Stanley, director for structure, resources, and assessment of the Joint Staff, "Defense Budget Overview," March 25, 2008.

92. "Under PFI re: How Britain Is Managing to Fight Two Wars on a Peace-Time Budget," *The Economist*, January 13, 2007, 51.

93. This recommendation has been made in testimony by John J. Hamre, former deputy secretary of defense and president of the Center for Strategic and International Studies; "Realities of Today: Demand a New Defense Acquisition Reform," *Aviation Week and Space Technology*, November 28, 2005, 74.

94. For a thorough discussion of early systems engineering, see National Research Council of the National Academies, *Pre-Milestone A and Early-Phased Systems Engineering: A Retrospective Review and Benefits for Future Air Force Systems Acquisition* (Washington, DC: National Academies Press, 2007.

95. Susan Irwin and Grace Jean, "Heavy Duty: Marines: MRAP Impedes Operations," *Inside the Beltway*, 2008.

96. Defense Science Board Taskforce on Integrating Commercial Systems into the DoD, Effectively and Efficiently, "Buying Commercial: Gaining the Cost/Schedule Benefits for Defense Systems," Office of the Under Secretary of Defense for Acquisition, Technology and Logistics, Washington D.C., February 2009.

97. Sydney J. Freeman, Jr., "Time to Fix Military Procurement—Again," *NationalJournal.com*, April 25. 2009.

98. John Paul Parker, "At the Age of Fifty, It's Time for DARPA to Rethink Its Future," *National Defense Magazine* (September 2009).

99. Government Computer News, "Incoming Army CIO Discusses Agenda," August 23, 2007.

100. Senator McCain's Remarks on Introducing S.32, Defense Acquisition Reform Act of 2007, September 22, 2007.

101. Senator McCain, Remarks at Senate Armed Services Committee hearing on the Weapon Systems Acquisition Reform Act of 2009 (S. 454), March 3, 2009.

102. Reuters, "Computer Sciences Corp. Wins U.S. Army Simulation and Training Contract," February 12, 2009; also Program Executive Office of Simulation, Training, and Instrumentation, Press Release, January 29, 2009.

103. Michael Moiseyev, assistant director of the Bureau of Competition for the Federal Trade Commission, Letter to Douglas Larson, deputy general counsel of the Department of Defense entitled "Proposed Joint Venture between the Boeing Company and Lockheed Martin Corporation (United Launch Alliance)," File No. 051–0165, July 6, 2006.

104. "Can Boeing and Lockheed Work Together?" *Wall Street Journal*, June 19, 2006.

参
考
文
献

105. "Management Weakness," *Aviation Week and Space Technology*, September 25, 2006, 27.

106. "Costly Fleet Update Falters," *Washington Post*, December 8, 2006.

107. Renae Merle, "Government Short of Contracting Officers: Officials Struggle to Keep Pace with Rapidly Increasing Defense Spending," *Washington Post*, July 5, 2007.

108. Eric Lipton, "A Twenty-four Billion Military Contract Had Become a Major Embarrassment," *Washington Post*, April 17, 2007.

109. Angie C. Marek, "Deep Trouble for Deep Water," *U.S. News and World Report*, March 12, 2007, 27.

110. "LM-NG Stripped of U.S. C.G. Lead Systems Integrator Role," *Aerospace Daily and Defense Report*, April 18, 2007.

111. "Congress Eyes Lead System Integrators," *Defense News*, January 9, 2006.

112. John Warner National Defense Authorization Act for Fiscal Year 2007, Public Law 109–364, sec. 807.

113. For an excellent historical overview, see James F. Nagle, *A History of Government Contracting* (Washington, DC: George Washington University Press, 1999).

114. M. Lovell and J. Graser, "An Overview of Acquisition Reform Cost Savings Estimates," in *Three U.S. Air Force Acquisition Reform Pilot Munitions Program Overviews* (chapter 4) (Santa Monica: RAND Corporation, 2003).

115. Coopers and Lybrand, "The DoD Regulatory Cost Premium: A Quantitative Assessment," 1994.

116. Department of Defense, Summary of Procurement Awards, October 2005–September 2006.

117. Neal Fox, "Despite Problems, GSA Still Provides Unbeatable Service," *Federal Times*, March 24, 2006; also see David Hoexter, "Purchase Cards: Strengthening Controls and Maximizing Potential," Acquisition Solutions Advisory, December 2005.

118. "Interior, Pentagon Faulted in Audits," *Washington Post*, December 25, 2006,.

119. Department of Defense, Office of the Inspector General, "FY 2005 DoD Purchases Made through the Department of the Treasury," December 27, 2006.

120. Robert O'Harrow and Scott Higham, "Interior, Pentagon Faulted in Audits: Effort to Speed Defense Contracts Wasted Millions," *Washington Post*, December 25, 2006.

121. "Acquisition Advisory Panel Recommends More Competition, Transparency in Federal Government Purchasing," *Earthtimes*, December 21, 2006.

122. Gundar J. King, "Army Flying Machine," Intercollegiate Case Clearinghouse, Soldiers Field, Boston, 1978.

123. Peck and Scherer, *The Weapons Acquisition Process*.

124. Subcommittee on Readiness and Management Support of the Senate Armed Services Committee, Hearings, January 31, 2007, 5.

125. Steve Kelman, "History Matters," *Federal Computer Week*, July 30, 2007.

126. The use of fixed-price developments has been frequently advocated by members of Congress and was a major initiative of the Obama administration (in spite of the historic data).

127. Government Accountability Office, "DoD Wastes Billions of Dollars through Poorly Structured Incentives," April 5, 2006.

128. Government Accountability Office, "Guidance on Award Fees Has Led to Better Practices but Is Not Consistently Applied," May 2009.

129. Federal Procurement Data System: Analysis by CSIS Defense Industrial Initiatives Group, 2007.

130. "Contracting in Perspective: DHS's EAGLE—Will It Fly?," *GovExec*, April 3, 2006.

131. Richard L. Dunn, "Feature Comment: Other Transactions—Another Chance?," *Government Contractor* 15, no. 5 (February 6, 2008).

132. Lt. Gen. James Stansbury, "Profit '76," DoD Publication, 1977.

133. Grant Thornton, "Thirteenth Annual Government Contractor Industry Highlights Book," February 19, 2008; and "Working for the Government Is Risky Business, Contractors Say," *Federal Times*, February 20, 2008.

134. Charles R. Babcock, "Big Rewards for Defense Firms: Extra Fees Paid Regardless of Performance, GAO Finds," *Washington Post*, April 17, 2006, D-1.

135. "Boeing Seeks Payment for Failed Job," *Wall Street Journal*, February 21, 2006, 6.

136. "Multi-Year Raptor Procurement Deal Nearly Complete," *Aerospace Daily and Defense Report*, May 4, 2007.

137. "Boeing Presses for a New Contract for Super Hornets," *The Hill*, March 19, 2008.

138. "Bell-Boeing Receives $10.4 Billion Osprey Contract," March 28, 2008, as reported in the *Aero-News Network*, March 29, 2008 .

139. GAO, "Defense Acquisitions: DoD's Practices and Processes for Multi-Year Procurement Should Be Improved," February 7, 2008.

140. Kim Hart and Renae Merle, "As Military Contracts Grow, So Do Protests," *Washington Post*, February 27, 2007.

141. Richard Lardner, "Do Defense Contractors Protest Too Much?," *Associated Press*, May 24, 2008.

142. "Aerospace Daily and Defense Report," *Aviation Week and Space Technology*, November 12, 2008, 1.

143. "Contract Award Protests Charging Conflict of Interests on the Rise," *GovExec*, March 21, 2008.

144. "Array of Evaluation Errors Prompts COFC to Set Aside Multiple Awards," Court of Claims Decisions, March 12, 2008.

145. Andrea Shalal-Esa, "Analysis—Losing U.S. Defense Firms More Likely to Protest," *Roeders News*, June 26, 2007.

146. Testimony before Congress, January 24, 2008.

147. Defense Acquisition Performance Assessment Project, "Defense Acquisition Performance Assessment Report," January 2006, Washington, DC, 25.

148. Commission on Army Acquisition and Program Management in Expeditionary Operations, "Urgent Reform Required: Army Expeditionary Contracting,".

149. "Defense IG Seeks Thirty-three Percent Increase in Staffing," *Federal Times*, May 28, 2008.

150. "Status Report on Acquisition Legislation," National Defense Industrial Association, June 5, 2007.

151. Steven Pearlstein, "What Smartphone Makers Can Teach Legislators," *Washington Post*, June 11, 2008, D-01.

152. "'Buy American' Disputes Stalls Delivery of 1,000 Military Trucks," *Government Executive*, September 28, 2007.

153. Dana Hedgpeth, "A Foreign Air Raid? Congress, Union Leaders Chafe at European Firms Winning Bid to Build Air Force Tankers," *Washington Post*, March 4, 2008.

154. Jeffrey Birnbaum, "Big Lobbying Spenders of 2007; K Street Hits Another Record," *Washington Post*, April 15, 2008, A-13.

155. Jen Dimascio, "Defense Donations Help Fuel Big-Money Campaigns," *Defense Daily*, November 8, 2006, 6.

156. "Long-Term Defense Plans Conflict," *CQ Today*, May 2, 2007.

157. "Mirtha Rules Out Adding DDG-51 Destroyers to Shipbuilding Budget," *Inside the Navy*, April 30, 2007.

158. Craig Mellow, "Directors to Lobbyists: Stop Picking Our Pockets," *Corporate Board Member*, November–December 2007.

159. Robert O'Harrow, "Earmark Spending Makes a Comeback: Congress Pledged to Curbs in 2007," *Washington Post*, June 3, 2008, A-1.

160. "Defense Appropriations Act Directs Earmarks to Largest Contractors," *Government Executive*, November 28, 2007.

161. "President Bush Signs H.R. 2764 into Law," White House, December 26, 2007.

162. "Republicans Ask Homeland Security to Report on Reports," *Federal Times*, May 30, 2007.

163. Richard F. Kaufman, *The War Profiteers* (New York: Anchor Books, 1972).

164. See *New York Times*, November 8, 1987; *Washington Post*, March 22, 1985; *U.S. News and World Report*, November 16, 1987; *Washington Post*, May 12, 1985, June 2, 1984, November 27, 1985. (all about the "spare parts scandal").

165. Packard Commission Survey of Public Opinion on Defense Procurement, 1986.

166. David M. Walker, comptroller general of the United States, "An Accountability Update from Washington," Atlanta, GA, October 1, 2007.

167. *Final Report of the President's Private-Sector Commission on Government Management (The Grace Commission)* (Washington, DC: Government Printing Office, March 1985), book 2, p. ES-9.

168. F. Hyatt and R. Atkinson, "To Pentagon, Oversight Has Become Overkill," *Washington Post*, July 4, 1985.

169. P. Earley, "Sherick Seeks to Plug Pentagon Dike," *Washington Post*, November 26, 1984,.

170. Brian Grow et al., "Dangerous Fakes: How Counterfeit, Defective Computer Components from China are Getting into U.S. Warplanes and Ships," *Business Week*, October 2, 2008.

171. "Manufacturer in $2 Million Accord with the U.S. on Deficient Kevlar in Military Helmets," *New York Times*, February 6, 2008.

172. "Employee of Aerospace Metals Company Ordered to Pay $213,402 in Restitution in Aerospace Parts Fraud Case," Department of Transportation, Office of the Inspector General, June 20, 2007.

173. Tony Capaccio, "Pentagon Paid $998,798 to Ship Two Nineteen-Cent Washers," *Blumberg.com*, November 30, 2007; also see "Creative Billing: If Your Scam Is Brazen Enough, You Can Still Hoodwink the Pentagon—for a While," *The Economist*, August 25, 2007, 31.

174. "KBR Pays Eight Million to Settle Overcharging Claims," *Federal Times*, November 29, 2006.

175. R. Atkinson and F. Hyatt, "The Arms Makers Ethics," *Washington Post*, September 15, 1985.

176. "Pentagon Fraud Unit Marches Slowly," *Washington Post*, February 10, 1987.

177. Robin Wright, "U.S. Military Technology Being Exported Illegally Is a Growing Concern," *Washington Post*, October 14, 2007.

178. Major General Dewey Low, at an Air Force Association Meeting on January 14, 1985 (this meeting was videotaped and used to educate air force personnel on the spare parts issue.).

179. H. Kurtz, "Meese Unveils Plan to Fight Defense Fraud," *Washington Post*, September 17, 1985.

180. R. Marcus, "The Case against General Dynamics Tripped over Two Little Words," *Washington Post*, July 30, 1987.

181. "Government Procurement Reforms: The Need to Consider Long-Term Effects," *Program Manager* (November–December 1987): 14.

182. J. Barry, "In Bureaucratic Splendor," *Business Month* (January 1988): 59.

183. "GSA Contract Specialists Could Get Temporary Duty at Pentagon," *Federal Times*, July 25, 2007; House Committee on Appropriations, "Summary: 2008 Defense Appropriations," July 25, 2007.

184. "U.S. European Defense Firms Push for Voluntary Ethics Code," *Wall Street Journal*, July 17, 2006, A-4.

185. "Former Tamimi Global Executive Admits Paying Kickbacks for Military Subcontracts in Kuwait," *U.S. News Wire*, June 23, 2006.

186. "Firm Charged with Bribing Military Contracting Officer in Iraq," *Federal Times*, January 29, 2008.

187. "Five Individuals Arrested, Two Contracting Companies Charged in Bribery, Conspiracy Related to Department of Defense Contracts in Afghanistan," Department of Justice release,, August 27, 2008.

188. Federal News Radio, "Iraq Contractor Fraud Said to Be Limited," June 19, 2007, lso see "Hearing On: War Profiteering and Other Contractor Crimes Committed Overseas," House Committee on the Judiciary, June 19, 2007.

189. Special Inspector General for Iraq Reconstruction, "Interim Report on Iraq Reconstruction Contract Terminations," April 28, 2008.

190. "U.S. Wasted Millions in Iraq Aid, Investigators Say," *New York Times*, January 31, 2007.

191. Jacques S. Gansler, *Affording Defense* (Cambridge: MIT Press, 1991), 196–197, based on "Defense Audit Uncovers 'Questionable' Purchases," *Washington Post*, July 19, 1985.

192. E. Luttwak, *The Art of War* (New York: Simon and Schuster, 1984), 265.

193. Norman Augustine, Paper presented at the Armed Forces Communications and Electronics Association National Conference, Washington, DC, June 22, 1988.

194. In the case of the Reagan buildup, it was the Packard Commission (named after the chair, David Packard), and in the case of Iraq buildup, it was the Gansler Commission (also named after the chair of the Commission).

195. David Bond, "Washington Outlook: Abject Lesson," *Aviation Week and Space Technology*, April 2, 2007.

196. Deputy Secretary of Defense, "DoD in Context: Work of the Enterprise," data as of 2005 (unless otherwise specified).

197. "Features: Oversight and Out," *Government Executive*, June 1, 2008.

198. Ibid.

199. Christopher Dorobek, "Editorial: Running Scared," *Federal Computer Week*, March 12, 2007.

200. "Attracting and Retaining the Right Talent for the Federal 1102 Contracting Workforce," Procurement Round Table, April 2006 (modified by the author).

201. Donald Winter, secretary of the navy, Paper presented at the Sea and Aerospace Exposition, Washington, DC, April 3, 2007.

202. David M. Walker, comptroller general of the United States), testimony before the Senate Subcommittee on Readiness and Management Support of the Committee on Armed Services, "Defense Business Transformation: Sustaining Progress Requires Continuity of Leadership and an Integrated Approach," February 7, 2008.

203. Bureau of the Census, Foreign Trade Division, 2006 (seasonally adjusted).

204. Aerospace Industries Association, June 14, 2007.

205. GAO, "Sixth Annual Assessment of Selected Weapons Programs," March 31, 2008.

206. President's Blue Ribbon Commission on Defense Management, "A Quest for Excellence," Government Printing Office, June 1986.

207. Michael Ruane and Joe Stephens, "Capitol Visitors Center Début Again Delayed," *Washington Post*, March 9, 2007; "The Capitol Visitors Center, *Washington Post*, November 7, 2008.

208. David Lerman, "Navy's Price Tag Hits $11.7 Billion for New Carrier," *Daily Press*, February 4, 2003.

209. Based on Congressional Budget Office Estimates from the fiscal year 2008 Defense Department budget.

210. Ibid.; for submarine costs, also see the Senate Armed Services Committee National Defense Authorization Bill for fiscal 2008.

211. Secretary Robert Gates, Speech to navy League Sea-Air Space Exposition, National Harbor, Maryland, May 3, 2010.

212. "USS San Antonio Has Drained off an Ocean of Money," *San Antonio Express-News*, December 22, 2005.

213. "Stealth Bomber Crashes on Guam; Two Pilots Safe," *Washington Post*, February 23, 2008, 2.

214. Dana Hedgpeth, "GAO Analyst Says Cost Overruns, Delays Continue to Plague F-35 Program," *Washington Post*, March 12, 2010 (GAO estimates unit cost of the F-35 at $112 million).

215. "Bad F-35 Message to Allies," *Aviation Week and Space Technology*, October 15, 2007, 8.

216. T. Lindeman, S. Hamblin, and J. White, "The Price of Protection," *Washington Post*, November 13, 2007, A-17.

217. Department of Defense, selected acquisition reports, 2000 to 2007 (second quarter) as reported to Congress.

218. For example, refer to J. S. Gansler, *Affording Defense* (Cambridge: MIT Press, 1989), 174–175; N. R. Augustine, *Augustine's Laws* (New York: Penguin 1986); or a set of data from the Defense Material Organization of Australia—Mark V. Arena, Irv Blickstein, Clifford Grammich, and Obaid Younossi, *Why Has the Cost of Navy Ships Risen? A Macroscopic Examination of the Trends in U.S. Naval Ship Costs over the Past Several Decades* (Santa Monica: RAND National Defense Research Institute, 2006); Mark V. Arena, Irv Blickstein, Clifford Grammich, andObaid Younossi, *Why Has the Cost of Fixed-Wing Aircraft Risen? A Macroscopic Examination of the Trends in U.S. Aircraft Costs over the Past Several Decades* (Santa Monica: RAND National Defense Research Institute, 2008.

219. Augustine, *Augustine's Laws*.

220. "Defense Buying Costs Doubled since 9/11 with Few New Weapons Added," *Inside the Pentagon*, August 17, 2006, 1.

221. "Cost Rises for Presidential Helicopter," *Washington Post*, March 5, 2008.

222. "In Death of Spy Satellite Program, Lofty Plans and Unrealistic Bids," *New York Times*, November 11, 2007.

223. "Pentagon Struggles with Cost Overruns and Delays," Produce, *New York Times*, July 11, 2006.

224. Ibid.

225. August Cole, "Pentagon to Review Lockheed Fighter," *Wall Street Journal*, March 26, 2008.

226. Government Accountability Office, "Defense Acquisitions: Assessment of Selected Weapon Programs," March 2008.

227. Jeffrey A. Drezner, Jeanne M. Jarvaise, Ron Huss, Daniel M. Norton, and Paul G. Hough, *An Analysis of Weapon System Cost Growth* (Santa Monica: RAND Corporation, 1993). An analysis by the RAND Corporation indicated that "no single factor explains a large portion of the observed variance in cost growth outcomes" and that "little improvement has occurred over time."

228. Dan Czelusniak, Briefing before the Defense Science Board, June 12, 1998.

229. Government Accountability Office, "Defense Acquisitions: Assessments of Selected Weapons Programs," March 2007.

230. "Air Force, DoD Move to Bolster B-2 Mission Capable Rates," *Inside the Air Force*, May 26, 2006.

231. R. Jeffrey Smith, "Obama Vows a Veto in Dispute over F-22s," *Washington Post*, July 14, 2009, A-2.

232. Renae Merle, "Marines Seek Fuse on Vehicle: General Dynamics Design Has Problems," *Washington Post*, February 17, 2007.

233. John J. Hamre, president of Center for Strategic and International Studies and former deputy secretary of defense, testimony before to the Senate Armed Services Committee, April 30, 2009.

234. Pete Adolph, "Developmental Tests and Evaluation, Defense Science Board Taskforce Study," March 12, 2008, .

235. "Acquisition Oversight of the U.S. Navy's Littoral Combat System," House Arms Services Committee, February 8, 2007.

236. Pete Adolph, "Developmental Tests and Evaluation, Defense Science Board Taskforce Study," March 12, 2008.

237. David Napier, "2005 Year End Review and 2006 Forecast: An Analysis," Aerospace Industries Association, Washington, DC, 2006.

238. Merrill Lynch, Report, January 3, 2007.

239. Based on a JSA analysis of Standard & Poor's and the defense industry's Returns on equity, 1975 to 1999.

240. Based on FactSet, S & P Compustat, U.S. Energy Information Administration data, company reports, and Center for Strategic and International Studies analyses.

241. Robert Trice, information about Fortune, Yahoo! Financials, and company reports for 2005 as presented to the Defense Science Board, December 11, 2006.

242. Douglas, "Forty-First Annual Year End Review and Forecast Luncheon."

243. Dan Baum, "Nation Builders for Hire," *New York Times*, June 22, 2003.

244. As stated at Naval Postgraduate School, Spring Conference, Monterey, CA, May 16, 2007.

245. Renae Merle, "Armaments and Investments: Stock in Niche Defense Firms Soars in Wartime," *Washington Post*, July 15, 2007.

246. "Who Got What in a Slowing Economy?" *Washington Post*, July 28, 2008.

247. Gary Weiss, "Are You Paying for Corporate Fat Cats?," *Parade Magazine*, April 13, 2008.

248. *Forbes Magazine*, June 25, 2008.

249. Weiss, "Are You Paying for Corporate Fat Cats?," 24.

250. Lou Kratz, vice president, Lockheed Martin, "Defining the Future of DoD Logistics," March 4, 2008.

251. From Air Force Logistics Management Agency, *Quotes for the Air Force Logistician* 1 (2006): 18.

252. Allen Cullison and Peter Wonacott, "Taliban Is Seizing, Destroying More NATO Supplies," *Wall Street Journal*, August 12, 2008.

253. L. V. Snyder and Z. J. Shen, "Managing Disruptions to Supply Chains," *The Bridge* (2006).

254. David A. Fulghum, "Cyberwar Is Official," *Aviation Week and Space Technology*, September 14, 2000, 54–55.

255. "Air Force, DoD Move to Bolster B-2 Mission Capable Rate," *Inside the Air Force*, May 23, 2006.

256. Government Accountability Office, "Defense Logistics: Efforts to Improve Distribution in Supply Support for Joint Military Operations Could Benefit from a Coordinated Management Approach," July 11, 2007.

257. Gene Rector, "Air Force, Robbins Dispute Findings in GAO Document," *Macon Telegraph*, May 24, 2007.

258. Vice Admiral Walter Massenburg, U.S. Navy (Ret.), former commander, Naval Air Systems Command, Paper presented to the Defense Science Board, in Washington, D.C., June 13, 2007.

259. Government Accountability Office, "DoD's High-Risk Areas: Progress Made Implementing Supply Chain Management Recommendations, but Full Extent of Improvement Unknown," January 17, 2007.

260. Government Accountability Office, "Defense Logistics: Efforts to Improve Distribution and Supply Support for Joint Military Operations Could Benefit from a Coordinated Management Approach," June 2007.

261. Ibid.

262. William M. Solis, Government Accountability Office, "Defense Logistics: Preliminary Observations on the Effectiveness of Logistics Activities during Operation Iraqi Freedom," House Government Affairs Committee, December 18, 2003, 4.

263. Sources include U.S. Department of Defense, "Fiscal Year 2009 Budget Requests Briefing to Aerospace Industries Association," March 3, 2008; President's Budget Fiscal Year 2008 (average fleet-wide age); U.S. Air Force headquarters; Robert Trice, senior vice president, Lockheed Martin, Briefing to the Defense Science Board, December 11, 2006 (data from Air Force Association, Association of the United States Army, and Navy League).

264. Claudia Deutsch, "UPS Obsession with Efficiency Spreads beyond Boxes," *International Herald Tribune*, July 7–8, 2007.

265. Department of Defense, Management Initiative Decision No. 917, October 20, 2004.

266. "DoD Logistics Transformation Strategy," December 10, 2004.

267. Congressional Budget Office "Logistics Support for Deployd Military Forces," October, 2005.

268. Jacques S. Gansler, "Moving toward Market-Based Government: The Changing Role of Government as a Provider," IBM Endowment for the Business of Government," Washington, DC, June 2003.

269. Government Accountability Office, "Defense Logistics: Stryker Vehicle Support," September 5, 2006.

270. "Defense Contracts Foretell Military Build Up in Afghanistan," *Washington Post*, September 14, 2008.

271. The creation of a LOGCOM was recommended by the 1995 Commission on Roles and Missions, numerous past Defense Science Board reports, and the Center for Strategic and International Studies report "Beyond Goldwater-Nichol's Report." For example, see Defense Science Board, *Transformation: A Progress Assessment* (vol. 2) (Washington, DC: Office of the Undersecretary of Defense for Acquisition Technology and Logistics, April 2006), 30.

272. Aerospace Industries Association, Draft Report on U.S. Defense Modernization, August 20, 2008, 32.

273. "Support Needs Could Double 'Surge' Forces," *Boston Globe*, February 2, 2007.

274. "Pentagon Pushes Non-Human Warfare in Afghanistan," *AIA Daily Lead*, March 24, 2009.

第五章

1. Office of the Undersecretary of Defense (Comptroller), "National Defense Budget Estimates for 2006," April 2005. Statistics from the Aerospace Industry Association are available at http:\\www.aia-aerospace.org\stats\aero_stats\stat12.pdf.

2. Commission on Army Acquisition and Program Management in Expeditionary Operations, *Urgent Reform Required: Army Expeditionary Contracting* (Washington, DC: U.S. Government Printing Office, October 2007).

3. Ibid.

4. Acquisition 2005 Taskforce, "Shaping the Civilian Acquisition Workforce of the Future," October 2000.

5. Based on data supplied by the Army Materiel Command to the Commission (and found in the report listed at note 2 above).

6. Richard Lardner, "Army Adding Five Generals to Oversee Purchasing, Contractors," *Boston Globe*, July 3, 2008, A-11.

7. Elise Castelli, "Army Shaping Civilian Role in New Contracting Command," *Federal Times*, March 17, 2008, 6.

8. "The Future Acquisition and Technology Workforce," Office of the Undersecretary of Defense for Acquisition, Technology, and Logistics, April 7, 2000, 2–3.

9. "AT&L Human Capital Strategic Plan," version 3.0, 2007.

10. Bernard Rostker, "A Call to Revitalize the Federal Civil Service," RAND Corporation Report, August 2008.

11. "Graduating to Public Service," *Washington Post*, November 14, 2007; see also "Federal Agencies Called Unprepared for Future Wave of Retirements," *Government Executive*, November 13, 2007.

12. "Government Must Hire 193,000 by 2009," *Federal Times*, July 3, 2007.

13. Matthew Weigelt, "Debate Over Contractors Continues: Lawmakers Foresee No Easy Solutions to Concerns about Acquisition Outsourcing," *Federal Computer Week*, April 7, 2008.

14. For discussions of such exchange programs, see Cynthia Yee, "Developing Leaders: Industry-Exchange Pays Off," *Federal Times*, January 23, 2006, 21; Sally Ann Harper, "Trading Expertise: GAO's Public-Private Exchange Brings Fresh Ideas," *Federal Times*, January 30, 2006, 21.

15. Pierre Chao, "The Future of the U.S. Defense Industrial Base: National Security Implications of a Globalized World," Paper presented at the Industrial College of the Armed Forces, June 2, 2005.

16. Michael T. Brewer, "An Aerospace Business Case for Transatlantic Corporation," Paper presented at the Industrial College of the Armed Forces on June 2, 2005.

17. "Contractors Use Signing Bonuses, Higher Salaries to Lure Employees with Security Clearances," *Federal Times*, October 18, 2006.

18. *Rising above the Gathering Storm: Energizing and Employing America for a Brighter Economic Future* (Washington, DC: National Academies Press, 2005).

19. Aerospace Industry's Association Employment Facts, January 6, 2006.

20. Ibid.

21. Susan Pollack, "Human Capital Strategy and the Future of Nation's Space Industry Workforce," Industrial College of the Armed Forces, June 2, 2005.

22. "We Risk Mediocrity: Raytheon CEO Says Workforce Challenge Requires New Mindset, Focus," *Aviation Week and Space Technology*, February 5, 2007, 47.

23. Thomas Sheeran, "Manufacturing Jobs Go Unfilled," *Examiner.com*, May 26–27, 2007, 53.

24. Norman R. Augustine, *Is America Falling Off of the Flat Earth?* (Washington, DC: National Academies Press, 2007).

25. CRA Taulbee Survey, March 2006.

26. Norman Augustine, "U.S. Science and Technology Is on a Losing Path," *Aviation Week and Space Technology*, October 31, 2005, 70.

27. "Aerospace Needs Multi-Pronged Effort to Maintain Workforce for Future Growth"(Editorial) *Aviation Week and Space Technology*, May 3, 2004, 74.

28. Joseph Anselmo, "Vanishing Act," *Aviation Week and Space Technology*, February 5, 2007, 45.

29. Aerospace Industries Association Employment Facts, January 6, 2006.

30. Robert J. Stevens, CEO Lockheed Martin, "Social Engineering," *Wall Street Journal*, April 19, 2006, A-12.

31. Anselmo, "Vanishing Act," *Aviation Week and Space Technology*, 45.

32. Ibid.

33. Task Force on the Future of American Innovation, "The Knowledge Economy: Is the United States Losing Its Competitive Edge?," February 16, 2005, 4.

34. Engineering Workforce Commission, "2006 Engineering and Technology Degrees," American Association of Engineering Societies, 2007.

参考文献

35. National Science Foundation, "National Science and Engineering Indicators," 2004.

36. For a full discussion of this issue of foreign students and foreign scholars, refer to National Research Council of the National Academies, *Science and Security in a Post-9/11 World: A Report Based on Regional Discussions between the Science and Security Communities* (Washington, DC: National Academies Press, 2007).

37. National Innovation Initiative Report, "Innovate America," December 2004, 19.

38. Ibid.

39. "Innovation: Is Global the Way Forward?," *Boozallen.com Media File*, 2006.

40. "A Recipe for Weakness: By Limiting Visas for Skilled Foreign Professionals, the United States Only Harms Itself," *Washington Post*, June 4, 2008, A-18.

41. "The 'Green Card Brigade': How to Become an American via Iraq," *The Economist*, January 20, 2007, 34.

42. Ernesto Londono, "Warriors of the U.S. Becomes Its Citizens, Too: In Baghdad, 159 Troops Take the Oath in Largest Overseas Naturalization Ceremony," *Washington Post*, April 13, 2008.

43. Competeamerica.org, 2007.

44. State Department Visa Bulletin, May 2006.

45. Taskforce on the Future of American Innovation, "Measuring the Moment: Innovation and National Security in Economic Competitiveness," November 2006.

46. National Venture Capital Association (NVCA), "Immigrants Have Founded One in Four of Public Venture Backed Companies in the U.S. since 1990, Finds First-Ever Study," November 15, 2006.

47. For a detailed discussion, see Stuart Anderson and Michaela Platzer, "American Made: The Impact of Immigrant Entrepreneurs and Professionals on U.S. Competitiveness," National Venture Capital Association, Arlington, VA, 2006, 41.

48. "Brains and Borders: America Is Damaging Itself by Making It Too Difficult for Talented People to Enter the Country," *The Economist*, May 6, 2006.

49. CNP Tech Web, "U.S. Tech Companies Add Five Workers for Each H-1B Visa They Seek," March 10, 2008.

50. Adrienne Lewis, "Giving Visas to Skilled Workers Bolsters Economy," *USA Today*, March 25, 2008, 10-A.

51. Thomas L. Friedman, "Laughing and Crying," *New York Times*, May 23, 2007.

第六章

1. Paul Bracken, "Technological Innovation in National Security," Foreign Policy Research Institute, Philadelphia, June 2008.

2. Ibid.

3. National Science Board 2003, National Science Foundation, 2004.

4. David Mowery, "Military R&D and Innovation," University of California, Berkeley, 2007.

5. William Greenwalt, deputy undersecretary of defense, Jane's Conference, Washington, DC, May 1, 2007.

6. David Mowery, *Military R&D and Innovation* (Berkeley: University of California Press, 2007).

7. Ibid.

8. Mihail Roco, National Nanotechnology Institute, in a presentation to the National Research Council, Washington, DC, February 5, 2008.

9. Based on research by Charles Wessner, National Research Council, as communicated to the author, July 6, 2009.

10. Quoted by the New China News Agency, February 9, 2009, and included in National Research Council, *Innovation Policies for the Twenty-First Century: Report of a Symposium* (Washington, DC: National Academies Press, 2007), 35.

11. Craig Barrett, "Flagging Economy Needs Science Investments," *San Francisco Chronicle*, January 20, 2008, G-5.

12. Mowery, *Military R&D and Innovation*, 12.

13. Norman Augustine, *Is America Falling Off the Flat Earth?* (Washington, DC: National Academies Press, 2008), 54.

14. Vannevar Bush, *Science: The Endless Frontier* (Washington, DC: U.S. Government Printing Office, 1945).

15. As highlighted by David Mowery in *Military R&D and Innovation*, in reference to Richard Nelson's "The Simple Economics of Basic Research," *Journal of Political Economy* (1959), and Kenneth Arrow, "Economic Welfare and the Allocation of Resources for R&D," in R. R. Nelson, ed., *The Rate and Direction of Inventive Activity* (Princeton: Princeton University Press, 1962).

16. This discussion can be found in James Turner, *The Next Innovation Revolution: Laying the Ground Work for the United States* (Cambridge: MIT Press, 2006).

17. Ibid., 127.

18. National Research Council, *The Small Business Innovation Research Program: An Assessment of the SBIR Program at the Department of Defense* (Washington, DC: National Academies Press, 2009).

19. Jon Baron, Statement before the Subcommittee on Technology and Innovation, House Committee on Science and Technology, Hearing on the SBIR Program Re-authorization, April 26, 2007.

20. "The Rise and Fall of Corporate R&D: Out of the Dusty Labs," *The Economist*, March 3, 2007, 76.

21. Dava Sobel, *Longitude: The True Story of a Lone Genius Who Solved the Greatest Scientific Problem of His Time* (New York: Walker, 1995).

22. Michael E. Porter, "Clusters and the New Economics of Competition," *Harvard Business Review* (November–December 1998).

23. Mowery, *Military R&D and Innovation*, 19.

24. George Heilmeier, "Guarding against Technological Surprise," *Air University Review* (September–October 1976).

25. Niccolò Machiavelli, *The Art of War* (1520).

26. Elting Morison, *Men, Machines, and Modern Times* (Cambridge: MIT Press, 1995).

27. Admiral Alfred Thayer Mahan, *The Influence of Sea Power upon History, 1660–1783* (Boston: Little, Brown, 1890).

28. As reported in National Science Board, "Research and Development Essential Foundation for U.S. Competitiveness in a Global Economy," National Science Foundation, 2008, 3.

29. Center for Strategic and International Studies, "Globalization, Technological Leadership and Risks to the U.S.," June 2004,.

30. "One-Atom Thick Material Will Revolutionize the World," *London Times*, March 1, 2007.

31. The material in the following discussion comes from a presentation about integrated dual-use commercial companies by Bob Spreng to the Defense Science Board and titled "R&D Contracting by Non-Traditional Defense Contractors in 2008."

32. Ibid.

33. Independent Review Group, "Strategic Initiatives for Innovation and Transition," Phase One Report, done in support of the Office of the Assistant Deputy Undersecretary of Defense for Innovation and Technology Transition, February 2, 2008.

34. For example, the Defense Science Board Taskforce on the Technology Capabilities of Non-DoD Providers, 2000; Defense Science Board Report on Globalization and Security, 1999; and Defense Science Board Summer Study on Twenty-First Century Technology Vectors, 2007.

35. Deemed Export Advisory Committee, "The Deemed Export Rule in the Era of Globalization," Report submitted to the Secretary of Commerce, December 20, 2007.

36. Clayton Christensen, *The Innovator's Dilemma: When New Technologies Cause Great Firms to Fail* (Boston: Harvard Business School Press, 1997).

37. Joseph A. Schumpeter, *Capitalism, Socialism, and Democracy* (3rd ed.) (New York: Harper and Brothers, 1950), 83–84, as described in G. R. Simonson, "Missiles and Creative Destruction in the American Aircraft Industry, 1956–1961," *Business History Review* (Harvard College) 38, no. 3 (Autumn, 1964): 302.

38. Arthur Alexander, "Weapons Acquisition in the Soviet Union, U.S., and France," RAND Report P-4989, RAND Corporation, Santa Monica, 1973.

39. "Advisors to Examine Export Controls on Nanotechnology," *The Expert Practitioner* (Gilston-Kalin Communications, Rockville, MD), 18, no. 11 (November 2004).

40. Augustine, *Is America Falling Off the Flat Earth?*, 54.

41. National Research Council of the National Academies, "Science and Security in a Post-9/11 World: A Report Based on Regional Discussions between the Science and Security Communities," National Academies Press, October 18, 2007.

42. John J. Young Jr., Undersecretary of defense for acquisition, technology, and logistics, "Memorandum to Secretaries of the Military Departments; Chairman, Joint Chiefs of Staff; and Directors of Defense Agencies," June 26, 2008.

43. U.S. Commission on National Security (known as the Hart-Rudman Commission after the cochairs), "Roadmap for National Security: Imperative for Change," Washington, DC, 2001.

44. Association of American Universities, "Department of Defense Research," 2008.

45. Augustine, *Is America Falling Off the Flat Earth?*, 58.

46. Al Shaffer, Office of the Director of Defense Research and Engineering, "Fiscal Year 2007 President's Budget Request for Science and Technology," Briefing to the Defense Science Board, 2008.

47. American Association for the Advancement of Science, "Congress Wraps Up Another Disappointing Year for Federal R&D Funding," January 7, 2008.

48. Center for Strategic and International Studies, "Globalization, Technological Leadership and Risks to the U.S.," June 2004.

49. American Association for the Advancement of Science, "Congress Wraps Another Disappointing Year for Federal R&D Funding."

50. David Ignatius, "The Ideas Engine Needs a Tune-up," *Washington Post*, June 3, 2007.

51. National Academy of Sciences, National Academy of Engineering, and Institute of Medicine of the National Academies, *Rising above the Gathering Storm: Energizing and Employing America for a Brighter Economic Future* (Washington, DC: National Academies Press, 2007).

52. Augustine, *Is America Falling Off the Flat Earth?*, 67.

第七章

1. "Report of the Government Commission on Government Procurement," December 1972; Frederic M. Scherer, *The Weapons Acquisition Process: Economic Incentives* (Cambridge: Harvard University Press, 1964), 48.

2. "Air Force Carefully Evaluating KC-X Proposals," *Air Force Link*, May 7, 2007.

3. Senator John McCain, Testimony before the Senate Armed Services Committee, March 3, 2009.

4. "IBM, CRAY Win Pentagon Funds to Develop Next Super Computers," *Wall Street Journal*, November 22, 2006, B-2.

5. James Richardson and James Roumasset, "Sole-Sourcing, Parallel-Sourcing: Mechanism for Supplier Performance," *Managerial and Decision Economics* (January 1995).

6. For detailed examples and historical data, see Lou Kratz and Jacques Gansler, "Effective Competition during Weapon System Acquisition," National Contract Management Association, 1987.

7. Fred Hiatt and Rick Atkinson, Years of 'Requirements Creep' send 'Silver' Bullet off its Mark *Washington Post*, May 19, 1985. p. A1 .

8. Ibid.

9. Robert W. Drewes, *The Air Force and the Great Engine War* (Washington, DC: National Defense University Press, 1987); David M. Kennedy, *The Great Engine War* (Cambridge: Kennedy School of Government, Harvard University, 1985); Frank Camm, *The Development*

of the F100-P W-220 and F110-GE-100 Engines: A Case Study of Risk Assessment and Risk Management (Santa Monica: RAND Corporation, 1993).

10. R. Ropelewski, "USAF Negotiating Contracts for F-100, F-110 Improvements," *Aviation Week and Space Technology*, May 20, 1985, 18; see also "Great Engine War," Cambridge Case Clearinghouse.

11. Scherer, *The Weapon Acquisition Process*.

12. Jacques S. Gansler, "Defense Spending: How About Some Real Competition?," *Washington Post*, April 4, 1982.

13. Public Law 98–92.

14. E. White, "Defense Industry Slims Down to Survive," *Wall Street Journal*, September 30, 1987.

15. John F. Lehman, "Command at the Seas," Naval Institute Press, 2001, Annapolis, MD.

16. The Trident D-5 is a three-stage, solid propellant, inertially guided missile that has a range of more than four thousand nautical miles and is armed with multiple, independently targeted reentry vehicles.

17. John Schank et al., "Acquisition and Competition Strategy Options for the DD(X)," RAND Corporation, Santa Monica, 2006.

18. Department of Defense, Office of the Inspector General, "Report on the Air Force KC-X Aerial Refueling Tanker Aircraft Program," May 30, 2007.

19. Tony Capaccio, "Administration Trims Supplemental Procurement, Eyes Big Weapons," *Defense News*, March 3, 2009.

20. "Air Force Now Supports Alternate Engine Program for F-35," *Government Executive*, March 11, 2008.

21. Michael Sullivan, director of acquisition and sourcing management at the Government Accountability Office, Testimony before the Subcommittee on Air and Land Forces of the Committee on Armed Services of the House of Representatives, "Defense Acquisitions: Analysis of Costs for the Joint Strike Fighter Engine Program," March 22, 2007.

22. "Navy, Air Force Maneuver to Save JSF Alternate Engine," *Aerospace Daily and Defense Report*, January 5, 2006.

23. Department of Defense, "Defense Department Contracts for 2,400 More MRAP Vehicles," October 19, 2007.

24. "Orders for Armored Vehicles to Be Cut," *Federal News Radio*, November 30, 2007.

25. Department of Defense, Office of Inspector General, "Procurement Policy for Armored Vehicles," July 18, 2007.

26. "HUMVEE Replacement Program to Begin Next Month," *GovExec*, January 18, 2008.

27. "Army Ends Deals with Native Contractors," *Anchorage Daily News*, April 22, 2006.

28. Scherer, *The Weapons Acquisition Process*, 49.

29. "Navy adds 556 contractors to Sea Port-e program, Washington Technology, July 19, 2010.

30. Many areas were defined by agencies as not included in the Federal Activities Inventory Reform (FAIR) Act, including military positions in jobs that were not inherently governmental. Thus, this excludes 320,000 DoD jobs that were being done by the military but were eligible for competitive sourcing (as of January 26, 2004). And this increased to 339,142 in FY09 (according to a Defense Business Board report "Reducing Overhead and Improving Business Operations," July 22, 2010.

31. Jacques S. Gansler and William. Lucyshyn, "Implementing Alternative Sourcing Strategies: Four Case Studies," IBM Center for the Business of Government, Washington, DC, October 2004.

32. Center for Naval Analysis, "Long-Run Costs and Performance Effects of Competitive Sourcing," Washington, DC, February 2001.

33. "Report on Competitive Sourcing Results, FY 2007," Office of Management and Budget, Washington, DC, May 2, 2008.

34. "Are They A-76 Winners or Second-Class Feds?," *Federal Computer Week*, August 20, 2007.

35. Gansler and Lucyshyn, "Competitive Sourcing: What Happens to Federal Employees?"

36. J. D. Brown, J. S. Earle, and A. Telegdy, "Does Privatization Hurt Workers? Evidence from Comparative Analysis of Enterprise Data," Upjohn Institute for Employment Research, January 2008.

37. "Report on Competitive Sourcing Results, Fiscal Year 2007," Office of Management and Budget, Washington, DC, May 2, 2008.

38. Ibid.

39. "Competitive Sourcing under Section 842(a) of Public Law 109-115," Office of Management and Budget, April 25, 2006.

40. "DoD IG Interim Report to Congress on Section 325 of the National Defense Authorization Act for Fiscal Year 2008," Department of Defense, April 22, 2008.

41. "Think Tank Calls Competitive Sourcing a Winning Tool for Taxpayers," *GovExec*, August 8, 2008.

42. Cost Comparison Studies for "in-sourcing":

• Congressional Budget Office: "Logistics Support for Deployed Military Forces," October 2005; "over a 20 year period, using army military units would cost roughly 90% more than using contractors."

• General Accountability Office: "Warfighter Support: A Cost Comparison of Using State Department Employees vs. Contractors for Security Services in Iraq," March 4, 2010; "using State Department employees to provide state security for the Embassy in Bagdad would cost approximately $858 million for 1 year; versus $78 M charged by contractor" (over 90 percent more for State Department employees); "For three out of four tasks comparisons, costs using State Department employees would be greater than using contractors; and, for that one lower cost case, when training costs for State Department were included, the costs were comparable."

• Congressional Research Service: "Department of Defense Contractors in Iraq and Afganistan: Background Analysis," December 14, 2009; "Using contractors can save DoD money";

"Hiring contractors only as needed can be cheaper in the long run than maintaining a permanent in-house capability"—also describes other advantages of contractors (versus in-house) in terms of available skills; rapid response; and so on.

• Congressional Budget Office: "Contractor's Support of U.S. Operations in Iraq," August 2008; "Comparable costs (over a 1 year period) for Blackwater Private Security Contractor Personnel and Army Personnel (but can get rid of contractor personnel when conflict ends)."

43. "Congress' Mixed Messages on Competition," *Washington Technology*, June 16, 2008.

44. Steven Goldsmith, "What's Left for Government to Do?," *The American*, January 1, 2008, Available at: http://www.american.com/archive/2008/january-february-magazine-contents/what2019s-laft-for-government-to-do (accessed on August 30, 2010).

45. E. S. Savas, *Privatization and Public Partnerships* (New York: Chatham House, 2000).

46. Stephen Barr, "A Challenge to ESPRIT at Army Corps," *Washington Post*, April 26, 2007, D-4.

第八章

1. B. Anthony Billings, "Are U.S. Tax Incentives for Corporate R&D Likely to Motivate American Firms to Perform Research Abroad?," *Tax Executive* (July–August 2003): 291–315. These rates simulate three-year averages (1998–2000) for twenty U.S. multinationals, including IBM and Intel.

2. From Semi-Conductor Industry Association, "Keeping U.S. Leadership in Semi-Conductor Technology," September 2008.

3. Norman Augustine, "U.S. Science and Technology Is on a Losing Path," *Aviation Week and Space Technology*, October 31, 2005.

4. David C. Mowery, *Military R&D and Innovation* (Berkeley: University of California, 2007), figs. 1–2.

5. Robert Wall, "Opening Doors," *Aviation Week and Space Technology*, December 10, 2007, 36.

6. Edgar E. Ulsamer, "The Designers of Dassault: Men Who Take One Step at a Time," *Air Force Magazine* (August 1970): 32.

7. Robert Trice, "Globalization in the Defense Industrial Base," Briefing to the Defense Science Board, December 11, 2006, chart 21 (where the data come from company annual reports).

8. For example, in 2003, the U.S. defense budget was $455.3 billion, and at comparable prices and exchange rates, the United Kingdom's budget was $47.4 billion, the French $46.2 billion, the German $33.9 billion, and the Italian $27.8 billion (based on SIPRI data from 2005).

9. Keith Hartley, "Defense Industrial Policy in a Military Alliance," *Journal of Peace Research* 43, no. 4 (2006): 473–489.

10. Steven Pincock, "Could U.S. Scientists Get E.U. Funding?," *The Scientist: Magazine of Life Sciences* (April 19, 2007).

11. "Problems Run Rampant for Galileo Project: Rival to GPS System Faces Cost Overruns, Bickering Partners," *Wall Street Journal*, January 10, 2007.

12. Hartley, "Defense Industrial Policy in a Military Alliance," 477.

13. "Forecast 2007—Aerospace Industry Mergers: Mergers May Be off the Agenda for the Big Players, But There Are Stirrings Further Down the Supply Chain," *Flight International*, January 2, 2007.

14. Michael A. Taverna, "Togetherness; Germany Leads Looming Land and Naval Consolidation in Europe," *Aviation Week and Space Technology*, May 15, 2006, 32.

15. The material in this discussion of this embargo comes from Eugene Kogan, "The European Union Defense Industry and the Appeal of the Chinese Market," Studien und Berichte, zur Sicherheitspolitik, January 2005.

16. Hartley, "Defense Industrial Policy in a Military Alliance," 478.

17. As presented at the Bio-Science Research Building opening celebration at the University of Maryland's College of Chemical and Life Sciences, September 18, 2007.

18. Victoria Shannon, "A 'Third Way' on Fostering Research," *International Herald Tribune*, March 15, 2007.

19. Richard Kugler and Hans Binnendijk, *Seeing the Elephant* (Washington, DC: National Defense University Press, 2007), 224.

20. "Neutron Industrial Work Share," *Aviation Week and Space Technology*, January 8, 2007, 23.

21. Hartley, "Defense Industrial Policy in a Military Alliance," 486. Also refer to T. Sandler and K. Hartley, *The Political Economy of NATO* (Cambridge: Cambridge University Press, 1999), 144–151.

22. National Audit Office, "Maximizing the Benefits of Defense Equipment Cooperation," London, March 2001.

23. National Audit Office, "Major Projects Report, 2004," London, 2004.

24. Terence Guay, "Globalization and Its Implications for the Defense Industrial Base," Strategic Studies Institute, U.S. Army War College, February 2007, 13.

25. Secretary of State for Defense by Command of Her Majesty, "Defense Industrial Strategy (Defense White Paper)," December 2005.

26. "British Defense Industrial Strategy Secures BAE Systems as U.K. Champion," *Aviation Week and Space Technology*, December 17, 2005.

27. "Foreign Rivals Threaten Weapons Base," *Financial Times*, March 1, 2006.

28. James Boxell, "After the Battle of Britain: How BAE Can Call Itself Champion," *Financial Times*, June 23, 2006, 11.

29. Guay, "Globalization and Its Implications for the Defense Industrial Base," 64.

30. "Foreign Rivals Threaten Weapons Base," *Financial Times*, March 1, 2006.

31. "The Defense Industrial Strategy," 26.

32. "MOD to Unveil Wish-List for Technological Development," *Financial Times*, October 17, 2006.

33. Mowery, *Military R&D and Innovation*, 13.

34. "U.K. Plan for Slicing R&D Funding Pie Is Poorly Conceived," *Aviation Week and Space Technology*, July 11, 2005, 66.

35. "Defense Spending Under PFI: How Britain Is Managing to Fight Two Wars on a Peace-Time Budget," *The Economist*, January 13, 2007, 51.

36. Pierre Chao and Robin Niblett, "Trusted Partners: Sharing Technology within the U.S.-U.K. Security Relationship," Center for Strategic and International Studies, May 26, 2006.

37. President of the Republic, "The French White Paper on Defense and National Security," Paris, June 2008.

38. Pierre Tran, "Pakistan Seeks Three Subs from France: New Design Would Free DCN a Spanish Partnership," *Defense News*, February 27, 2006.

39. Jamestown Foundation, "Mistral Debate Unavoidable in NATO," *Eurasia Daily Monitor* 7, no. 70, April 12, 2010.

40. Michael Taverna, "Role Play: With French Defense White Paper Looming, Industry Produces a Wish List of Its Own," *Aviation Week and Space Technology*, June 16, 2007, 39.

41. Michael Porter, "Cluster and the New Economics of Competitions," *Harvard Business Review* (November–December 1998).

42. "More French Research Clusters," *Aviation Week and Space Technology*, July 16, 2007.

43. National Research Council of the National Academies, *Innovation Policies for the Twenty-First Century: Report of a Symposium* (Washington, DC: National Academies Press, 2007), 69.

44. "Finmeccanica Has Global Goals: A Strategy to Become a Key Player in the World's Two Biggest Defense Markets—and Has Put Its Money Where Its Mouth Is," *Flight International*, November 8, 2005.

45. James Schear, "Defusing Conflicts in Unstable Regions," in *Strategic Challenges: America's Global Security Agenda* (Washington, DC: National Defense University Press, 2007), 170 (and the source for their data was the International Monetary Fund's 2006 *BP Statistical Review*).

46. "Russian Defense Budget to Jump," *Washington Post*, September 20, 2008.

47. V. Ginodman and A. Rotkin, "The Spector of the Soviet Army: Military Reforms in Russia Are Still Following the Soviet Pattern," Moscow, June 20, 2006; also see Peter Finn, "Russia, Indonesia Set One Billion Arms Deal: Moscow Seen Trying to Boost Clout in Asia," *Washington Post*, June 7, 2007.

48. Andrew Osborn, "Russia Returns to Commercial Airline Market: Consolidation Key to Wider Strategy," *Washington Post*, June 26, 2007.

49. Ibid. Also see Alexey Komarov, "Russia's Roadmap: Aircraft Makers Target a Boost in Annual Production Rate," *Aviation Week and Space Technology*, March 12, 2007.

50. "Russia," *Aviation Week and Space Technology*, August 13, 2007, 24.

51. A. Komarov and D. Barrie, "Room for Expansion: MiG Targets Profit Growth through a New Military, Commercial Work," *Aviation Week and Space Technology*, May 15, 2006, 38.

52. Steven J. Flanagan, "Securing America's Future: Progress in Perils," in *Strategic Challenges: America's Global Security Agenda* (Washington, DC: National University Press, 2007), 331.

53. F. M. Scherer, *Industrial Market Structure and Economic Performance* (Chicago: Rand McNally, 1970), 398.

54. Internal DoD Memorandum, "Unclassified Summary of a Classified Study on Aircraft Engine Costs and Design," enclosure to S-5463-DE-4, released January 14, 1977.

55. A. J. Alexander, "The Process of Soviet Weapons Acquisition," Paper presented to the Europeans Study Commission, Paris, April 15–16, 1977, 4.

56. David Fulghum and Douglas Barrie, "Ministerial Review; Putin Observes Flight Tests of Next-Generation Multirole Fighter," *Aviation Week and Space Technology*, June 28, 2010, 34.

57. "Russia Intensifies Efforts to Rebuild Its Military Machine," *Christian Science Monitor*, February 12, 2007.

58. RIA Novosti, "Russian Arms Exports Break Record," March 8, 2007.

59. Sergey Safronov, "Russia Diversifying Arms Exports," *RIA Novosti*, May 28, 2009.

60. Phillip Pan, "Venezuela, Russia in $1 Billion Accord: Loan to Fund Arms Purchases; Two Leaders Also Consider Forming Gas Cartel," *Washington Post*, September 27, 2008, A-12.

61. Finn, "Russia, Indonesia Set a $1Billion Arms Deal."

62. "Latin American Defense Mins Eye Venezuela Arms Build-Up," *Wall Street Journal*, October 1, 2006.

63. Kelley Hearn, "Russia Negotiating Arms Sales to Buenos Aires," *Washington Times*, August 9, 2006, 11.

64. Jamestown Foundation, "Mistral Case Presages Russian Shopping Spree for Western Military Technology," *Eurasia Daily Monitor* 7, no. 71, April 13, 2010.

65. Jamestown Foundation, "Rearmament Declared the Main Issue in Russian Military Reform," *Eurasia Daily Monitor* 7, no. 122, June 22, 2010.

66. Nathan Hodge, "On Pentagon Wish List: Russian Copters," *Wall Street Journal*, July 8, 2010.

67. "Russia Intensifies Effort to Rebuild Its Military Machine," *Christian Science Monitor*, February 12, 2007.

68. Martin Sieff, "Tupolev Tu-95 M & S Bear-H Nuclear Bomber," UPI, Washington, DC, October 2, 2008.

69. Carl Dahlman, J.-E. Aubert, "China and the Knowledge Economy: In the Twenty-First Century," Washington, DC, World Bank, 2001, as quoted in National Research Council, *Innovation Policies for the Twenty-First Century: Report of a Symposium*, 11.

70. Senator Kay Bailey Hutchison, "Science Policy Matters," *Issues in Science and Technology* (Fall 2007): 5.

71. National Research Council, *Rising Above the Gathering Storm* (Washington, DC: National Academies Press, 2006).

72. A. L. Porter, N. C. Newman, X.-Y. Jin, D. M. Johnson, and J. D. Roessner, "High Tech Indicators: Technology-Based Competitiveness of Thirty-Three Nations, 2007 Report," Technology Policy and Assessment Center, Georgia Institute of Technology, Augusta, Georgia, January 22, 2008.

73. Conference on Grand Challenges in Twenty-First Century Bioscience, University of Maryland, September 18, 2007.

74. President's Council of Advisors on Science and Technology, "Leadership Under Challenge: Information Technology R&D in a Competitive World," August 2007, 14.

75. New China News Agency, February 9, 2006,.

76. "Chinese to Develop Sciences, Technology," *Washington Post*, February 10, 2006, A-16.

77. Fourth National Conference on Science and Technology, Beijing, January 9, 2006, as reported on Xinhua net.

78. Yongxiang Lu, *Science and Technology in China: A Roadmap to 2050* (Beijing: Science Press, 2007).

79. Ronald Kostoff, Office of Naval Research, et al., "The Structure and Infrastructure of Chinese Science and Technology," 2006, and reported in "O & R Report Highlights China's Investment in Military Science Research," *Inside the Navy*, April 3, 2006, .

80. Edward Cody, "China Boosts Military Spending: Senior U.S. Official Presses Beijing to Clarify Plans and Intentions," *Washington Post*, March 5, 2007, A-12.

81. Jacob Kipp, "Promoting the New Look for the Russian Armed Forces," *Eurasia Daily Monitor* 7, no. 113, June 11, 2010.

82. President's Council of Advisors on Science and Technology, "Leadership under Challenge: Information Technology R&D in a Competitive World," August 2007, 18 (the portion of first-year college students listing computer science as their probable major has declined from almost 4 percent in 2000 to 1 percent in 2006, which is the lowest rate for computer science since 1977).

83. Robert J. Stevens, "Social Engineering," *Wall Street Journal*, April 19, 2006, A-12.

84. Ariana E. Cha, "Opportunities in China Lure Scientists Home," *Washington Post*, February 20, 2008.

85. James Reynolds, "China's Drive to Promote Invention," *BBC News*, Beijing, July 24, 2007.

86. "Boeing Set to Establish Base in Shanghai," *Asia Pulse Business Wire*, December 21, 2005.

87. Wayne Arnold, "Where the Appetite for Aircraft Is Big," *New York Times*, November 28, 2006, C-1.

88. "China's Air Ambitions Face Obstacles: Beijing Hopes to Tap Lucrative Market Dominated by Boeing and Airbus," *Wall Street Journal*, March 20, 2007, A-12.

89. "Chinese J-11B Presages Quiet Military Revolution," *Aviation Week and Space Technology*, November 5, 2006.

90. "China Lays Out Its Space Ambitions before a U.S. Audience," *Asian Wall Street Journal*, April 7, 2006, 9.

91. Craig Covault, "Space Control: Chinese Anti-Satellite Weapon Test Will Intensify Funding and Global Policy Debate on the Military Uses of Space," *Aviation Week and Space Technology*, January 22, 2007, 24.

92. Evan Medeiros, Roger Cliff, Keith Crane, and James Mulvenon, *New Directions for China's Defense Industry* (Santa Monica, CA: RAND Corporation, 2005).

93. Schear, "Diffusing Conflicts in Unstable Regions," 155.

94. Edward Cody, "China Boosts Military Spending: Senior U.S. Official Presses Beijing to Clarify Plans and Intentions," *Washington Post*, March 5, 2007.

95. United Press International, "Here Comes China," December 18, 2006.

96. Ashton Carter and William Perry, "China on the March," *National Interests* (March–April 2007): 16–22.

97. Ibid., 18.

98. Ibid., 22.

99. United Press International, "Fighting an Asymmetrical Chinese War Machine," November 20, 2006.

100. Ibid.

101. President's Council of Advisors on Science and Technology, "Leadership Under Challenge: Information Technology R&D in a Competitive World," August 2007, 11.

102. Shirley Kan, "China and Proliferation of Weapons of Mass Destruction and Missiles: Policy Issues," Congressional Research Service, Washington, DC, January 31, 2007.

103. James R. Holmes, "Military Culture and Chinese Export Controls," *Non-Proliferation Review* 12, no. 3 (November 2005).

104. John C. K. Daly, "Fears That New Chinese Warhead Could Seep into Iraq," *Jamestown Foundation Terrorism Focus*, April 10, 2007.

105. Tony Hawkins, "Harare to Buy More Chinese Aircraft," *Financial Times*, August 24, 2006, 3.

106. Merrill Lynch, "Aerospace Update: Commodities and Gunboat Politics," May 15, 2008.

107. Terrence Quay, "Globalization and Its Implications for the Defense Industrial Base," Strategic Studies Institute, U.S. Army, February 2007, 16.

108. Report of the Secretary of Defense Task Force on DoD Nuclear Weapons Management, "Phase II: Review of the DoD Nuclear Mission," December 2008.

109. International Herald Tribune, "Japan Moves to Upgrade Defense Unit," June 10, 2006.

110. Richard J. Samuels, *Securing Japan: Tokyo's Grand Strategy in the Future of East Asia* (Ithaca: Cornell University Press, 2007).

111. "Militech Power," *Asahi Shimbun*, 1989, as quoted in a seminar on "Security Trade Control: Toward Regional Framework in Asia and Japan's Role," University of Tokyo, November 2007.

112. U.S. Department of Defense, "Electronics," July 29, 1985.

113. National Research Council, *Innovation Policies for the Twenty-First Century*, 22–23.

114. President's Council of Advisors on Science and Technology, "Leadership Under Challenge: Information Technology R&D in a Competitive World," August 2007.

115. "Japan Should Maintain Weapons Export Bar," *Mainichi Shimbun*, July 20, 2004.

116. Merrill Lynch, "Aerospace Update: Inside the Japanese Suppliers," February 15, 2007.

117. Agence France-Presse, December 25, 2006.

118. Report of the Secretary of Defense Task Force on DoD Nuclear Weapons Management, "Phase II: Review of the DoD Nuclear Mission," December 2008.

119. Frost and Sullivan, "Country Industry Forecast: The Indian Aerospace and Defense Industry," November 22, 2005.

120. National Research Council, *Innovation Policies for the Twenty-First Century*, 15.

121. Saritha Rai, "India Becoming a Crucial Cog in Machine at IBM," *New York Times*, June 5, 2006.

122. National Research Council, *India's Changing Innovation System: Achievements, Challenges, and Opportunities for Cooperation* (Washington, DC: National Academies Press, 2007), 7.

123. Neelam Matthews, "Middle Man Muddle," *Aviation Week and Space Technology*, October 23, 2006, 27.

124. Ambassador Devare, former Indian external affairs secretary, Paper presented at the University of Maryland, January 29, 2007.

125. Guay, "Globalization and Its Implications for the Defense Industrial Base."

126. "U.S. Provides Israel with 9 Billion £, Array of High-Tech Weapons," *London Daily Telegraph*, July 28, 2006.

127. Joris Janssen Lok, "Mature Market: Changing Threat Perception Leads to Rush for Defense of Capabilities," *Aviation Week and Space Technology*, March 12, 2007, 54.

128. Thomas Erdbrink, "Iran Makes the Sciences a Part of Its Revolution," *Washington Post*, June 6, 2008.

129. Farnez Fassihi, "Tehran Unveils Unmanned Bomber," *Wall Street Journal*, August 23, 2010.

第九章

1. David M. Walker, comptroller general of the United States, "DoD Transformation: Challenges and Opportunities," Army War College, February 12, 2007 (GAO-07–500CG).

2. Robert M. Gates, "A Balanced Strategy: Reprogramming the Pentagon for a New Age," *Foreign Affairs* (January–February 2009).

3. Aerospace Industries Association, "New Export Control Proposals Announced at Senate Aerospace Caucus Lunch," press release, July 2010.

4. Ellen Nakashima, "New Cyber Command Chief Warns of Possible Attacks," *Washington Post*, June 4, 2010.

5. Norman R. Augustine, *Is American Falling Off the Flat Earth?* (Washington, DC: National Academies Press, 2008), 62.

6. Peter W. Singer, "How the U.S. Military Can Win the Robotic Revolution," Brookings, 2010.

7. Lincoln Bloomfield Jr., "Export Controls and Technology Transfers: Turning Obstacles into Opportunities," Hudson Institute, Washington, DC, September 11, 2006.

8. Richard Armitage and Joseph Nye Jr., "CSIS Commission on Smart Power: A Smarter, More Secure America," Center for Strategic and International Studies, Washington, DC, 2007.

9. "Hot or Not: Acquisition Was a Hot Spot," *Federal Computer Week*, December 17, 2007.

10. Donald C. Winter, "Remarks at the Sea Air Space Exposition," *Navy League Online*, April 3, 2007.

11. Greg Gant, "Launching a New Navy," *Government Executive Online*, May 15, 2007.

12. Commission on Army Acquisition Expeditionary Operations, "Urgent Reform Required: Army Expeditionary Contracting," October 31, 2007.

13. Joint Chiefs of Staff, "Capstone Concept for Joint Operations: Version 3.0," Department of Defense, Washington, DC, Jan. 15, 2009.

14. Defense Science Board Task Force on Defense Industrial Structure for Transformation "Creating an Effective National Security Industrial Base for the Twenty-First Century: An Action Plan to Address the Coming Crisis," Office of the Undersecretary of Defense for Acquisition, Technology, and Logistics, July 2008.

15. Paul Kennedy, *The Rise and Fall of Great Powers: Economic Change and Military Conflict from 1500 to 2000* (New York: Random House, 1987).

16. "For a Sound Defense Industry," *New York Times*, November 23, 1976, 35.

17. Joseph Bower and Clayton Christensen, "Disruptive Technologies: Catching the Wave," *Harvard Business Review* (January–February 1995).

18. Dawn Vehmeier, Michael Caccuitto, and Gary Powell, "Transforming the Defense Industrial Base: A Roadmap"; Office of the Deputy Under Secretary of Defense for Industrial Policy, February 2003.

19. Defense Science Board, *Twentieth-Century Technology Vectors*, 2006 Summer Study, Office of the Undersecretary of Defense of Acquisitions, Technology, and Logistics, Washington, DC, February 2007.

20. National Research Council, *The SBIR Program: A Reassessment* (Washington, DC: National Academy Press, 2009).

21. Jeffrey A. Drezner et al., "Maintaining Future Military Aircraft Design Capability," R-4199-AF, RAND Corporation, 1992; and John Birkler et al., "Competition and Innovation in the U.S. Fixed-Wing Military Aircraft Industry," RAND Corporation, 2003.

22. National Research Council, *Beyond "Fortress America": National Security Controls on Science and Technology in a Globalized World* (Washington, DC: National Academies Press, 2009).

23. In August 2009, President Obama ordered a review of U.S. export control systems, but results of this review were unavailable at the time of publication of this book.

24. Richard Fontaine and John Nagle, "Contracting in Conflicts: The Path to Reform," Center for a New American Security, Washington, DC, June 2010.

参考文献

全书参考书目

Abetti, Pier, and Jose Maldifassi. *Defense Industries in Latin American Countries.* Westport: Praeger, 1994.

Abramson, Mark, and Roland Harris. *The Procurement Revolution.* Maryland: Rowman and Littlefield, 2003.

Adams, Gordon. "Getting U.S. Foreign Assistance Right." *Bulletin of the Atomic Scientists* 64 (May 2008): 2.

Adams, Gordon, Christophe Cornu, and Andrew James. "Between Cooperation and Competition: The Transatlantic Defense Market." Chaillot Paper 44. Institute for Security Studies of WEU, January 2001.

Aerospace Industries Association. "A Special Report U.S. Defense Acquisition: An Agenda for Positive Reform." Washington, DC, November 2008.

Aerospace Industries Association. "The Unseen Cost: Industrial Base Consequences of Defense Strategy Choices." July 2009.

Alie, J. A., L. Bransercomb, H. Brooks, A. Carter, and G. L. Epstein. *Beyond Spinoff.* Boston: Harvard Business School Press, 1992.

Anderson, Roy. "Defense Research and Technology." Ministry of Defense, February 2007.

Anderson, Stuart, and Michaela Platzer. "American Made: The Impact of Immigrant Entrepreneurs and Professionals on U.S. Competitiveness." National Venture Capitalist Association, Arlington, VA, 2006.

Arena, Mark, Irv Blickstein, Clifford Grammich, and Obaid Younossi. *Why Has the Cost of Fixed-Wing Aircraft Risen? A Macroscopic Examination of the Trends in U.S. Aircraft Costs over the Past Several Decades.* Santa Monica, CA: RAND National Defense Research Institute, 2008.

Arena, Mark V., Irv Blickstein, Clifford Grammich, and Obaid Younossi. *Why Has the Cost of Navy Ships Risen? A Macroscopic Examination of the Trends in U.S. Navy Ship Costs over the Past Several Decades.* Santa Monica CA: RAND National Defense Research Institute, 2006.

Arendt, Michael, Jacques Gansler, and William Lucyshyn. "Competition in Defense Acquisitions." Center for Public Policy and Private Enterprise, January 2009.

Armitage, Richard, and Joseph Nye. *CSIS Commission on Smart Power: A Smarter, More Secure America.* Washington, DC: Center for Strategic and International Studies, 2007.

Association of American Universities. "National Defense Education and Innovation Initiative: Meeting America's Economic and Security Challenges in the Twenty-First Century." Association of American Universities, January 2006.

Augustine, Norman R. *Is America Falling Off the Flat Earth?* Washington, DC: National Academies Press, 2007.

Barma, N., E. Ratner, and S. Weber. "A World without the West." *National* Interest 90 (July–August 2007): 23–30.

Bialos, Jeffrey. *Ideas for America's Future: Core Elements of a New National Security Strategy.* Washington, DC: Center for Transatlantic Relations, Johns Hopkins University, 2008.

Bialos, J., C. Fisher, and S. Koehl. *Fortresses and Icebergs: The Evolution of the Transatlantic Defense Market and the Implications for U.S. National Security.* Washington, DC: SAIS, Johns Hopkins University, 2009.

Binnendijk, Hans, and Kugler, Richard. "Future Directions for U.S. Foreign Policy, Balancing Status Quo and Reform." Center for Technology and National Security Policy, National Defense University, May 2007.

Binnedijk, Hans, and Richard Kugler. *Seeing the Elephant: The U.S. Role in Global Security.* Dulles, VA: Potomac Books, 2007.

Binnendijk, Hans, and Richard Kugler. *Toward a New Transatlantic Compact.* Washington, DC: Center for Technology and National Security Policy, National Defense University, 2008.

Booz Allen Hamilton. "U.S. Defense Industry under Siege: An Agenda for Change." Booze Allen and Hamilton, July 2000.

Bowman, Marion. "Privatizing while Transforming." *Defense Horizons* 57 (July 2007): 1–9.

Brzezinski, Z. *The Choice: Global Domination or Global Leadership.* New York: Basic Books, 2004.

Bush, V. *Science: The Endless Frontier.* Washington, DC: U.S. Government Printing Office, 1945.

Cancian, Mark. "Contractors: The New Element of Military Force Structures." *Parameters* (U.S. Army War College) 38 (Autumn 2008): 61–77.

Carafano, James. *Private Sector, Public Wars: Contractors in Combat—Afghanistan, Iraq, and Future Conflicts.* Westport, CT: Praeger Security International, 2008.

Carter, Ashton, and William Perry. 2007. "China on the March." *National Interest* 88 (March–April): 16–22.

Carter, Ashton B. "Defense Management Challenges in the Post-Bush Era." In *Defense Strategy and Forces: Setting Future Directions.* Newport, RI: Naval War College, 2008.

Center for Strategic and International Studies. "Security Controls on the Access of Foreign Scientists and Engineers to the United States: A White Paper of the Commission on Scientific Communication and National Security." CSIS, October 2005.

Center for the Study of the Presidency. "Project on National Security Reform." November 2008.

Chao, Pierre. "Structure and Dynamics of the U.S. Federal Professional Services Industrial Base 1995-2004." Center for Strategic and International Studies, Report, May 2007.

Chao, Pierre. "The Future of the U.S. Defense Industrial Base: National Security Implications of a Globalized World." College of the Armed Forces, June 2, 2005.

Chao, Pierre, and Robin Niblett. "Trusted Partners: Sharing Technology within the U.S.-U.K. Security Relationship." CSIS, May 2006.

Commission on Army Acquisition and Program Management in Expeditionary Operations. *Urgent Reform Required: Army Expeditionary Contracting.* Washington, DC: U.S. Government Printing Office, October 2007.

Congressional Budget Office. "Contractors' Support of U.S. Operations in Iraq." Congressional Budget Office, Washington, DC, August 2008.

Costigan, Sean, and A. Markusen. "Arming the Future: A Defense Industry for the Twenty-First Century." Council on Foreign Relations, 1999.

Daalder, Ivo, and James Lindsay. *America Unbound: The Bush Revolution in Foreign Policy.* Washington, DC: Brookings Institution, 2003.

Defense Advanced Research Projects Agency (DARPA). "Bridging the Gap, DARPA, Powered by Ideas." DARPA, February 2007.

Defense Business Board. "Task Group on Best Practices for Export Controls." October 2008.

Defense Science Board. "DSB Summer Study on Transformation Sub-Panel on Defense Industry and Acquisition: Assessment of the Current Situation and Recommended Actions." Defense Science Board, August 2005.

Department of Defense. "The Acquisition 2005 Task Force Final Report, Shaping the Civilian Acquisition Workforce of the Future." Washington, DC, October 2000.

Department of Defense. "Annual Industrial Capabilities Report to Congress." Washington, DC, March 2008.

Department of Defense. "Creating an Effective National Security Industrial Base for the Twenty-First Century: An Action Plan to Address the Coming Crisis." Office of the Undersecretary Defense for Acquisition, Technology, and Logistics, July 2008.

Department of Defense. "Final Report of the Defense Science Board Task Force on Globalization and Security." Washington, DC, December 1999.

Department of Defense. "Quadrennial Defense Review." DoD, February 2006.

Department of Defense. "Report of the Secretary of Defense Task Force on DoD Nuclear Weapons Management. Phase I: The Air Force's Nuclear Mission." Washington, DC, September 2008.

Department of Defense. "Study on Impact of Foreign Sourcing of Systems." Washington, DC, January 2004.

Dombrowski, Peter, Eugene Gholz, and Andrew Ross. "Military Transformation and the Defense Industry after Next: The Defense Industrial Implications of Network-Centric Warfare." Strategic Research Department Center for Naval Warfare Studies, U.S. Naval War College, September 2002.

Douglass, John. "Forty-First Annual Year-End Review and Forecast Luncheon." Washington, DC: Aerospace Industries Association, 2006.

Drezner, Jeffrey, Jeanne M. Jarvaise, Ron Hess, Daniel M. Norton, and Paul G. Hough. *An Analysis of Weapon System Cost Growth.* Santa Monica, CA: RAND Corporation, 1993.

Dunn, Richard. "Contractors Supporting Combat Operations: Developing the Vision to Fill Gaps in Policy." Center for Public Policy and Private Enterprise, University of Maryland, January 2008.

Dyson, Freeman. *The Scientist as Rebel*. New York: New York Review Books, 2006.

Flamm, Kenneth. "Failures of Defense Industrial Policy Reform and Likely Consequences for the Bush Defense Build-Up." Technology and Public Policy Program, Lyndon B. Johnson School of Public Affairs, University of Texas, March 2002.

Flanagan, Stephen, and James Schear, eds. *Strategic Challenges: America's Global Security Agenda*. Washington, DC: National Defense University Press, 2007.

Flourney, Michele, and Tammy Schultz. "Shaping U.S. Ground Forces for the Future: Getting Expansion Right." Center for a New American Society, June 2007.

Freidman, Thomas. *The World Is Flat: A Brief History of the Twenty-first Century*. New York: Farrar, Straus & Giroux, 2005.

Frost, Ellen, James Przystup, and Phillip Saunders. "China's Rising Influence in Asia: Implications for U.S. Policy." *Strategic Forum* 231 (2008): 1–8.

Galama, Titus, and James Hosek. *U.S. Competitiveness in Science and Technology*. Washington, DC: RAND National Defense Research Institute, 2008.

Gansler, Jacques S. *Affording Defense*. Cambridge, MA: MIT Press, 1989.

Gansler, Jacques S. *Defense Conversion: Transforming the Arsenal of Democracy*. Cambridge, MA: MIT Press, 1995.

Gansler, Jacques. "The Defense Industrial Structure in the Twenty-First Century." Paper presented at the Acquisition Reform Conference, American Institute of Aeronautics and Astronautics, January 27, 2000.

Gansler, Jacques S. *The Defense Industry*. Cambridge, MA: MIT Press, 1980.

Gansler, Jacques. "Urgent Reform Required: DoD Expeditionary Contracting. Independent Assessment of the Commission on Army Acquisition and Program Management in Expeditionary Operations and Subsequent DoD Implementation Efforts." University of Maryland, October 2008.

Gansler, Jacques. "U.S. Defense Industrial Policy." *Security Challenges* 3, no. 2 (2007): 1–17.

Gates, Robert. "A Balanced Strategy: Reprogramming the Pentagon for a New Age." *Foreign Affairs* 88 (January–February 2009): 1–7.

Georgia Institute of Technology. "High Tech Indicators: Technology-based Competitiveness of Thirty-Three Nations." Technology Policy and Assessment Center, Washington, DC, January 2008.

Gholz, Eugene, Harvey Sapolsky, and Caitlin Talmadge. *U.S. Defense Politics: The Origins of Security Policy*. New York: Routledge Taylor & Francis Group, 2008.

Government Accountability Office. "Defense Business Transformation: Sustaining Progress Requires Continuity of Leadership and an Integrated Approach." GAO, February 2008.

Government Accountability Office. "Catastrophic Disasters: Federal Efforts Help States Prepare for and Respond to Psychological Consequences, but FEMA's Crisis Counseling Program Needs Improvement." GAO, February 2008.

Government Accountability Office. "Department of Defense: A Department-wide Framework to Identify and Report Gaps in the Defense Supplier Base Is Needed." GAO, October 2008.

Government Accountability Office. "GAO Forum: Managing the Supplier Base in the Twenty-First Century." GAO, October 2005.

Government Accountability Office. "Report to Congressional Committees, Defense Acquisition, Assessments of Selected Weapon Programs." GAO, March 2008.

Government Accountability Office. "Report to Congressional Committee, Defense Acquisitions of Selected Weapon Programs." GAO, March 2007.

General Accountability Office. "Report to the Chairman, Subcommittee on Readiness and Management Support, Committee on Armed Services, U.S. Senate, Contingency Operations: Army Should Do More to Control Contract Cost in the Balkans." GAO, September 2000.

Government Accountability Office. "Report to the Subcommittee on Readiness and Management Support, Committee on Armed Services, U.S. Senate, Military Operations: Contractors Provide Vital Services to Deployed Forces but Are Not Adequately Addressed in DoD Plans." GAO, June 2003.

Guay, Terrence R. "Globalization and Its Implications for the Defense Industrial Base." Strategic Studies Institute, U.S. Army War College, February 2007.

Hart, Gary. *The Shield and the Cloak: The Security of the Commons.* New York: Oxford University Press, 2006.

Hartley, Keith. "Defense Industrial Policy in a Military Alliance." *Journal of Peace Research* 43, no. 4 (2006): 473–489.

Hart-Rudman Commission. "U.S. Commission on National Security. Road Map for National Security: Imperative for Change." Washington, DC, 2001.

Hensel, Nayantara. "The Role of Trans-Atlantic Defense Alliances in a Globalized World." Naval Postgraduate School, Acquisition Symposium, May 13–14, 2009.

Joint Chiefs of Staff. "Operational Contract Support." Joint Publication 4-10. U.S. Government Printing Office, November 2007.

Kapstein, Ethan. *The Political Economy of National Security: A Global Perspective.* Columbia: University of South Carolina Press, 1991.

Kegley, Charles, and Gregory Raymond. *Multipolar Peace? Great-Power Politics in the Twenty-first Century.* New York: St. Martin's Press, 1993.

Kennedy, Paul. *The Rise and Fall of Great Powers: Economic and Military Conflict from 1500 to 2000.* New York: Random House, 1987.

Kotter, John P. *Leading Change.* Boston: Harvard Business School Press, 1996.

Kramer, Robert. "Antitrust Considerations in International Defense Mergers." Department of Justice, May 1999.

Langenfeld, James, and Preston McAfee. "Competition in the Defense Markets: Meeting the Needs of Twenty-First-Century Warfighting." Institute of Defense Analysis, January 2001.

Lebl, Leslie. "Advancing U.S. Interests with the European Union." Washington, DC: Atlantic Council of the United States, January 2007.

Ministry of Defense. "Contractors on Deployed Operations, Joint Doctrine Pamphlet." Chiefs of Staff, April 2001.

Moerman, Fiente. "Polishing Belgium's Innovation Jewel." *Issues in Science and Technology* (Fall 2007).

Mowery, David. *Military R&D and Innovation*. Berkeley: University of California Press, 2008.

Nagle, James F. *A History of Government Contracting*. Washington, DC: George Washington University Press, 1999.

National Archives. http://webarchive.nationalarchives.gov.uk/20060130194436/http://www.mod.uk/business/ppp/reserves.htm, 2005 (accessed March 30, 2005).

National Commission on Energy Policy. *Ending the Energy Stalemate: A Bipartisan Strategy to Meet America's Energy Challenges*. Washington, DC: U.S. Government Printing Office, December 2004.

National Research Council of the National Academies. *An Assessment of the Small Business Innovation Research Program at the National Science Foundation*. Washington, DC: National Academies Press, 2007.

National Research Council of the National Academies. *Beyond "Fortress America": National Security Controls on Science and Technology in a Globalized World*. Washington, DC: National Academies Press, 2009.

National Research Council of the National Academies. *Critical Technology Accessibility*. Washington, DC: National Academies Press, 2006.

National Research Council of the National Academies. *Innovation Policies for the Twenty-First Century: Report of a Symposium*. Washington, DC: National Academies Press, 2007.

National Research Council of the National Academies. *Pre-Milestone A and Early-Phase Systems Engineering: A Retrospective Review and Benefits for Future Air Force Systems Acquisition*. Washington, DC: National Academies Press, 2007.

National Research Council of the National Academies. *Science and Security in a Post-9/11 World*. Washington, DC: National Academies Press, 2007.

National Security Advisory Group. "Reducing Nuclear Threats and Preventing Nuclear Terrorism." NSAG, October 2007.

Nye, Joseph. *Soft Power: The Means to Success in World Politics*. New York: Public Affairs, 2004.

O'Keefe, S., and G. I. Susman. *The Defense Industry in the Post–Cold War Era: Corporate Strategies and Public Policy Perspectives*. New York: Pergamon, 1998.

Oliver, David. "Current Export Policies: Trick or Treat." *Defense Horizons* 6 (December 2001).

Packer, George. "A Reporter at Large, Knowing the Enemy." *New Yorker* (December 2006): 11.

Peck, M. J., and F. M. Scherer. *The Weapons Acquisition Process: An Economic Analysis*. Cambridge: Harvard University Press, 1962.

Philbrick, Nathaniel. *Mayflower: A Story of Courage, Community, and War*. New York: Viking, 2006.

President's Blue Ribbon Commission on Defense Management. "A Quest for Excellence." Government Accountability Office, June 1986.

President's Council of Advisors on Science and Technology. "Leadership under Challenge: Information Technology R&D in a Competitive World, an Assessment of the Federal Networking and Information Technology R&D Program." Executive Office of the President, August 2007.

PriceWaterhouseCoopers. "The Defense Industry in the Twenty-First Century: Thinking Global . . . or Thinking American?" http://www.pwc.com, 2005.

Ronis, Sheila, and Lynne Thompson. *U.S. Defense Industrial Base: National Security Implications of a Globalized World: The 2005 Dwight Eisenhower National Security Series Symposium.* Washington, DC: National Defense University Press, 2006.

Samuels, Richard. *Securing Japan: Tokyo's Grand Strategy and the Future of East Asia.* New York: Cornell University Press, 2007.

Sarkozy, Nicolas. "The French White Paper on Defense and National Security." Paris, 2008.

Sato, H., H. Shiroyama, K. Suzuki, and T. Suzuki, "Mini Seminar on Security Trade Control: Towards Regional Framework in Asia and Japan's Role." Science, Technology, and International Relations Project, November 2007.

Secretary of State for Defense by Command of Her Majesty. "Defense Industrial Strategy: Defense White Paper." December 2005.

Shorrock, Tim. *Spies for Hire: The Secret World of Intelligence Outsourcing.* New York: Simon & Schuster, 2008.

Singer, P. W. *Corporate Warriors: The Rise of the Privatized Military Industry: Cornell Studies in Security Affairs.* New York: Cornell University Press, 2003.

Smith, Rupert. *The Utility of Force: The Art of War in the Modern World.* London: Allen Lane, 2005.

Sperling, Richard, and Jino Choi. "Analyzing the Relationship between Navy Procurement and RDT&E." Center for Naval Analysis, October 2006.

Task Force on the Future of the American Innovation. "Measuring the Moment: Innovation, National Security, and Economic Competitiveness—Benchmarks of Our Innovation Future II." Washington, DC, November 2006.

Toffler, Alvin, and Heidi Toffler. *War and Anti-War: Survival at the Dawn of the Twenty-First Century.* New York: Little, Brown, 1993.

Trebilcock, Craig. "The Modern Seven Pillars of Iraq." *Army* (February 2007): 25–33.

Turner, James. "The Next Innovation Revolution, Laying the Groundwork for the United States." *Innovations* (Spring 2006): 123–144.

U.S. Congress, Office of Technology Assessment. *Building Future Security, Strategies for Restructuring the Defense Technology and Industrial Base.* OTA-ISC-530. Washington, DC: U.S. Government Printing Office, June 1992.

Walker, David. "DoD Transformation Challenges and Opportunities." Government Accountability Office, February 2007.

Walker, David. "DoD Transformation Challenges and Opportunities." Government Accountability Office, November 2007.

Walker, David. "U.S. Financial Condition and Fiscal Future Briefing." Government Accountability Office, August 2007.

Wulf, William. "The Importance of Foreign-Born Scientists and Engineers to the Security of the United States." Paper presented at the Subcommittee on Immigration, Border Security, and Claims, Committee on the Judiciary, U.S. House of Representatives hearing on Sources and Methods of Foreign Nationals Engaged in Economic and Military Espionage, Washington, DC, September 2005.

Zimmermann, Warren. *First Great Triumph: How Five Americans Made Their Country a World Power.* New York: Farrar, Straus and Giroux, 2002.

后　记

　　雅克·甘斯勒先生是美国著名的国防经济问题专家,也是在国际上久负盛名的国防工业研究学者。其20世纪出版的《可支付的国防》和《美国国防工业转轨》早已译成中文,并成为国防经济研究领域的经典著作。译者有幸师从甘斯勒先生,在美国马里兰大学公共政策学院从事访问研究,其间恰好《21世纪的国防工业》英文版付梓出版。《21世纪的国防工业》是甘斯勒先生几十年理论研究和工作经验的总结,对美国21世纪的国防工业发展和军队建设提出了一系列颇具前瞻性和实用性的真知灼见,对世界军事变革背景下的新作战样式及国防建设与经济社会协调发展提出了一系列创新性的观点。该书已经得到美国国防经济领域的专家学者和政府、军队有关部门的高度评价,对世界其他国家的国防工业发展和军队建设也具有重要的借鉴意义和价值。这也是译者将其翻译成中文的主要考虑,希望通过译著将国际权威学者对于国防工业发展和军队建设的最新思考介绍给中国相关领域的专家学者和各级领导与管理人员,以推动我国国防科技工业转型,加速国防军队现代化建设,实现国防建设与经济社会协调发展,早日实现强国梦强军梦。

　　本书翻译过程中,得到了国防科技大学人文与社会科学学院领导和机关,以及国防工业出版社的大力支持,在此深表谢忱。本书的出版还获得了总装备部装备科技译著出版基金和国防科技大学人文与社会科学学院拔尖创新人才培养计划资助。在书稿翻译和校对过程中,我的同事周长峰老师、纪建强老师和硕士生彭春丽、陈茂捷、杨腾飞、梅燕秋、宋琦等几位同学付出了大量辛勤劳动,在此一并致谢。

　　由于水平有限,加之本书涉及大量术语和专业词汇,疏漏之处在所难免,欢迎广大读者批评指正。

译　者
2013 年 8 月

内 容 简 介

恐怖主义、资源冲突、经济危机和网络攻击等新的地缘政治现实已经显著改变了美国的国家安全环境,20 世纪的国防战略、技术和工业基础已经不再适应"9·11"后的国家安全需求。为了建设一个新的也更有效的美国国防体系,雅克·甘斯勒教授在本书中详细论述了美国政府和国防工业需要实现的转变。基于在国防工业、政府和学术界几十年的工作经验,甘斯勒认为,旧有的依靠不断增加国防开支、采购过时武器系统的发展模式将难以为继,21 世纪美国强大的(但经济上可承受的)国家安全态势必须建立在健康的经济体系和良好的国际关系基础之上。国防工业必须重塑才能对 21 世纪的安全需求作出快速、有效的反应。

本书详细讨论了国防工业全球化、国防企业的竞争与整合、政府及国会的制度规制与绩效、国防合同承包商及其功能定位和作用影响等话题,清晰勾勒了美国 21 世纪建设一个什么样的国防工业和怎样建设的发展蓝图。全书内容丰富,案例价值大;尽管分析视角着眼于美国国家安全,但其睿智的分析、鲜明的观点对我国完善武器装备科研生产体系、加强自身国家安全具有重要借鉴价值,值得我国政府相关管理部门、军队装备与后勤机关、企业界和院校师生作为管理、教学和科研的辅助材料。需要说明的是,译文尽可能保留了原著思想内容的完整性,但并不代表译者或者其工作单位、出版单位同意其所有立场和观点。